CB068320

Dia a dia com

OS PURITANOS INGLESES

DEVOCIONAL DIÁRIO

Publicações
Pão Diário

Dia a dia com

OS PURITANOS INGLESES

DEVOCIONAL DIÁRIO

Compilado e editado por
Randall J. Pederson

Originally published in English under the title
Day by Day with the English Puritans
Copyright © 2016 by Hendrickson Publishers
Peabody, MA, 01960, U.S.A.
All rights reserved.

COORDENAÇÃO EDITORIAL: Dayse Fontoura
TRADUÇÃO: Maria Emília de Oliveira
REVISÃO: Dalila de Assis, Dayse Fontoura, Lozane Winter, Rita Rosário
PROJETO GRÁFICO E DIAGRAMAÇÃO: Audrey Novac Ribeiro
CAPA: Audrey Novac Ribeiro

Dados Internacionais de Catalogação na Publicação (CIP)

Compilado e editado por Christopher D. Hudson, J. Alan Sharrer, and Lindsay Vanker
Dia a dia com os Puritanos Ingleses
Tradução: Maria Emília de Oliveira – Curitiba/PR, Publicações Pão Diário.
Título original: *Day by Day with the English Puritans*
1. Teologia prática   3. Vida cristã
2. Puritanismo   4. Meditação e devoção

Proibida a reprodução total ou parcial sem prévia autorização, por escrito, da editora.
Todos os direitos reservados e protegidos pela Lei 9.610, de 19/02/1998.
Permissão para reprodução: permissao@paodiario.org

Exceto quando indicado o contrário, os trechos bíblicos mencionados são da edição
Revista e Atualizada de João F. de Almeida © 2009 Sociedade Bíblica do Brasil.

Publicações Pão Diário
Caixa Postal 4190
82501-970 Curitiba/PR, Brasil
publicacoes@paodiario.org
www.paodiariopaodiario.com.br
Telefone: (41) 3257-4028

Capa dura: BX687
ISBN: 978-65-86078-81-7
Capa couro: AA318
ISBN: 978-65-86078-88-6

1.ª impressão 2021

Impresso na China

Prefácio

"**C**oisas maravilhosas!" Foi o que disse, extasiado, o egiptólogo Howard Carter, quando seus colegas lhe perguntaram o que a luz da chama que ele apontava ao redor da recém-descoberta tumba do rei Tutankamon lhe mostrava. Suas palavras vieram à minha mente enquanto folheava os excertos dos puritanos que compõem este livro. São maravilhosos da mesma forma que todos os bons devocionais — isto é, ampliam nosso senso da grandeza, da benevolência e da proximidade de Deus em relação a nós, o que nos leva a louvar e adorar. Randall Pederson realizou um excelente trabalho de seleção (alguns títulos dos livros dos quais ele extraiu os textos são verdadeiros devocionais!), e estou certo de que os leitores interessados no assunto serão grandemente fortalecidos na fé, na esperança e no amor.

Historicamente, a influência dos puritanos ingleses prolongou-se por mais de um século e meio, aproximadamente de 1560 a 1710. Publicamente e em termos políticos, eles fizeram campanhas para numerosas reformas na Igreja e no Estado e acabaram perdendo todas as batalhas nas quais se envolveram. Durante aquele período, no entanto, por meio de pregações, ensinos, vida pessoal e paciência nas perseguições, eles aclararam e transmitiram um glorioso ideal de santidade de coração, expresso em comportamento consciente, bem organizado e doxológico — o autêntico ideal bíblico de vida piedosa, que, no devido tempo, tornou-se a base do Grande Despertamento e do Avivamento Evangélico da Grã-Bretanha. Com ideias bem definidas sobre a autoridade bíblica, justificação pela fé e estrutura da aliança da graça de Deus, os puritanos foram igualmente claros a respeito das realidades da vida cristã — comunhão com o Deus trino, ética bíblica e o mesmo modo de pensar dos peregrinos. Em tempos de decadência espiritual como os nossos, eles podem ajudar-nos a recuperar a sabedoria e o poder desse ideal, uma necessidade que certamente todos nós temos.

"Mas os puritanos são tão... antiquados!" Não diga isso; esse não é um modo de pensar cristão. Você não se expressaria assim a respeito dos apóstolos Paulo e João, ou de Agostinho e Lutero, e todos eles precederam os puritanos; nem, assim espero, depreciaria Whitefield, Wesley, Edwards e Spurgeon, que deram grande valor aos puritanos. E por que você não agiria dessa forma? Porque vê esses homens como portadores da verdade e realidade eternas, e sabemos que elas não se tornam antiquadas. E, ainda hoje, os puritanos transmitem verdade e realidade eternas. A compreensão desses homens sobre a piedade continua incomparável, e hoje, nós, que dela precisamos, devemos aprender com eles. Este livro o ajudará a fazer isso.

Então, ótima leitura — com oração e louvor — e bom proveito!

J. I. Packer
Regent College, Vancouver, B.C.

Prefácio

*P*asse um ano inteiro com estes puritanos ingleses e veja se não terminará esta jornada melhor do que quando começou. Eles têm um modo de desnudar a vida até o ponto de nos apresentar um cristianismo pleno, vibrante e imaculado. Os melhores regatos puritanos eram fontes puras e vivas, repletas do verdadeiro leite para a alma. Leia-os com alegria e valorize-os mais que finas joias; como Salomão diz: "A boca do justo é manancial de vida" (PV 10:11).

As leituras devocionais deste livro foram cuidadosamente selecionadas dentre mais de 80 manuscritos puritanos. A maioria foi reimpressa pela primeira vez. Cada seleção foi editada com esmero para adaptar-se à linguagem atual, mas preservando a linha de pensamento original do autor. Todas as referências bíblicas foram extraídas da versão Almeida Revista e Atualizada, exceto quando o puritano parece ter citado a passagem de memória. Supressões [...] foram usadas para dar mais clareza ao texto. Além disso, as últimas páginas do livro contêm uma biografia resumida de cada puritano. Espero que estas leituras lhe sejam incentivos poderosos e persuasivos para que o cristianismo se torne um "assunto sério".

Sou grato ao Dr. James Ernest, ex-diretor editorial associado da Hendrickson Publishers, por ter ajudado a levar este projeto adiante; ao Dr. Don Kistler por sua preciosa amizade; ao Dr. J. I. Packer pela gentileza de ter escrito o prefácio e a Stephen J. Hendrickson, em particular, por ter dado o sinal verde para este projeto. Também sou grato a Sarah, minha esposa, a quem devo muito, e deixo registrado aqui o meu reconhecimento de que a dívida é praticamente impossível de ser paga.

Randall J. Pederson
abril de 2004

Apresentação dos puritanos ingleses

UM BREVE HISTÓRICO

O puritanismo inglês começou como um movimento de reforma nos primeiros anos de reinado da rainha Elizabeth. Depois de terem sido expulsos da Inglaterra pela rainha católica Mary, os exilados protestantes retornaram a um ambiente de reforma política, cultural e espiritual. Pelo fato de desejarem uma reforma mais ampla do governo e da liturgia da igreja, esses protestantes receberam o cognome pejorativo de "puritanos".

No entanto, embora não fosse inflexível, Elizabeth era moderada em suas ideias reformistas. Seus alicerces religiosos consistiam dos Atos de Uniformidade e Supremacia, do Livro de Oração Comum de 1559 e dos Trinta e Nove Artigos estabelecidos em 1563. Ela se contentava com o clima do protestantismo britânico e esforçou-se para reprimir as vozes dissidentes. Os que muito lutaram pela mudança foram perseguidos e perderam a vida. Thomas Cartwright, por exemplo, foi censurado formalmente por ter exigido a remoção do episcopado em favor do regime presbiteriano.

As esperanças dos puritanos pela reforma nacional reviveram somente em 1603, quando James VI da Escócia sucedeu James I da Inglaterra. Porém, o programa de reforma de James não foi o que os puritanos mais idealistas supunham. Tinham razão; James foi mais tolerante que Elizabeth e realmente aceitou ouvir os debates dos puritanos na Conferência de Hampton Court de 1604, mas, no fim das contas, os esforços pela reforma foram praticamente em vão. Na conferência, os bispos descreveram os puritanos como "eruditos cismáticos", e James, na maioria das vezes, aceitou essa opinião.

Contudo, um dos puritanos presentes na conferência conseguiu ganhar a atenção de James com este pedido simples, porém eloquente: "Vossa Majestade gostaria que a Bíblia recebesse uma nova tradução?". Em alguns aspectos, a sugestão de John Reynolds atacava a Bíblia padrão elisabetana, a "Bíblia do Bispo". Mesmo assim, James concordou com o pedido, mas deixou claro que não poderiam ser incluídas notas nas margens, uma referência às anotações extensas e interpretativas da Bíblia de Genebra que os puritanos haviam utilizado por meio século. A obra concluída foi publicada em 1611 como a Autorizada ou a Bíblia King James.

Após a morte de James, em 1625, a sucessão ao trono recaiu sobre seu filho Charles, de 25 anos. O jovem monarca herdou um reino carregado de graves tensões financeiras. O Parlamento, que no passado servira à monarquia com respeito, recusou-se a angariar fundos para um rei que desprezava as ambições de sua nobreza. Cada vez mais puritanos em suas convicções, os nobres passaram a desconfiar da capacidade de Charles de governar a nação satisfatoriamente. Quando ele decidiu casar-se com Henriqueta Maria, a filha católica do rei Henrique IV da França, a fúria tomou conta dos puritanos e do Parlamento. Eles consideravam a nova rainha como uma mulher intrusa, que preferia o bem-estar de suas amigas católicas ao bem-estar de seu ambiente protestante.

Em outubro de 1636, Charles incitou a polêmica ao tentar forçar o uso do Livro de Oração Anglicano na Escócia. Um ano depois, três puritanos — Prynne, Burton e Bastwick — foram mutilados em público por criticar a Igreja da Inglaterra sob a direção do arcebispo William Laud. Seguiu-se, então um tumulto na Catedral de St. Giles, Edinburgh, contra o novo livro de oração, e, em fevereiro de 1638, a igreja escocesa redigiu o *Scottish National Covenant* (Pacto Nacional Escocês), um documento arregimentando forças contra as incursões do anglicanismo. Charles, no entanto, considerou o documento como um símbolo de rebelião nacional e enviou tropas à Escócia em maio do ano seguinte. Essa situação instável forçou-o a convocar o Parlamento, uma vez que ele não tinha condições financeiras de sustentar seu exército. A princípio, o Parlamento recusou-se a apoiar Charles, mas, com o tempo, foram feitas concessões que permitiram ao Parlamento acusar Laud por alta traição em 1640.

Justamente quando parecia ter havido acordo entre Charles, o Parlamento e os escoceses, a Irlanda rebelou-se opondo resistência. Charles recorreu mais uma vez ao Parlamento em busca de ajuda, porém este emitiu uma "grande repreensão", detalhando todos os abusos políticos e religiosos de Charles. Quatro meses depois, o Parlamento arregimentou uma força militar, e, em agosto do ano seguinte (1642), quando Charles pediu o apoio de todos os súditos leais, a Guerra Civil inglesa foi deflagrada.

Durante esse conflito, o Longo Parlamento, que recebeu esse nome por ter durado 20 anos, continuou a reunir-se sob a direção de Oliver Cromwell. Em 1643, um grupo de teólogos reuniu-se para propor reformas na Igreja da Inglaterra. Conhecido como Assembleia de Westminster, por reunir-se na Abadia de Westminster durante a década seguinte, o grupo redigiu três documentos importantes: o *Catecismo Maior* e o *Breve Catecismo*, a *Confissão de Westminster* e o *Diretório do Culto Público*. Embora fosse predominantemente presbiteriana, a Assembleia permitiu que seguidores de Erasto, episcopais e independentes verbalizassem suas opiniões. Seus documentos finais permanecem como síntese da teologia puritana britânica.

Com o tempo, Oliver Cromwell derrotou as tropas de Charles e foi importantíssimo para pôr fim à ameaça real. Apoiou a opinião do exército de que Charles deveria admitir seus crimes contra os ingleses. Como se esperava, Charles recusou-se a reconhecer a autoridade dos que o acusavam. Foi condenado por alta traição e executado em 1649. Estas foram algumas de suas últimas palavras: "Eu vou de uma coroa corruptível para uma coroa incorruptível, na qual nenhuma perturbação pode acontecer, nenhuma perturbação no mundo". Pela primeira vez na história britânica, um monarca reinante foi executado por seu próprio povo.

Cromwell, por outro lado, foi eleito Lorde Protetor de toda a Grã-Bretanha. Avesso ao conceito de poder supremo, ele buscou trabalhar com, e por meio de, um Conselho de Estado e reunir-se regularmente com o Parlamento. Comprometeu-se a conceder um pouco mais de liberdade religiosa àqueles que não ameaçavam a liberdade em geral, apesar de ter reprimido os católicos romanos. Havia uma Igreja-Estado sob a direção de Cromwell, porém o comparecimento era opcional. Foi durante essa época de tolerância que surgiram vários grupos religiosos radicais, inclusive os Niveladores, os Escavadores, os Homens da Quinta Monarquia e os Quacres.

Quando a saúde de Cromwell começou a declinar em ritmo constante em 1658, o fim da Comunidade Britânica parecia iminente. Cromwell morreu em 3 de setembro de 1658 e foi enterrado na Abadia de Westminster. Seu filho, Richard, escolhido como seu sucessor, atuou como Lorde Protetor por menos de um ano. Em maio de 1659, o Parlamento *Rump*, uma versão recriada do Longo Parlamento, forçou-o a abdicar, e ele fugiu para a França para livrar-se dos credores, onde morou por uns tempos como John Clarke. Retornou à Inglaterra em 1680 e viveu o restante de seus dias em reclusão.

Após a partida de Richard Cromwell, o Parlamento convidou Charles II oficialmente para retornar do exílio. Ele o fez, prometendo tolerância religiosa para os dissidentes. Quando chegou a Londres em 20 de maio de 1660, dia de seu aniversário, Charles foi aplaudido com entusiasmo pelas multidões. Ele, que favoreceu o catolicismo de sua mãe, queria tolerância para com os católicos entre outros, mas o novo Parlamento ainda possuía poder maior e criou o Código Clarendon, uma série de atos que asseguravam o anglicanismo como a religião do Estado e perseguiam os dissidentes religiosos. O mais famoso desses atos, o Ato da Uniformidade, foi promulgado em 1662, no dia de São Bartolomeu, e resultou na expulsão de mais de dois mil clérigos inconformados, a maioria puritanos, da Igreja. O puritanismo como um movimento de reforma eclesiástica terminou. Como força cultural e espiritual, durou até o século 18 e só aceitou mudar os climas político e cultural com a chegada do Iluminismo.

A VIDA E A PRÁTICA PURITANAS

Os puritanos constituíram mais do que um partido político na Igreja da Inglaterra. Foram também uma grande força cultural e espiritual. A vida e a prática dos puritanos nos séculos 16 e 17 foram importantes de várias formas.

Primeira, os puritanos eram pessoas *simples*. Em contraste com as igrejas anglicanas mais elegantes, que geralmente possuíam imensos órgãos de tubo e vitrais exibindo eventos bíblicos, eles se esforçavam para adorar em igrejas singelas. As objeções comuns dos puritanos em relação ao culto anglicano incluíam o uso de vestimentas clericais (especialmente a sobrepeliz, uma veste litúrgica branca de mangas largas para oficiar funções clericais nos cultos da igreja), fazer o sinal da cruz em batismos, ajoelhar-se para receber a comunhão, curvar-se diante do nome de Jesus, uso de anéis em cerimônias de casamento e sinos na igreja. Os puritanos também tinham uma opinião rígida a respeito do *Shabbat*, exigindo que os membros não realizassem nenhum trabalho desnecessário no *Shabbat* cristão.

Segunda, os puritanos eram pessoas *trabalhadoras*. A distinção moderna entre o sagrado e o secular não exercia nenhuma influência na visão dos puritanos em relação ao mundo. Para eles, a vida toda era sagrada, principalmente o campo de trabalho. John Dod e Robert Cleaver, por exemplo, escreveram que "o grande e venerável Deus não despreza nenhuma profissão honesta [...], mas a coroa com Sua bênção".

Terceira, os puritanos tinham a *família* em alta consideração. Grande ênfase era dada à família como uma "pequena igreja", na qual o pai devia atuar como ministro. Os pregadores advertiam os homens puritanos, dizendo que os maridos deviam amar sua esposa como Cristo amou a Igreja, e as mulheres, por sua vez, deviam honrar ao marido. Em seu *Diretório Cristão*, Richard Baxter confessou: "É uma bênção ter um amigo fiel que o ama inteiramente [...] com quem você pode abrir a mente e falar de suas preocupações".

Quarta, os puritanos eram pessoas que pregavam a *Palavra*. No início da década de 1550, a pregação das Escrituras tornou-se fundamental à causa puritana. Entendidos como se fossem o meio principal da obra de Deus no coração de cada pessoa, os sermões dos puritanos priorizavam abordar as ocorrências terrenas e comuns da vida cotidiana e evitavam os discursos mais filosóficos dos sacerdotes anglicanos.

A apresentação dos puritanos, no entanto, não seria completa sem mencionar seus defeitos. Às vezes, os puritanos eram pessoas intolerantes e temíveis. As vozes dos considerados dissidentes eram quase sempre expulsas ou oprimidas, e práticas como julgamentos de feiticeiros ainda mancham o passado dos puritanos. Contudo, nem todos os puritanos apoiavam métodos rígidos. Ministros como Samuel Willard manifestaram sua aversão publicamente. Outros como Roger Williams opuseram-se a eles apesar da consequente perseguição. Até juízes como Samuel Sewal, que se destacou nos julgamentos, arrependeu-se mais tarde pelo envolvimento deles.

No entanto, apesar de estudos cuidadosos e corretivos dos historiadores modernos — seculares e religiosos —, a palavra "puritano" ainda é empregada no sentido de rigor, rigidez, superstição, cegueira à beleza do mundo e várias outras anormalidades psicológicas. Apesar de ser verdade que viviam de modo rígido, eles tinham um senso profundo da misericórdia e do perdão de Deus. O que eles desprezavam era o pensamento mundano de viver como se o tempo e a eternidade fossem insignificantes para a alma humana. Todavia, a clássica descrição do puritano como peregrino ou aquele que viaja rumo a Sião é somente uma ideia parcial. Os puritanos misturavam a aspiração do outro mundo com a praticidade deste mundo. Cada um esforçava-se para ser o melhor marido, a melhor esposa, o melhor filho, a melhor filha, o melhor trabalhador. Em resumo, cada um esforçava-se para ser o melhor cidadão de ambos os mundos.

Bibliografia selecionada

Beeke, Joel R.; Randall Pederson. *Meet the Puritans*. Edinburgh: Banner of Truth Trust, a ser publicado.

Crampton, W. Gary. *What the Puritans Taught: An Introduction to Puritan Theology*. Morgan: Soli Deo Gloria, 2003.

Hulse, Errol. *Who Are the Puritans… And What Did They Teach?* Darlington: Evangelical Press, 2000.

Lake, Peter. "Defining Puritanism—Again?" Páginas 3-29 de *Puritanism: Transatlantic Perspectives on a Seventeenth-Century Anglo-American Faith*. Editado por Francis J. Bremer. Boston: Northeastern University Press, 1993.

Lewis, Peter. *The Genius of Puritanism*. Morgan: Soli Deo Gloria, 2003.

Lloyd-Jones, D. M. *Puritan Family*. New York: Perennial, 1942.

Packer, J. I. *A Quest for Godliness: The Puritan Vision of the Christian Life*. Wheaton: Crossway, 1990.

Ryken, Leland. *Worldly Saints: The Puritans As They Really Were*. Grand Rapids: Zondervan, 1990.

1 DE JANEIRO

SEMENTE DA IGREJA

JEREMIAH BURROUGHS

*Também eu te digo que tu és Pedro,
e sobre esta pedra edificarei a minha igreja,
e as portas do inferno
não prevalecerão contra ela.*

MATEUS 16:18

O poder de Deus é glorioso, não apenas para preservar Sua igreja e animar o espírito de Seus servos em momentos de maior aflição, mas também para multiplicar Sua Igreja por meio desses momentos. Se é maravilhoso ser sustentado neles, mais maravilhoso ainda é ser multiplicado por eles. "Quanto mais somos cortados, mais persistimos", diz Tertuliano. A igreja nunca cresceu tão rápido como quando esteve sob intensa aflição. A respeito dos primeiros cristãos, Sulpício diz que eles ansiavam tanto pelo martírio quanto os homens de sua época ansiavam pelo bispado. O sangue dos mártires foi a semente da Igreja. Plínio fala a respeito do lírio, que cresce alimentado pela seiva que dele verte, e que o mesmo ocorre com a igreja, que é o lírio crescendo entre espinhos; o próprio sangue vertido por ela a multiplica; os sofrimentos de um levam muitos outros a amar a verdade. John Knox [...] fala de um cavalheiro, um certo John Lindsay, conhecido do bispo James Bettoune. Na ocasião em que Patrick Hamilton foi queimado na fogueira, esse cavalheiro comentou com o bispo: "Meu Senhor, se queimardes outros, destruireis a vós mesmos; se os queimardes, que a incineração seja feita em porões vazios, porque a fumaça do Sr. Patrick Hamilton contaminou todos aqueles sobre os quais ela soprou". Dizem a respeito de uma certa Cecília [...] que sua constância e exortações, antes e após seu martírio, converteram

400 pessoas. "Pelo sangue e pela oração, a Igreja converte o mundo todo", diz Lutero.

*Os sofrimentos de um levam muitos outros
a amar a verdade.*

2 DE JANEIRO

PRECIOSAS PROMESSAS

WILLIAM SPURSTOWE

*Pelas quais nos têm sido doadas as suas preciosas
e mui grandes promessas, para que por elas vos torneis
coparticipantes da natureza divina, livrando-vos
da corrupção das paixões que há no mundo.*

2 PEDRO 1:4

Medite com muito cuidado e frequência nas promessas e [...] considere-as como fez a virgem Maria com as coisas que se falavam a respeito de Cristo: "Maria, porém, guardava todas estas palavras, meditando-as no coração" (LUCAS 2:19). O alambique não acrescenta nenhum mérito às ervas, mas destila e extrai tudo o que há de bom e útil nelas. A abelha não fornece nenhuma doçura à flor, mas, com sua diligência, suga dela o mel latente. A meditação não transmite nada de valor à promessa, mas extrai doçura e descobre a beleza dela, que, de outro modo seria pouco elaborada e percebida. Penso, às vezes, que quem crê olha para uma promessa da mesma forma que uma pessoa contempla o céu em uma noite escura e serena. À primeira vista, ele vê, feliz, uma ou duas estrelas e com dificuldade consegue distinguir uma luz fraca que logo se apaga; porém, quando eleva aos poucos o olhar para o alto, o número e brilho delas aumenta. Momentos depois, ele olha para o céu de novo, e o firmamento inteiro, de um lado ao outro, está repleto de uma multidão infinita de estrelas e ricamente enfeitado com um grande número de botões de ouro. Da mesma forma, quando os cristãos voltam os pensamentos pela primeira vez às promessas, as aparências de luz e conforto que delas brilham quase sempre parecem raios fracos e imperfeitos que não dispersam o medo nem as trevas; quando novamente eles se dispõem a pensar nelas com mais cuidado e esmero, a evidência e o conforto que transmitem à alma são mais claros e mais distintos. E quando o coração e as afeições se concentram totalmente na meditação de uma promessa, ah!, a promessa é tal qual um espelho brilhante aos olhos da fé! Que legiões de belezas aparecem então de todos os lados, que extasiam e enchem a alma do cristão com grande deleite! [...] Uma promessa na qual alguém reflete e medita cuidadosamente é como um pedaço de carne bem mastigado e digerido, que distribui mais nutrientes e força ao corpo do que grandes quantidades quando ingeridas por inteiro.

3 DE JANEIRO

AUXÍLIOS À ORAÇÃO

GERVASE BABINGTON

*Bondade e misericórdia certamente me seguirão
todos os dias da minha vida; e habitarei na
Casa do Senhor para todo o sempre.*

SALMO 23:6

Observe as doces promessas de Deus a respeito das súplicas de Seus filhos a Ele, que são tantas e tão completas, porque nenhum coração, se não for de pedra nem de aço, deixará de receber conforto e coragem para falar com o Senhor. "Pedi, e dar-se-vos-á; buscai e achareis; batei, e abrir-se-vos-á" (MATEUS 7:11). "Se pedirdes alguma coisa ao Pai, ele vo-la concederá em meu nome" (JOÃO 16:23) e outras milhares de passagens semelhantes. Medite nelas até que uma chama comece a arder dentro de você, e depois fale com ardor a um Deus tão meigo que incentiva Seus filhos a orar com sinceridade. E lembre-se sempre do que foi dito: "Entrarei na tua casa e me prostrarei diante do teu santo templo" (SALMO 5:7). A multidão das misericórdias de Deus torna agradável a entrada na casa de oração; sim, repita as palavras de Davi com alegria e satisfação: "Em Deus, cuja palavra eu louvo, no Senhor, cuja palavra eu louvo, neste Deus ponho a minha confiança e nada temerei. Que me pode fazer o homem?" (SALMO 56:10-11). Às vezes nossa fraqueza é grande e nossa mente começa a desprender-se de nossa oração feita em silêncio, portanto, é bom orar em voz alta, sim, até gritar nossos pensamentos, para não permitir divagações e para que a mente se harmonize com o som da língua. Essa tem sido sempre a sabedoria dos piedosos, e, à medida que lemos, vemos que isso os ajudava. O profeta Davi diz: "Ao Senhor ergo a minha voz e clamo... e digo: tu és o meu refúgio, o meu quinhão na terra dos viventes" (SALMO 142:1,5). E ele pronuncia as palavras com alegria, até mesmo por esta causa da qual estamos falando. Agostinho diz: "Nossa devoção e afeição são despertadas e estimuladas pela voz". E a experiência serve como prova maior nesse assunto. As expressões corporais, como ajoelhar-se, prostrar-se com o rosto em terra, bater no peito e cobrir o rosto ou virar-se para a parede, erguer os olhos e coisas semelhantes, todas ajudam também na demonstração do afeto. Sim, aí eles estão dentro da lei e corretos em suas ações, quando servem a esse propósito com sinceridade, e não como uma demonstração externa de hipocrisia.

4 DE JANEIRO

A VIDA DO HOMEM SANTIFICADO
JOHN DURANT

*E conhecer o amor de Cristo,
que excede todo entendimento.*

EFÉSIOS 3:19

O amor de Cristo é a vida do homem santificado. Paulo diz que estava morto para a lei a fim de que pudesse viver para Deus. E o fundamento, portanto, é este: ele viveu pela fé em Cristo, que o amou (GÁLATAS 2:20). Assim como a vida, a consolação dos homens santificados está envolta no amor de Cristo. O cristão não pode viver nem se alegrar se o Senhor Jesus não sorrir para sua alma. Mas, se Jesus sorrir e brilhar na luz de Seu amor, os que creem saberão não apenas como viver, mas também como alegrar-se em tudo, até nos piores momentos. Foi por esse motivo que, ao orar ao Pai de nosso Senhor Jesus para que os efésios não desfalecessem por causa de suas tribulações, o apóstolo suplica, para esse propósito, que eles conheçam o amor de Cristo, que excede todo entendimento [...]; o amor de Cristo aos crentes é transcendente, inexprimível. Aqueles que desfrutam o amor de Cristo não sabem como expressá-lo, porque tal amor transcende o entendimento deles e não pode ser expresso em linguagem alguma. As Escrituras definem a altura dessas coisas, que são indescritíveis; portanto, quando realçadas e declaradas que transcendem ao arrebatamento no qual Paulo se encontrava (quando subiu ao terceiro céu) e à glória do que ele então ouviu, fica claro que eram indizíveis. Paulo ouviu palavras inefáveis (que pode ser um hebraísmo, ou seja, *palavra* e *coisa* são mutáveis no hebraico), impossíveis de serem proferidas por um homem (2 CORÍNTIOS 12.4) [...]. A transcendência do amor de Cristo aos crentes é tal que ninguém (mesmo que fale a língua dos homens e dos anjos) sabe como expressá-la. [...] O mais espiritual de todos os matemáticos não é capaz de mensurar o amor de Cristo em todas as suas dimensões. Assim como é impossível que uma pequena abertura no corpo (o olho) deixe entrar toda a luz do sol, da mesma forma o grande olho da alma (o conhecimento) não consegue deixar entrar o brilho do amor de Cristo.

5 DE JANEIRO

TRISTEZA PIEDOSA

THOMAS DOOLITTLE

*Não queremos, porém, irmãos, que sejais ignorantes
com respeito aos que dormem, para não vos
entristecerdes como os demais, que não têm esperança.*

1 TESSALONICENSES 4:13

Não afrouxe as rédeas de suas afeições, para não ser induzido a pecar em momentos de tristeza. Não exagere ao derramar lágrimas enquanto lava o corpo dos que morreram, pois elas precisam ser guardadas para lamentar seus pecados. Que haja uma diferença entre a sua tristeza e a tristeza dos outros, da mesma forma que deve haver diferença entre os que têm esperança e os que não têm qualquer esperança de uma ressurreição festiva para a vida gloriosa e eterna [...]. "Não queremos, porém, irmãos, que sejais ignorantes". Os outros são ignorantes, portanto, lamentam excessivamente; mas você não deve ser assim; não deve entristecer-se dessa maneira. Você sabe, pensa e crê que a morte não passa de um sono, do qual certamente eles despertarão; que se levantarão das suas sepulturas [...] na manhã da ressureição que virá; que a alma deles nesse meio-tempo está com Deus, com Cristo e com o Eterno Espírito; que foram aceitos naquela gloriosa sociedade de anjos e santos lá no alto, em perfeito amor, constante deleite, louvando e triunfando perpetuamente, porque Deus os escolheu, porque Jesus os redimiu com Seu sangue, porque o Espírito Santo os reuniu para torná-los participantes daquela herança dos santos na luz, na vida e no amor. Você sofreria enquanto eles se regozijam? Lamentaria enquanto entoam cânticos de louvor? Está triste porque eles são exaltados? [...] Se você pudesse ouvi-los, eles lhe diriam: "Você enfrenta adversidades diárias; nós, descanso, paz e triunfo eternos. Você está trabalhando no campo; nós recebemos a vitória. Você corre o perigo de enfrentar o pecado e Satanás; nós fomos libertos deles para sempre. Seu amor por Deus e por você é um amor imperfeito, ao passo que o nosso não necessita ser aperfeiçoado. Você não sabe o que nós sabemos de Deus, de Cristo e da Glória. Você não vê o que nós vemos, não desfruta tudo o que nós usufruímos, portanto, gaste suas lágrimas com você, não conosco. Chore por você, não por nós. ... Você ora, aguarda e tem esperança de estar onde estamos, mas não temos nenhum desejo de estar onde você está. Temos uma casa melhor que a sua para morar, melhor companhia, melhor trabalho e emprego mais agradável; portanto, chorem por vocês, mesmos, não por nós".

6 DE JANEIRO

O CETRO DE CRISTO

OBADIAH SEDGWICK

*Mas acerca do Filho: O teu trono,
ó Deus, é para todo o sempre; e:
Cetro de equidade é o cetro do seu reino.*

HEBREUS 1:8

A fé verdadeira escolhe Cristo, e somente Ele, para ser seu Senhor. [...] Muitos se aproximam de Cristo para encontrar uma festa, mas poucos se aproximam de Cristo para carregar Seu cetro. Alguns se aproximam debaixo da segurança de Seu sangue, mas desprezam a autoridade e o domínio de Sua espada; gostam de Cristo, o Sacerdote, mas não de Cristo, o Senhor. Vou mostrar-lhe brevemente duas coisas [...]; os incrédulos não aceitam Cristo como seu único Senhor porque o coração deles tem outro dono. [...] Ele é o nosso Senhor a quem devemos servir, e somos os Seus servos *que lhe obedecem*. Se os mandamentos de lucro ou prazer entrarem em competição com Cristo, você verá que o coração incrédulo buscará o seu senhor; tal coração não dará ouvidos a Cristo, porque prefere pecar diante dele. O coração incrédulo arrisca-se facilmente a desagradar a Cristo para satisfazer às próprias concupiscências. Repetindo, o coração incrédulo não pode escolher Cristo; não pode gostar dele como seu Senhor. Por quê? Porque o domínio de Cristo é santo e celestial; é exatamente o oposto dos sórdidos valores, afeições e caminhos dos corações incrédulos. Em segundo lugar, todo crente admite que Cristo é o seu Senhor, como Tomé disse: "Senhor meu e Deus meu!" (JOÃO 20:28) ... e assim (1) A fé ergue o cetro de Cristo e prepara docemente a alma para uma submissão espontânea; (2) repetindo, a fé aproxima-se de Cristo por inteiro, portanto Ele é o único Rei e Senhor da fé; (3) repetindo, a fé sabe que a pessoa inteira foi comprada por Cristo; Seu sangue nos comprou e, assim, nos transferiu para o inteiro domínio de Cristo: "não sois de vós mesmos... fostes comprados por preço", diz o apóstolo em 1 Coríntios 6:19-20. Agora, tente responder a esta pergunta: quem é o seu Senhor? Se pela fé você jurou fidelidade a Cristo, embora seja perseguido por tantas tentações que desejam levá-lo ao cativeiro ou separar seu coração do serviço a Cristo, mesmo em meio a todas as opressões, sim, sob todos os golpes, pancadas e interrupções causados pelo pecado, o coração grita: "Cristo é o meu único Senhor; a Ele obedeço, a Ele honro e amo; sou dele e continuo a odiar aqueles pecados que ainda não consegui dominar".

7 DE JANEIRO

ENCONTRO COM DEUS
SAMUEL BOLTON

*Mostrarei a minha santidade
naqueles que se cheguem a mim
e serei glorificado diante de todo o povo.*
LEVÍTICO 10:3

Tudo o que se relaciona com qualquer assunto que envolva a adoração e o culto a Deus tem a finalidade de aproximar de Deus. E em outros lugares isso se chama ir ao encontro de Deus, caminhar em direção ao Seu trono, achegar-se a Deus, ter um encontro com Ele. Todas essas linguagens resumem-se a apenas isto: todo aquele que se envolve com qualquer mandamento de Deus aproxima-se dele. Você caminha em direção ao Seu trono, chega à Sua presença, aproxima-se de Deus, tem um encontro e comunhão com Ele. Não, você precisa estar envolvido com o Nome de Deus. Os mandamentos divinos fazem parte de Seu nome. Não, você precisa estar envolvido com o próprio Deus. Aquele que está envolvido com qualquer mandamento, com qualquer parte de adoração a Ele, está envolvido com o próprio Deus. Quando você se envolve com a Palavra, quando ora, quando se envolve com os sacramentos, envolve-se também com Deus por meio deles. O que a Palavra poderia fazer seja em exigir que nos comprometamos, em promessas para nos consolar, em ameaças que nos atemorizam, se não estivéssemos envolvidos com Deus e as Suas palavras? O que é oração? A oração não passaria de uma circunspecção desordenada, de uma loucura religiosa se não nos envolvêssemos com Deus por meio dela. E os sacramentos? Não passariam de ostentações pomposas, suposições vazias, elementos sem valor, se não nos envolvêssemos com Deus por meio deles. É quando nos relacionamos com

Deus nas ordenanças que glória é derramada, que a majestade é vertida e colocado poder em todas as ordenanças com as quais nos envolvemos. É Deus que torna as promessas da Palavra em rochas de firmeza e apoio, que enche de autoridade os mandamentos da Palavra, que torna extremamente terríveis as ameaças dela. É Deus que transforma um pouco de água, um pedacinho de pão e um gole de vinho em algo extremamente glorioso e eficaz. Como essas coisas (e as pessoas incrédulas) seriam vazias, pobres e desprezíveis se não nos relacionássemos com Deus por meio delas!

É Deus quem derrama glória em todas as ordenanças com as quais nos envolvemos.

8 DE JANEIRO

UM CORAÇÃO MALEÁVEL

TIMOTHY CRUSO

Ouvindo eles estas coisas, compungiu-se-lhes o coração e perguntaram a Pedro e aos demais apóstolos: que faremos, irmãos?

ATOS 2:37

A maleabilidade de coração supõe profunda convicção, como aquela que precisa vir primeiro, a fim de produzir tal estrutura. A espada na boca de Cristo deve penetrar (por assim dizer) entre as juntas e medulas, dividir alma e espírito e provocar um tipo de ferida que o pecador indiferente jamais sentiu. [...] Portanto, onde a Palavra não penetra, o coração permanecerá duro e assombrosamente insensível tanto ao pecado quanto ao dever. Um som que apenas passa pelo ouvido não significa nada além do que o toque de uma folha sobre a pele, até que o mandamento venha com poder, para despertar as tolas aptidões do homem de seu sono profundo. Cristo disse a Judas que ele tinha parte com o diabo e o trairia, mas a consciência nunca o impediu de executar seu ofício a qualquer custo. Enquanto as pessoas estiverem vivas e com vigor, animadas e confiantes (como Paulo esteve em sua condição natural [Romanos 7:9]) sem a Lei, essa disposição de maleabilidade santa provavelmente não brotará em tais pessoas, e pode-se dizer, de fato, que estão sem a Lei, embora possuam a dispensação externa da Lei, uma vez que não estão completamente convencidas e humilhadas por ela.[...] Essas montanhas tão altas, da mesma forma que a natureza de nosso coração, são semelhantes a imensos montes de coisas imundas jogadas no caminho do Senhor e não desistirão diante de nenhuma presença, a não ser da Sua presença. Ninguém é capaz de fazer essas pedras produzirem filhos que creem, sementes espirituais, para Abraão, a não ser Ele.

Aquele contra quem o pecado é cometido deve redimir o pecado mediante o arrependimento; Aquele que nós esmagamos, metaforicamente falando, também deve nos fazer sentir o peso de nossos pecados; o Deus em cuja visão somos os seres mais abomináveis deve nos fazer odiar a nós mesmos. Foi Ele que modelou o coração, e Ele pode transformá-lo da maneira que desejar. O coração foi formado originalmente por Sua mão e continua em Sua mão, isto é, continua sob Seu poder soberano, que Ele pode exercer com sucesso em qualquer situação.

9 DE JANEIRO

O CAMINHO PERFEITO

RICHARD ALLEINE

Quando atingiu Abrão a idade de noventa e nove anos,
apareceu-lhe o Senhor e disse-lhe:
Eu sou o Deus Todo-Poderoso;
anda na minha presença e sê perfeito.

GÊNESIS 17:1

Você deve nivelar-se à perfeição da santidade, e nenhuma marca abaixo da perfeição deve limitar ou restringir seus objetivos: "Tendo, pois, ó amados, tais promessas, purifiquemo-nos de toda impureza, tanto da carne como do espírito, aperfeiçoando a nossa santidade no temor de Deus" (2 CORÍNTIOS 7:1). Embora a santidade perfeita não possa ser alcançada, é preciso tê-la como meta; embora não possa ser atingida, precisamos estender a mão em direção a ela; embora não se possa obtê-la, precisamos continuar a buscá-la. Pois não podemos possuir tudo o que é desejável, mas, enquanto vivermos, continua a haver algo adiante de nós que ainda nos falta; portanto, nosso progresso na religião necessita estar constantemente em movimento; precisamos seguir adiante e alcançar o que está adiante de nós, para que nosso trabalho seja mais produtivo e nosso coração seja melhor do que era antes (PROVÉRBIOS 4:18). O caminho do justo deve brilhar cada vez mais até ser dia perfeito; a graça deve crescer até ser absorvida pela glória.

Embora a santidade perfeita seja inalcançável,
ainda assim deve ser almejada.

10 DE JANEIRO

FIDELIDADE SANTA

RICHARD VINES

*O meu amado é para mim um saquitel de mirra,
posto entre os meus seios.*
CÂNTICO DOS CÂNTICOS 1:13

Se você se casou com Jesus Cristo, tem afeição por Ele e por Seu amor mais do que tudo no mundo. É por isso que se diz: "Seu amor é melhor do que o vinho", isto é, do que toda a excelência da criatura, que não há nenhuma outra uva que produza tanta doçura e satisfação quanto o Seu amor; nenhum fruto de prazer, de crédito ou de lucro em todas as videiras do mundo tem sabor semelhante ao de Jesus, o seu marido. Jesus Cristo é melhor do que tudo, da mesma forma que o vinho excede o sabor de todas as outras bebidas. Então, o que preenche seu coração, o que ocupa o lugar principal dentro dele? O que está assentado no trono de seu coração e possui prioridade em seus prazeres, e se encontra no ponto mais alto de seu amor? É o mundo ou Jesus Cristo […]. Se você está perto de Cristo, como a esposa está perto do marido, aceite-o nas melhores e nas piores situações e mantenha-o perto de você no melhor e no pior […] isto é, não apenas pela Sua coroa, mas também pela Sua cruz; não apenas na saúde e na riqueza, nos bons tempos, mas na doença e na pobreza, nos tempos adversos; não apenas pelo que Ele é, mas também pelo que Ele deseja, a fim de estar em comunhão com Ele em todas as situações.

*Jesus Cristo é melhor do que tudo, assim como o vinho
que excede o sabor de todas as outras bebidas.*

11 DE JANEIRO

COISAS MELHORES

WILLIAM JENKYN

E tudo quanto pedirdes em meu nome,
isso farei, a fim de que o Pai seja glorificado no Filho.
JOÃO 14:13

A principal preocupação do cristão deveria ser receber de Deus as misericórdias mais primorosas. Os que pertencem ao mundo são, de fato, facilmente levados pelo que há de pior, porque desejam apenas alguém que lhes mostre coisas boas. Mas, ó cristão! Não permita que nada lhe agrade ou cause satisfação, a não ser o resplendor do rosto divino. Ao agir assim, você receberá as bênçãos de Deus aqui, da mesma forma que poderá ser recebido por Deus no futuro. Não deseje dádivas; deseje as misericórdias divinas; não deseje pedrinhas comuns, mas deseje pérolas, e sempre se esforce para receber apenas o amor divino e nada mais. Lutero, quando alguém lhe enviava um rico presente, declarava com coragem santa ao Senhor que tais coisas não eram úteis ao seu objetivo. Deseje sempre o favor de Deus em vez de felicidade exterior. Ó, peça a Deus que seu quinhão não esteja nesta vida, mas que aquilo que desfruta aqui possa ser uma promessa de coisas melhores no futuro.

Não permita que nada lhe agrade ou cause satisfação,
a não ser o resplendor do rosto divino.

12 DE JANEIRO

SEMPRE PERTO

RICHARD VINES

Tu estás perto, Senhor, e todos os teus mandamentos são verdade.

SALMO 119:151

Embora Deus esteja longe, Ele está perto; mesmo que Sua presença não seja sentida de modo perceptível, ela é real e verdadeira. A essência da proximidade permanece intacta, embora a percepção e a influência tenham sido bloqueadas de alguma forma. O mesmo ocorre com o Sol; quando está coberto por uma nuvem, ele continua perto, como se a nuvem não estivesse diante dele, embora o calor e a luz, e sua influência, estejam bloqueados de alguma forma. O homem continua perto do Sol tanto em dias nublados quanto em dias claros; assim também, o homem está tão perto de Deus e continua perto dele mesmo quando Ele se esconde por detrás de uma nuvem de provação [...]. A conexão à substância permanece firme. O filho continua a ser filho tanto quando está a milhares de quilômetros de distância do pai como se estiver no mesmo recinto, na presença dele. Assim também o filho de Deus continua a ser filho pela essência e autenticidade da relação, tanto quanto ocorre com um cônjuge, quando Deus se oculta dele sob a distância da aflição como quanto estava alegre e em paz.

O mesmo ocorre com o Sol; quando está coberto
por uma nuvem ele continua perto,
como se a nuvem não estivesse diante dele.

13 DE JANEIRO

FALSAS EXPECTATIVAS

DANIEL DYKE

*Mas os cuidados do mundo, a fascinação da riqueza
e as demais ambições, concorrendo,
sufocam a palavra, ficando ela infrutífera.*

MARCOS 4:19

Nosso coração nos engana prometendo os mais diversos contentamento e felicidade da fruição das bênçãos exteriores, mesmo quando essas coisas não correspondem às nossas expectativas. Diz o coração enganoso: "Se eu pudesse ter isto ou aquilo que desejo, se tivesse tal vida, se tivesse tal emprego, ou uma preferência, como seria agradável e prazerosa a vida que levo!". Bom, quando a pessoa tem esse desejo atendido, chega quase a passar mal, como ocorreu com os israelitas em relação às codornizes: encontra mais vaidade e aborrecimento de espírito na presença desse desejo realizado do que antes, quando lhe faltava um bem tão desejado. Daí surgiu a expressão "engano das riquezas", porque não satisfazem o que o nosso coração afirma em relação a elas. A esse respeito, todas as honras do mundo são chamadas de "mentira" por Davi: "Ó homens, até quando... amareis a vaidade, e buscareis a mentira" (SALMO 4:2)? A mentira está, de fato, em nosso falso coração. Nós o tornamos mentiroso, porque prometemos coisas grandiosas para nós. [...] O rico tolo prometeu a si mesmo um pequeno céu com suas riquezas: "Então direi à minha alma... regala-te" (LUCAS 12:19), mas quanto tempo demorou para Deus o levar? "Louco, esta noite te pedirão a tua alma" (v.20) e onde estará o seu regalo? O motivo desse engano é que nós, em nossa expectativa de receber coisas externas, antes que elas cheguem, apreendemos somente o que é bom e doce, sem pensar no amargo, no prazer partilhado com a dor, mas nessa fruição recebemos os dois, sim, uma porção maior do amargo que do doce. É por isso que a expectativa é muito mais agradável do que o aproveitamento daquilo que desejávamos. Quase nada nos agrada tanto quanto a expectativa do recebimento do que desejávamos. Nada, quero dizer, dessas coisas temporais; porque as coisas eternas são mais amadas por nós quando recebidas do que quando desejadas.

14 DE JANEIRO

DEUS LIBERTARÁ
JOHN DOD E ROBERT CLEAVER

*Busquei o Senhor, e ele me acolheu;
livrou-me de todos os meus temores.*

SALMO 34:4

Seja qual for o infortúnio que os filhos de Deus estejam enfrentando, no melhor momento Ele os libertará. [...] Os israelitas estavam vivendo debaixo de uma longa e intensa aflição durante muitos anos, de tiranos que lhes açoitavam e lanhavam o corpo, forçando-os a trabalhar além de suas forças e obrigando os pais (a mais intolerável de todas as afrontas) a afogar os próprios filhos. Ninguém jamais havia recebido tratamento tão odioso; vemos, no entanto que Deus os libertou. E no Salmo Ele diz: "Muitas são as aflições do justo, mas o Senhor de todas o livra" (34:19). Não era de riqueza, nem de dinheiro que eles careciam; nem de amigos, porque às vezes eles não tinham nenhum; nem de força, porque eram fracos e sofriam humilhações. Deus, porém, os libertará. Deus permitirá que obtenham justiça, fé e espírito de oração; apesar de estarem dentro da fornalha ardente do Faraó, em regime de escravidão, Deus permite que clamem e, após o clamor, os libertará. Foi assim nos tempos de Ester, tempos de aflição assombrosa, porque o dia da execução estava marcado, quando todo o povo de Deus seria morto à espada, e nenhuma vida seria poupada. Mas agora, quando eles podiam clamar a Deus e não tinham ninguém mais a quem recorrer senão a Ele, sabendo que o Senhor poderia ajudá-los se fosse essa a Sua vontade e também por causa de Sua promessa de libertá-los, vemos, então, que o dia marcado para sofrimento do povo foi transformado em alegria; que aquilo cujo propósito era destruí-los causou a destruição de seus inimigos; e o dia da mais extrema angústia provou ser o dia mais alegre de todos, o dia da libertação.

Ninguém jamais havia recebido tratamento tão odioso; vemos, no entanto que Deus os libertou.

15 DE JANEIRO

ALMEJANDO DEUS
SAMUEL ANNESLEY

Quem mais tenho eu no céu?
Não há outro em quem
eu me compraza na terra.
SALMO 73:25

Se os filactérios estivessem em uso entre os cristãos, eu recomendaria que esse versículo fosse amarrado no pescoço de cada um de vocês ou escrito na tábua de seu coração. Essa é a passagem bíblica a respeito da qual bem poderíamos dizer "Amém" às *Confissões* de Agostinho: "O, que maravilhosa profundidade, meu Deus, a maravilhosa profundidade de Tua Palavra! Embora haja uma doçura externa instigando-nos a prová-la, há um primor interno que nos força a admirá-la". "Quem mais tenho no céu? Não há outro...", isto é, há alguém no céu em quem eu possa confiar ou alguém que possa invocar, senão a Deus? Ou existe algo mais, que seja precioso no céu e que eu deseje sem ti ou diante de ti? "Não há outro em quem eu me compraza na terra", isto é, por mais que eu queira, não idolatrarei nada na Terra, absolutamente nada. Minha submissão a Deus faz que todas as coisas sem Ele não tenham valor algum.

Embora haja uma doçura externa instigando-nos
a provar [da Tua Palavra], há um primor interno
que nos força a admirá-la.

16 DE JANEIRO

REGISTRE AS MISERICÓRDIAS DE DEUS

RICHARD STEELE

*Para com o benigno,
benigno te mostras; com o íntegro,
também íntegro.*

SALMO 18:25

Quem deseja ser sábio deve ler Provérbios; quem deseja ser santo deve ler os Salmos. Cada frase desse livro respira santidade peculiar. O Salmo 18, apesar de ter sido incluído entre os primeiros salmos, foi um dos últimos a ser escrito (como o prefácio nos assegura) e representa o resumo da história geral da vida de Davi. É registrado duas vezes nas Escrituras (2 Samuel 22 e no livro dos Salmos) em razão de seu primor e doçura; certamente deveríamos prestar atenção nele. O piedoso Davi, estando perto da praia, olha com o coração agradecido para os perigos e libertações pelos quais passara e escreve este salmo para bendizer ao Senhor. Da mesma forma, cada um de vocês, que já viveu muitos anos, deveria rever sua vida e contemplar a maravilhosa bondade e providência de Deus em relação a você, e depois sentar-se e escrever um singelo memorial das mais notáveis misericórdias do Senhor, para sua satisfação e para a posteridade. Uma prática excelente: você não acharia reconfortante registrar a bondade de Deus para com seu pai, ou avô, que já partiu deste mundo? Assim, seus filhos se alegrariam no Senhor ao ler como Ele foi bom para você. E não poderia haver melhor exemplo para isso do que Davi, o homem piedoso que escreveu este salmo aos 67 anos de idade. Quando já havia passado pela maioria de suas provações e se preparava para estar com seu Pai no Céu, ele decide deixar aqui na Terra esta bela descrição do Senhor.

Escreva um singelo memorial
das mais notáveis misericórdias do Senhor,
para sua satisfação e para a posteridade.

17 DE JANEIRO

O JUGO SUAVE

NATHANAEL VINCENT

*Porque o meu jogo é suave,
e o meu fardo é leve.*

MATEUS 11:30

Pelo fato de Cristo ser tão compassivo, certamente não é razoável reclamar e recusar a submeter-se ao Seu jugo. Um jugo tão misericordioso como esse deve ser um jugo suave; e o Seu fardo é um fardo leve (MATEUS 11:30). O reino do Céu é como um casamento; se a submissão da esposa a um marido terno e indulgente é doce e agradável, muito mais agradável é a submissão do crente a Cristo. Os ímpios são estranhamente preconceituosos a respeito do cetro e do governo de Jesus; mas não há justificativa para isso. Eles dizem: "Não queremos que esse Senhor reine sobre nós". É misericordioso ser transportado para o Reino, porque você será liberto de todos os outros senhores, que são ditatoriais, cruéis e recompensam com a morte todos os serviços que lhes são prestados. Todos os preceitos de Cristo são benéficos para você, e Ele não lhe impõe qualquer proibição exceto aquilo que Ele vê que pode lhe ser prejudicial. Penso que, ao ler essas palavras, o mais obstinado de todos deveria render-se e dizer: "Deixamos o Senhor da vida do lado de fora, mas foi um erro; não pensávamos que servir a Ele significava estar tão próximo da liberdade; imaginávamos que Suas ordens eram cruéis, portanto as abandonamos, mas agora devem ser mais valorizadas que o ouro, sim, o ouro mais fino, e são mais doces do que o mel e o favo".

*É misericordioso ser transportado para o Reino, porque
você será liberto de todos os outros senhores.*

18 DE JANEIRO

O MELHOR DEVER

CHRISTOPHER NESSE

*Então, me invocareis, passareis a orar a mim,
e eu vos ouvirei.* JEREMIAS 29:12

Da mesma maneira que a fé é conhecida como a melhor das graças, a oração é conhecida como o melhor dos deveres. Se os outros deveres são insignificantes, esse tem grande valor em muitos aspectos. Primeiro, glorifica a Deus pelos seus três grandes atributos. 1) Glorifica-o por Sua onisciência, porque Ele conhece todos os seus desejos e porque Ele, cujo trono está no Céu, ouve todas as petições que lhe são apresentadas na Terra, sim, mesmo quando você ora somente com o coração (aquilo que os homens não ouvem, não conhecem), como fez Moisés em Êxodo 14:15. O Senhor perguntou a Ana por que ela clamava a Ele, embora ela não tivesse dito uma só palavra (1 SAMUEL 1:13). E Davi disse: "Na tua presença, Senhor, estão os meus desejos todos, e a minha ansiedade não te é oculta" (SALMO 38:9). 2) Glorifica a Deus por Sua onipotência, o que significa que Deus é capaz de atender a todos os seus pedidos, a tudo o que você expõe diante dele (EFÉSIOS 3:20). O próprio ato da oração diz a Deus, como no caso de Jó: "Bem sei que tudo podes" (JÓ 42:2). 3) Glorifica a Deus por Sua bondade misericordiosa ou por sua benevolência abundante, porque Ele se dispõe a (e é capaz de) atender a todos os seus desejos. O poder divino e a misericórdia divina são os dois pilares sobre os quais a oração se sustenta, como o templo de Salomão era sustentado pelas colunas Jaquim e Boaz, que significavam estabilidade e força.

*O próprio ato da oração diz a Deus:
"Bem sei que tudo podes".*

19 DE JANEIRO

O ONIPOTENTE

JEREMIAH BURROUGHS

O Deus que fez o mundo e tudo o que nele existe,
sendo ele Senhor do céu e da terra, não habita em
santuários feitos por mãos humanas.
Nem é servido por mãos humanas, como se de
alguma coisa precisasse; pois ele mesmo é quem a
todos dá vida, respiração, e tudo mais.

ATOS 17:24,25

Deus é um ser onipotente. Ele não necessita de nenhuma criatura. Não necessita de nada, de nenhum de nós. Possui o suficiente dentro de Si mesmo antes de o mundo vir a existir; Deus era tão bendito em si mesmo quanto o é agora. Não há nada que possa ser acrescentado a Ele; existe tanto primor, mesmo no próprio ser divino, que nada pode ser acrescentado a Ele. Somos pobres criaturas que necessitam de milhares de coisas continuamente: do ar para respirar, da terra para nos sustentar, do fogo para nos aquecer, de roupas para nos cobrir, de comida e bebida, milhares de coisas; necessitamos da criatura mais insignificante, e se Deus eliminasse o uso dela, a vida seria desditosa para nós. Mas esta é a excelência de Deus: Ele não necessita de nada. Deus tem tudo em Si mesmo; todas as criaturas do céu e da terra não podem acrescentar nada a Ele; se houvesse mil outros mundos, apesar de Deus ter a posse de todos eles, nenhum acrescentaria uma só partícula ao que está no próprio Deus. Portanto, embora o Senhor tenha feito o céu e a Terra e todas as coisas que neles há, não podemos pensar que Deus é um pouco melhor do que essas coisas ou tem mais glória. Ele tinha tanta glória e bênção quanto tem agora, ou pode ter. Quando todos os anjos e santos estiverem bendizendo Deus eternamente no Céu, eles não poderão acrescentar nada à gloria divina. Dizemos que o Sol é uma criatura gloriosa, mas isso pode acrescentar um pouco mais de luz a ele? Então, mesmo que os santos e os anjos louvem e bendigam a Deus, o que isso acrescenta a Ele? E nisso o Nome de Deus é excelente.

> *Todas as criaturas do céu e da terra*
> *não podem acrescentar nada a Ele.*

20 DE JANEIRO

FÉ PEQUENA
JOHN ROGERS

...Se tiverdes fé como um grão de mostarda, direis a este monte: Passa daqui para acolá, e ele passará. Nada vos será impossível.
MATEUS 17:20

Fé pequena é fé verdadeira e grande também. O homem pequeno é um homem da mesma forma que um homem grande. Um pouco de água é água tão verdadeira quanto o oceano inteiro. Os discípulos tinham fé verdadeira, embora muito fraca, fraca em conhecimento. Apesar de acreditarem que Jesus era o Messias, o Salvador do mundo, eles não sabiam como isso aconteceria. Não sabiam nada a respeito de Sua morte, porque, quando Jesus lhes contou sobre Seu sofrimento, eles não entenderam uma só palavra. Pedro chamou seu Mestre à parte e aconselhou-o a não ir a Jerusalém para morrer. Eles também não sabiam nada a respeito de Sua ressurreição, porque, quando Maria lhes contou, eles não acreditaram. A respeito de Sua ascensão, quando Jesus disse que permaneceria um pouco mais de tempo com eles e depois partiria, eles também não entenderam nada; disseram que não sabiam para onde Ele iria e não conheciam o caminho. Como puderam ser tão fracos no conhecimento, tão ignorantes a respeito de assuntos tão importantes? [...] Mas a fé fraca pode tornar-se forte com o passar do tempo: o mais sábio dos sacerdotes teve de estudar gramática, o maior gigante do mundo usou fraldas, o mais alto de todos os carvalhos foi uma arvorezinha, e a fé do tamanho de um grão de mostarda torna-se uma árvore grande. Da mesma forma, uma criança torna-se um homem, o milho germina de uma lâmina, forma a haste e a espiga até amadurecer. Os discípulos, tão fracos antes, tornaram-se extremamente fortes depois que o Espírito Santo lhes foi enviado e não se amedrontaram diante dos tiranos.

*Mas a fé fraca pode tornar-se forte
com o passar do tempo.*

21 DE JANEIRO

PECADOS ESQUECIDOS
JOHN SHOWER

*São muitas, Senhor, Deus meu, as maravilhas que
tens operado e também os teus desígnios
para conosco; ninguém há que se possa igualar
contigo. Eu quisera anunciá-los e deles falar,
mas são mais do que se pode contar.*

SALMO 40:5

Há muitos pecados que são esquecidos, pecados que nunca reconhecemos com a devida humildade. No entanto, se nos arrependermos verdadeiramente daqueles que conhecemos e nos lembrarmos deles, os pecados esquecidos serão perdoados, pois Deus perdoa-nos porque Ele é Deus; perdoa-nos como Deus, não de acordo com nosso conhecimento, mas de acordo com a Sua vontade. E como Ele é maior que o nosso coração e conhece muito mais coisas contra nós do que nos lembramos, ainda assim Ele continua a ser maior que nosso coração, para perdoar até aquelas faltas das quais nosso coração e nossa consciência não se lembram. Deus conhece o valor do sangue e dos méritos de Cristo, para perdoar todos os nossos pecados. E pela fé não fingida, somos mais atentos à virtude desse perdão. Deus tem mais pensamentos de misericórdia nele próprio do que todos os nossos pensamentos de rebelião contra Ele. Seus pensamentos são desde a eternidade e durarão por toda a eternidade, ao passo que o pecador mais antigo de todos começou a rebelar-se contra Deus somente a partir de ontem.

*Deus tem mais pensamentos de misericórdia
nele próprio do que todos os nossos pensamentos
de rebelião contra Ele.*

22 DE JANEIRO

A BELEZA DO JUSTO

THOMAS WATSON

Orna-te, pois, de excelência e grandeza,
veste-te de majestade e glória.

JÓ 40:10

Por que a beleza terrena é cortejada por todos, e o que ela é? "Enganosa é... a formosura" (PROVÉRBIOS 31:30). As características mais admiráveis do corpo e a cútis mais encantadora não passam de terra bem colorida. O justo, porém, possui uma beleza celestial que resplandece nele. Sua formosura provém do conhecimento, do amor e da mansidão, de um esplendor superior capaz de fascinar os próprios anjos. O bom cristão reflete e deixa transparecer aquela santidade cintilante, característica da própria Divindade. Cristo é infinitamente apaixonado pela beleza espiritual de Sua igreja. "Formosa és, querida minha, como Tirza, aprazível como Jerusalém" (CÂNTICO DOS CÂNTICOS 6:4). Tirza era a representação do prazer; Jerusalém era a metrópole da Judeia, a estrela e a luz de todo o mundo oriental. São descrições simbólicas, para expressar o brilho da glória da Igreja. "Desvia de mim os olhos, porque eles me perturbam" (v.5). É como se Cristo tivesse dito: "Oh, minha esposa, há tal resplendor em teu rosto ao qual quase não consigo resistir. Fui ferido pelas flechas encantadoras de tua beleza!". O olhar de um crente atrai o coração de Cristo a ele: "Arrebataste-me o coração com um só dos teus olhares" (4:9). A beleza do justo nunca murcha; supera a morte. A verdadeira graça é semelhante às cores aplicadas em óleo que não desaparecem quando lavadas.

Cristo é infinitamente apaixonado
pela beleza espiritual de Sua igreja.

23 DE JANEIRO

BÊNÇÃOS DO ALIMENTO

THOMAS GOUGE

*Que darei ao S*ENHOR
por todos os seus benefícios para comigo?
SALMO 116:12

Não se esqueça de orar a Deus pela bênção sobre as coisas que você vai comer ou beber, porque o apóstolo diz: "Pois tudo que Deus criou é bom, e, recebido com ações de graças, nada é recusável, porque, pela palavra de Deus e pela oração, é santificado" (1 TIMÓTEO 4:4,5). Pela Palavra, como o texto diz, e pela garantia de nosso direito a isso; e pela oração, pois ela é o meio designado por Deus para recebermos Sua bênção sobre o nosso alimento, sem a qual a comida seria de pouco proveito. "Não só de pão viverá o homem, mas de toda palavra que procede da boca de Deus" (MATEUS 4:4), isto é, o pão não nos alimenta por seu próprio poder, mas pela provisão e bênção de Deus. É por isso que nosso Salvador costumava erguer os olhos antes de comer e rogar uma bênção sobre o que Ele criou, uma prática comum entre o povo de Deus, antes e desde a época de Cristo (1 SAMUEL 9:13; ATOS 27:35). Tendo, pois, esses exemplos e precedentes de tal valor, siga-os: não coma nenhuma das coisas boas que Deus fez sem antes elevar o coração a Ele e suplicar a Sua bênção sobre elas, pois, do contrário, você não consideraria justo receber uma maldição de Deus em vez de uma bênção? As coisas sobre sua mesa são de Deus, portanto você vai precisar ser mais corajoso do que bem-vindo, se fizer uso delas sem pedir Sua bênção.

O pão não nos alimenta pelo seu próprio poder,
mas pela provisão e bênção de Deus.

24 DE JANEIRO

O PASSATEMPO DO JUSTO
ROBERT DINGLEY

---

*Considero também nas tuas obras todas
e cogito dos teus prodígios.*
SALMO 77:12

A meditação [...] é o prazer do justo. Ela reconstitui e perfuma os espíritos cansados. É uma escada pela qual a alma sobe ao Céu. É um dever sempre ao nosso alcance (PROVÉRBIOS 6:22), quando estamos sozinhos e, mais ainda, quando estamos no escuro, viajando e assim por diante. Em todas as ocasiões, podemos deixar nossa alma meditar, quando não estamos executando outros deveres. E quando dormimos podemos nos ocupar desse dever, pois, se tivermos comunhão com Deus durante o dia e fecharmos os olhos para meditar um pouco, poderemos até sonhar com o amor de Deus e a glória do Céu, como as experiências dos justos podem disso testemunhar. A meditação nos conduz aos píncaros das alegrias celestiais e nos transmite um pouco da visão e das bênçãos de Deus. Como ocorreu com Moisés, a meditação possibilita-nos discernir, de acordo com nossa capacidade, alguns vislumbres divinos, e vemos que nosso rosto brilha com pureza e divino esplendor. Somos, então, arrebatados com Paulo e levados ao paraíso e, num piscar de olhos, conduzidos (como em uma carruagem de fogo) até o Céu. E com o piedoso Estêvão vemos os céus se abrindo e Jesus sentado à direita de Deus. Admiráveis são, sim, os efeitos da divina meditação. Ela confirma nosso conhecimento (SALMO 119:99). Fortalece nossa memória (63:6). Desperta o nosso amor (119:97). Acalenta o tempo que passamos com Deus (119:148). Mantém o verdadeiro temor do Senhor, como o de uma criança (4:4). Aquieta e tranquiliza a alma em aflição (119:23). Incentiva a oração (143:5,6). [...] O que direi? A meditação é a própria vida de nossa vida, como um pagão poderia dizer e ver pela luz da natureza. É o alimento de nossa alma, o combustível de nosso zelo, o incentivo de nossa devoção. A alma que medita em Deus nunca está menos sozinha do que quando sozinha, porque está em comunhão com o Pai e Seu Filho, Jesus Cristo.

25 DE JANEIRO

QUARTO PARA BEBÊS

JOHN COLLINGES

*Naquela hora, exultou Jesus no Espírito Santo
e exclamou: Graças te dou, ó Pai,
Senhor do céu e da terra, porque ocultaste estas
coisas aos sábios e instruídos e as revelaste
aos pequeninos. Sim, ó Pai, porque assim
foi do teu agrado.*

LUCAS 10:21

Para todos os cristãos, principalmente para aqueles mais sensíveis à fraqueza de sua fé, deve ter havido, e ainda há, mais anões além de você. A perfeição é um alvo que jamais será alcançado; os melhores arqueiros provam que estão longe de alcançá-lo. Trata-se, na verdade, de uma marca que todos se preparam para atingi-la com suas flechas, mas a alma de todos os cristãos, assim como as flechas de Jônatas, voaram, algumas para a glória, algumas de curto alcance, algumas sobre sua mão, algumas caíram aqui, outras ali, mas nenhuma atingiu o alvo. Tenha bom ânimo, fé fraca é fé; os pequeninos são os filhos verdadeiros do Pai, que não rejeita nenhum que se aproxima (mesmo engatinhando) dele. O Céu tem espaço para bebês e também para adultos. Uma criança pode abrir a tranca da porta do Céu, entrar e ser acolhida para sentar-se no joelho do Rei da Glória, junto a Seu peito: "Como pastor, apascentará o seu rebanho" (ISAÍAS 40:11) e carregará os cordeiros em Seu colo. Os braços de Jesus Cristo carregam numerosos cordeirinhos em fase de amamentação, ou pelo menos, aqueles que estiveram na Terra. O mais novo de todos os cristãos, se for herdeiro, tem idade para possuir seu quinhão no Céu; a juventude não é nenhum empecilho. O jardim de Deus tem mais rebentos do que troncos de árvores. Os rebentos se transformarão em troncos no Céu, mas aqui na Terra não passavam de tenros ramos quando Cristo os levou para a Terra da Graça e os transplantou.

Tenha bom ânimo, fé fraca é fé.

26 DE JANEIRO

SUPORTANDO A ADVERSIDADE

SAMUEL SHAW

Deste aos meus dias o comprimento de alguns palmos;
à tua presença, o prazo da minha vida é nada.
Na verdade, todo homem, por mais firme que esteja,
é pura vaidade. SALMO 39:5

Não conheço nenhuma tentação que, em todas as épocas, tenha provocado e confundido mais a mente dos homens de bem do que a tentação que surge da prosperidade dos ímpios; um escândalo que o mais honrado de todos os homens pode estar apto a cometer contra as dispensações do próprio Deus. Foi, portanto, do agrado de Deus, por compaixão ao sofrimento, prevenir frequentemente essa tentação, ao permitir que muitas partes da Sagrada Escritura fossem escritas de propósito sobre esse assunto, entre elas o Salmo 39. Sua principal proposição é uma advertência de que, ao observar a prosperidade dos ímpios, não devemos duvidar do cuidado e da providência divina. Não podemos permitir que a nossa mente seja abalada nem murmurar contra Deus, ou nos afastar dele, mas suportar pacientemente a adversidade e permanecer firmes em nossa profissão de fé.

Ao observar prosperidade dos ímpios, não devemos
duvidar do cuidado e providência divinos.

27 DE JANEIRO

O MAIS BELO DE TODOS

THOMAS VINCENT

> *Uma coisa peço ao Senhor, e a buscarei:*
> *que eu possa morar na Casa do Senhor*
> *todos os dias da minha vida, para contemplar a*
> *beleza do Senhor e meditar no seu templo.*
>
> SALMO 27:4

Cristo é a pessoa mais afável e o alvo mais adequado para seu amor. Se você inquirir sobre o passado, desde o dia em que Deus criou o homem na Terra; se procurar de um lado ao outro do céu; se fizer uma busca em todas as partes da Terra, jamais ouvirá falar que houve ou que foi encontrada uma pessoa tão encantadora, tão bela e que merece o seu amor de todas as formas quanto o Senhor Jesus Cristo. Há uma beleza ímpar, transcendente, incomparável e excelente nele. Como são tolos alguns homens que amam apaixonadamente a beleza externa que veem em algumas mulheres […], a encantadora mistura de cores no rosto, a beleza dos olhos, sua inteligência, seus movimentos rápidos e graciosos e olhares ternos; como isso arrebata o coração de alguns homens apaixonados! No entanto, o mais belo corpo do mundo não passa de barro pintado, sujeira e corrupção envolto em pele bonita, que a doença tornará pálida e que a morte vai desfigurar e deteriorar. Porém, a afabilidade e a beleza de Cristo são mais transcendentes e permanentes, portanto, um alvo mais adequado para o seu amor. Cristo é mais justo do que os seres humanos; Ele é todo belo, sem nenhuma mancha, totalmente encantador, sem nenhum defeito ou deformidade.

Cristo é mais belo do que os seres humanos.

O TRABALHO TORNA-SE LEVE

WILLIAM GURNALL

*Tudo quanto te vier à mão para fazer,
faze-o conforme as tuas forças, porque no além,
para onde tu vais, não há obra, nem projetos,
nem conhecimento, nem sabedoria alguma.*

ECLESIASTES 9:10

A ajuda divina que os cristãos recebem em seu trabalho alivia o peso dele. Pense no trabalho do cristão sem essa ajuda. É pesado, sim, muito pesado para suportá-lo. Porém, com a mão auxiliadora de Deus, o trabalho pesado torna-se leve. O navio, quando apoiado sobre a terra, não pode ser arrastado nem mesmo por todos os habitantes do país, mas com que facilidade ele flutua quando a maré sobe! Da mesma forma, o coração pode sair de sua apatia e indisposição para o trabalho. Oh, ele é rapidamente elevado e inspirado quando Deus flui com Suas secretas aspirações e empolgações de Seu bendito Espírito e graça! Aquele que confessa que não pode fazer nada por si mesmo, nem sequer ter um bom pensamento, diz-nos que é capaz de fazer todas as coisas por meio de Cristo, que o fortalece. Ora, essa ajuda do Senhor é prometida, mas só chegará quando o cristão arregaçar as mangas. Vamos sair do lugar e trabalhar, e Deus não deixará de estar conosco. [...] É fácil trabalhar enquanto Deus segura nossa mão, sim, e coloca força nela. Você está sofrendo tentação? Enquanto você luta no vale, as mãos de Cristo estão elevadas no Céu por sua vitória. "Eu, porém, roguei por ti, para que a tua fé não desfaleça" (LUCAS 22:32); sim, Ele não apenas ora lá no Céu por você, mas está no campo com você e em você, pelo auxílio secreto de Seu Espírito.

"A minha graça te basta" (2 CORÍNTIOS 12:9); não a graça inerente em nós, que de fato é insuficiente, mas a graça suplementar, que Ele envia para nos auxiliar em tempos de necessidade.

É fácil trabalhar enquanto Deus segura nossa mão.

ANDE EM HUMILDADE

THOMAS GATAKER

*O galardão da humildade e o temor do SENHOR
são riquezas, e honra, e vida.*
PROVÉRBIOS 22:4

Ande em humildade [...] tome cuidado com o orgulho. O orgulho é um veneno mortal que destrói e mata tudo por onde passa; é tão perigoso que foi usado outro veneno para contra-atacar e livrar Paulo dele. E o risco que corremos é muito maior quanto mais fizermos, progredindo ao máximo na confissão de fé e na prática da piedade, pois o orgulho é semelhante ao baço no corpo, que cresce mais quando as outras partes sofrem desgaste. Geralmente cresce rápido quando os outros males enfraquecem, e, em razão disso, suga a matéria para alimentar-se e nutrir-se dela. Portanto, o orgulho deve ser cuidadosamente lançado fora e evitado. Quando realizamos um bom trabalho, precisamos tomar cuidado para não começar a pensar que somos os maiorais. Se agirmos assim, tudo será em vão; estaremos acabados. Tenha a mesma disposição de Paulo. Depois de ter ido tão longe e feito tanto: "Porque suponho", ele diz, "em nada ter sido inferior a tais apóstolos" (2 CORÍNTIOS 11:5). Sim, "trabalhei muito mais do que todos eles" (1 CORÍNTIOS 15:10). Pois "desde Jerusalém e circunvizinhanças até ao Ilírico [da Síria à Eslovênia], tenho divulgado o evangelho de Cristo" (ROMANOS 15:19). No entanto, "esquecendo-me das coisas que para trás ficam" (FILIPENSES 3:13), isto é, considero tudo o que fiz como se não tivesse feito nada, ou como se tivesse esquecido completamente tudo que fiz. "Prossigo para o alvo, para o prêmio da soberana vocação de Deus em Cristo Jesus" (v.14). Paulo agiu como um velocista que não olha para trás para ver quantos ultrapassou, ou que distância percorreu, mas tem os olhos fixos nos que o ultrapassaram e estão adiante dele, e calcula a distância até a linha de chegada. Não consideremos tanto a distância que percorremos, e quantos estão atrás de nós, mas até onde devemos ir e quão longe estamos daquela perfeição cristã que todos nós devemos nos esforçar e lutar para alcançar.

Paulo agiu como um velocista que não olha para trás para ver quantos ultrapassou.

CAUSA DO DESCONTENTAMENTO

EDWARD LAWRENCE

*Tendo sustento e com que nos vestir,
estejamos contentes.*
1 TIMÓTEO 6:8

O descontentamento surge porque somos muito sensíveis ao mal da aflição e insensíveis ao mal do pecado. O corpo das pessoas é delicado, e seus sentidos são rápidos, portanto, ele sente até uma picada de pulga ou o roçar de uma pena. As pessoas são tão suscetíveis quanto à sua reputação, favorecimentos e prazeres que o mais leve toque nessas áreas lhes é um martírio. Seu coração é tão duro e a consciência tão cauterizada, que são capazes de continuar a viver confiantes, mesmo sob todas as maldições do livro de Deus; montanhas de ira habitam nelas, e elas não sentem nada. As aflições são muito pesadas porque o pecado é muito acessível. No entanto, se a pessoa soubesse o que é pecado e, à noite, enxergasse a ira que sentiu o dia inteiro, talvez perguntasse a si mesma por que está do lado de fora do inferno em vez de murmurar que tem problemas.

*Se a pessoa soubesse o que é pecado e,
à noite, enxergasse a ira que sentiu o dia inteiro,
talvez perguntasse a si mesma por que está
do lado de fora do inferno.*

31 DE JANEIRO

O PECADO DO ATEÍSMO

RICHARD CAPEL

*Diz o insensato no seu coração:
Não há Deus...*

SALMO 14:1

Somos muito atacados pelo ateísmo e pela blasfêmia. Pelo ateísmo, o maior pecado que existe, porque ele ataca a raiz de tudo; para dizer a verdade, todo pecado procede do ateísmo, porque quem peca, sabe muito bem que existe um Deus que vê tudo e pune tudo, e esse Deus tem de ser Deus ou, então, não há Deus. E todo pecado inclina-se ao ateísmo (porque quando pecamos, o pecado nos atrai extremamente ao ateísmo e elimina todas as noções de uma divindade o máximo que puder); e quando estamos em pecado, precisamos querer sair dele por meio do arrependimento, caso contrário vamos querer ser ateus. Nossa melhor jogada, então, é alimentar-nos com a presunção de que tudo não passa de conversa para deixar os homens extasiados, que não há Céu nem inferno, nenhum lugar de tormento para onde iremos depois da morte, e o que acontece conosco não é diferente do que acontece com um animal. Assim, quando a consciência não se aquieta ao voltar-se para Deus em arrependimento, ela procura aquietar-se na ideia de que não existe um lugar tão infernal para atormentar as pessoas. Considere, no entanto, que Satanás faz tudo o que pode para aumentar o número de ateus, porque, quando não há o temor de Deus diante de seus olhos, as pessoas cometem todos os tipos de pecados que o diabo lhes apresenta. É por isso que "diz o insensato no seu coração: Não há Deus" (SALMO 14:1). E o que vem a seguir? "Corrompem-se e praticam abominação". Quando o homem se torna ateu, ele começa a praticar as maiores abominações. Não há nenhuma restrição ao pecado, porque o que poderia impedi-lo de fazer o que deseja se ele não acredita que tal Deus existe? O diabo não é ateu, porque crê e treme; e se isso não bastasse, ele tem o senso da ira de Deus, que o atormenta, o que é suficiente para provar que, sem dúvida, Satanás reconhece totalmente o poder divino. Ele não é ateu porque não pode ser ateu, e não o será, mas ele tem simpatia pelo ateísmo, porque esse pecado traz muitas vantagens para seu reino.

1.º DE FEVEREIRO

O MAIS RICO ALICERCE

NICHOLAS BYFIELD

*Acaso, pode uma mulher
esquecer-se do filho que ainda mama,
de sorte que não se compadeça
do filho do seu ventre? Mas ainda que esta
viesse a se esquecer dele, eu, todavia,
não me esquecerei de ti.*

ISAÍAS 59:15

O amor e o favor de Deus [...] são os alicerces da felicidade do cristão. Se pudéssemos pôr o nosso coração em ordem, veríamos facilmente que não podemos ser infelizes, posto que recebemos o favor de Deus. Se o favor recebido de pessoas importantes é tão valorizado, o que dizer do favor de Deus, que é o Senhor dos senhores? Sim, Rei dos reis, e os cristãos enchem muito mais o coração com a alegria dessa prerrogativa quando consideram as três propriedades do amor de Deus. Primeira, é um amor gratuito. Deus é gracioso, porque nos ama por Sua própria bondade, e não pela nossa (OSEIAS 14:4). Segunda, é um amor eterno e imutável. Deus nunca se cansa de nos amar (JEREMIAS 31:3). Sua bondade repleta de amor é melhor que a vida, porque dura por toda a eternidade e é imutável. O favor que recebemos deste mundo é mutável. Os reis podem odiar ao extremo aqueles que um dia amaram com total afeição. Mas em Deus não há nenhuma sombra de mudança; Ele ama com amor eterno. Terceira, é infinitamente imenso e grandioso. Nenhuma afeição em uma ou em todas as criaturas deste mundo, se pudesse ser aglutinada em uma só pessoa, chegaria à milésima parte do amor de Deus por nós (EFÉSIOS 2:4-7). Essa luz do rosto de Deus que em nós brilha nos torna sempre mais ricos do que aqueles que possuem fartura de milho, cereal e vinho (SALMO 4:7,8).

> *Se o favor recebido de pessoas importantes*
> *é tão valorizado, o que dizer do favor de Deus,*
> *que é o Senhor dos senhores?*

2 DE FEVEREIRO

BUSCANDO A DEUS

NATHANIEL VINCENT

*Com minha alma suspiro de noite por ti e,
com o meu espírito dentro de mim,
eu te procuro diligentemente.* ISAÍAS 26:9

A própria alma de Isaías inclinava-se em direção a Deus, e seus desejos eram sempre veementes, tanto de dia quanto de noite. O Senhor se inclina para contemplar as coisas feitas no Céu, no entanto, olha para os filhos dos homens na Terra para ver se há alguém que o entenda e o busque. E se Ele está à procura dos que o buscam, certamente está pronto para ser encontrado por eles! Recebemos a ordem de buscar perpetuamente o Senhor e Seu poder (SALMO 105:4). Deus deve ser buscado por quem Ele é. Quando o onipotente Jeová se oferta a si mesmo a alguém, Ele oferece infinitamente mais do que se lhe presenteassem com milhares de mundos como este. Sua força é absolutamente necessária, para nos proteger do mal e nos ajudar a fazer o bem. E o brilho de Seu rosto torna nosso trabalho fácil e agradável. Torna nossa vida, e até a morte, confortável. Não é de admirar, portanto, que, quando Deus disse: "Buscai a minha presença", um de Seus servos ouviu imediatamente, pois a resposta dele ecoou em sua voz: "Buscarei, pois, SENHOR, a tua presença" (SALMO 27:8). É inútil procurar qualquer outra coisa. É como buscar água em uma cisterna rota. Os plebeus, ainda que nunca sejam tão numerosos, são vaidade, e aqueles de fina estirpe são falsidade (SALMO 62:9). Mas o poder, a misericórdia e a verdade de Deus são provas evidentes de que Ele vai adiante e é suficiente para saciar a alma de todos aqueles cuja alma espera somente nele e cujas expectativas provêm dele.

*E se Ele está à procura dos que o buscam, certamente
está pronto para ser encontrado por eles!*

3 DE FEVEREIRO

CÃES QUE LADRAM

THOMAS TAYLOR

Era desprezado e o mais rejeitado entre os homens;
homem de dores e que sabe o que é padecer;
e, como um de quem os homens escondem o rosto,
era desprezado, e dele não fizemos caso.

ISAÍAS 53:3

Precisamos considerar que, se somos rejeitados pelos homens, o Engenheiro, bem como os mestres de obra — os apóstolos — foram rejeitados também. Se dissermos palavras de verdade e sabedoria provenientes do Livro de Deus, no nome de Deus e do lugar de Deus, alguns ousarão dizer, tão rápido quanto um cão corre, que mentimos. Se nossa inocência fosse tão brilhante quanto o Sol, alguns cães ladrariam para nós. O servo não está acima do Mestre. A respeito de nosso Mestre, que era totalmente inocente, alguns disseram que Ele era um homem bom, porém muitos disseram que era um demônio. Alguns disseram que era desprezível. Bem, esta é a consolação da fé: um dia ela atravessará todas as nuvens e trevas e brilhará no rosto de todos os adversários. A fé irrita o inimigo, visto que ele não pode impedir que Deus abençoe graciosamente os Seus servos fiéis aqui e, mais ainda, porque ela partirá o coração de todos os adversários, que não conseguirão resistir à luz gloriosa da fé no porvir.

A fé irrita o inimigo, visto que ele não pode impedir que
Deus abençoe graciosamente os Seus servos fiéis.

4 DE FEVEREIRO

SOBERANIA

NATHANIEL TAYLOR

Ao anjo da igreja em Sardes escreve: Estas coisas diz aquele que tem os sete Espíritos de Deus e as sete estrelas: Conheço as tuas obras, que tens nome de que vives e estás morto. APOCALIPSE 3:1

Considere a absoluta soberania e o domínio de Deus. Esse atributo divino é revelado quando Ele fecha a mão direita para esconder essas estrelas, onde ele as conservava (APOCALIPSE 3:1). Ou quando Ele as tranca em uma súbita e tão densa escuridão que ninguém pode vê-las nem pode mais receber influências delas. E se não tivéssemos nenhum motivo a mais para insistir no assunto, esse fato em si seria suficiente para calar nossa boca. Será que não permitiremos que Deus faça com Seus filhos aquilo que lhe agrada, da mesma forma que nós nos desafiamos a fazer? "Aquietai-vos e sabei que eu sou Deus" (SALMO 46:10). E a aplicação desse atributo a respeito de pessoas de bem, até quando parece ser um pouco severo, não deve ser lamentado por elas, porque lhes foi aplicado em circunstâncias muito maiores e, mais ainda, para benefício delas. Porque foi a soberania divina que as escolheu dentre a imensa multidão de seres humanos, quando outros haviam sido descartados, e as coroou com todos aqueles dons e graças nos quais se destacaram. Ora, se a mesma mão que as transforma em vasos de honra as quebra em pedaços com um único golpe, cabe a nós curvar a cabeça e adorá-lo humildemente, clamando: "Como são insondáveis os Seus juízos e inescrutáveis os Seus caminhos, daquele que ainda faz todas as coisas de acordo com o conselho da Sua vontade!".

Não permitiremos que Deus faça com Seus filhos aquilo que lhe agrada?

5 DE FEVEREIRO

O USO CORRETO
ROBERT DINGLEY

*Viu Deus tudo quanto fizera,
e eis que era muito bom...*
GÊNESIS 1:31

No princípio da criação, tudo foi muito bom, mas todas as coisas mudaram conosco, e tornamo-nos inúteis. O pecado abre orifícios nas pessoas, por onde vaza grande parte de sua doçura e bondade: "Pois a criação está sujeita à vaidade" (ROMANOS 8:20) que não possuía antes. E, por causa de nossa natureza pecaminosa, colhemos apenas vaidade dessas coisas, da mesma forma que a aranha extrai veneno da mais doce das flores. "Pois tudo o que Deus criou é bom (não apenas era bom), e, recebido com ações de graça, nada é recusável, porque, pela palavra de Deus e pela oração, é santificado" (1 TIMÓTEO 4:4,5). Então, as pessoas tornam-se inúteis para nós porque não são aceitas ou não são aproveitadas corretamente; nossa natureza suja, semelhante a uma aranha, suga o veneno delas. Ou nós as amamos demais, ou confiamos nelas ou as abusamos. "Todas as coisas são puras para os puros; todavia, para os impuros e descrentes, nada é puro. Porque tanto a mente como a consciência deles estão corrompidas" (TITO 1:15). Elas são como a água pura que passa por um canal sujo, ou como uma roupa suntuosa em mãos enlameadas.

*O pecado abre orifícios nas pessoas, por onde vaza
grande parte de sua doçura e bondade.*

A ORAÇÃO ACEITA POR DEUS

HENRY SCUDDER

Porque não recebestes o espírito de escravidão, para viverdes, outra vez, atemorizados, mas recebestes o espírito de adoção, baseados no qual clamamos: Aba, Pai.

ROMANOS 8:15

Assim como as orações de um verdadeiro filho de Deus diferem das orações do impenitente, há diferença também no modo como Deus as aceita. Essa diferença é vista de três maneiras. Primeira, quando ora, o verdadeiro filho de Deus o chama de "Pai" com fé e santa confiança, com o amor de uma criança. Quando pedimos perdão pelos nossos pecados, entristecemo-nos por ter ofendido nosso Pai e nos apresentamos com o propósito sincero de não voltar a ofendê-lo. Também, quando oramos por saúde, liberdade, graça ou qualquer outra coisa, sentimos o desejo de que, ao sermos atendidos, possamos agradar e honrar ainda mais o nosso Pai celestial. Por outro lado, o ímpio chama Deus de "Pai" somente por formalidade [...].

Segunda, o filho de Deus ora principalmente e com muita sinceridade por coisas espirituais, como fé, perdão de pecados, santidade, favor de Deus e por aquelas que se referem ao reino e à glória de Deus. Por outro lado, o impenitente ora principalmente, e com muita sinceridade, por comida e vinho, por coisas temporais. Em geral, ele deseja o Céu e a felicidade (com Balaão), mas não especial e verdadeiramente por graça para perdoar os pecados que ele ama cometer, nem para viver piedosamente até o fim de seus dias.

Em terceiro lugar, as orações do justo, quando feitas com sinceridade, são como todas as suas outras boas obras; há uma bondade sobrenatural nelas, porque são atos de regeneração por meio do Espírito, realizados para um fim sobrenatural. Em contraposição, as orações do ímpio, embora muitas vezes sinceras, são, na melhor das hipóteses, desejos naturais sem a intenção de servir a Deus, mas apenas como meio de servir a si mesmo naquelas coisas que ele sabe que não pode conseguir por outros meios. No entanto, as orações aceitas por Deus, aquelas que Seus filhos fazem, embora sejam imperfeitas porque são orações de homens reconciliados com Deus por Cristo, procedem de corações purificados pela fé e porque são feitas em nome de Jesus, são aceitáveis a Ele, desde que não busquem apenas coisas boas temporais, mas também espirituais e eternas.

O OBJETO DO AMOR

DAVID CLARKSON

Andareis após o Senhor, vosso Deus, e a ele temereis; guardareis os seus mandamentos, ouvireis a sua voz, a ele servireis e a ele vos achegareis.

DEUTERONÔMIO 13:4

Aquilo que amamos, adoramos como se fosse o nosso Deus, pois o amor é um ato de adoração procedente da alma. Amar e adorar têm, às vezes, o mesmo significado. Adoramos aquilo que amamos. Isso é verdade, sem dúvida, se amamos aquilo que é superlativo e transcendente. Pois ser amado acima de todas as coisas é um ato de honra, de adoração, que o Senhor reivindica para si (DEUTERONÔMIO 6:5). A esse respeito, o Senhor Cristo abrangeu toda a adoração que Deus requer do homem (MATEUS 22:37). As outras coisas podem ser amadas, mas Ele deve ser amado acima de qualquer uma delas. O Senhor deve ser amado de forma transcendental, absoluta, e por quem Ele é; todas as outras coisas devem ser amadas nele e para Ele. Deus olha para nós e vê que não o adoramos totalmente, não o aceitamos como Deus, quando amamos mais as outras coisas ou as amamos tanto quanto amamos a Ele. Para quem ama o prazer, o prazer e o estômago são o seu Deus. Quem ama suas riquezas, as coisas deste mundo, mais ou tanto quanto ama a Deus, transformam-nas em deuses e adoram um bezerro de ouro [...]. Quem ama a si mesmo mais do que a Deus idolatra a si mesmo. Todas as vezes que o amor é descomedido, ele se torna uma afeição idólatra.

Ser amado acima de todas as coisas é um ato de honra, de adoração, que o Senhor reivindica para si.

8 DE FEVEREIRO

OS INTERESSES DE DEUS

JOHN ROGERS

*Ele lhes respondeu: Por que me procuráveis?
Não sabíeis que me cumpria
estar na casa de meu Pai?*

LUCAS 2:49

Aqueles que amam a Deus desejam que todos os outros façam o mesmo e querem conduzir a Ele o maior número de pessoas que puderem, como fez Filipe com Natanael, e alegram-se junto com os anjos no Céu quando veem alguém se aproximando de Deus mediante o arrependimento. Entristecem-se ao ver que Deus é mal compreendido ou desonrado, como Moisés, quando atirou ao chão as tábuas da Lei, e como Fineias, quando matou Zinri e Cosbi. A alma honrada de Ló ficou perturbada diante da conversa impura dos sodomitas. Aqueles que amam a Deus amarão a Sua Palavra, sendo santos e puros como Ele é e tendo Sua boa vontade. Amam os Seus ministros fiéis, Seus filhos e criados à Sua semelhança, onde quer que os vejam. Esforçam-se ao máximo para servir ao Senhor, como Jacó trabalhou para Labão noite e dia, por amor a Raquel. Trabalham sem interesses financeiros, como fez Davi para construir o Templo e como Maria, que derramou seu precioso perfume em Cristo, o Salvador. Sim, e aqueles que amam a Deus são rápidos para atender ao Seu chamado, seja ele qual for.

*Aqueles que amam a Deus esforçam-se ao máximo
para servir ao Senhor, como Jacó trabalhou para Labão
noite e dia, por amor a Raquel.*

9 DE FEVEREIRO

GLÓRIAS NÃO CONTADAS

JOHN SHOWER

*Nem olhos viram, nem ouvidos ouviram,
nem jamais penetrou em coração humano o que
Deus tem preparado para aqueles que o amam.*

1 CORÍNTIOS 2:9

Que maravilhosa transformação a morte faz com a alma que deixa o corpo, quando é transportada para um paraíso glorioso e ouve a voz daquele que está sentado no trono: "Entra no gozo do teu senhor" (MATEUS 25:21)! O pobre Lázaro tinha uma vida muito infeliz à porta da casa do homem rico; agora vive extremamente feliz no seio de Abraão. Primeiramente vivia coberto de chagas e feridas; agora está vestido de glória. Antes, vivia definhando e com fome; agora, possui tudo o que deseja. Em sua extrema pobreza, ele foi desprezado pelo homem rico, não tinha permissão para atravessar seus portões e entrar na casa e não recebia nenhum conforto. Mas agora é invejado por sua felicidade. A felicidade que as almas que já partiram sentem em relação ao que eram antes e o senso de que foram libertas de todos os males fazem toda a diferença. A memória do que eram neste mundo os ajudará a sentir alegria pela feliz mudança. E se compararem sua condição com a das almas perdidas e infelizes, se pensarem no inferno que mereceram e nos outros que sofrem — e que às vezes eles próprios temiam — e se compararem todas essas coisas com o descanso, a paz, a alegria e a glória da qual participam agora, sua felicidade será muito maior. E quem pode dizer quão grandioso isso é, mesmo antes da ressurreição?

*A memória do que eram neste mundo os ajudará a
sentir alegria pela feliz mudança.*

10 DE FEVEREIRO

CONTEMPLE A COROA

RICHARD ALLEINE

---

*Coloquei-te um pendente no nariz,
arrecadas nas orelhas e linda coroa na cabeça.*

EZEQUIEL 16:12

Fixe o olhar na coroa e permita que a palavra de Apocalipse 3:11 esteja sempre em seus ouvidos: "Conserva o que tens, para que ninguém tome a tua coroa". Se fugir de quem você é, perderá a coroa. Aquele cujo olhar está voltado para o Céu não teme ter uma vida santa. A esperança da vitória nos encoraja na luta; a esperança da coroa tornará a cruz agradável e nos torna fiéis à aliança. Lembre-se, portanto, da palavra de Apocalipse: "Sê fiel até à morte, e dar-te-ei a coroa da vida" (2:10). Cristãos, se não quiserem perder a coroa, sejam fiéis; sejam fiéis até à morte na aliança com seu Senhor. Sejam quais forem as dificuldades ou desânimos que encontrem no caminho, sejam quais forem as dificuldades ou tribulações pelas quais passarem, se ainda assim puderem dizer com a Igreja: "Tudo isso nos sobreveio; entretanto, não nos esquecemos de ti, nem fomos infiéis à tua aliança. Não tornou atrás o nosso coração, nem se desviaram os nossos passos dos teus caminhos" (SALMO 44:17,18), se puderem dizer isso, o Senhor dirá a cada um de vocês: "Seja o que for que eu lhe fiz ou lhe trouxe, ainda assim não me esqueci de você; a aliança de minha paz jamais será removida. Combata o bom combate, guarde a fé, até completar a sua carreira, e então saberá que lhe está guardada a coroa da justiça, a qual eu certamente lhe darei naquele dia".

> *"Seja o que for que eu lhe fiz ou lhe trouxe,
> ainda assim não me esqueci de você."*

11 DE FEVEREIRO

DIGNIDADE SAGRADA

WILLIAM GOUGE

*Porque não recebestes o espírito de escravidão,
para viverdes, outra vez, atemorizados,
mas recebestes o espírito de adoção,
baseados no qual clamamos: Aba, Pai.*

ROMANOS 8:15

Os filhos de Deus são tão dignos a ponto de ter familiaridade com Ele e poder lhe falar face a face. Esse título, "Pai", está claramente direcionado ao próprio Deus em Sua presença. Davi expressa de modo excelente esse privilégio quando afirma: "Em tua presença, Senhor, derramo todos os meus desejos". Nem todos possuem essa liberdade, o que prova que não têm capacidade para entrar na presença de Deus. Sobre aqueles a quem Deus derrama o Espírito da graça, Ele derrama também o Espírito da súplica, e somente sobre eles. Invocar a Deus com fé é, portanto, um dom apropriado aos justos. [...] Outros podem usar essa palavra e com os lábios dizer a Deus: "Ó Pai", mas suas pretensas orações não passam de movimentação dos lábios. Na melhor das hipóteses, são desejos interiores, mas apenas desejos. Ora, há uma grande diferença entre desejar e orar. Um desejo pode conter uma ideia daquilo que alguém almeja e a vontade de possuí-lo, porém, há pouco cuidado em usar os meios para consegui-lo e menos fé para obtê-lo. Mas as orações fiéis dos justos são repletas de sentido, desejo, cuidado, fé e muito mais. Balaão pode ter tido esse desejo quando disse: "Que eu morra a morte dos justos, e o meu fim seja como o dele" (NÚMEROS 23:10). Semelhantes a ele foram os que disseram: "Quem nos dará a conhecer o bem?". Davi, contudo, dirige-se direto a Deus e ora expressamente a Ele: "SENHOR, levanta sobre nós a luz do teu rosto" (SALMO 4:6). Sabemos que qualquer homem pode desejar e dizer em qualquer lugar: "Eu gostaria que o Rei me concedesse esta ou aquela coisa", mas ter livre acesso à presença do Rei o tempo todo e dizer-lhe: "Ó meu Soberano, imploro-te que me concedas esta coisa" é um grande privilégio, conferido apenas aos favoritos do Rei. E um privilégio maior ainda quando há garantia de ser bem-sucedido por meio desse livre acesso tanto quanto há garantia do livre acesso dos justos para buscar a presença de Deus. Pelo fato de termos o costume de presumir que receberemos o que pedimos antes mesmo de pedir, recebemos tão grande privilégio de nos ser permitido dizer "Nosso Pai" a Deus.

12 DE FEVEREIRO

SUPORTANDO OS INSULTOS

JEREMIAH BURROUGHS

*Lança fora o escarnecedor,
e com ele se irá a contenda;
cessarão as demandas e a ignomínia.*
PROVÉRBIOS 22:10

Devemos receber os insultos de modo sábio. [...] Exige-se muita sabedoria para suportar as reprovações e as maldades das quais somos acusados. Embora não devamos ser insensíveis, não devemos dar muita atenção a cada insulto lançado contra nós. Estas foram as palavras de um filósofo quando, ao ser repreendido por alguém, disseram-lhe que ele estava sendo ridicularizado: "Não me sinto ridicularizado; não absorvo aquilo que lançam contra mim". É sábio aquele que se afasta e dá pouca atenção ao que falam de si. E mais ainda quando, depois de cada insulto inútil, chega alguém para fazer intrigas e mexericos, dizendo que você deveria ficar bravo, que é uma desonra aceitar essas coisas, como se você se preocupasse com cada palavra e não tivesse mais nada para ocupar seus pensamentos. Dionísio, depois de ter destratado Platão no tribunal, temeu que Platão escrevesse contra ele, portanto, mandou-lhe um recado, pedindo que não fizesse aquilo. Platão respondeu: "Diga a Dionísio que não tenho tempo sobrando para pensar nele". Portanto, devemos deixar claro para as pessoas que nos insultam que não temos tempo sobrando para pensar nelas. Paulo, ao ser atacado por uma víbora, desvencilhou-se dela; poderia ter começado a inchar e até cair morto, mas simplesmente sacudiu a mão e livrou-se dela. Deveríamos fazer o mesmo com as recriminações. Diante da oposição, as recriminações crescem da mesma forma que o cabelo cresce quando é cortado; quando são desprezadas, elas desaparecem. As consequências são desastrosas quando se faz muito estardalhaço em relação a reprovações.

> *É sábio aquele que se afasta*
> *e dá pouca atenção ao que falam de si.*

13 DE FEVEREIRO

BUSCA FIEL POR DEUS

JEREMIAH BURROUGHS

*Tal é a geração dos que o buscam,
dos que buscam a face do Deus de Jacó.*
SALMO 24:6

A busca por Deus certamente não é em vão, pois nunca houve buscadores fiéis que desistiram; ao contrário, essas pessoas continuaram a buscar a Deus durante a vida inteira, continuaram a buscar Sua face cada vez mais. Se tivesse sido em vão, elas teriam desistido. Quando vemos uma abelha forrageando sobre uma flor, e dali não sair, e, se for afugentada, voltar ao mesmo lugar, concluímos que certamente encontrou néctar ali. Da mesma forma, os servos de Deus que sempre o buscam verdadeiramente nunca se afastam desse caminho. Mesmo que o mundo faça o que desejar, que os persiga, contrate espiões para vigiá-los em suas reuniões de oração; mesmo que os castigue e os aprisione, despeje toda a maldade e a ira dos homens sobre eles, ainda assim não conseguirão impedi-los de orar secretamente nem de usufruir os benefícios da comunhão dos filhos de Deus em oração. Daniel preferiu perder a vida a deixar de orar todos os dias, sim, três vezes por dia, como estava acostumado. Não se absteve nem uma vez. Ele perseverou na oração e nela encontrou néctar e doçura. Ó como somos diferentes de Daniel! Embora o cumprimento desse dever lhe fosse extremamente perigoso, ele não se intimidou.

*Quando vemos uma abelha forrageando sobre uma
flor, e dali não sair, e se for afugentada voltar ao mesmo
lugar, concluímos que certamente encontrou néctar ali.*

14 DE FEVEREIRO

OLHANDO PARA JESUS

ISAAC AMBROSE

Olhando firmemente para o Autor e Consumador da fé, Jesus, o qual, em troca da alegria que lhe estava proposta, suportou a cruz, não fazendo caso da ignomínia, e está assentado à destra do trono de Deus. HEBREUS 12:2

Olhar para Jesus significa ter uma experiência de conhecimento interior, de desejar, esperar, amar, invocar Jesus, crer nele e estar em conformidade com Ele. Não é um conhecimento superficial de Cristo; não é um simples pensamento a respeito de Cristo. Pelo fato de Cristo possuir vários atributos excelentes em si, Ele formou a alma com um poder de percepção de formas variadas, para que dessa maneira fôssemos capazes de desfrutar a diversidade dos Seus excelentes atributos, mesmo sendo Suas criaturas, mas com funções variadas. Deus nos deu vários sentidos, para que pudéssemos usufruir o que há de melhor em todos eles. Que vantagens trariam para nós as flores com seu aroma agradável, ou os requintados perfumes, se não possuíssemos o sentido do olfato? Ou que bem nos faria a conversa, ou a música, se Deus não nos tivesse concedido o sentido da audição? Ou que prazer encontraríamos em comer ou beber, ou nos doces deliciosos, se fôssemos desprovidos do sentido do paladar? E que prazer teríamos na bondade e perfeição de Deus em Cristo, se não possuíssemos a capacidade e o poder de conhecer, desejar, esperar, crer, amar e desfrutar? Os cinco sentidos representam para o corpo o mesmo que os sentidos espirituais, poderes e afeições representam para a alma, e é dessa mesma forma que precisamos receber a doçura e a força do Senhor Jesus.

> *Os cinco sentidos representam para o corpo o mesmo que os sentidos espirituais, poderes e afeições representam para a alma.*

15 DE FEVEREIRO

A CEIA DO SENHOR

JEREMIAH DYKE

*Dá ouvidos, Senhor, às minhas palavras
e acode ao meu gemido.*

SALMO 5:1

O dever a ser cumprido no sacramento da Ceia do Senhor é nos entregar a Deus, com disposição pura e espiritual ao recebê-lo. [...] Deve haver um coração alargado pela tristeza piedosa devido o pecado; deve haver compunção e contrição de espírito. É a meditação que deve enquadrar o pecado, conduzi-lo ao coração e deixá-lo ali, para ser destruído. A meditação proporciona visão e conhecimento do eu, dos pecados e das riquezas das misericórdias de Deus em Cristo, e é esse conhecimento que produz espírito compungido. Devemos nos dedicar ao dever do agradecimento e ser mais do que engrandecidos a esse respeito. Não há um modo tão bom de expandir o coração nesse dever a não ser por meditação, para nos entusiasmar e aquecer nosso interior. O Salmo 104 traz: "Cantarei ao Senhor enquanto eu viver; cantarei louvores ao meu Deus durante a minha vida. Seja-lhe agradável a minha meditação; eu me alegrarei no Senhor" (vv.33,34). Não há nada melhor que alimente a alegria espiritual e dessa maneira a mantenha e a sustente nessa estrutura santa que deveria estar na essência e no dever do agradecimento, como a meditação. Esse é o óleo e o combustível que mantêm a chama acesa.

Quanto mais agradável for a nossa meditação, mais o coração estará preparado e receptivo para louvar e agradecer ao Senhor e alegrar-se nele. Portanto, especialmente diante da Ceia do Senhor devemos preencher o nosso coração com solene reflexão. E, para que essa meditação nos eleve e sacie a alma, é recomendável que, ao nos aproximarmos da Mesa do Senhor, sigamos os conselhos de Salomão a esse respeito: "Quando te assentares a comer com um governador, atenta bem para aquele que está diante de ti" (PROVÉRBIOS 23:1).

Quanto mais agradável for a nossa meditação, mais o coração estará preparado e receptivo.

16 DE FEVEREIRO

FILHOS DE DEUS

JEREMIAH BURROUGHS

Vede que grande amor nos tem concedido o Pai, a ponto de sermos chamados filhos de Deus; e, de fato, somos filhos de Deus. Por essa razão, o mundo não nos conhece, porquanto não o conheceu a ele mesmo.

1 JOÃO 3:1

No início desse texto, a condição feliz dos santos do Deus Altíssimo é proclamada diante do mundo: "Vede que grande amor nos tem concedido o Pai". Podemos muito bem admirar tal condição com um espírito de espanto e admiração, mas a eloquência dos homens e dos anjos não é capaz de expressá-la de modo total e eficaz. Precisamos investir um tempo no Céu antes de fazermos uma pesquisa adequada de todas as dimensões desse amor eterno e paternal de Deus em Cristo aos Seus filhos adotivos. "A ponto de sermos chamados filhos de Deus". Nós, pecadores vis, indignos miseráveis, nós, que não somos anjos, que não deveríamos sequer ser chamados de servos nem de amigos, somos chamados de filhos de Deus. Nós, que éramos filhos do diabo, que possuíamos labaredas do inferno em nós, não fomos apenas tirados do fogo, mas chamados de filhos de Deus [...]. Essa nossa condição excelente e abençoada é espiritual, oculta do mundo; o mundo não nos conhece, e por uma boa razão: porque não conhece a Deus. O mundo não conhece nosso Pai, não conhece Cristo, portanto não nos deve causar espanto o fato de o mundo não nos conhecer e ignorar a condição feliz em que nos encontramos por sermos filhos de Deus.

Não fomos apenas tirados do fogo, mas chamados de filhos de Deus.

17 DE FEVEREIRO

ARREPENDIMENTO

ROBERT BOLTON

*Ide, porém, e aprendei o que significa:
Misericórdia quero e não holocaustos;
pois não vim chamar justos, e sim pecadores
[ao arrependimento].*

MATEUS 9:13

Agostinho escreveu 12 livros sobre arrependimento. Aquele a quem muito se perdoa mais ama. E essa é uma fonte de arrependimento evangélico. O cristão que contempla a misericórdia de Deus é semelhante a um traidor que foi condenado, mas recebeu perdão, e, com o coração partido, pergunta a si mesmo por que foi tão perverso com um príncipe tão generoso. Os cristãos, após a conversão, desejam ver detalhadamente seus pecados, com todas as circunstâncias que os tornam odiosos, como objeto, natureza, pessoa, tempo e idade em que foram cometidos e como foram cometidos, para que possam se humilhar mais por causa deles. Se não for assim, eles normalmente são aprisionados por um destes problemas:

Primeiro, sentem-se aflitos porque sua conversão não foi completa e firme, portanto, não executam com sinceridade e alegria o dever da piedade. Segundo, muitas vezes são atormentados com a apatia e a frieza de seu progresso na caminhada cristã. Terceiro, passam por um sofrimento qualquer que não desgruda deles e que lhes coloca um peso ainda maior em relação ao pecado. Quarto, estão mais sujeitos a serem dominados por seus doces pecados, visto que não se entristecem mais com eles; e quanto menos se entristecem, mais o pecado os enreda. Quinto, alguns são atacados no leito de morte com fortes e tristes tentações. Não quero dizer que as pessoas devam imaginar que o motivo seja sempre esse, pois Deus tem propósitos em todas as Suas obras e somente Ele os conhece [...], mas esse motivo pode estar na grande misericórdia de fortalecer uma conversão fraca.

Deus tem propósitos em todas as Suas obras e somente Ele os conhece.

18 DE FEVEREIRO

FOGO NA ALMA
SIMEON ASHE

...Sê, pois, zeloso...
APOCALIPSE 3:19

O elogio ao zelo de Fineias, cujo registro ficou para a posteridade, abrangeu uma proporção descomunal, tanto de seu desgosto quanto de sua raiva, conforme a narrativa claramente evidencia. E o apóstolo [Paulo] assim relata seu temor diante da apostasia dos coríntios: "Porque zelo por vós com zelo de Deus" (2CO 11:2). Aquilo que o filósofo fala a respeito do fogo natural se aplica, portanto, a esse fogo espiritual. O fogo natural age de várias maneiras sobre coisas de naturezas diferentes, seja para unir ou para separar; de modo semelhante, o fogo espiritual que Deus acendeu no coração de Seus filhos produz zelo santo, e seu calor faz bem e afasta o mal. Assim como o fogo que queima a madeira aquece o cômodo inteiro, a chama do zelo santo aquece a alma e exerce influência na vida do cristão por inteiro. E aquilo que o profeta Jeremias fala a respeito da Palavra de Deus, que ela é como fogo em seus ossos... é verdadeiro a respeito do fogo do zelo, "porque a boca fala do que está cheio o coração" (MATEUS 12:34).

Assim como o fogo que queima a madeira aquece o cômodo inteiro, a chama do zelo santo aquece a alma.

O SALMO 119

EDMUND CALAMY

*Grande paz têm
os que amam a tua lei...*
SALMO 119:165

Esse salmo supera todos os outros salmos, não apenas em extensão, mas também em excelência, da mesma forma que (no julgamento de Ambrósio) a luz do Sol supera a luz da Lua. Assim como o livro dos Salmos é chamado por Lutero de "epítome da Bíblia, ou uma pequena Bíblia", o Salmo 119 pode muito bem ser chamado de epítome do livro dos Salmos. Foi escrito (segundo consta) por Davi na época em que foi banido por Saul, mas redigido de tal forma que as palavras do salmo se adaptam à condição de todos os justos. O Salmo 119 é um depósito público de doutrinas celestiais que distribui instruções adequadas e convenientes a todo o povo de Deus, por isso não deve ser menos importante que o Sol, o ar e o fogo, tanto para aqueles que estão espiritualmente vivos quanto para os que estão fisicamente vivos. Ele é dividido em 22 partes, de acordo com o alfabeto hebraico, e chamado, portanto, de "Alfabeto santo dos eruditos de Sião" e o ABC da piedade. Sisto de Siena [N.E.: (1520-69) foi um judeu convertido ao catolicismo e teólogo católico no período da Reforma.] chama-o de "Poema alfabético". Dizem que esse salmo é a primeira lição que os judeus ensinam a seus filhos, para que sigam o caminho certo, tanto em relação aos assuntos celestiais quanto ao estilo simples e adequado a todas as competências. O principal objetivo dele é descrever a gloriosa magnitude da Lei de Deus. Não há um só versículo nesse longo salmo que não mencione a Lei de Deus, a sujeição à Lei ou aos estatutos, preceitos, testemunhos, mandamentos, ordenanças, palavra, promessas, caminhos, julgamentos, nome, justiça ou verdades que ela prescreve.

*As palavras do Salmo [119] se adaptam
à condição de todos os justos.*

20 DE FEVEREIRO

PELA MANHÃ

HENRY SCUDDER

*Faze-me ouvir, pela manhã, da tua graça,
pois em ti confio; mostra-me o caminho por onde
devo andar, porque a ti elevo a minha alma.*

SALMO 143:8

No momento em que acordar, eleve seu coração a Deus com gratidão por Sua misericórdia para com você, pois é Ele quem dá o sono aos Seus amados (SALMO 127:2) e quem guarda sua alma e seu corpo durante a noite. Deus renova as Suas misericórdias cada manhã (LAMENTAÇÕES 3:22,23). Enquanto você dorme, fica como se estivesse fora de si mesmo e de todas as outras coisas. No entanto, ao despertar do sono, você e todas as coisas que possui foram guardadas por Deus e restauradas com muitas novas misericórdias. Levante-se de manhãzinha (se for possível) e siga o exemplo de nosso Salvador Cristo (JOÃO 8:2) e da mulher virtuosa em Provérbios 31:15. Tal procedimento proporcionará saúde ao seu corpo e prosperidade tanto à sua condição temporal quanto espiritual. Você terá o dia à sua frente e aproveitará melhor o momento mais adequado para a prática da religião e das obras para as quais você foi chamado. No intervalo entre o despertar e o levantar (se outros pensamentos adequados não surgirem), será útil refletir em alguns destes pontos: eu preciso despertar do sono do pecado para a justiça (EFÉSIOS 5:14), bem como do sono físico, para realizar a obra para a qual fui chamado. A noite já passou, o dia está diante de mim; necessito, portanto, deixar as obras das trevas e revestir-me das armas da luz (ROMANOS 13:11-13). Devo andar honestamente à luz do dia. Pela luz da graça e do conhecimento, devo levantar-me e caminhar nela, da mesma forma que caminho sob a luz do Sol. Pense também em seu despertamento do sono da morte e saída da sepultura, ao som da última trombeta, quando você ressurgirá para a glória no último dia. Este foi um dos agradáveis pensamentos de Davi (ao falar com Deus): "Quando acordar, eu me satisfarei com a tua semelhança" (SALMO 17:15).

A noite já passou,
o dia está diante de mim.

21 DE FEVEREIRO

FIDELIDADE CUIDADOSA

GERVASE BABINGTON

*Lembrou-se Deus de Noé e de todos os animais
selváticos e de todos os animais domésticos
que com ele estavam na arca; Deus fez soprar um vento
sobre a terra, e baixaram as águas.*

GÊNESIS 8:1

Foi dito: "Lembrou-se Deus de Noé", e isso nos revela o zelo mais leal e a fidelidade mais cuidadosa do Deus Todo-Poderoso aos Seus verdadeiros servos. Ele olha para os riscos que correm, vê os perigos que enfrentam e, em Seu tempo certo, lembra-se de aliviá-los e libertá-los, como fez a Noé e sua família. Pode a noiva esquecer-se de seus adornos? Pode a mãe esquecer-se de seu filho? Essas coisas não são feitas facilmente, mas precisam ser feitas, e o Senhor não se esquece daqueles que fizeram dele o seu Deus; Ele os fez Seus servos e escreveu o nome de cada um na palma de Sua mão e colocou-os como anel de sinete em Seu dedo direito, para jamais se esquecer deles. Disse Davi ao Senhor: "Que é o homem, que dele te lembres? E o filho do homem, que o visites?" (SALMO 8:4). Portanto espere no Senhor, como Noé o fez, e tenha a certeza de que Ele se lembrará de você em tempo oportuno.

*...espere no Senhor, [...] e tenha a certeza de que Ele se
lembrará de você em tempo oportuno.*

22 DE FEVEREIRO

EVIDÊNCIA DO CÉU

EDMUND CALAMY

Por isso, irmãos, procurai, com diligência cada vez maior, confirmar a vossa vocação e eleição; porquanto, procedendo assim, não tropeçareis em tempo algum.

2 PEDRO 1:10

A fé é a graça, e é a única graça, por meio da qual somos justificados diante de Deus; pela fé alimentamo-nos da Árvore da Vida (Jesus Cristo) e vivemos eternamente. Ela é, portanto, a graça mais perfeita de todas para aliviar a consciência desse assunto tão pesado e também para tirarmos conclusões sobre a nossa condição eterna. Satanás conhece isso muito bem, e, portanto, quando atrai as pessoas ao inferno, ele as convence de que fé que elas têm é correta, quando na verdade isso não existe, e, depois de destruir toda a esperança da eternidade nelas, arrasta-as ao desespero e convence-as de que sua fé, além de nunca ter sido correta, não passa de uma fé fingida e dissimulada, deixando essas pobres almas prontas a dizer: Amém. Portanto, isso diz respeito a todos para que obtenham uma boa evidência da eternidade e que ponham verdadeiramente sua fé à prova, seja ela um escudo de ouro ou um escudo de bronze; seja ela justificadora ou temporária; seja ela uma fé que justifique perante Deus, ou apenas diante dos homens.

...isso diz respeito a todos para que obtenham
uma boa evidência da eternidade e que ponham
verdadeiramente sua fé à prova.

23 DE FEVEREIRO

O MESMO PAI

THOMAS MANTON

...Pai nosso, que estás nos céus...
MATEUS 6:9

Assim como a oração do Pai Nosso nos ensina que tipo de amor fraternal devemos expressar na oração, da mesma maneira ela examina todas as disposições mundanas das quais somos culpados, e Cristo nos lembra delas. A oração também examina conflitos e contendas; somos irmãos — temos um Pai em comum. Em todos os lugares devemos viver em mansidão e amor: esse é um requisito para a oração. "Maridos... vivei a vida comum do lar, com discernimento; e, tendo consideração com vossa mulher... para que não se interrompam as vossas orações" (1PEDRO 3:7). Se houver brigas na família, como o marido e a esposa poderão invocar a Deus com o coração unido, o qual é um requisito estabelecido para a oração? Assim diz 1 Timóteo 2: "Quero, portanto, que os varões orem em todo lugar, levantando mãos santas, sem ira e sem animosidade" (v.8). Não apenas levantar mãos "santas" a Deus, mas também "sem ira e sem animosidade"; é preciso haver confiança em nossas orações. Isso, porém, não é tudo — a oração precisa ser "sem ira". Não pode haver nem uma gota de vingança e violência misturadas a nossas súplicas. A oração também examina o orgulho e o desprezo. Cristo ensina todos, em todas as condições, a dizerem: "Pai nosso", sejam senhores ou servos, pais ou filhos, reis ou mendigos. Você não tem um Cristo melhor, nem um Pai melhor, no Céu do que os outros. O rico e o pobre devem perdoar-se mutuamente sob a Lei, para mostrar que todos têm o mesmo Redentor. O fraco não deve desprezar nem desdenhar o forte; nem o rico deve envergonhar-se de seu irmão por ele ser pobre. Jamais devemos nos envergonhar de um irmão que pertence a Deus como um filho.

> *Cristo ensina todos a dizerem "Pai nosso",*
> *sejam reis ou mendigos.*

24 DE FEVEREIRO

MULTIDÕES DE PECADOS PERDOADOS
JOHN COLLINGES

*Falai ao coração de Jerusalém,
bradai-lhe que já é findo o tempo da sua milícia,
que a sua iniquidade está perdoada
e que já recebeu em dobro das mãos do S*ENHOR
por todos os seus pecados.

ISAÍAS 40:2

Para Deus, perdoar multidões de pecados e perdoar poucos pecados é a mesma coisa; sim, Ele nunca perdoa apenas um pecado de uma alma, mas perdoa multidão de pecados. Deus precisa abandonar Sua justiça e negar a si mesmo em Sua justiça punitiva para perdoar um pecado. Não existe um pecado único; existe uma espécie de infinidade nele ou uma culpa infinita. Todo pecado que cometemos é contra o Deus infinito, contra justiça e bondade infinitas, e nada, a não ser a bondade infinita, é capaz de remi-lo e esquecê-lo. E essa remissão infinita é concedida com a mesma facilidade tanto a uma multidão de pecados quanto a alguns poucos, de modo que o bom príncipe disse a Deus ao reconhecer Seu poder: "É fácil para o Senhor salvar com muitos ou com poucos". Podemos, portanto, dizer no caso diante de nós: "É fácil para o Senhor redimir da culpa de milhares e milhares de pecados, da mesma forma que redimir de poucos", principalmente se considerarmos o preço infinito da redenção que foi pago. Se, na verdade, o preço tivesse sido limitado, talvez pudesse haver alguma objeção, mas é proporcional à bondade que existe em Deus. A pessoa que morreu por nossos pecados foi o Homem-Deus, uma pessoa infinita; Seu sangue foi de infinita virtude e satisfez [a justiça de Deus] completamente.

*Essa remissão infinita é concedida
com a mesma facilidade tanto a uma multidão
de pecados quanto a alguns poucos.*

25 DE FEVEREIRO

A FÉ VENCE TUDO

THOMAS ADAMS

...e esta é a vitória que vence o mundo: a nossa fé. 1 JOÃO 5:4

Pela fé Cristo tornou-se nosso; pelo amor tornamo-nos dele. Parte da meditação de um filósofo diz que tudo o que o homem possui em si mesmo é ele próprio. O cristão acrescenta: ele próprio tem Cristo, e aquele que tem Cristo tem fé verdadeira. Essa é a vitória que vence o mundo, tanto quanto nossa fé; sim, e mais, vence o próprio Cristo. O mundo é vencido pela fé porque não pode resistir a ela; Cristo é vencido pela fé porque Ele não pode resistir a ela. Em um duelo, Cristo venceu o diabo (MATEUS 4). A mulher cananeia venceu o próprio Cristo; Ele se rendeu: "Ó mulher, grande é a tua fé! Faça-se contigo como queres" (MATEUS 15:28). A fé é capaz de suavizar a expressão de Seu rosto, embora esteja franzido, amarrar Suas mãos, embora estejam lutando. O leão deste mundo rugiu muito tempo atrás, e continua a rugir, à procura de quem possa devorar. O Leão da tribo de Judá venceu o leão deste mundo; agora a fé vence o Vencedor. Quão grande é o poder da fé que vence Aquele que venceu tudo! Portanto, é do agrado de Deus que a fé tenha vitória santa sobre Ele próprio; Ele ama esse poder santificado e pede que a fé lute corajosamente com Ele, como no caso de Jacó, permitindo que Seu Eu Todo-Poderoso seja vencido e desista de executar a vingança merecida. Assim disse Jó: "*Ainda que* ele me mate, nele esperarei..." (13:15), e (responde Deus) visto que espera em mim, eu não o matarei. A fé foi suficiente para dominar reinos, mas suficiente também para alcançar o reino do Céu! Suficiente para fechar a boca dos leões, mas suficiente também para derrotar o leão que ruge e resistir a ele! Suficiente para abafar a violência de fogos comuns, mas suficiente também para libertar do fogo eterno do inferno! Suficiente para fugir do gume das espadas dos homens, mas suficiente também para escapar da espada da justiça de Deus! Ó que virtude sem igual é a virtude da fé!

A fé foi suficiente para dominar reinos, mas suficiente também para alcançar o reino do Céu!

26 DE FEVEREIRO

COMUNHÃO DIRETA COM DEUS

SAMUEL ANNESLEY

*Tu me farás ver os caminhos da vida;
na tua presença há plenitude de alegria, na tua destra,
delícias perpetuamente.*

SALMO 16:11

Nossa comunhão com Deus no Céu deve ser direta, sem a necessidade de um mediador. Iremos direto a Deus e participaremos imediatamente de Sua glória e felicidade. Não pode haver nenhuma comunhão próxima entre Deus e o homem enquanto houver pecado ou qualquer um de seus efeitos. Quando, porém, o pecado for extinto, Deus será tudo em nós, como Cristo era antes tudo em todos. Cristo entregará o reino a Deus, o Pai, quando puser todos os inimigos debaixo de Seus pés (1 CORÍNTIOS 15:24). [...] E quando todas as coisas forem subjugadas por Ele, o Filho também estará sujeito Àquele que pôs todas as coisas sob Ele, para que Deus possa ser tudo em todos. Cristo, como homem, constitui uma parte da Igreja [...], mas não haverá necessidade de mediador no futuro. Imagine que você esteja vendo uma fileira de globos de cristal, e um único globo dentre eles transmitindo toda a luz do sol na direção deles, porque, pela posição em que os demais se encontram, não têm acesso direto à luz do sol. Quando, porém, a luz do sol passar a incidir sobre eles, não haverá mais necessidade daquele globo central. Da mesma forma, enquanto não for possível desfrutarmos a alegria de estar face a face com Deus, haverá a necessidade de Cristo como mediador; mas, quando todas as coisas que nos distanciam de Deus forem removidas, seremos levados à presença do aposento onde Deus habita e, então, não haverá mais necessidade de mediação.

> *Quando, porém, o pecado for extinto,*
> *Deus será tudo em nós, como Cristo era*
> *antes tudo em todos.*

27 DE FEVEREIRO

VERDADEIRAMENTE SÁBIOS

WILLIAM BATES

O temor do SENHOR é o princípio da sabedoria...
SALMO 111:10

Permitam-me incutir em vocês essa graça sublime de temer a Deus, a graça que, a esse respeito, tem uma prerrogativa e singularidade especiais que a acompanham. Embora muitas outras graças da vida cristã sejam pessoais — dizendo respeito a algumas pessoas, algumas condições e algumas situações de vida —, o temor do Senhor […] diz respeito a todas as pessoas em todas as situações, em todos os tempos. O absurdo de imaginar que o carpinteiro seja capaz de trabalhar sem norma não é maior que imaginar que o cristão seja capaz de viver sem o temor de Deus. É essa graça que dirige todas as outras graças; portanto, devemos temer o Senhor. E, principalmente no que se refere a essa explicação, o temor do Senhor é a melhor defesa contra o pecado; o amor de Deus nos compele a servi-lo, mas é o temor de Deus que nos governa e nos impede de desobedecer a Ele, o que protege a alma em meio às armadilhas. Se vocês deixarem esse temor de lado, vão estatelar-se no chão […]. Portanto, se desejam manter-se imaculados, permitam que o temor do Senhor reine em vocês. Lembrem-se de que a nossa vida é uma tentação contínua, caminhamos em meio a serpentes. Ó, pensem bem! Embora o inimigo esteja fora de nós, ainda assim há um traidor dentro de nós, ou seja, nosso coração enganoso. Portanto, temam a Deus com o temor da reverência, e temam seu coração com o temor do zelo; se essa graça passar a dirigir a alma, o diabo poderá andar em nosso derredor, mas não conseguirá nos surpreender […]. Lembrem-se: se toda a graça da alma definhar, ainda assim o temor do Senhor permanecerá. Este é o elo da nova aliança: "Porei o meu temor no seu coração, para que nunca se apartem de mim" (JEREMIAS 32:40). Essa é a graça de uso e influência mais universais na vida do cristão. Vamos, então, pôr em prática esse dever, essa afeição, para sermos verdadeiramente sábios, sábios por nós mesmos e sábios para com Deus.

Se essa graça passar a dirigir a alma,
o diabo poderá andar em nosso derredor,
mas não conseguirá nos surpreender.

28 DE FEVEREIRO

O NOVO NASCIMENTO

ISAAC AMBROSE

...importa-vos nascer de novo.

JOÃO 3:7

Se o novo nascimento é necessário, como devemos nos esforçar para nascer de novo? Não estou repetindo as palavras de Nicodemos, isto é, voltar ao ventre materno e nascer de novo. Não é a semente do homem no ventre de nossa mãe, mas é a semente da graça no ventre da Igreja que nos torna abençoados. E se devemos nascer pela graça, então somos santificados, feitos filhos de Deus, herdeiros com Cristo, sobre quem Satanás não tem poder algum. Então, enquanto apresentam sua alma e desejam o Céu como fim, esforcem-se para conseguir essa única coisa necessária. Elevem sua alma a Deus para que possam ser lavados, justificados e santificados no nome do Senhor Jesus; e que, por meio do Espírito de Deus, vocês possam andar em novos caminhos, falar de maneira nova e ser um novo homem, criado para boas obras. Se esperarem em Deus dessa maneira, estou certo de que o Senhor, em Sua misericórdia, se lembrará de vocês, Seu Espírito soprará sobre vocês e encontrarão e sentirão uma grande mudança em seu interior a ponto de bendizerem a Deus para sempre, porque nasceram de novo. Do contrário, serão dignos de dó, levando-se em conta esta barreira na porta do Céu, que mantém os não regenerados do lado de fora: "Se o homem não nascer de novo, não poderá ver o reino de Deus".

*Seu Espírito soprará sobre vocês
e encontrarão e sentirão uma grande mudança
em seu interior.*

29 DE FEVEREIRO

A BREVIDADE DA VIDA

THOMAS WATSON

Lembra-te de como é breve a minha existência!
Pois criarias em vão todos os filhos dos homens!

SALMO 89:47

É "apenas como neblina", disse Tiago (4:14). A vida é uma roda em constante movimento. Os poetas pintaram o tempo com asas para mostrar sua volatilidade e rapidez. Jó a compara com um corredor veloz (9:25). Nossa vida passa rápido; e Jó a compara com um dia, não com um ano. A vida é, de fato, semelhante a um dia. A infância corresponde à alvorada; a juventude, ao nascer do sol, o sol em sua plenitude no meridiano; a velhice, ao pôr do sol. A doença chega ao anoitecer, e em seguida vem a noite da morte. Com que rapidez passamos os dias da vida! Muitas vezes o sol se põe ao meio-dia; a vida termina antes do anoitecer, antes da chegada da velhice. Às vezes, o sol da vida se põe logo após nascer. Rapidamente, depois do amanhecer da infância, a noite da morte chega. Ó, como é curta a vida do homem! Considerar a brevidade da vida pode contribuir para trazer alento ao coração. Lembre-se de que você está aqui por um dia; seu caminho a percorrer é curto, logo, por que há necessidade de uma grande provisão para uma viagem curta? Se o viajante tiver o suficiente para supri-lo até o fim da jornada, não desejará mais nada. Temos apenas um dia para viver, e talvez estejamos na décima segunda hora do dia; se Deus nos conceder o suficiente para carregar nosso fardo até a noite, isso bastará; ficaremos contentes. Se um homem tivesse uma casa, ou uma fazenda arrendada, mas dali a dois ou três dias derrubasse tudo e começasse a plantar, ele não seria considerado insensato demais? Da mesma forma, sabendo que temos um curto período para viver aqui e que a morte nos chama para nos tirar de cena, é extrema tolice ter apego exagerado ao mundo e perder a alma em troca de uma propriedade. Esaú disse certa vez, em um sentido profano, a respeito de seu direito de primogenitura: "Estou a ponto de morrer; de que me aproveitará o direito de primogenitura?" (GÊNESIS 25:32), portanto, que o cristão diga em um sentido religioso: "Estou a ponto de morrer, minha sepultura está sendo aberta, e que vantagem o mundo me proporcionará? Se tenho o suficiente até o pôr do sol, estou contente".

1.º DE MARÇO

CONHECENDO A DEUS

JAMES JANEWAY

Reconcilia-te, pois, com ele e tem paz,
e assim te sobrevirá o bem.
JÓ 22:21

Quando há familiaridade com Deus, a maldade brutal cai como as escamas de um corpo coberto de feridas depois que os tecidos são reconstituídos. A familiaridade com Deus é a única e verdadeira consolação nesta vida, e a perfeição dela é a própria felicidade do Céu. Vamos, então, contemplar o Senhor, até que nosso coração sinta o desejo sincero, até que nossa alma seja atraída depois de nos aproximarmos dele. Se Deus deve ser conhecido, se posso me aproximar dele, se posso conversar com Ele, será que poderíamos ter uma comunicação recíproca? Ó, que Ele me ame para que eu possa amá-lo! Ó, bendito aquele que o conhece e que é conhecido por Ele! "Quanto a mim, bom é estar junto a Deus" (SL 73:28). "Pois um dia nos teus átrios vale mais que mil" (SL 84:10). "A minha alma suspira e desfalece pelos átrios do Senhor; o meu coração e a minha carne exultam pelo Deus vivo!" (SL 84:2). Ó, que eu seja recebido para conversar com Deus! Que eu possa ouvir Sua voz e ver Seu rosto, pois Sua voz é terna e Seu rosto é formoso! Ó, que eu possa comunicar-me com Deus e que Ele se doe a mim! Ó, que eu possa amá-lo! Que eu adoeça de amor! Que possa morrer de amor! Que possa me perder no amor do Senhor, como uma pequena gota na profundeza incomensurável de Seu amor! Que eu possa habitar no amor eterno dele! Isso é ter familiaridade com Deus.

Sua voz é terna e Seu rosto é formoso!

NOSSAS MELHORES AFEIÇÕES

JOHN ROGERS

O Senhor guarda a todos os que o amam;
porém os ímpios serão exterminados.

SALMO 145:20

Devemos amar a Deus porque Ele é a própria bondade, e ela é digna de todo o nosso amor. Onde quer que vejamos parte dessa imagem, ela deve atrair o nosso coração. Deus nos criou segundo a Sua imagem, redimiu-nos por Seu Filho amado, sempre nos guardou e multiplicou sobre nós [...] inumeráveis misericórdias para a alma e o corpo. Essas coisas não deveriam despertar todas as nossas melhores afeições? Foi o que fizeram os dignos servos de Deus em várias gerações. Os piedosos mártires abandonaram tudo por amor a Ele e consideraram que a vida não valia nada por amor ao Seu nome; sim, eles preferiram suportar as piores torturas que seus perseguidores foram capazes de lhes infligir a fazer qualquer coisa que desonrasse a Deus. Aqueles que estão distantes do amor de Deus não são melhores do que aqueles que o odeiam.

...escolheram suportar as piores torturas a fazer
qualquer coisa que desonrasse a Deus.

3 DE MARÇO

PERTO DE DEUS
JEREMIAH BURROUGHS

*O Senhor é a porção da minha herança
e o meu cálice...* SALMO 16:5

Quando Deus se coloca diante da alma por meio da aliança, Ele diz aos participantes da aliança que não apenas fará coisas grandiosas para eles, mas também que deseja tê-los perto de si: "Serei vosso Deus" (ÊX 6:7). O Senhor disse a Abraão que Ele lhe seria uma recompensa extraordinária, mas isso não foi suficiente para satisfazer esse patriarca. "Que me haverás de dar?" (GN 15:2), ele diz, tendo em vista Cristo e a alegria de Deus nele. Quando Deus diz que fará tais e tais coisas a um coração dilatado pela graça, isso não é suficiente, a menos que o próprio Deus seja a porção da alma, porque esta não se satisfaz com nada que Deus faz. Se Deus dissesse a alguém cujo coração foi alargado pela graça: "Vou lhe dar o mundo inteiro, você terá toda a glória, toda a pompa, todo o encanto e todos os confortos do mundo. E mais: farei outros dez mil mundos e os darei a você, e todos serão mil vezes melhores que este mundo", tudo isso não satisfaria um coração alargado pela graça. Embora tal pessoa se sinta indigna da menor migalha de pão, ela não se satisfará mesmo que possua o mundo todo. O que satisfaz um coração dilatado pela graça? Somente o próprio Deus, porque Ele se entrega a Seu povo por meio da aliança: "Eu serei o seu Deus, eu serei a sua porção", e diante disso, aqueles que fazem parte dessa aliança com Ele [...] se alegram ao ver Deus se manifestando em todos os Seus Nomes [...] porque veem quanto receberam dele por meio de Suas obras, mas o que o coração deles mais deseja é o próprio Deus, a excelência que há em Deus acima de todas as Suas obras.

*O que satisfaz um coração dilatado pela graça?
Somente o próprio Deus.*

4 DE MARÇO

PERSEVERANÇA FINAL

GERVASE BABINGTON

E a vontade de quem me enviou é esta:
que nenhum eu perca de todos os que me deu;
pelo contrário, eu o ressuscitarei no último dia.

JOÃO 6:39

O ato do Pai em nos conceder Cristo [...] implica a certeza e a segurança de nossa salvação. Pois, se a constância do amor de Cristo a todos os que se aproximam dele é tão grande que Ele nunca os rejeita, reflita um pouco. Se já tem certeza de que se aproximou dele uma vez, ainda que sua segurança não esteja selada na palavra da verdade de Deus, você não poderá mais perecer visto que Ele não é falso. Vamos deixar essa verdade próxima a vários textos que transmitem melhor essa doutrina para nós, por exemplo, o primeiro salmo, que diz que o bem-aventurado do Senhor, uma vez que se aproxima de Cristo com fé verdadeira em Seu nome e vida, conforme Deus capacita de acordo com a fé, é semelhante a uma árvore plantada junto a correntes de água, cujas folhas nunca murcham por falta de umidade, nunca mesmo. Outro exemplo é o capítulo 32 de Jeremias, onde há uma promessa de que a aliança com aqueles que se aproximam de Deus será eterna, que Ele nunca desistirá de lhes fazer o bem, mas porá temor no coração deles, para que não se afastem dele. Agostinho insiste em que esse texto deve ser comparado a um muro de bronze contra a dúvida de qualquer pessoa. E lembre-se sempre do texto em Mateus, que diz que o eleito pode ser enganado (se fosse possível), e eu repito, se fosse possível. Outro texto encontra-se em João, no qual nosso Salvador afirma: "Eu lhes dou a vida eterna; jamais perecerão, e ninguém as arrebatará da minha mão" (10:28). Podemos ser abalados, e perigosamente tentados, se Deus assim o desejar, mas não podemos perecer, se esses textos das Escrituras forem verdadeiros. Pedro é um exemplo daquilo que nos pode sobrevir, e Pedro é uma prova da bondade de Deus conosco. Tertuliano disse a respeito desse apóstolo: "A força de sua fé foi abalada, mas não esmigalhada; foi movida, mas não removida; começou a secar, mas nunca murchou; com sua boca ele negou a Deus, mas Seu coração jamais se apartou dele". Podemos cair até esse ponto (mesmo que Deus proíba) e, pela misericórdia que levantou Pedro, levantamo-nos de novo.

5 DE MARÇO

PERSUADIR DEUS
WILLIAM FENNER

Vinde, pois, e arrazoemos, diz o Senhor...
ISAÍAS 1:18

O ração importuna é a oração cheia de fortes argumentos. Portanto, é isso que Jó diz: "Encheria a minha boca de argumentos" (23:4), como um homem importuno, que apresenta todas as razões e argumentos para provar sua causa. Ainda assim, a pessoa mais importuna no trono da graça apresentará argumentos para persuadir Deus. [...] Você não pode esperar prevalecer diante de Deus, a menos que se proponha a fazer isso. Como Jacó prevaleceu diante de Deus senão por meio de uma luta? A oração é chamada de luta; é uma violência santa. Você não pode obter misericórdia da mão de Deus, a menos que use toda a sua força para consegui-la. É semelhante a um pai que segura uma maçã na mão, e o filho consegue pegá-la; o pai abre primeiro um dedo, depois outro, até que a maçã caia. O mesmo ocorre com o pobre pecador diante do trono da graça. O Senhor abre as mãos e enche todas as coisas vivas com abundância. Que meios são usados? As orações de Seus filhos. Elas abrem a mão de Deus e fazem as Suas bênçãos serem derramadas. Peça graça e o Senhor lhe dirá: "Você é orgulhoso e precisa ser humilde", e abre um dedo. "Você é negligente e precisa ser mais zeloso", e abre outro dedo. Deus diz: "Você não vai aproveitar muito essa graça depois de recebê-la e vai transformá-la em licenciosidade; você precisa aprender a mortificar seus membros", e abre outro dedo. Você não conseguirá receber graça da mão de Deus se Ele não abrir todos os Seus dedos; só então a graça será derramada. Há muito poder nas orações dos filhos de Deus; algumas têm mais poder, outras menos, mas todas precisam ser poderosas no trono da graça, do contrário nenhuma prevalecerá diante de Deus.

*Há muito poder nas orações
dos filhos de Deus.*

6 DE MARÇO

DUAS TAÇAS

ROBERT DINGLEY

Os céus e a terra tomo, hoje, por testemunhas contra ti,
que te propus a vida e a morte,
a bênção e a maldição; escolhe, pois, a vida,
para que vivas, tu e a tua descendência.

DEUTERONÔMIO 30:19

Há uma taça na mão de Deus que é dez mil vezes mais doce que o néctar. Ele o convida para provar seu conteúdo, e muitos não o provarão. Mas há também uma taça de tremor em Sua mão esquerda, na qual todos os resíduos de Sua fúria são espremidos, e dessa taça eles provarão e beberão por toda a eternidade. Todos precisam ter um relacionamento com Deus de uma forma ou outra, seja de filhos para com o pai ou de traidores para com o juiz. Deus pode produzir glória de suas cinzas. Se você abrir mão das misericórdias recebidas e fechar a porta diante das ofertas de graça, a justiça irromperá como um soldado armado e o entregará aos algozes. Veja bem, eu coloquei a vida e a morte, o inferno e o Céu, o doce e o amargo diante de você neste dia, para que possa provar um deles. Portanto, faça (como Maria) uma escolha sábia e sensata; prove e veja quão bom o Senhor é, e assim jamais provará quão terrível Ele é, quão justo Ele é, quão poderoso Ele é para destruir sua criação, mesmo que ela possa viver para sentir o que o poder, a justiça e a sabedoria infinitos podem lhe infligir por toda a eternidade.

Todos precisam ter um relacionamento com Deus,
seja de filhos para com o pai ou de traidores
para com o juiz.

7 DE MARÇO

GRAÇA VIVA

JEREMIAH DYKE

*O justo florescerá como a palmeira,
crescerá como o cedro no Líbano.*

SALMO 92:12

Há uma questão que nos preocupa o tempo todo: olhar para o crescimento de nossa graça, uma vez que esse crescimento evidencia muito a verdade nela contida. Onde não há crescimento da graça, não há verdade da graça. A graça verdadeira é uma graça em expansão. Há um crescimento no conhecimento (2PE 3:18), um crescimento na sabedoria (LC 2:40) e um crescimento na fé (2TS 1:3). Toda graça verdadeira cresce. Há graças fingidas e falsificadas, e este é o ponto principal que distingue a graça verdadeira da graça falsificada: a graça verdadeira cresce, a graça falsificada não. Há uma grande diferença entre uma árvore verdadeira e uma árvore desenhada, entre uma criança verdadeira e a estátua ou a imagem de uma criança. A criança verdadeira cresce, mas a imagem não — ela não fica mais alta nem maior e continua do mesmo tamanho cem anos após ter sido produzida. Onde há graça verdadeira há vida cheia de graça, e a vida se manifestará e fará a graça crescer, como vemos nas árvores vivas e nas crianças vivas que ainda não cresceram totalmente — elas crescem porque vivem.

*Há uma grande diferença entre uma árvore verdadeira
e uma árvore desenhada.*

8 DE MARÇO

O CAMINHO DE CASA

SAMUEL DOOLITTLE

Onde está, ó morte, a tua vitória?
Onde está, ó morte, o teu aguilhão?
1 CORÍNTIOS 15:55

Você pergunta por que os justos morrem? Eles morrem para que o pecado possa ser destruído. Assim como o pecado trouxe a morte ao mundo, a morte destruirá o pecado para sempre. Embora a morte possua aguilhão, força e poder e, mais ainda, proceda do pecado, ela prova ser a destruição deste por ordem de Deus. Essas flechas letais que matam o cristão, que atingem o centro de seus pecados e luxúrias, morrem junto com os pecados. O justo despe-se das vestes da mortalidade e das roupas sujas de uma só vez; o pecado que nasceu com ele, morou com ele e o acompanhou de um lugar a outro vai embora para sempre em seus últimos momentos de vida. O cristão morre para que o pecado morra também. Os justos são estrangeiros e peregrinos; esse é o seu caráter e expressa sua estrutura e temperamento. Embora estejam vivos, estão em lugar estranho, entre pessoas estranhas e muito distantes de seu povo. Ó! Como eles desejam, anseiam, suspiram e gemem para estar em outro lugar! Nasceram do Céu, pertencem ao Céu e querem estar no Céu. São cidadãos da nova Jerusalém; nela há mansões projetadas, compradas, preparadas e vazias para eles ocuparem. Mas eles precisam mergulhar os pés no riacho frio e fatal que corre entre este mundo e aquele outro para chegar lá. A fé pode conceder, e frequentemente concede, a eles expectativas agradáveis, arrebatadoras e extasiantes do Céu. Ó! Quantas vezes, após essa visão, a alma do cristão vibra no peito, bate as asas e deseja partir, mas somente a morte pode nos transportar para lá e nos dar a posse definitiva desse lugar. Em resumo, os filhos de Deus morrem para poder chegar em casa.

A fé pode dar a eles expectativas agradáveis, arrebatadoras e extasiantes do Céu.

9 DE MARÇO

CRESCIMENTO GRADUAL

JOHN FLAVEL

Plantados na Casa do Senhor, florescerão nos átrios do nosso Deus. SALMO 92:13

É uma verdade indubitável que Cristo se aplica à alma de modo completo e perfeito no primeiro ato para a justificação. "Por ser uma mudança relativa, a justificação não admite graduações; ela é aperfeiçoada em conjunto e imediatamente em um único ato, embora possua vários graus quanto à sua manifestação, sentido e efeito", diz William Ames. Mas a aplicação de Cristo a nós, para sabedoria e santificação, não é aperfeiçoada em um único ato, uma vez que passa por muitas graduações lentas até chegar à perfeição. E apesar de dizermos sinceramente que nos aproximamos de Cristo no momento em que cremos nele (JOÃO 6:35), depois disso a alma continua a aproximar-se dele por atos posteriores de fé: "Chegando-vos para ele, a pedra que vive" (1PE 2:4). O tempo verbal dá a ideia de movimento contínuo, pelo qual a alma ganha terreno e se aproxima mais e mais de Cristo, aumentando ainda mais a familiaridade interior com Ele. A alma conhece Cristo de modo semelhante à luz da aurora, que brilha cada vez mais até ser dia perfeito (PV 4:18). Cada graça do Espírito cresce de modo sensível e real, porque, ao discernir o crescimento da santificação, que é semelhante ao crescimento das plantas, é que percebemos que temos crescido. E à medida que a santificação se desenvolve na alma, por movimentos mais profundos de hábitos, e mais rapidez e espiritualidade no agir, assim também Cristo e a alma se fecham cada vez mais interiormente e de modo eficaz, até ela ser, por fim, absorvida completamente na alegria plena e perfeita de Cristo.

A alma conhece a Cristo de modo semelhante à luz da aurora, que brilha cada vez mais até ser dia perfeito.

10 DE MARÇO

OS CÉUS PROCLAMAM

NATHANIEL VINCENT

Os céus proclamam a glória de Deus,
e o firmamento anuncia as obras das suas mãos.

SALMO 19:1

As obras de Deus, embora Ele seja invisível, revelam a sabedoria, o poder e a bondade de quem as realizou. Os céus pregam aos moradores da Terra e proclamam claramente a glória de seu Criador e a proclamam de tal modo que todos os povos e línguas conseguem entender. Nas palavras desse versículo, vemos que todo olho pode compreender o eterno poder e a bondade de Deus, de quem, por meio de quem e para quem são todas as coisas e a glória para sempre. Entre as outras obras de Deus, o salmista dá atenção especial ao Sol no firmamento, cuja luz e influência são grandes e benéficas, e depois faz uma transição para a Lei e a Palavra de Deus, cuja luz obscurece, em certo sentido, aquele astro glorioso, manifestando-se de modo tão claro para dar conhecimento ao homem a respeito de seu Criador, e assim esse homem volta o coração para Deus, apesar de ser naturalmente cego e tolo, forasteiro e indiferente.

Os céus pregam aos moradores da Terra e proclamam
claramente a glória de seu Criador.

11 DE MARÇO

PECADO PERDOADO

JOHN SHOWER

No qual temos a redenção, pelo seu sangue, a remissão dos pecados, segundo a riqueza da sua graça. EFÉSIOS 1:7

Você deve considerar que, se o pecado é perdoado, todas as coisas cooperarão para o bem. "Perdoa toda iniquidade, aceita o que é bom" (OS 14:2). Toda divina providência será santificada se o pecado for perdoado. "Eis que foi para minha paz que tive eu grande amargura", diz Ezequias, "tu, porém, amaste a minha alma e a livraste da cova da corrupção, porque lançaste para trás de ti todos os meus pecados" (IS 38:17). Temos um exemplo semelhante em Jeremias 33:6-8. Se, porém, tivermos toda a plenitude, paz, saúde, riquezas e grandeza do mundo, ainda assim a culpa de um pecado na consciência, sob a percepção da ira merecida de Deus, prejudicará o encanto de tudo. Onde o pecado é perdoado, as outras misericórdias serão doces, e o peso da aflição será tolerável; mas sem o perdão, e sob todas as percepções do contrário, toda calamidade temporal é dupla, pois isso é o absinto e a bílis de cada cálice amargo. Debaixo das angústias e decepções deste mundo, não bradaremos: "Estamos destruídos", se pensarmos que Deus nos perdoou. Não se pode imaginar que um homem que acabou de receber o perdão de seu príncipe torcerá as mãos e chorará se perder sua luva ou lenço no caminho de casa, nem lamentará essa perda, tendo em vista que a vida lhe foi poupada recentemente por meio da graça. Além disso, aqui há um alicerce para sustentar a vida de gratidão, amor e obediência a Deus. Depois que as obras mortas são expurgadas da consciência, servimos ao Deus vivo sem medo, na esperança de Sua aceitação, com a promessa de que Ele ouvirá nossas orações, se agradará de nossos esforços e tolerará nossas fraquezas. Assim, poderemos suportar as provações desta vida com paciência e resignação e, na hora da morte, poderemos entregar nossa alma com fé e esperança nas mãos de Cristo, que cuidará de nós como Sua propriedade quando partirmos deste mundo e, por fim, nos receberá e nos absolverá no grande Dia. Ó, quantas misericórdias acompanham a misericórdia do perdão de pecados!

12 DE MARÇO

TÃO GLORIOSAMENTE

FRANCIS ROBERTS

*Quando contemplo os teus céus, obra dos teus dedos,
e a lua e as estrelas que estabeleceste,
que é o homem, que dele te lembres?
E o filho do homem, que o visites?*

SALMO 8:3,4

Na obra da criação, a liberdade, a sabedoria, o poder e a bondade de Deus brilham do modo mais glorioso possível. Primeiro, a liberdade na qual Ele "tudo faz como lhe agrada" (SL 115:3). Deus fez um mundo e somente este; fez as criaturas e somente as criaturas deste mundo; e criou-as dessa forma e não de outra, porque delas Ele muito se agradou. Ninguém pode controlar Sua obra. "Porventura, pode o objeto perguntar a quem o fez: Por que me fizeste assim?" (RM 9:20). Segundo, a sabedoria, porque Ele "faz todas as coisas conforme o conselho da sua vontade" (EF 1:11). Quantas formas de sabedoria de Deus estão aqui contidas! Na sequência da criação, Ele fez todas as coisas em seis dias. Poderia tê-las feito em um dia, em uma hora, com a mesma facilidade, mas mostrou ser um Deus ordeiro. Primeiro Ele fez as [...] criaturas menos importantes e depois as mais importantes. [...] Há a glória do sol, outra glória da lua, outra glória das estrelas e uma estrela difere da outra em glória. Alguns dos elementos são quentes; outros, frios; alguns, úmidos; outros, secos; alguns, leves; outros, pesados. As boas qualidades das plantas e das frutas são inumeráveis. Na doce harmonia de todo o Universo, a sabedoria de Deus aparece assombrosamente. Terceiro, o poder, pelo qual Ele criou todas as coisas do nada, sem nenhuma matéria pré-existente e com toda facilidade, mediante Sua palavra. Ele disse: "Haja luz! (GN 1:3). Deus pronunciou as palavras com mais facilidade que nós as pronunciamos. Deus falou, e foi feito. Deus ordenou, e tudo se firmou no lugar. Deus ordenou, e tudo foi criado. Bastou apenas uma palavra, e o trabalho foi realizado. Quarto, a bondade, na qual Deus (infinitamente feliz e satisfeito) se agradou de criar o mundo, principalmente os homens e os anjos, para transmitir Sua bondade a eles.

> *Deus falou, e foi feito. Deus ordenou,*
> *e tudo se firmou no lugar. Deus ordenou,*
> *e tudo foi criado.*

13 DE MARÇO

A VIDA DESEJADA

MATTHEW LAWRENCE

*Guiarei os cegos por um caminho que não conhecem,
fá-los-ei andar por veredas desconhecidas;
tornarei as trevas em luz perante eles e os caminhos
escabrosos, planos. Estas coisas lhes farei
e jamais os desampararei.*

ISAÍAS 42:16

A vida de todas as coisas tem um sabor muito doce. E, por isso, a árvore da vida foi colocada no meio do paraíso, como se fosse a perfeição de todos os outros confortos. Quão doce é então a vida mais doce de todas? Em comparação, a outra vida inteira nada mais é que a morte. Lucas registra: "Teu irmão estava morto e reviveu" (15:32). Ó, quem dera tivéssemos olhos para ver e coração para considerar a grandiosidade desta vida! Veja como é grande a diferença entre a vida de uma criança no ventre da mãe e a vida quando ela adentra a este mundo, onde tem liberdade para respirar, ouvir, ver e exercitar todos os sentidos. A diferença é tão grande quanto a diferença entre a vida da natureza e a graça, e também entre a vida da graça e a glória. Nosso conhecimento a respeito do que está reservado para nós no Céu é o mesmo de uma criança no ventre da mãe quando adentra neste mundo. Assim como há um instinto natural na criança de sair do ventre da mãe para uma vida melhor, há também um instinto espiritual e sobrenatural em todos os filhos de Deus para se tornarem participantes de uma vida melhor. O apóstolo Paulo afirma: "Porque sabemos que toda a criação, a um só tempo geme e suporta as angústias até agora" (RM 8:22). Nesse ínterim, antes de desfrutarmos a vida da glória em sua plenitude, coisas gloriosas são faladas aos poucos sobre a vida da graça, a respeito de sua natureza, princípio e consolações. A tudo isso poderíamos acrescentar sua primazia a respeito do processo, isto é, crucificar nossas corrupções, vencer o mundo e todas as forças opositoras e ser mais que vencedores em Cristo. Portanto, essa é a vida excelente e a mais desejada.

Há um instinto espiritual e sobrenatural
em todos os filhos de Deus para se tornarem
participantes de uma vida melhor.

14 DE MARÇO

TEMOR REVERENTE

GEORGE SWINNOCK

---

*Tema ao S*ENHOR *toda a terra,*
temam-no todos os habitantes do mundo.

SALMO 33:8

Quando você orar, apresente seus pedidos a Deus com temor reverente. A Vulgata em português traz o Salmo 84:10 desta maneira: "...escolhi estar abatido na casa do meu Deus...". [N.E.: A Vulgata possui numeração diferente no livro de Salmos. O versículo transcrito aparece na Vulgata em Salmo 83:11.] Os cristãos orientais, quando clamavam a Deus, atiravam-se ao chão. Lutero orava com a confiança de quem se dirige a um pai, mas com a reverência de quem se dirige a Deus. Lembre-se de que, quando fala com Deus, você não passa de pó e cinza. Não passa de um mendigo, e um coração orgulhoso não se encaixa no perfil de um mendigo. "O pobre fala com súplicas" (PV 18:23). Os vinte e quatro anciãos "prostraram-se sobre o seu rosto e adoraram a Deus" (AP 11:16). O mesmo fez Jesus Cristo em oração (MT 26:39). "Vinde, adoremos e prostremo-nos; ajoelhemos diante do SENHOR, que nos criou" (SL 95:6). O elefante, que não é capaz de curvar-se nem de dobrar os joelhos, não era um animal adequado para o sacrifício.

Lutero orava com a confiança de quem se dirige a um
pai, mas com a reverência de quem se dirige a Deus.

15 DE MARÇO

GRAÇA, NÃO DONS

RICHARD SIBBES

Assim, também vós, visto que desejais dons espirituais, procurai progredir, para a edificação da igreja.

1 CORÍNTIOS 14:12

Precisamos saber que o cristianismo é mais uma questão de graça do que de dons, de obediência do que de ser participante. Os dons podem proceder de uma obra mais comum do Espírito; são comuns aos perdidos e mais destinados aos outros do que para nós. A graça procede de um favor peculiar de Deus e principalmente para o nosso benefício. No mesmo dever em que os dons e a graça são necessários, como na oração, é mais importante orar com a evidência de grande graça do que com a evidência de excelente proficiência. Moisés (um homem sem o talento da oratória) foi escolhido no lugar de Arão para falar com Deus e debater com Ele em oração, enquanto Israel lutava com Amaleque fazendo uso da espada. Trata-se de um assunto mais relacionado ao coração do que à língua, mais relacionado a gemidos que a palavras. Os gemidos e os suspiros do coração sempre chamam a atenção do Espírito, mesmo nas piores condições. Apesar de ser uma parte e não um membro do corpo, o coração é dotado com algumas habilidades para servir ao corpo e, pela fé, pode se desenvolver mais e mais. Pois Deus não chama ninguém a essa posição elevada senão aquele que, de alguma forma, Ele equipa para ser um membro útil e lhe concede um talento notório.

Deus não chama ninguém a essa posição elevada senão aquele que, de alguma forma, Ele equipa para ser um membro útil.

16 DE MARÇO

SANTIDADE

HENRY SCUDDER

Ó Senhor, quem é como tu entre os deuses?
Quem é como tu, glorificado em santidade, terrível em
feitos gloriosos, que operas maravilhas? ÊXODO 15:11

Quando Cristo (na oração do Pai Nosso) deu a entender que Deus devia ser estimado e reconhecido com a mais absoluta honra, Ele disse "santificado", isto é, "que Teu nome seja conhecido e reconhecido como santo". Podemos, então, deduzir que a santidade é o título mais alto de honra e glória que pode pertencer a qualquer pessoa, sim, ao Deus Altíssimo. Se uma pessoa ou coisa qualquer é santa, ela é respeitável. Quando os serafins prestaram a mais alta honra e glória a Deus, eles gritaram: "Santo, santo, santo é o Senhor dos Exércitos" (IS 6:3). Os quatro seres viventes disseram: "Santo, Santo, Santo é o Senhor Deus, o Todo-Poderoso" (AP 4:8). Davi disse que os santos são notáveis (SL 16:3). E quando Cristo Jesus apresentar Sua Igreja a si mesmo como Igreja gloriosa, Ele a santificará e a apresentará santa e sem mácula. A santidade em Deus é a integridade e a perfeição de Seu poder, misericórdia, justiça e de todos os Seus outros atributos, que, se não fossem todos santos, não poderiam ser bons, muito menos bondade. Deus não poderia ser Deus se não fosse santo, sim, se Ele não fosse a própria santidade. E quanto às outras criaturas, quanto mais participam da santidade, mais se assemelham a Deus, e são, portanto, mais gloriosas. No princípio, o homem era a mais gloriosa de todas as criaturas terrestres, porque foi criado conforme a imagem de Deus, a mais santa de todas.

Quanto mais participam da santidade,
mais se assemelham a Deus.

17 DE MARÇO

NO PEITO DE CRISTO

ISAAC AMBROSE

*Descansa no S*ENHOR *e espera nele...* SALMO 37:7

A comunhão com Cristo é um antegozo do Céu. Aqui nós desfrutamos a pessoa de Cristo e todos os agradáveis relacionamentos com Ele. Desfrutamos Sua morte e todos os frutos, privilégios e influências salvíficos de Sua morte. Também somos conduzidos ao salão de banquetes de Cristo, realizados em Suas galerias, tendo acima de nós Seu estandarte de amor. Somos transportados ao monte com Cristo, para que possamos vê-lo (por assim dizer) transfigurado e repetir as palavras de Pedro: "Senhor, é bom estarmos aqui; se queres, farei aqui três tendas" (MT 17:4). Ó, é uma grande felicidade ter Cristo habitando em nosso coração e nos aconchegar em Seu peito! É uma grande felicidade manter comunhão entre Cristo e nossa alma! Ele levou nossos pecados; apoderamo-nos de Sua cura; Ele suportou feridas por nós; nós bebemos o bálsamo espiritual que brotou de Suas feridas; Ele tomou sobre si as nossas iniquidades e nos revestimos de Sua justiça. Cristo sofreu dores por nós; nós vamos até Ele e nele encontramos descanso para nossa alma. Ele assumiu nossa maldição e condenação; nós assumimos Sua bênção, justificação e salvação. É com essa finalidade que olhamos para Jesus. No entanto, se Ele esconder Seu rosto por ter se afastado de você, não descanse até encontrá-lo. E quando o encontrar, agarre-se a Ele, não o deixe ir embora, nem o afaste de seu coração por causa de suas corrupções. Se você valorizar a presença de Cristo, será muito confortável manter e aumentar sua comunhão com Ele.

Cristo sofreu dores por nós; nós vamos até Ele e nele
encontramos descanso para nossa alma.

18 DE MARÇO

NOSSO CHORO MATUTINO

JEREMIAH BURROUGHS

*Porque é necessário que este corpo corruptível
se revista da incorruptibilidade, e que o corpo mortal
se revista da imortalidade.*

1 CORÍNTIOS 15:53

A pedido de Filipe, rei da Macedônia, um homem se apresentava diante dele todas as manhãs e gritava: "Tu és mortal". Mas as palavras que eu escolheria para você ouvir todos os dias são estas: "Você é imortal". A melhor parte de você deve viver eternamente. Se a eternidade nos fosse apresentada em seu real sentido, nosso coração seria atraído poderosamente às coisas eternas! Com certeza nossos pensamentos não estão voltados para a eternidade; os pensamentos sobre eternidade são fortemente dominantes, são pensamentos sobrenaturais, pensamentos de humildade de alma que dão estabilidade ao nosso coração. São pensamentos infinitos que nos dizem respeito e nos afetam infinitamente. Vocês que acalentam pensamentos superficiais e vivem pensando em coisas superficiais, ó, este dia é um presente que lhes é oferecido para ajudá-los a evitar pensamentos superficiais. A palavra "eternidade" e os pensamentos concernentes a ela podem ser suficientes para expulsar de vez os pensamentos inúteis e irritantes.

*Você é imortal. A melhor parte de você
deve viver eternamente.*

19 DE MARÇO

RECONHECENDO DEUS

JOHN DOD E ROBERT CLEAVER

*No coração, tem ele a lei do seu Deus;
os seus passos não vacilarão.* SALMO 37:31

"Então, falou Deus todas estas palavras: Eu sou o SENHOR, teu Deus, que te tirei da terra do Egito, da casa da servidão" (ÊX 20:1,2). Essas palavras contêm uma preparação para estimular o cumprimento da Lei de Deus com todo cuidado e consciência, o que em parte se refere a observar todos os mandamentos e, mais especificamente, observar o primeiro. Essa preparação que diz respeito a todos encontra-se nas palavras "falou Deus", ou seja, entender que elas têm Deus como seu Autor e mestre imediato, até mesmo por Sua própria voz. Precisamos, portanto, nos esforçar para obedecer a elas sem resistência ou contestação. Aquilo que pertence ao primeiro é extraído da natureza de Deus, sendo Jeová, que significa Sua essência e ser, intransferível a qualquer criatura; e segundo, de Seus benefícios, ou de forma geral nas palavras "seu Deus", isto é, eu fiz uma aliança com você e me comprometi a ser seu, livrá-lo de todos os males da alma e do corpo e lhe fazer o bem por toda esta vida e pela que ainda virá; ou então de forma especial nas palavras "que te tirei da terra do Egito", que significam que Ele havia tirado o povo de um lugar totalmente entregue à idolatria e superstição e daquela condição e estado cheios de infortúnio e escravidão. A partir de então, essa libertação maravilhosa testifica profusamente o amor e a bondade de Deus para com Seu povo. Portanto, o povo devia submeter-se inteiramente a Deus e reconhecer que Ele, somente Ele, era o seu Deus.

*Essa libertação maravilhosa testifica profusamente o
amor e a bondade de Deus para com Seu povo.*

20 DE MARÇO

CHORAR CORRETAMENTE

CHRISTOPHER LOVE

*No seu pescoço reside a força,
e diante dele salta o desespero.*

JÓ 41:22

Os cristãos não devem desesperar-se excessivamente com as tristezas que há no mundo; devem chorar como se não chorassem. Aqui existe uma repreensão àqueles que choram por qualquer sofrimento que surge, mas não são capazes de derramar uma só lágrima pelos pecados que cometem. Muitos queixam-se de aflições e problemas pequenos e insignificantes, mas nunca se queixam de seus pecados e iniquidades; estes nunca os perturbam nem chegam perto de seu coração. Eles choram por aquilo que mais prejudica o corpo, mas nunca lamentam aquilo que prejudica e destrói a alma. Peço a você, meu amado, que tome cuidado para não derramar rios de lágrimas pelos sofrimentos e aflições deste mundo; é lamentável lavar um cômodo fétido com água perfumada. Preciso dizer-lhe que as lágrimas são muito preciosas para serem derramadas por banalidades. Seria muito melhor se você guardasse esse líquido precioso para lavar seus pecados. Embora somente o sangue de Cristo seja capaz de lavar a culpa devido o pecado, suas lágrimas podem servir muito bem para lavar a sujeira e o poder do pecado. Quando você chorar pelos sofrimentos impingidos pelo mundo, chore como se não chorasse; mas, quando chorar pelo pecado, chore o máximo que puder. Seja como o Sol, que logo derreterá e se converterá em água. Você, filho de Deus, sabe que há coisas muito maiores, e mais preocupantes, para derramar lágrimas do que qualquer outro problema exterior. Você comete muitas transgressões diárias, tem muitos pecados e corrupções que não são mortificados nem reprimidos, além da perda da luz da face de Deus para lamentar; suas tristezas nunca correm no caminho certo, mas, quando correm nesse canal, quando suas lágrimas correm para um moinho movido a água, para triturar sua lascívia e corrupções a fim de consumi-las e enfraquecê-las, então suas tristezas passam a ser corretas e regulares.

*As lágrimas são muito preciosas
para serem derramadas por banalidades.*

21 DE MARÇO

A ASA DA ORAÇÃO

EDMUND CALAMY

Volta e dize a Ezequias, príncipe do meu povo: Assim diz o S<small>ENHOR</small>, o Deus de Davi, teu pai: Ouvi a tua oração e vi as tuas lágrimas; eis que eu te curarei; ao terceiro dia, subirás à Casa do S<small>ENHOR</small>.

2 REIS 20:5

As promessas são as asas da oração. A oração é um tônico divino que transmite graça do Céu para nossa alma. É a chave para abrir as entranhas da misericórdia, que estão em Deus. A melhor maneira para ter santidade é dobrar os joelhos; a melhor postura para lutar contra o diabo é com os joelhos dobrados. A oração, portanto, não deve ser colocada como parte de nossa armadura espiritual, mas acrescentada como se fosse um elemento, para que cada parte seja eficaz. No entanto, as promessas são as asas da oração. A oração sem promessa é como um pássaro sem asas. Ao ler as histórias de Jacó e Josafá, vemos como eles insistiam com Deus quando oravam, para que Ele cumprisse Suas promessas. E certamente a oração dos justos, com as asas das promessas de Davi, subirão rapidamente ao Céu e trarão graça e consolação para a alma deles. Com base nisso é que as promessas são muito úteis ao cristão, porque cooperam muito com a oração. Quando oramos, precisamos insistir com Deus para que Ele cumpra Suas promessas e dizer: "Senhor, não foste tu que disseste que devemos circuncidar o nosso coração para te amar, para subjugar nossos pecados a fim de que dês o Espírito àqueles que o pedirem? Senhor! Tu és fiel. Cumpre Tuas promessas". E devemos nos lembrar desta grande verdade: "As promessas que Deus faz de mortificar nossos pecados são muito mais valiosas contra o pecado do que as promessas que fazemos a Deus de mortificar o pecado". Em momentos de angústia, muitas pessoas prometem e juram abandonar o pecado e lutam contra ele na força dessas promessas, mas, em vez de vencer o pecado, são vencidas por ele. Mas, se lutarmos contra o pecado na força de Cristo e de Suas promessas, se pedirmos a Deus em oração que Ele cumpra Sua palavra, teremos finalmente a vitória, porque Ele disse que o pecado não terá domínio sobre nós (RM 6:14).

> *As promessas são muito úteis ao cristão,*
> *porque cooperam muito com a oração.*

22 DE MARÇO

SEGURANÇA
SAMUEL SLATER

Sentir-te-ás seguro, porque haverá esperança; olharás em derredor e dormirás tranquilo.

JÓ 11:18

A oração secreta é uma escolha e um excelente meio de segurança; se o homem pode ser salvo quando está sozinho, então que ore quando estiver sozinho. Deste lado do Céu, não há qualquer lugar no qual a pessoa possa cuidar racionalmente de si mesma como se estivesse fora de perigo. Ouvi certa vez alguém dizer que não se arriscava a andar sozinho na estrada por medo de ladrões. Mas há outros inimigos cujas maldades devemos temer quando estamos totalmente sozinhos. A serpente sutilmente se infiltrou no paraíso, onde picou mortalmente nossos primeiros pais e provocou a ruína deles e de sua descendência. O piedoso Paulo estava perfeitamente seguro enquanto continuava no terceiro Céu, porque ali o tentador maligno não podia aproximar-se dele; desde que foi expulso daquele lugar bendito, o tentador não pôde e jamais poderá voltar para lá; nem seu braço é forte o suficiente para atirar uma flecha ou disparar um dardo inflamado que alcance um lugar tão alto. Mas, tão logo voltou a Terra, o ilustre apóstolo desesperou-se mais que os filisteus; havia um espinho cravado em sua carne, que lhe causava muita dor, e um mensageiro de Satanás foi enviado para esbofeteá-lo. ...Pode-se concluir que uma pessoa está salva quando não há ninguém com ela; como não há nenhuma ajuda, não pode haver ferimento. Porém, mesmo quando ela está em perigo, sem ninguém ao seu lado, pode ter a companhia de um demônio, ou mais de um; possivelmente mais que uma legião. Poderíamos concluir racionalmente que Davi, enquanto andava pelo terraço de sua casa, não precisava de nenhum guarda-costas. Quem poderia estar ali para praticar alguma maldade contra o rei? No entanto, uma mulher nua conquistou aquele homem de guerra, e um malicioso demônio lançou um de seus dardos envenenados ferindo-o bem no âmago do olhar. Teria sido muito melhor para esse bom homem se, em vez de ficar olhando ao redor e ver o próprio objeto à sua frente, ele tivesse erguido o olhar para o seu Deus e orado em secreto.

23 DE MARÇO

VIDA E CORAÇÃO
THOMAS VINCENT

*Depois de terem comido,
perguntou Jesus a Simão Pedro: Simão, filho de João,
amas-me mais do estes outros?...*
JOÃO 21:15

A vida do cristianismo consiste em grande parte do nosso amor por Cristo. Sem amar a Cristo, perdemos a vida espiritual e somos como uma carcaça sem vida natural, porque sua alma a abandonou. A fé sem amor por Cristo é morta, e o cristão sem amar a Cristo é um cristão morto, morto em pecados e transgressões. Sem amar a Cristo, podemos ter o nome de cristãos, mas perdemos totalmente a natureza cristã. Podemos ter a forma de piedosos, mas não temos nenhum poder. "Dá-me, filho meu, o teu coração" (PV 23:26) é a linguagem de Deus a todos os filhos dos homens. E "dá-me o seu amor" é a linguagem de Cristo a todos os Seus discípulos. Cristo conhece o poder e a influência do amor a Ele, em sua verdade e força. O amor envolverá todas as outras afeições dos discípulos por Ele, porque, se Cristo tiver o amor dos discípulos, os desejos deles se concentrarão principalmente nele. Seus deleites se concentrarão nele; suas esperanças e expectativas procederão dele; o ódio, o medo, a tristeza e a raiva serão transferidos para o pecado, uma vez que o pecado é uma ofensa a Ele. Cristo sabe que o amor envolverá e usará em Seu favor todos os poderes e aptidões da alma de Seus discípulos. ...Se tiverem muito amor por Ele, não pensarão muito em negar a si mesmos, levar Sua cruz e segui-lo por onde Ele os conduzir. O amor a Cristo é, então, essencial ao verdadeiro cristianismo, o amor procurado com tanto fervor pelo nosso Senhor e Mestre, tão poderoso para comandar a alma e o homem inteiro e de grande influência sobre o nosso dever.

> *Sem amar a Cristo, perdemos a vida espiritual*
> *e somos como uma carcaça*
> *sem vida natural.*

24 DE MARÇO

A RECOMPENSA DO CRISTÃO

RICHARD ALLEINE

*Portanto, também nós, visto que temos
tão grande nuvem de testemunhas,
desembaraçando-nos de todo peso e do pecado
que tenazmente nos assedia, corramos, com
perseverança, a carreira que nos está proposta.*

HEBREUS 12:1

Cristo é o galardão do cristão e o modelo para ele. Jesus é a recompensa que o cristão almeja; o que você teria como fruto de todos os seus esforços e sofrimentos? Ó Cristo, Cristo, que Cristo possa ser meu. E Ele é o modelo para os cristãos, o modelo que Deus colocou diante deles e que eles colocaram diante de si, o modelo no qual fixaram os olhos e o coração. Qual é o seu objetivo? O que você deseja alcançar e se esforça para conseguir? Que tipo de pessoa gostaria de ser? Como viveria? Se seu sonho ou desejo fosse concretizado, qual seria ele? O que você seria? Como viveria? Ó, que eu seja semelhante a Cristo. Podemos encontrar tudo isso no olhar de Paulo, ao comparar que, para ele, todas as coisas eram consideradas perda ou refugo (FP 3:8-10), a fim de poder ganhar a Cristo e tornar-se como Ele. "Por amor do qual perdi todas as coisas e as considero como refugo, para ganhar a Cristo" (v.8); e "para o conhecer, e o poder da sua ressurreição, e a comunhão dos seus sofrimentos, conformando-me com ele na sua morte" (v.10). Todo cristão deveria pensar assim; tudo é refugo quando comparado a Ele, e não se trata apenas de ser encontrado em Cristo, o que Ele tanto deseja, mas também de ser semelhante a Ele. Os cristãos viveriam como Ele viveu e como Ele gostaria que vivessem; não seriam apenas abençoados em Cristo, mas Cristo também se agradaria deles. Eles só teriam seus desejos satisfeitos quando Cristo fosse o desejo deles. "Não basta", diz o cristão, "que eu tenha esperança de chegar ao Céu por meio de Cristo; preciso ser mais santo aqui. Quero ter uma vida santa, para que meus caminhos agradem a Cristo. Ó, que eu possa estar bem junto a Ele, que eu possa agradar ao Senhor durante toda a minha vida. Ficaria muito feliz por ser um cristão mais diligente e perfeito". E o apóstolo buscou tudo isso com grande empenho: "Não que eu o tenha já recebido ou tenha já obtido a perfeição; mas prossigo para conquistar aquilo para o que também fui conquistado" (FP 3:12).

25 DE MARÇO

FORÇA NA TRIBULAÇÃO

JEREMIAH BURROUGHS

*Justificados, pois, mediante a fé, temos paz com Deus
por meio de nosso Senhor Jesus Cristo;
por intermédio de quem obtivemos igualmente acesso,
pela fé, a esta graça na qual estamos firmes;
e gloriamo-nos na esperança da glória de Deus.
E não somente isto, mas também nos gloriamos nas
próprias tribulações, sabendo que a tribulação produz
perseverança; e a perseverança, experiência; e a
experiência, esperança. Ora, a esperança não confunde,
porque o amor de Deus é derramado em nosso
coração pelo Espírito Santo, que nos foi outorgado.*

ROMANOS 5:1-5

"Os que estão em aflição entendem as Escrituras", diz Lutero, "mas os que estão seguros em sua prosperidade leem as Escrituras como se fossem versos de Ovídio". Entre outros, esse é um meio especial para que alguém em aflição venha a ser útil para aumentar a graça, porque nela a alma adquire muita experiência de Deus e de Seus caminhos. A alma sente a bondade e a fidelidade de Sua Palavra, como lemos no Salmo 107. Aqueles que mergulham nas profundezas do mar veem as maravilhas do Senhor, e aqueles que mergulham nos mares dos problemas e das aflições veem mais ainda. Como eles veem as maravilhas do Senhor? Podem contar aos amigos muitas das maravilhas que o Senhor realizou na vida deles. Em tempos de aflição, Israel clamou: "Nosso Deus! Nós, Israel, te conhecemos" (OS 8:2). Naquele momento, eles conheceram mais a Deus do que antes da aflição e antes de experimentar a maldade do pecado. Esta foi a fala de Caspar Oleviano em sua enfermidade: "Nesta doença aprendi quão grande é Deus e o que a maldade do pecado é. Eu nunca soube qual era o propósito de Deus ou o que o pecado significava". Quando Deus falou a Jó, do meio de um redemoinho, Jó respondeu: "Sou indigno; que te responderia eu? Ponho a mão na minha boca" (JÓ 40:4). ...Está bem claro que, das sete igrejas às quais Cristo escreveu em Apocalipse 2 e 3, a apenas duas Ele não imputa nenhuma maldade: a igreja em Esmirna e a igreja em Filadélfia. As duas igrejas haviam passado por muitos problemas. Dizem que a igreja em Esmirna sofrera muitas tribulações (2:9) e pobreza, no entanto Cristo a elogia e afirma que ela é rica. Sua pobreza a tornou rica; suas tribulações a tornaram gloriosa aos olhos de Cristo. A igreja em Filadélfia tinha pouca força (3:8-10); encontrava-se em condição de inferioridade, pobreza, aflição e desprezo. Ainda assim, não negou o nome de Jesus; guardou a palavra da perseverança de Cristo, aquela palavra pela qual muito sofreu, mas foi fortalecida pela perseverança que recebeu de Jesus Cristo.

26 DE MARÇO

LEI E CONSCIÊNCIA

ROBERT BOLTON

Porque importa que todos nós compareçamos perante o tribunal de Cristo, para que cada um receba segundo o bem ou o mal que tiver feito por meio do corpo.
2 CORÍNTIOS 5:10

Quando nos apresentarmos para o julgamento e comparecermos perante o tribunal de Cristo (e mal sabemos quão perto está esse dia), dois livros serão abertos diante de nós: um, da Lei de Deus e o outro, de nossa consciência. O primeiro nos dirá o que deveríamos ter feito, porque o Senhor o revelou ao mundo para ser a regra de fé e de todas as nossas ações. O outro nos dirá o que fizemos, porque a consciência é um registro, luz e poder em nosso entendimento, que acumula todas as nossas ações peculiares para o dia do julgamento, revela para nós a equidade ou a iniquidade delas e as determina para nós ou contra nós. Mas não podemos fazer nenhuma exceção ao primeiro, que é a Lei de Deus: "A lei do Senhor é perfeita e restaura a alma; o testemunho do Senhor é fiel e dá sabedoria aos símplices" (SL 19:7). Não podemos fazer nenhuma exceção ao segundo, ou seja, o livro de nossa consciência, pois ele sempre esteve sob nossa custódia e guarda. Ninguém pode adulterá-lo; não há nada escrito nele que não tenha sido por nossas próprias mãos.

A consciência é um registro, luz e poder em nosso entendimento.

RESPEITE A VONTADE DE DEUS

WILLIAM GOUGE

> ...Tem-me por mordomo o meu senhor
> e não sabe do que há em casa, pois tudo o tem me
> passou ele às minhas mãos... como, pois, cometeria
> eu tamanha maldade e pecaria contra Deus?
>
> GÊNESIS 39:8,9

A vontade de Deus deve estar acima de todas as outras. José, Daniel e seus três companheiros, os apóstolos e muitos outros a respeitaram quando não se renderam à vontade do homem em lugar da vontade de Deus. E Davi, Paulo e Cristo, quando submeteram a própria vontade a Deus em tais coisas como se elas fossem a vontade de Deus, poderiam ter desejado agir de modo contrário. Entre outros, o exemplo de Cristo deve ser observado, porque Ele era o Filho e nós somos apenas servos. Se o Filho se submeteu a fazer a vontade de Seu Pai, o servo deve querer muito mais fazer a vontade de seu Mestre. A soberania suprema de Deus e a perfeição absoluta de Sua vontade exigem a mesma submissão. Quanto às nossas vontades, elas estão sujeitas a muitos erros e quase sempre são prejudiciais. [...] Aprendamos a ter sempre os olhos fixos na vontade Deus, e não na nossa, pois na nossa há muitas contradições, mas na do Senhor há sempre vida e bondade.

O servo deve querer muito mais
fazer a vontade de seu Mestre.

28 DE MARÇO

PENSE NA GLÓRIA

WILLIAM WHITTAKER

Porque para mim tenho por certo que os sofrimentos do tempo presente não podem ser comparados com a glória a ser revelada em nós.

ROMANOS 8:18

Pense na glória que essa herança contém em relação à alma dos justos. Bernard exprime sua emoção com estas nobres palavras: "Quão grande será a glória do povo de Deus quando todos tiverem o corpo tão glorioso quanto o Sol e brilharem como o sol no firmamento". A respeito da glória da alma dos justos, não exagerarei ao tratar do assunto. Todas as aptidões naturais da alma dos justos serão ampliadas e alargadas para receber mais de Deus, sentir mais felicidade do que são capazes de sentir hoje. Agora nossa alma não passa de um recipiente estreito em comparação com o que vai ser um dia. A alma do homem é um jarro grande demais para ser cheio pelo mundo. [...] Mas um dia ela será alargada e terá uma capacidade maior do que tem agora. Adquiriremos mais conhecimento de Deus. O conhecimento é um dos grandes privilégios do homem e coloca-o em uma posição mais alta que as outras criaturas. E existe excelência no conhecimento, porque ele foi a isca usada por Satanás: "No dia em que dele comerdes se vos abrirão os olhos e, como Deus, sereis conhecedores do bem e do mal" (GN 3:5). A astuto adversário sabia que não havia isca melhor. O conhecimento em si é encantador e agradável, mas, em comparação com o conhecimento espiritual — o conhecimento de Deus e de nós —, todos os outros conhecimentos são insignificantes e banais. Ao admirar tanto o conhecimento da natureza, o filósofo se perguntou se algum conhecimento daria lugar a prazeres sensuais e selvagens, que, pela luz da natureza, eles tanto condenavam.

Mas o que é esse conhecimento em comparação com o conhecimento de Cristo? Todo conhecimento, natural ou por obra divina, é fraco, débil, escasso e limitado. Conhecemos muito pouco a nós mesmos! Quantas coisas há na natureza que até hoje são um mistério e um enigma para o mais sábio de todos homens! Sabemos muito pouco a respeito de Deus! Mas, na sequência, nosso conhecimento será alargado. Nossos desejos e afeições, no momento, são restritos e fracos; não podem conter muita coisa. Mas um dia serão ampliados.

29 DE MARÇO

ENXERTADO EM CRISTO

JOSEPH CARYL

Eu sou a videira, vós, os ramos.
Quem permanece em mim, e eu, nele, esse dá
muito fruto; porque sem mim nada podeis fazer.

JOÃO 15:5

A macieira silvestre nunca produzirá bons frutos, a não ser que você mude a natureza dela. Pegue uma macieira e plante-a no melhor solo possível; prepare-a, regue-a e pode-a com muito cuidado e, ainda assim, ela continuará a produzir frutos azedos enquanto não for enxertada. O enxerto muda a natureza do tronco e tem outra origem, e só então a árvore produzirá bons frutos. [...] Pegue o homem mais íntegro do mundo e plante-o no melhor solo, no melhor terreno, no terreno da igreja; plante-o na casa de Deus, onde será regado pela santa doutrina e cuidado todos os dias; ainda assim, ele produzirá frutos sem sabor enquanto não for transformado. Embora ele esteja debaixo de todos os elementos espirituais, enquanto todos esses elementos não agirem efetivamente nele, suas ações serão todas insípidas. Somente quando somos enxertados em Jesus Cristo é que nos tornamos aptos a fazer o que é bom e aceitável a Deus. É esse enxerto que promove tal transformação, pois, da mesma forma que o enxerto muda o tronco, por meio da graça, o tronco muda o galho enxertado. E quando somos enxertados em Cristo, Ele transforma o galho; quando somos plantados em Cristo, pelo poder do Espírito, tornamo-nos semelhantes a Ele e, assim, produziremos frutos de justiça para a glória de Deus.

Quando somos plantados em Cristo, pelo poder do
Espírito, tornamo-nos semelhantes a Ele.

30 DE MARÇO

APRESSE-SE
NATHANIEL VICENT

*Apresso-me, não me detenho em guardar
os teus mandamentos.*

SALMO 119:60

A conversão verdadeira é um ato presente. Conversão adiada não é conversão alguma. É enganoso esconder a falta de disposição para converter-se, demonstrando uma aparente disposição de se converter mais tarde. O apóstolo diz: "Eis, agora, o tempo sobremodo oportuno, eis, agora, o dia da salvação" (2CO 6:2). Observe que a palavra "eis" é usada e repetida, e o momento, "agora", é também mencionado duas vezes. Deus se agrada *agora* de chamar, e cabe a nós nos convertermos *agora* no tocante a obrigação, sabedoria e segurança. Quando o Espírito Santo diz: "Hoje, se ouvirdes a sua voz, não endureçais o vosso coração" (HB 3:7,8), Ele diz claramente que nenhum pecador no mundo, quando ouve o chamado do evangelho, deve retardar a conversão mesmo que seja por um dia. Quando se converteu, o salmista declarou: "Apresso-me, não me detenho", o que mostrou que a conversão foi verdadeira. A pressa de alguém para se converter faz lembrar um condenado que aceita rapidamente o perdão oferecido, porque a cada momento ele corre o perigo de receber uma sentença que o levará a ser executado. A conversão genuína faz lembrar um homem que se apressa para sair de uma cidade em chamas.

*A pressa de alguém para se converter
faz lembrar um condenado que aceita rapidamente
o perdão que lhe é oferecido.*

31 DE MARÇO

UNIÃO ABENÇOADA

THOMAS WATSON

*O qual também vos confirmará até ao fim,
para serdes irrepreensíveis
no Dia de nosso Senhor Jesus Cristo.*

1 CORÍNTIOS 1:8

Contemplaremos Cristo a tal ponto que seremos um com Ele. O que pode haver mais próximo e mais doce que a união? A união é a fonte da alegria e a base do privilégio. Em razão dessa abençoada união com Cristo, todas aquelas raras belezas que a natureza humana do Senhor Jesus resplandece serão nossas. Vamos comparar dois textos das Escrituras: "Pai, a minha vontade é que onde eu estou, estejam também comigo os que me deste, para que vejam a minha glória" (JO 17:24), isto é, a glória da natureza humana, mas não é tudo: "Eu lhes tenho transmitido a glória que me tens dado" (v.22). Cristo não retém Sua glória para si, mas transmite-a para nós; brilharemos com Sua luz. Aqui Cristo coloca Sua graça sobre Sua esposa, e no Céu Ele colocará Sua glória sobre ela. Não é de admirar que a filha do Rei seja toda gloriosa [no interior do palácio] e vestida com ouro trabalhado (SL 45:13). Como será gloriosa a esposa quando for adornada com as joias de Cristo! Não julgue os justos pelo que são, mas pelo que serão. "Ainda não se manifestou o que haveremos de ser" (1JO 3:2). O que seremos? Seremos como Ele é. Além de ser uma com Cristo, a Sua esposa será semelhante a Ele. Nos outros casamentos a esposa muda de condição, mas nesse caso ela muda de aparência. Não estou dizendo que os santos em glória receberão a essência de Cristo. Receberão muita glória, como a natureza é capaz de receber, mas, apesar de Cristo transmitir Sua imagem, Ele não transfere Sua essência. O Sol que brilha sobre um vidro deixa a marca de sua beleza ali, e torna-se difícil distinguir o vidro dos raios do sol. Mas o vidro não é o raio de sol; o Sol transmite apenas sua aparência, não sua essência.

*A união é a fonte da alegria
e a base do privilégio.*

1.º DE ABRIL

EXCELENTE MODELO

ISAAC AMBROSE

*Sede, pois, imitadores de Deus,
como filhos amados.*
EFÉSIOS 5:1

Se a vida de Cristo é nossa, devemos andar como Ele andou. Tal é a força da vida de Cristo que ela atuará adequadamente e tornará a nossa vida um pouco semelhante à dele. O apóstolo observa que nossa comunhão com Cristo age em nossa vida: "Aquele que diz que permanece nele, esse deve também andar assim como ele andou" (1JO 2:6). E, quanto a esse propósito, há estas santas admoestações: "E andai em amor, como também Cristo nos amou" (EF 5:2), "Porque eu vos dei o exemplo, para que, como eu vos fiz, façais vós também" (JO 13:15) e "Segundo é santo aquele que vos chamou, tornai-vos santos também vós mesmos em todo o vosso procedimento" (1PE 1:15). Então a vida de Cristo é minha quando minhas ações o identificam como meu exemplo, quando transcrevo o original da vida de Cristo para a minha. Ai de mim! O que eu devo observar melhor na vida de Cristo, se não houver alguma semelhança de todas estas coisas em minhas ações: Sua caridade aos Seus inimigos, Suas repreensões aos escribas e fariseus, Sua subordinação ao Pai celestial, Sua generosidade em relação a todos, Seu amor derramado sobre todos os justos? A vida de Jesus não é descrita para ser semelhante a um quadro em uma galeria, somente pela beleza e para alegrar os olhos, mas como os hieróglifos egípcios, nos quais cada característica é um preceito e cujas imagens falam aos homens com excelentes discursos tanto em relação ao sentido quanto em relação ao significado. A esse propósito Paulo diz: "E todos nós, com o rosto desvendado, contemplando, como por espelho, a glória do Senhor, somos transformados, de glória em glória" (2CO 3:18). Cristo é a imagem de Seu Pai, e somos a imagem de Cristo. Cristo é a obra-prima de Deus, a obra-mestra por excelência e a estrutura do Céu que sempre foi e sempre será. Ora, sendo Cristo a mais primorosa obra de Deus, Ele é o mais apto para ser o modelo de tudo o que há de melhor, portanto, Ele é a imagem, a ideia, o exemplo, a plataforma de toda a nossa santificação. Venha, minha alma, olhe para Jesus e olhe para si mesma, sim, olhe e olhe de novo, até ser transformada à semelhança dele.

2 DE ABRIL

EXPERIMENTANDO A BONDADE DE DEUS
ROBERT DINGLEY

---

*Filho meu, saboreia o mel, porque é saudável,
e o favo, porque é doce ao teu paladar.*
PROVÉRBIOS 24:13

Quando provamos a bondade de Deus, passamos a estimá-lo acima de todas as coisas terrenas, preferindo o celestial à doçura deste mundo. Tudo será considerado sujo e refugo ou, como dizem alguns, carne imunda para Cristo (FP 3:8), isto é, comida de má qualidade e desprezível após um banquete. Você estimará Cristo como o povo estimou Davi, que valia por 10 mil hebreus, ou como Noemi estimou Rute, que era melhor que sete filhos. "Ninguém além de Cristo, ninguém além de Cristo", disse Lambert [N.E.: John Lambert foi um mártir protestante, condenado à morte na fogueira em Londres, em 1538.], levantando as mãos, com as pontas dos dedos em chamas. O coração bondoso estima Deus em Cristo acima do mundo inteiro. Assim como o brilho do sol encobre o brilho das estrelas, a doçura inconcebível de Cristo deixa amargas todas as outras coisas doces (que antes você tanto admirava). E se você encontrar alguma doçura, alguma satisfação nas coisas terrenas, continuará a admirar Deus e perguntará a si mesmo: Se a criatura é tão doce, quão doce deverá ser o Criador? Se o farnel é tão agradável em minha jornada, quão glorioso será o banquete quando chegar a casa? Você pensa assim a respeito de Cristo? Então certamente provou a bondade de Deus.

*Se o farnel é tão agradável em minha jornada, quão
glorioso será o banquete quando chegar a casa?*

3 DE ABRIL

DESEJANDO TOTALMENTE

JEREMIAH DYKE

*Os sãos não precisam de médico,
e sim os doentes.* LUCAS 5:31

No sacramento da Ceia do Senhor, achegamo-nos a Cristo Jesus para que Ele nos ajude em nossos desejos ou necessidades. No entanto, Cristo Jesus primeiro nos faz saber quais são as nossas necessidades e nos deixa particularmente sensíveis a elas antes de nos supri-las. Ele aconselha a igreja em Laodiceia a comprar dele ouro refinado, vestiduras e colírio (AP 3:18), porém, primeiro a convence de suas necessidades, pobreza, nudez e cegueira, a fim de que, quando ela se aproximar dele por sentir particularmente essas necessidades (e sendo zelosa para Ele), Ele as atenda. Alguém acharia estranha a pergunta que nosso Salvador fez a certo homem: "Queres ser curado?" (JO 5:6). Havia mesmo a necessidade de perguntar a um homem que estava enfermo há 38 anos se ele queria ser curado? Certamente era o que ele mais desejava. E então por que Cristo lhe fez essa pergunta? Para despertar no homem o senso de necessidade, para torná-lo mais sensível de sua necessidade do Senhor. Portanto, Cristo deseja que Seu povo tenha o senso de suas necessidades [...] O cego que ouviu Cristo passar bradou: "Jesus, Filho de Davi, tem compaixão de mim!" (MC 10:47) e gritou de novo. Por fim, Cristo manda alguém chamá-lo: "Que queres que eu te faça?". Cristo não sabia que ele era cego? Sim, com certeza, mas queria que o cego primeiro especificasse suas necessidades, pois o Senhor deveria mostrar-lhe misericórdia, antes de curá-lo. Aqueles que se aproximam de Cristo para ter suas necessidades atendidas, e que têm o senso disso, são mais propensos a receber de Cristo o que desejam.

"Que queres que eu te faça?"

4 DE ABRIL

A VIDA DE ALEGRIA

JAMES JANEWAY

Eis que Deus é a minha salvação; confiarei e não temerei, porque o S<small>ENHOR</small> Deus é a minha força e o meu cântico; ele se tornou a minha salvação. Vós, com alegria, tirareis água das fontes da salvação.

ISAÍAS 12:2,3

Deus é um Amigo tão reconfortante que aqueles que o amam podem alegrar-se em situações nas quais os outros estariam chorando e torcendo as mãos. A companhia de Deus é tão revigorante que transforma prisões em palácios; leva alegria e satisfação até mesmo para dentro de um calabouço. Apresentem-se, servos santos e sofredores, e falem de suas experiências! O mundo considera triste a sua condição, e se alguém tem algo a dizer contra a tranquilidade de uma vida religiosa, esse alguém é você. Bem, então você promete, ó pecador, estar sujeito ao julgamento dos maiores sofredores? Vamos consultar aqueles que foram serrados ao meio, torturados e queimados por amor a Deus. Examine o pequeno *Livro dos Mártires* (Publicações Pão Diário, 2021), e você verá o sofrimento pelo qual passaram e, ainda assim, não aceitaram a libertação. Apesar de tudo o que sofreram, nenhum deles abriu a boca contra esse Amigo. O que vocês dizem, ó Paulo e Silas, agora que suas costas estão em carne viva e seus pés presos ao tronco? O cântico deles é suficiente para dizer que não estão tristes demais; estão tão ocupados em dar brados de aleluia que não podem perder tempo em responder a uma pergunta tão pesarosa. O que dizem os mártires em meio às chamas? O amor que sentem arde mais do que nunca. Será que algum deles, desde Abel até o último que sofreu pela causa de Cristo, disse que Deus era um Amigo desagradável? Será que os filhos da sabedoria, desde o primeiro até o último, não justificam a sabedoria e não dizem que todos os seus caminhos são caminhos agradáveis e que conduzem à paz? Dentre todos os que têm Deus como seu Amigo e sabem disso, aponte-me um que se queixe dele. Veja como Deus os anima quando o mundo está contra eles (JO 16:33)! O homem piedoso no Salmo 23 diz que, ainda que ande pelo vale da sombra da morte, ele não temerá mal nenhum. O quê? Nenhum temor?... É o que o homem piedoso faz, e muito mais: ele pode olhar para a justiça infinita diante dele com o coração cheio de alegria, pode ouvir falar do inferno com alegria e agradecimento e pode pensar no Dia do Juízo com grande satisfação e consolo.

5 DE ABRIL

DOÇURA INCOMPARÁVEL
JOHN DURANT

*Seja-lhe agradável a minha meditação;
eu me alegrarei no SENHOR.*

SALMO 104:34

O plano do inimigo de nossa salvação, Satanás, é impedir que nossa alma se aproxime do Autor e Capitão de nossa salvação, Jesus Cristo. E para levar seu plano adiante, ele se empenha (entre suas outras artimanhas) em plantar e nutrir pensamentos maldosos a respeito de Jesus Cristo no coração e na mente de pessoas fracas. Se Satanás não conseguir manter as pessoas sob sua escravidão ao apresentar-se diante delas como uma figura terrível, ele as impedirá (se possível) de servirem a Cristo, tentando convencê-las de que Cristo não é misericordioso. Na verdade, o principal objetivo do diabo é prender uma pobre alma sob seu próprio jugo e, para essa finalidade, ele se compraz em iludi-la fazendo-a acreditar que tudo é maravilhoso. Mas, se não conseguir fazer isso, seu próximo método será dissuadir a pessoa de aceitar o jugo de Cristo e, assim, ele se esforçará para enganar, insistindo em que tudo é cruel demais. E se a pessoa o abandonar e passar a servir a Cristo, terá pela frente (assim a Serpente insinua) um trabalho árduo e um Mestre severo, em cujo serviço encontrará muitas tristezas e poucas alegrias, muito trabalho e pouco ganho. Mas em tudo isso Satanás age como ele é, um mentiroso, e fala de si mesmo, mentiras. Certamente todos aqueles que abandonaram Satanás para servir a Jesus Cristo (de todo o coração) encontraram incomparável doçura no Mestre e no serviço a Ele. Ao dizer que sabia que Cristo era um Mestre austero, o homem da parábola deu uma desculpa caluniosa e ineficiente. Os servos fiéis que conhecem a grande generosidade de Cristo combatem essa calúnia.

Na verdade, Cristo é um Leão e, como tal, zanga-se e despedaça a ponto de se esquecer de si mesmo e abandonar Suas misericórdias ao ouvir futilidades mentirosas de alguém que prefere a escravidão de Satanás a servir a Ele. Mas Jesus é também um Cordeiro (e, por conseguinte, bondoso) e sabe como abraçar essas pessoas com braços de amor, para que se amem pelo fato de amá-lo, apeguem-se a Ele e abandonem todas as outras coisas.

6 DE ABRIL

AMAR A CRISTO

THOMAS VINCENT

*A quem, não havendo visto, amais; no qual,
não vendo agora, mas crendo, exultais com alegria
indizível e cheia de glória.* 1 PEDRO 1:8

Este Jesus Cristo que os cristãos amam é o Filho eterno de Deus, a segunda Pessoa na gloriosa Trindade, que assumiu nossa natureza humana, revestiu-se de nossa carne mortal, viveu como servo em condição indigna e, como um malfeitor, morreu a morte maldita da cruz. Depois, para o bem de todos nós, por nossos pecados, ressurgiu ao terceiro dia para nossa justificação, subiu ao Céu após 40 dias, está sentado à direita do trono da majestade nas alturas e ali intercede por nós. Nesse lugar, Ele preparará nossas mansões gloriosas e eternas habitações, que estão na casa do Pai. Ele se chama "Jesus", da palavra hebraica *yeshua*, que significa "salvar" [ou salvação], porque Ele "salvará o seu povo dos pecados dele" (MT 1:21). Também se chama Cristo, da palavra grega *christos*, que significa ungido. Ele foi ungido pelo Pai com o Espírito e com poder, para ser o Mediador entre Deus e o homem, para ser o grande Profeta, Sacerdote e Rei da Igreja. Os cristãos não viram esse Jesus Cristo com os olhos físicos, ou seja, com o sentido da visão. Na verdade, alguns fiéis dos primórdios da Era Cristã, como os apóstolos, pessoas de Sua família e outros discípulos que conversavam com Ele frequentemente, até viram Cristo com o sentido da visão, mas o viram em estado de humilhação, não em Seu atual estado de exaltação no Céu. […] É esse Jesus Cristo, que os cristãos não viram, que é o objeto do amor deles.

*É esse Jesus Cristo, que os cristãos não viram,
que é o objeto do amor deles.*

7 DE ABRIL

TEMPOS REVIGORANTES

WILLIAM SPURSTOWE

Tudo tem o seu tempo determinado, e há tempo para todo propósito debaixo do céu. ECLESIASTES 3:1

Ao fazer uso das promessas, dirija os olhos da fé para a sabedoria de Deus, pela qual as várias bênçãos que nelas há são ministradas e oferecidas aos fiéis na melhor e mais adequada estação. Assim, ambas se tornam mais notáveis e mais úteis. As obras da providência de Deus têm uma beleza e um brilho que incide sobre essas promessas, a partir do tempo e da estação determinados que o Senhor lhes atribuiu. A luz do dia torna-se mais desejável pela interposição da noite, e o descanso e a escuridão da noite tornam-se mais agradecidos pelos trabalhos e labutas do dia. A primeira e a última chuva Ele dá a seu tempo (JR 5:24); uma para produzir e nutrir a semente recém-plantada, e a outra para tornar a colheita madura e frutífera. Deus fez o verão e o inverno sucederem um ao outro por meio de uma ordem inviolável; um atuando como chave para abrir o útero da Terra a fim de que ela dê à luz muitos frutos; o outro atuando como chave para fechá-lo, a fim de que não se enfraqueça nem se torne estéril por causa de um trabalho de parto perpétuo. Ora, se a sabedoria de Deus quanto a essas misericórdias comuns (das quais Seus inimigos têm uma parte e outros também) estabeleceu esses tempos determinados, porque pode torná-las mais úteis a Seus filhos, certamente Ele não deixará de cumprir as promessas de Sua graça a Seu povo na ocasião determinada e na plenitude dos tempos mais propícios ao bem-estar deles e à Sua glória.

Ele não deixará de cumprir as promessas de Sua graça a Seu povo na ocasião determinada e na plenitude dos tempos.

8 DE ABRIL

VIVER ADEQUADAMENTE

THOMAS GOUGE

Vós sois a luz do mundo.
Não se pode esconder a cidade edificada
sobre um monte. MATEUS 5:14

Esforce-se para viver em consonância com suas orações. Não há propósito em começar o dia com Deus e ter o diabo como companhia no restante do dia, ser um homem piedoso de manhã e um homem desprezível o dia inteiro. Portanto, depois de orar contra o pecado, esteja vigilante o tempo todo contra ele, evitando ocasiões e tentações para cometê-lo. É impossível evitar qualquer pecado se não fugirmos das ocasiões e tentações que lhe são favoráveis. Depois de orar por santidade de vida, esforce-se para ter uma vida santa; depois de orar por humildade, esforce-se para andar humildemente; após orar por sobriedade e temperança, esforce-se para viver de modo sóbrio e comedido. É uma contradição orar no Espírito e andar na carne. A vida inteira do cristão deve espargir as orações dele. Quem tem toda a sua religião em suas orações, de fato não tem religião alguma. [...] Analise suas orações e permita que a reflexão sobre as múltiplas fraquezas e distrações que as acompanham o conduza a Cristo. Uma vez que esse é um dos principais objetivos pelos quais Deus permite que a corrupção permaneça em Seus filhos, mesmo após terem sido regenerados... é esse então o uso que devemos fazer dela. Portanto, todas as vezes que sentir que seu coração está insensível ou apático, e que sua mente está divagando durante a oração, diga a si mesmo: "Senhor, como necessito de um Salvador! Entendo que podes condenar-me pelos melhores serviços que realizo; assim, ao repudiar minha própria justiça como trapo de imundícia, espero vida e salvação livremente por conta da justiça de Jesus Cristo e pelos méritos de Sua morte e paixão".

*Espero vida e salvação livremente
por conta da justiça de Jesus Cristo e pelos
méritos de Sua morte e paixão.*

9 DE ABRIL

TOTALMENTE DESEJÁVEL
WILLIAM DYER

...ele é totalmente desejável...
CÂNTICO DOS CÂNTICOS 5:16

O Leão da tribo de Judá produz mel mais doce e melhor do que o mel do leão de Sansão. O mel mais doce que existe é aquele que saboreamos da colmeia de Cristo. Não há rosto mais desejável aos olhos de um justo que o rosto de Cristo, e não há voz mais suave aos ouvidos de um justo que a voz de Cristo. Ó cristão! O Deus a quem você serve é de tal forma excelente que, dentre tudo o que é bom, nada pode ser acrescentado a Ele, nada pode ser tirado dele. Ele distribui felicidade e, ainda assim, Sua felicidade não diminui. Mostra misericórdia plena e, ainda assim, continua repleto de misericórdia. Ó, venham, comam e bebam abundantemente! Ó Amado! Não há medo de excesso aqui, embora uma gota de Cristo seja doce; quanto mais profundo, mais doce. O vinho que Cristo traz é o melhor vinho que o cristão bebe. O livro inteiro de Cânticos dos cânticos é adornado com louvores a Jesus Cristo. O assunto principal do livro é uma declaração do relacionamento de amor e afeição entre Cristo e Sua Igreja. Que belo espetáculo espiritual é mostrado de ambos os lados, com o doce contentamento que sentem na beleza um do outro. Aqui você pode ver o Rei em Sua glória, a esposa em sua beleza; aqui você pode ver Cristo oferecendo doces promessas a ela, enfeitando-a com primazias variadas, comunicando Seu amor e elogiando os encantos dela. Aqui você pode ver a Igreja encantada com a consideração e contemplação do amor e da beleza de Cristo. Sua beleza é arrebatadora, Sua voz é agradável, Sua bondade é cativante, Suas manifestações são enriquecedoras. Ele é o Filho amado e o Filho de amor; Ele é todo amor àqueles que são Seu amor.

> *Não há medo de excesso aqui, embora uma gota de Cristo seja doce; quanto mais profundo, mais doce.*

10 DE ABRIL

DIAS DE VISITAÇÃO

JOHN ROGERS

Jerusalém, Jerusalém, que matas os profetas e apedrejas os que te foram enviados! Quantas vezes quis eu reunir os teus filhos, como a galinha ajunta os seus pintinhos debaixo das asas, e vós não o quisestes! MATEUS 23:37

É lamentável quanto tempo precioso é gasto por muitas pessoas em caminhos e práticas pecaminosos. Em sua maior parte, ele é gasto na busca ansiosa pelo mundo, pelos lucros, honrarias e prazeres como se fossem coisas necessárias e um fim para vivermos aqui, enquanto os meios de conhecer Deus e as coisas que dizem respeito à nossa felicidade são tristemente negligenciados. Será que Deus, depois da longa noite de superstição, ignorância e idolatria sob a qual nossos pais viveram, fez o dia amanhecer e o Sol da justiça brilhar tanto tempo sobre nós e, ainda assim, continuaremos amando as trevas e não a luz, sendo ignorantes e andando às cegas ao meio-dia? Será que Deus nos equipou com esses preciosos meios de graça e vida e nos deu toda a liberdade para usufruí-los, ao passo que os negou a países 20 vezes maiores que o nosso? Será que vamos desprezá-los? Ó, quantos estão sob a tirania do anticristo, e recolhem as migalhas que caem de nossa mesa, e arriscam a vida em busca dos resíduos e sobras das coisas que lançamos ao chão! Eles querem e não podem; nós podemos e não queremos. Será que não devemos simplesmente temer que Deus arrebate Sua Palavra de nós e a entregue àqueles que farão melhor uso dela? Que o Senhor desperte o povo deste país, para que conheçam o dia de sua visitação e entendam as coisas que pertencem à paz, antes que o decreto entre em vigor e seja tarde demais.

Que o Senhor desperte o povo deste país.

11 DE ABRIL

AÇOITES QUE CURAM
THOMAS DOOLITTLE

...por suas chagas, fostes sarados.
1 PEDRO 2:24

Devemos admirar a sabedoria e a graça de Deus porque, pelos açoites infligidos a Cristo, as chagas que o pecado havia feito em nossa alma foram curadas. A sabedoria de Deus é maravilhosa ao imaginar que os açoites em Seu Filho seriam a cura para nossa alma, e Suas feridas, a nossa cura. E a graça de Deus nisso deve ser admirada, porque, quando podia ter nos açoitado com Sua justiça vingadora, Ele aceitou que Seu Filho fosse açoitado como punição por nossos pecados, para que não fôssemos açoitados para sempre. Merecíamos ser despedaçados com Sua vara de ferro e surrados com a vara de Sua ira, mas fomos salvos e libertos pelos açoites infligidos sobre Seu Filho. Nossas feridas eram feridas mortais, mas as feridas de Cristo foram feridas que curam. Ó, que grande cirurgião é o Filho de Deus que faz de Suas feridas um bálsamo, para sarar e curar as nossas! Que tipo de médico é esse que, com o sangue de Seu corpo, com açoites e pancadas, prepara uma poção para os pecadores doentes e cura todas as suas enfermidades! Ó, pense nisso até admirar a sabedoria e a graça de Deus!

> *Ó, que grande cirurgião é o Filho de Deus*
> *que faz de Suas feridas um bálsamo,*
> *para sarar e curar as nossas!*

12 DE ABRIL

TODAS AS COISAS LÍCITAS

THOMAS WATSON

*Todas as coisas me são lícitas, mas nem todas convêm.
Todas as coisas me são lícitas, mas eu não
me deixarei dominar por nenhuma delas.*

2 CORÍNTIOS 6:12

O uso legítimo do mundo é seu. O evangelho amplia um pouco o nosso mapa. Não somos amarrados a tantas coisas como eram os judeus. Havia vários tipos de carnes que lhes eram proibidos. Eles podiam comer carne somente de animais que ruminavam ou tinham a unha fendida. Não tinham permissão para comer carne de porco, porque, embora o animal tivesse a unha fendida, não ruminava; nem a lebre, porque, embora ruminasse, não tinha unha fendida. Mas para os cristãos que vivem sob o evangelho, essa proibição não existe. O mundo é seu, o uso legítimo dele é seu; toda criatura santificada pela Palavra de Deus e pela oração é boa, e podemos comê-la, sem ficar com peso na consciência. O mundo é um jardim; Deus concedeu-nos liberdade para colher qualquer flor. É um paraíso, porque podemos comer o fruto de qualquer árvore que nele cresça, mas não o fruto proibido, isto é, o pecado. No entanto, é preciso ter cuidado para não exceder até mesmo nas coisas lícitas. Estamos mais aptos a pecar nas coisas lícitas. O mundo é seu para negociar; apenas deixe que eles comprem, como se nada possuíssem (1CO 7:30). Cuide para não gerenciar um comércio no mundo que possa comprometer sua negociação para alcançar o Céu.

*O mundo é um jardim; Deus concedeu-nos liberdade
para colher qualquer flor.*

13 DE ABRIL

BUSQUE PACIÊNCIA
JOHN COLLINGES

Espera pelo Senhor, tem bom ânimo, e fortifique-se o teu coração; espera, pois, pelo Senhor. SALMO 27:14

Peça a Deus um espírito forte. Não há nada mais pecaminoso em si, nem mais torturante para nós durante um dia mau, que um espírito apressado e impaciente, por isso não há nada mais propício para glorificar a Deus ou aquietar nossa alma que um espírito que aguarda em silêncio. Esse espírito é concedido pelo Deus do Céu, e Ele o concede a quem lhe pede. Peça a Deus aquelas graças que podem ajudá-lo a esperar com paciência. Eu poderia citar muitos hábitos concedidos pela graça e necessários para conduzir a alma a essa condição de espera, mas mencionarei apenas cinco. 1) Peça fé a Deus, fé em Sua Palavra e promessa. Quem crê não tem pressa. A pressa e a impaciência da alma resultam de falta de confiança em Deus. 2) A esperança é outro hábito concedido pela graça que predispõe a alma a esperar. Esperamos pelo que não vemos, pelo que vemos, por que não esperar um pouco mais? 3) Humildade é o terceiro. O orgulhoso pensa muito para esperar; espera por misericórdia como um direito seu e pensa que Deus foi injusto com ele por ter retido a misericórdia. O humilde crê que não merece nada e agarra-se ao último fio de esperança para receber algo de Deus. 4) Ore por paciência. A paciência passiva é necessária para suportar os males da vida. 5) Ore por mansidão. Um espírito petulante é sempre um espírito apressado e não sabe esperar.

*Não há nada mais propício para glorificar a Deus
ou aquietar nossa alma que um espírito
que aguarda em silêncio.*

14 DE ABRIL

VOZ DE ESPERANÇA

THOMAS ADAMS

*Espera, ó Israel, no SENHOR,
desde agora e para sempre.*
SALMO 131:3

A esperança é a mais doce amiga para fazer companhia a uma alma angustiada; ela tira do caminho tudo o que causa tédio e todos os infortúnios de nossa peregrinação. ...Conta à alma agradáveis histórias de alegrias sucessivas, as alegrias que existem no Céu. Que paz, que felicidade, que triunfos, que cânticos matrimoniais e aleluias existem naquele país, rumo ao qual ela viaja; a esperança segue alegremente o seu caminho com seu fardo presente. Ela segura a cabeça que dói e oferece uma bebida invisível à consciência sedenta. Leva liberdade aos prisioneiros e o mais açucarado remédio aos enfermos. O apóstolo Paulo chama-a de âncora. Mesmo que os ventos soprem com força, que as tempestades rujam e as ondas se agigantem, a âncora firma o navio no lugar. Ela destrói todas as dificuldades e abre caminho para a alma prosseguir. Ensina Abraão a aguardar o fruto de um rebanho improdutivo, e José, em um calabouço, a esperar a reverência do Sol e das estrelas. Consola os angustiados, como Esdras fez com a mulher que, após ter perdido o filho, queria morrer de tristeza e lamentação. "Vai-te em seguida para a cidade com o teu marido" (2 ESDRAS 10:17). [N.E.: Verso extraído do texto apócrifo do segundo livro de Esdras de *The King James Bíblia 1611* em português.] Não se lamente, ó infeliz, pela perda de algum deleite terreno e perecível; não queira morrer, embora o fruto de seu ventre tenha sido engolido pela Terra, mas vá para casa, vá para a cidade da misericórdia, para seu marido, porque seu marido é Jesus Cristo; permita que Ele o console. Essa é a voz da esperança.

*Vá para casa, vá para a cidade da misericórdia,
para seu marido, porque seu marido é Jesus Cristo;
permita que Ele o console.*

15 DE ABRIL

DISSIPAÇÃO DA TRISTEZA

PETER STERRY

Porque não passa de um momento a sua ira; o seu favor dura a vida inteira. Ao anoitecer, pode vir o choro, mas a alegria vem pela manhã. SALMO 30:5

Quando estava no fundo do mar, no ventre do peixe e com a alma angustiada, Jonas lembrou-se do Senhor (JN 2:7). Assim como as pérolas são encontradas no fundo do mar, muitas vezes as maravilhas do Senhor Jesus nos são reveladas nas profundezas do sofrimento, quando estamos submersos nas águas deste mundo e tragados por um espírito de trevas. Tiago nos aconselha: "Ora, a perseverança deve ter ação completa, para que sejais perfeitos e íntegros" (1:4). Assim como um elemento submetido a uma pressão exagerada se transforma em outro, como a água em ar, o ar em fogo, e uma nuvem volumosa se dissolve sobre a Terra, suas tristezas se dissolverão em Deus se você aguardar calmamente que elas se desenvolvam e cresçam. Assim como a neve e o gelo preservam a semente no solo, o mesmo ocorre com as tristezas corrosivas e opressoras, que matam as ervas daninhas da vaidade e colhem a semente da divindade no homem. O sofrimento me faz tanta falta quanto a estação do inverno faz falta ao agricultor para sua plantação de milho. Assim como a melancolia natural atrai a alma profundamente para ela própria e para seus princípios divinos, de onde ela flui de novo com as luzes mais esplêndidas e gloriosas, o mesmo ocorre com as tristezas que recaem sobre o cristão, afundando a alma nas profundezas da Trindade, da qual ela se levanta com força renovada para uma nova primavera de vida e alegria.

Suas tristezas se dissolverão em Deus se você aguardar calmamente que elas se desenvolvam e cresçam.

16 DE ABRIL

MEDITAÇÕES
MATTHEW LAWRENCE

*Seja-lhe agradável a minha meditação;
eu me alegrarei no SENHOR.* SALMO 104:34

Se nos sentimos lisonjeados por ter afetos celestiais, mas nos faltam meditações celestiais, estamos enganando nosso coração e caminhando para o paraíso dos tolos. Há uma grande certeza de que onde nossas afeições estão, lá devem estar também as nossas meditações. Não conseguimos desviar os pensamentos daquilo que amamos e valorizamos muito: "Porque, onde está o teu tesouro, aí estará também o teu coração" (MT 6:21). Lá estará a nossa mente, onde ela ama, não onde ela vive. Será que nossa meditação e contemplação estão concentradas no Céu? É, de fato, agradável demais contemplar a parte visível dos céus. "Os céus proclamam a glória de Deus, e o firmamento anuncia as obras das suas mãos" (SL 19:1). Porém, mais agradável ainda para a alma é contemplar a parte invisível dos Céus. A abóbada estrelada nada mais é que o chão da casa de Deus, e as nuvens são a poeira de Seus pés. E se existe tanta glória do lado de fora, que dirá do lado de dentro? Ó, quão doce é para alma olhar dentro do Santo dos Santos, dar um passeio com Cristo em Sua sala de banquetes! Assim o Céu é descrito (CT 2:4). E essa é a propriedade de uma alma desposada com Cristo pela fé: "O Espírito e a noiva dizem: Vem!" (AP 22:17). E se Cristo não for ao encontro dela conforme seu desejo, ela certamente irá ao encontro dele, em seus sérios pensamentos e meditações celestiais. Ela dedica grande parte de sua alma à meditação; a meditação em Cristo e no Céu é muito agradável (SL 104:34). Ela diz a respeito do Céu o mesmo que Davi diz a respeito da Lei de Deus: "Quanto amo a tua lei! É a minha meditação, todo o dia" (SL 119:97).

*E se existe tanta glória do lado de fora,
que dirá do lado de dentro?*

17 DE ABRIL

O PARAÍSO DO CÉU

WILLIAM BATES

*Ao vencedor, dar-lhe-ei que se alimente da árvore
da vida que se encontra no paraíso de Deus.*
APOCALIPSE 2:7

O Céu é representado para nós nas Escrituras sob a noção de um lugar de delícias, portanto é chamado de paraíso. E nosso Salvador também o chamou assim ao dirigir-se ao ladrão na cruz que orou a Ele: "Jesus, lembra-te de mim quando vieres no teu reino" (LC 23:42). Jesus lhe disse: "Em verdade te digo que hoje estarás comigo no paraíso" (v.43). O apóstolo Paulo conta que, quando foi arrebatado ao paraíso, ouviu palavras inefáveis (2CO 12:4). No entanto, essa expressão é alegórica e faz alusão ao primeiro jardim de delícias que Deus preparou para ser a morada da humanidade ainda inocente. O jardim do Éden era um lugar onde havia tudo para sustento, conforto e prazer desta vida; e paraíso é uma palavra que significa jardim de prazer. Assim, o Céu é representado para nós como paraíso, um lugar feito para deleite e alegria, e ele tem o privilégio glorioso acima do paraíso terrestre, porque o paraíso terrestre não estava livre do veneno da serpente, que corrompeu o homem original na cabeça, cujo efeito desastroso sentimos até hoje. Porém, o paraíso celeste é inacessível a todos os tipos de mal, um lugar estruturado para deleite, sem espinhos ou espinheiros, nada que possa afligir ou causar tristeza; é o paraíso de Deus, um paraíso no meio do qual está o Filho de Deus na árvore da vida, da qual os justos se alimentam e vivem para sempre.

O paraíso celeste é inacessível a todos os tipos de mal.

18 DE ABRIL

POR VOCÊ
ROBERT DINGLEY

*Ninguém tem maior amor do que aquele
que dá a sua vida pelos seus amigos.*
JOÃO 15:13

Cristo provou o fel por você, para que você pudesse provar ambrosia [N.T.: Na mitologia grega era o alimento dos deuses do Olimpo, manjar dos deuses.] por meio dele. Cristo provou a morte por você, para que você pudesse provar a vida por meio dele e beber do nepente [N.T.: Planta da qual era feita uma droga que aliviava dor ou sofrimento.] celestial, aquele oceano de delícias. Ele transpirou e desfaleceu em Sua agonia, para poder sustentar você com passas e confortá-lo com maçãs [CT 2:5]. Ele jejuou 40 dias, para que você participasse do banquete eterno. Usou uma coroa de espinhos, para que você usasse uma coroa de glória. Sofreu entre desprezíveis malfeitores, para que você fosse abençoado entre agradáveis companhias no Céu. Resumindo, Ele suportou as dores mais terríveis, para que você desfrutasse os maiores prazeres. Ó, não decepcione Sua expectativa, mas deixe-o ver as dores que Sua alma sofreu e ficar satisfeito. É triste quando Cristo se queixa, como em Isaías: "Debalde tenho trabalhado, inútil e vãmente gastei as minhas forças; todavia, o meu direito está perante o Senhor, a minha recompensa, perante o meu Deus" (49:4). Ó, não permita que Sua morte por você tenha sido em vão; não queira arrancar mais suspiros daquele coração que sente tanto amor por você, e seja persuadido agora a provar e ver como o Senhor é bom.

*Ele sofreu entre desprezíveis malfeitores, para que você
fosse abençoado entre agradáveis companhias no Céu.*

19 DE ABRIL

CÉU E TERRA

GEORGE SWINNOCK

*Atendeu à oração do desamparado
e não lhe desdenhou as preces.*

SALMO 102:17

O Deus infinito e glorioso, que, embora seja tão elevado, inclina-se para ver o que se passa no Céu, e que é tão santo que "nem os céus são puros aos seus olhos" (JÓ 15:15), é tão misericordioso que se digna a conversar com pobres criaturas que não passam de pó e cinza. Dentre todos os caminhos que Deus estabeleceu para os filhos dos homens andarem com Ele, a oração é um dos mais belos e agradáveis. E, cumprindo esse dever, os filhos de Deus sussurram em Seu ouvido, abrem o coração e desabafam com Ele, como se fossem Seus amigos íntimos e favoritos. Deus se agradou muito ao dar-lhes a ordem de orar, não apenas por ter domínio sobre eles e para Sua glória — "O que me oferece sacrifício de ações de graças, esse me glorificará" (SL 50:23) —, mas também por Sua compaixão por eles, e para o seu bem, para que as orações (como se fossem cartas de alguém distante) pudessem ser uma comunicação constante e ininterrupta, uma correspondência, entre o Céu e a Terra.

*Dentre todos os caminhos que Deus estabeleceu
para os filhos dos homens andarem com Ele,
a oração é um dos mais belos e agradáveis.*

20 DE ABRIL

PARA A CRUZ
THOMAS VINCENT

E quem não toma a sua cruz
e vem após mim não é digno de mim.
MATEUS 10:38

O amor de Cristo é útil para preparar você para a cruz e os grandes sofrimentos que terá de passar por causa de Cristo. Se você sente grande amor por Cristo, está pronto a sofrer por Ele com paciência e disposição. A cruz mais pesada parecerá leve, o infortúnio e a vergonha serão considerados honra, as perdas serão avaliadas como ganhos, os sofrimentos, como prazeres ou ao menos como privilégios. As prisões serão como palácios, e a morte será considerada vida. Ó, quão admiráveis são aqueles que correm para ser amarrados aos postes e envolverem-se com as chamas do fogo aceso para queimá-los, depois de terem sentido o fogo do amor de Cristo ardendo como brasas no interior deles! Portanto, esse amor é útil na vida. O amor de Cristo também é útil na morte. Sua força confere beleza ao aspecto da morte, que parece tão sombria e terrível para muitos de nós. Se você sente grande amor por Cristo, verá a morte como mensageira de Cristo, enviada para tirá-lo da prisão escura do mundo e do corpo e conduzi-lo às mansões de glória, onde o Amado Senhor está, e você não terá receio algum de deixar este mundo para viver com Cristo.

Esse amor é útil na vida.
O amor de Cristo também é útil na morte.

21 DE ABRIL

EM BUSCA DA ESPERANÇA
SAMUEL DOOLITTLE

Sentir-te-ás seguro, porque haverá esperança;
olharás em derredor e dormirás tranquilo. JÓ 11:18

Suponho que vocês tenham certeza de que a morte é certa e inevitável, está bem perto de nós e virá rapidamente. Vocês estão morrendo literalmente, meus amigos, vocês são homens e mulheres agonizando; o tempo está próximo e passa muito rápido! No momento do último suspiro, quando nem as lágrimas dos parentes, nem a piedade dos amigos e a habilidade dos médicos, nem as técnicas da medicina poderão prolongar sua vida ou livrá-lo da morte, este deverá ser o seu lema: "Porque tu és pó e ao pó tornarás" (GN 3:19). E vocês não se esforçarão ao máximo para ser pessoas que vivem de tal modo a ponto de ter esperança na morte? Ser um estrangeiro na Terra é o seu atributo; ter esperança de morar na Cidade Eterna é seu objetivo. E isso não pode ser obtido sem a justiça do evangelho. Não estou falando de uma tristeza superficial, de um leve arrependimento por pecados do passado; não estou falando de bons pensamentos ou desejos, de algumas orações frias e sem vida na igreja ou no quarto. Fugir das grandes concupiscências da carne ou praticar atos de justiça, sobriedade e temperança não será suficiente para ter esperança na hora da morte. No entanto, basta simplesmente uma mudança geral e completa de coração e de vida, nada menos que um princípio sobrenatural no coração, empenhando-se em praticar boas ações na vida, para garantir e legitimar sua esperança. Ó, quão rápido e diligentemente cada pessoa deve se esforçar para conseguir isso!

Ser um estrangeiro na terra é o seu atributo; ter
esperança de morar na Cidade Eterna é seu objetivo.

22 DE ABRIL

PROVE E VEJA
ROBERT DINGLEY

Se é que já provastes que o Senhor é benigno.
1 PEDRO 2:3 (ARC)

O justo prova Deus e vive com Deus em oração. E, por meio da oração, ele extrai água do poço da salvação; o poço é fundo, mas a água é agradável ao paladar. Davi diz que Deus está perto, e Paulo afirma: "O Senhor [é] rico para com todos os que o invocam" (RM 10:12). E Cristo declara: "Vosso Pai, que está nos céus, dará boas coisas aos que lhe pedirem" (MT 7:11), isto é, pela oração e na oração, eles provarão de Sua bondade. Para que seus pedidos sejam conhecidos diante dele, a própria paz de Deus, que excede todo o entendimento, guardará o coração e a mente deles em Cristo Jesus (FP 4:6,7). E aqui eu faço um apelo aos cristãos. Vocês não se lembram do momento em que tocaram a orla da veste de Cristo e provaram do amor do Céu em oração? Não se lembram de que o coração de vocês foi santamente ampliado quando lutaram com Deus? Não se lembram de ter visto a fenda celestial e Cristo sentado à direita de Deus? Nenhum cristão que prova da benignidade de Deus com frequência, em oração ou pela oração, ouvirá estas palavras de Deus: "Buscai-me em vão".

Vocês não se lembram do momento em que tocaram
a orla da veste de Cristo?

23 DE ABRIL

MANTENHA-SE À TONA

WILLIAM SPURSTOWE

*Esperarei no Senhor, que esconde o seu rosto
da casa de Jacó, e a ele aguardarei.*

ISAÍAS 8:17

Devemos nos dedicar muito ao uso e à aplicação das promessas, mesmo sem encontrar efeitos visíveis de sua graça ou consolação, conforme esperávamos. Elias, quando subiu ao cimo do monte Carmelo e prostrou-se diante do Senhor para orar por chuva, enviou seu servo sete vezes para olhar na direção do mar, antes que pudesse ver uma pequena nuvem como a palma da mão, e mesmo assim ele não desanimou (1RS 18:43). O mesmo ocorre com os fiéis; apesar de meditar muito nas promessas, suplicar com frequência e apresentá-las diante do Senhor em oração, depois de olhar para o céu, dizem como o servo de Elias quando olhou para o mar: "Não há nada". No entanto, eles não devem abandonar sua confiança nas orações nem negligenciar o uso delas diariamente, por causa da promessa, porque a palavra que sai da boca de Deus não voltará para Ele vazia, mas prosperará naquilo para que Ele a designou (IS 55:11). A promessa pode ser cumprida de várias maneiras, mas a ação é certa. A bênção da promessa nos alcança, às vezes, como chuva com pingos fortes e visíveis, produzindo sensíveis efeitos de alegria e paz na alma. Às vezes, cai como o orvalho, de modo silencioso e imperceptível, sem promover uma alteração percebível no coração do cristão. O poder que ela emite é verdadeiro, ainda que oculto e secreto. Como ouro colocado e derretido num cadinho, a fim de torná-lo mais forte e resistente, mas que, quando pesado depois em uma balança, perde pouco ou nada de seu peso anterior nem sofre nenhuma diminuição de sua substância, assim ocorre com a promessa. Quando o crente medita nela ou aplica-a com frequência às suas dificuldades, ela produz influência e apoio secretos, embora ele se preocupe por não ver nenhum resultado aparente. É o que a cortiça faz em relação à rede de pesca; mantém a rede flutuando em um mar de dificuldades. Olhamos a todo momento e não vemos nada a não ser um perigo terrível e irrecuperável em meio àquelas ondas altas e violentas que passam acima de nós.

24 DE ABRIL

SEU PARA SEMPRE
JOHN DOD E ROBERT CLEAVER

*Jesus Cristo, ontem e hoje,
é o mesmo e o será para sempre.*
HEBREUS 13:18

Deus não é o mesmo para sempre e também o mesmo no modo como trata Seus filhos? E no passado, Ele não usou Seu poder para defendê-los, Sua sabedoria para dar-lhes direção e Sua misericórdia para consolá-los? Então Ele fará o mesmo para nós. Portanto, quando um de Seus filhos passa por grande sofrimento por causa dos pecados que cometeu, como Manassés sofreu por causa de sua grande maldade, mas arrependeu-se e orou, vemos que Deus o ouviu e o ajudou a livrar-se de seus pecados e do sofrimento (2CR 33:12,13). Deus não agiu dessa maneira com Manassés? Então, por Ele ser Jeová, o mesmo para sempre sem variação nem mudança, Ele também nos livrará quando clamarmos a Ele. Mas temos certeza de que seremos libertos desse problema e dessa dívida ou tentação se clamarmos a Deus? Disso temos certeza, porque, se clamarmos ao Senhor, Ele nos libertará do nosso pecado e da consequente punição; ou, se a cruz ainda pende sobre nós, Ele suavizará o problema, nos dará consolação espiritual e nos fortalecerá para suportá-lo. E nos recompensará com a graça celestial, para ganharmos mais no espírito do que perdemos na carne. No entanto, se não acreditarmos que Deus é Jeová e imutável, todos os relatos das Escrituras não trarão benefício algum para nós, e não receberemos nenhuma daquelas coisas sobre as quais ouvimos e lemos; por exemplo, como Deus abençoou Abraão, libertou Jacó e realizou maravilhas para Seus filhos no passado. Porém, se nos agarrarmos, com firmeza, a estas verdades — que Deus é o mesmo para sempre, que Ele fez coisas boas para o Seu povo no passado—, Ele fará o mesmo por nós, se usarmos os mesmos meios. Da mesma forma, se alguém descobrisse casualmente que, em um determinado momento, eu estava passando por grandes problemas e terror, e que orei a Deus, e sei que Ele ouviu minha oração e me ajudou, tem certeza de que Deus também o ouviu quando você clamou? Então você pode estar muito mais seguro disso, pois, se clamar de novo, Ele o ouvirá de novo, ou então Ele não seria Jeová. E se Ele foi seu uma vez, continua a ser seu e o será para sempre.

25 DE ABRIL

COBIÇA ODIOSA
WILLIAM GOUGE

*Inclina-me o coração aos teus testemunhos
e não à cobiça.* SALMO 119:36

A cobiça é semelhante a um inferno que nunca está satisfeito, porque é pela abundância que esse desejo aumenta; quanto mais tiver, menos ficará satisfeito. Por esse motivo, nosso Senhor nos aconselha a prestar atenção e a tomar cuidado. Pelo fato de ser insaciável, esse pecado é também devorador. Assim como as vacas magras do Faraó devoravam as vacas gordas, a cobiça devora todas as bênçãos e graças de Deus. Ela sufoca a Palavra e impede seus ouvintes de produzirem frutos. Enreda de tal forma os homens com as coisas deste mundo que torna mais fácil um camelo passar pelo fundo de uma agulha do que um rico entrar no reino de Deus [Mt 19:24]. Nenhum outro pecado seduz tanto o homem a ponto de afastar seu coração de Deus, o único e verdadeiro fundamento da confiança, fazendo-o confiar na soberba, que é pura idolatria. Sim, ela é verdadeiramente chamada de "raiz de todos os males" (1TM 6:10), porque cega a mente do homem e endurece seu coração, e ele não tem consciência de nenhum pecado; nem de negar a Deus e renunciar à verdadeira religião; nem de perjúrio e blasfêmia; nem de profanar e violar o sábado; nem de rebelar-se contra os superiores e desprezar os desfavorecidos, nem de assassinato ou de qualquer outro tipo de maldade, nem de opressão, engano, falsidade ou outros males.

*Assim como as vacas magras do Faraó
devoravam as vacas gordas, a cobiça devora todas
as bênçãos e graças de Deus.*

26 DE ABRIL

À SEMELHANÇA DE CRISTO

JEREMIAH BURROUGHS

Visto, pois, que os filhos têm participação comum de carne e sangue, destes também ele, igualmente, participou, para que, por sua morte, destruísse aquele que tem o poder da morte, a saber, o diabo.

HEBREUS 2:14

O motivo pelo qual Deus permite aflições a Seus filhos é para torná-los semelhantes a Cristo, o Cabeça, para que entrem na glória como Cristo entrou na dele. "Porventura, não convinha que o Cristo padecesse e entrasse na sua glória?" (LC 24:26). Lemos em Filipenses 3:10 que Paulo desejava sinceramente participar dos sofrimentos de Cristo e ser conforme Ele em Sua morte. Deus tem conformidade com a morte de Seu Filho. Lemos que Godofredo de Bulhão não quis ser coroado em Jerusalém com uma coroa de ouro porque ali Cristo havia sido coroado com uma coroa de espinhos; ele não queria que houvesse uma grande desconformidade entre ele e Cristo. A respeito de Orígenes, dizem que, quando Alexandre Severo, o imperador, mandou buscá-lo e ele chegou mal trajado, havia várias roupas caras preparadas para ele. As roupas lhe foram enviadas, mas ele as recusou. Quando estava chegando a Roma, havia uma mula e uma carruagem especiais para ele, mas ele também as recusou. Orígenes não apareceria cheio de pompa diante do imperador; ele dizia ser inferior a seu Mestre Cristo, de quem nunca ouvira falar que havia montado mais de uma vez em um animal.

Paulo desejava sinceramente participar dos sofrimentos de Cristo e ser conforme Ele em Sua morte.

27 DE ABRIL

O DEUS TRINO

HENRY SCUDDER

*E aquele que sonda os corações sabe qual é
a mente do Espírito, porque segundo a vontade de Deus
é que ele intercede pelos santos.*

ROMANOS 8:27

Todos os que adoram a Deus de modo correto precisam, antes de tudo, aprender a conhecê-lo como o único Deus verdadeiro, distinguidos como Pai, Filho e Espírito Santo. No entanto, é preciso muito cuidado para não nos aprofundarmos nesse mistério dos mistérios na tentativa de entender além dos que as Escrituras nos revelam. Trata-se de um objeto de fé no qual a pessoa acredita, mas não é capaz de compreender de modo completo e racional. Ao considerar a distinção das três pessoas, preste atenção a dois extremos. Primeiro, não podemos pensar que há uma diferença essencial entre essas três pessoas, como se elas não tivessem a mesma natureza. Segundo, não podemos pensar que existe apenas uma distinção imaginária. [...] Da mesma forma que Deus existe, Ele deve ser adorado de acordo com a orientação de nosso Salvador. Estêvão dirigiu sua oração a Cristo ao ver Cristo Jesus em pé, à direita de Deus; foi uma ocasião especial e extraordinária. Isso sustenta a ideia de que é lícito dirigir a oração à segunda ou terceira pessoa sobre uma causa especial, porém, no geral, as regras e ordens de adoração a Deus devem ser observadas. Primeira: precisamos dirigir a oração ao Pai das luzes, o Doador de toda boa dádiva e todo dom perfeito (TG 1:17). Segunda: precisamos oferecer nossa oração e louvor por Jesus Cristo, que oferece incenso com as orações de todos os justos, e por meio de quem temos acesso ao trono da graça, para encontrar graça e auxílio em tempos de necessidade. Terceira: precisamos fazer uso de todos os meios para obter o Espírito Santo da graça e da súplica. Precisamos orar a Ele para trabalhar e ouvir o evangelho (o ministério do Espírito) ser pregado, tomando cuidado para não entristecer ou apagar o Espírito em razão de má conduta. Devemos ter um relacionamento santo com o Espírito Santo, para que Ele interceda por nós com fervor. As orações não serão incenso agradável se não forem misturadas e ungidas com óleo santo, que é a unção do Espírito. Ele ensina todas as coisas, conforme João afirma (1JO 2:27), e especialmente nos ensina a orar corretamente. ...Posso garantir que, se alguém orar dessa maneira, será sempre capaz de apresentar anseios e desejos que agradam a Deus e são atendidos por Ele.

28 DE ABRIL

RETRIBUIÇÃO IMPERFEITA
ISAAC AMBROSE

Acaso, pode uma mulher esquecer-se do filho que ainda mama, de sorte que não se compadeça do filho do seu ventre? Mas ainda que esta viesse a se esquecer dele, eu, todavia, não me esquecerei de ti.

ISAÍAS 49:15

Cristo é nosso amigo, e nesse aspecto Ele nos ama e nos guarda em Seu coração. Não deveríamos também tê-lo em nosso coração? Certamente, caso não seja assim, isso é ingratidão; é uma grande contradição à lei da amizade. Cristo é nosso Senhor, bem como nosso amigo, e se o Senhor da glória é capaz de humilhar-se a ponto de colocar o Seu coração no pó pecaminoso, alguém pensaria que poderíamos ser facilmente convencidos a colocar o nosso coração em Jesus Cristo. Você não percebe que o coração de Cristo está posto em você? E que Ele continua a cuidar de você com terno amor, mesmo quando você se esquece de si mesmo e dele? Não vê que Ele o acompanha com misericórdias diárias, agindo em sua alma, sustentando seu corpo e preservando ambos? Não vê que Ele o segura continuamente em Seus braços de amor e promete que tudo cooperará para o seu bem (RM 8:28)? Não vê que Ele envia Seus anjos para o protegerem e organiza tudo para que você seja beneficiado? E você é capaz de expulsá-lo de seu coração? É capaz de se esquecer do Senhor que nunca se esquece de você?

Ele continua a cuidar de você com terno amor, mesmo quando você se esquece de si mesmo e dele.

29 DE ABRIL

NUNCA SE APARTARÃO DELE

NATHANIEL VINCENT

Farei com eles aliança eterna, segundo a qual não deixarei de lhes fazer o bem; e porei o meu temor no seu coração, para que nunca se apartem de mim.
JEREMIAS 32:40

A conversão é verdadeira e perpétua. Ninguém jamais se desviou totalmente de Deus depois de ter-se voltado para Ele. Cristo, o Mediador, estabeleceu uma paz perpétua entre Deus e os que creem. A inimizade entre judeus e gentios, e entre ambos e Deus, foi destruída pela cruz de Cristo. Quando nos voltamos para Ele e cremos nele, o Senhor faz uma aliança que jamais será desfeita. Cristo, por Sua morte, expiou nossos pecados e aplacou a ira do Pai, portanto Sua crucificação é eficaz para desfazer a inimizade que havia naturalmente em nós contra Deus. Nossa carne e suas concupiscências estão crucificadas: "E os que são de Cristo Jesus crucificaram a carne, com as suas paixões e concupiscências" (GL 5:24) e "sabendo isto: que foi crucificado com ele o nosso velho homem, para que o corpo do pecado seja destruído, e não sirvamos o pecado como escravos" (RM 6:6). Os verdadeiros convertidos perseverarão, pois Cristo orou para que fossem guardados das maldades do mundo e estivessem com Ele onde Ele está, e contemplassem (o que implica em alegrar-se em) Sua glória (JO 17:15,24). Graça perseverante é prometida na aliança da graça. O próprio Deus faz uma aliança com aqueles que se voltam para Ele em verdade, prometendo que não permitirá que sucumbam e pereçam.

O próprio Deus faz uma aliança com aqueles que se voltam para Ele em verdade.

30 DE ABRIL

A MAJESTADE DE CRISTO

HENRY SCUDDER

*Pelo que também Deus o exaltou sobremaneira
e lhe deu o nome que está acima de todo nome,
para que ao nome de Jesus se dobre todo joelho,
nos céus, na terra e debaixo da terra,
e toda língua confesse que Jesus Cristo é Senhor,
para glória de Deus Pai.*

FILIPENSES 2:9-11

Foi graças à exaltação e ao domínio de Cristo que, ao triunfar sobre Seus inimigos, Ele subiu aos Céus, levou cativo o cativeiro e concedeu dons aos homens, Seus administradores, que, sob Sua direção, edificariam e aperfeiçoariam o reino da graça aqui na Terra. "E ele mesmo concedeu uns para apóstolos, outros para profetas, outros para evangelistas e outros para pastores e mestres, com vistas ao aperfeiçoamento dos santos, para o desempenho do seu serviço, para edificação do corpo de Cristo, até que todos cheguemos à unidade da fé e do pleno conhecimento do Filho de Deus…" (EF 4:11-13). Sendo assim promovido o reino de Cristo, cabe a Ele reinar como Rei até que tenha aperfeiçoado a salvação de todos os eleitos, colocado todos os Seus inimigos sob Seus pés e entregue esse reino ao Deus Pai. O reino de Cristo difere de todos os outros reinos, porque, embora esteja neste mundo, e acima de todos os reinos do mundo, ele não pertence ao mundo; é um reino espiritual e celestial, que governa a alma e a consciência dos homens e tem domínio sobre elas. É diametralmente oposto ao reino das trevas e do mal, o príncipe deste mundo; porque, por meio de Seus servos, por Suas ordenanças e pelo poder de Seu Espírito, Cristo destrói fortalezas, anula sofismas e toda altivez que se levanta contra o conhecimento de Deus. E leva cativo todo pensamento à obediência de Cristo, estando pronto para punir toda a desobediência quando Seus servos lhe forem completamente submissos (2CO 10:4-6). O reino de Cristo é um reino eterno, sem fim, para súditos ou Rei. No último dia, todos os que foram submissos a Ele no reino da graça neste mundo vão reinar com Ele, com submissão santa e gloriosa, no mundo que virá, no reino da glória para todo o sempre.

1.º DE MAIO

ACIMA DE TODAS AS COISAS

JOHN ROGERS

---

*Amarás, pois, o S*ENHOR*, teu Deus,*
de todo o teu coração, de toda a tua alma
e de toda a tua força.
DEUTERONÔMIO 6:5

Amar a Deus é o sentimento mais precioso e honrado de estima e afeição por Ele, acompanhado de um grande regozijo nele acima de todas as coisas. Deus é digno de ser amado de forma desmedida, e, além de tudo, Ele é infinita e incomensuravelmente santo, puro, perfeito e bom em Si mesmo, especialmente por entregar Seu Filho para morrer por nós. […] Devemos amar a Deus de forma simples e absoluta por quem Ele é, e porque todas as coisas são para Ele, estão nele e sob o Seu domínio. Não devemos amar a Deus como amamos as outras coisas; devemos amá-lo acima de todas as outras coisas do mundo. […] Se não amamos a Deus acima de todas as coisas, Ele não é o nosso Deus.

Deus é digno de ser amado de forma desmedida, porque
ele é infinita e incomensuravelmente santo.

2 DE MAIO

UMA VISÃO MARAVILHOSA
JEREMIAH BURROUGHS

Quando [o Senhor Jesus] vier para ser glorificado nos seus santos e admirado em todos os que creram.
2 TESSALONICENSES 1:10

Cristo virá julgar o mundo de forma magnífica e será verdadeiramente admirado. Os que creem de fato em Cristo consideram-no maravilhoso. Sim, eles o admiram, mas, quando Ele voltar em glória no grande dia, terá uma aparência tão esplêndida que todos se levantarão e dirão extasiados: "Ouvimos realmente que nosso bendito Salvador era a maravilha do mundo, e tudo o que vimos nos fez admirar Sua glória, porém jamais imaginamos que tínhamos um Salvador tão glorioso como agora temos". Maravilhoso e glorioso é Jesus Cristo agora, mas, quando Ele vier com Seus milhares e milhares de anjos, e quando ocorrer uma mudança tão extraordinária no mundo, os elementos se derreterão com calor ardente, e os Céus se recolherão como se enrola um pergaminho; os Céus e a Terra serão abalados e todos os príncipes e monarcas do mundo e todos os filhos dos homens comparecerão diante dele. Ó, que maravilhoso Ele será com Sua presença e com Sua pessoa. Maravilhoso então Ele será em Sua maneira de proceder, ao apresentar todos os livros da clemência de Deus, os livros da consciência e o livro da palavra para prosseguir com os seres humanos e os anjos rumo à vida eterna; nisso, Cristo se revelará então como maravilhoso.

Jamais imaginamos que tínhamos um Salvador tão glorioso como agora temos.

3 DE MAIO

APENAS UMA SOMBRA

ROBERT DINGLEY

Na tua presença, Senhor, estão os meus desejos todos,
e a minha ansiedade não te é oculta.

SALMO 38:9

Nada, a não ser Cristo, é capaz de satisfazer o coração. Comer as cascas que os porcos comem e, ainda assim, não se fartar foi a desventura do filho pródigo. O mundo não passa de cascas, de alimento oco e enganoso; é o mesmo que alimentar-se de vento. Como o cão da fábula, apanhamos sombras [N.E.: Fábula "O cão e a sombra", de *Fábulas de Esopo*. Ed. Moderna, 2019]; e, como Íxion, abraçamos a nuvem em vez de abraçar Juno [N.E.: Na mitologia grega, Íxion foi convidado por Zeus para um banquete e, embriagado, tentou seduzir Juno. Como armadilha, Zeus criou uma cópia de sua esposa a partir de uma nuvem, e Íxion seduziu a nuvem.]; sonhamos que comemos bem, e quando acordamos, sentimo-nos vazios. O mundo é apenas o sonho de uma sombra; e as coisas boas são irreais, não passam de aparências. O mundo redondo não é capaz de preencher um coração triangular; alguns espaços e cantos ficarão vazios, e a alma se tornará inquieta. Por esse motivo, surgem distrações do coração, vagando à procura de variedade, centelhas de pensamentos intermináveis, e aqueles segredos fluindo e refluindo, tempestades e agitações do mar da depravação no coração do homem, porque ele não consegue encontrar plenitude e satisfação no que é terreno. Como a pomba de Noé, ele não vê terra firme a não ser a Arca, Cristo Jesus. Salomão diz: "Os olhos não se fartam de ver, nem se enchem os ouvidos de ouvir" (EC 1:8). Isaías diz: "Por que gastais o dinheiro naquilo... que não satisfaz?" (IS 55:2). Ó, mas há plenitude em Cristo. Sua carne é alimento verdadeiro, e Ele satisfará com bondade a alma ansiosa. O mundo é comparado a um palácio real: as crianças e os campesinos são como quadros e belas cortinas, mas os estadistas sábios e circunspectos passam por eles, porque têm assuntos a tratar com o rei. Assim, a maioria dos homens permanece nas coisas exteriores e inferiores do mundo, mas os fiéis passam por elas e têm comunhão com o Rei dos reis.

Ele satisfará com bondade a alma ansiosa.

4 DE MAIO

CONSOLO NA ORAÇÃO

HENRY SCUDDER

Bendito seja o Deus e Pai de nosso Senhor Jesus Cristo,
o Pai de misericórdias e Deus de toda consolação!
É ele quem nos conforta em toda a nossa tribulação,
para podermos consolar os que estiverem em qualquer
angústia, com a consolação com que nós mesmos
somos contemplados por Deus.

2 CORÍNTIOS 1:3,4

Dirigir orações ao Pai, em nome do Filho, por meio do Espírito Santo, é capaz de dissipar o maior desânimo que o cristão enfrenta quando ora. Nem a majestosa e infinita justiça de Deus, a grandeza da multidão de pecados, o senso de desmerecimento e incompetência para ter um pensamento bom, nem a sensação de que muitas vezes não sabemos pelo que orar ou como orar — nada disso pode nos desanimar, se considerarmos que oramos a Deus, que é Deus Pai, Filho e Espírito Santo. Também, sentimo-nos encorajados porque podemos orar nessa ordem, isto é, ao Pai de Cristo, que é nosso Pai, no nome de Jesus Cristo, que agradou ao Pai por ter expiado todos os nossos pecados e por interceder todos os dias por nós, e no Espírito, que nos ajuda em nossas fraquezas e pede a Deus em nosso favor, muitas vezes com suspiros e gemidos que não podem ser explicados por palavras. Essas marcas revelam que há vida e espírito em nossas orações e que Deus as aceitará. Ele conhece a intenção de Seu Espírito e aceitará a obra deste em nós por meio de Cristo, apesar de nossas muitas imperfeições.

Ele conhece a intenção de Seu Espírito
e aceitará a obra deste em nós.

5 DE MAIO

ABANDONAR TUDO E TODOS
WILLIAM GREENHILL

Se alguém vem a mim e não aborrece a seu pai, e mãe, e mulher, e filhos, e irmãos, e irmãs e ainda a sua própria vida, não pode ser meu discípulo.
LUCAS 14:26

Um coração sincero é conhecido por sua disposição em abandonar qualquer coisa por amor a Deus. O coração sincero diz: "Que benefício essas coisas me trarão, se eu perder a integridade, se perder minha sinceridade, se perder a idoneidade para fazer o serviço de Deus por não ter uma vida honrada? O que receberei?". O jovem aproxima-se de Jesus e diz: "Bom Mestre, que farei eu de bom para alcançar a vida eterna?". Cristo responde: "Guarda os mandamentos". "Tudo isso tenho observado", replica o rapaz. "Cristo diz: "Vai, vende os teus bens, dá aos pobres e terás um tesouro no céu; depois, vem e segue-me" (MT 19:16-21). Alguém poderia pensar que essa promessa e tesouro seriam suficientes para o jovem, mas havia princípios corrompidos em seu interior; ele tinha o mundo dentro de si, e seu coração pertencia ao mundo, não a Deus. Simão, o mago, foi além do que fez o jovem; ele era cristão professo e tinha ligação com a igreja, mas levou sacos de ouro e prata para entregar aos apóstolos, a fim de ter o mesmo poder que eles, o poder do Espírito Santo. Mas Pedro disse: "Arrepende-te, pois, da tua maldade e roga ao Senhor; talvez te seja perdoado o intento do coração" (AT 8:22). O coração cheio de graça abandona tudo. Paulo declarou: "Perdi todas as coisas e as considero como refugo" (FP 3:8), isto é, todos os meus privilégios, todo o meu saber, tudo o que possuo eu considero perda por causa da magnificência do conhecimento de Jesus Cristo. Os discípulos disseram: "Eis que tudo deixamos e te seguimos" (MC 10:28). Galeatius deixou tudo por amor a Cristo e seguiu para Genebra, a fim de estar em contato mais próximo com o evangelho. Os mártires sacrificaram a vida (o que é mais precioso que a vida humana?) e dispuseram-se a abrir mão da vida em vez de abrir mão de sua integridade.

> *O coração cheio de graça abandona tudo.*
> *Paulo declarou: "Perdi todas as coisas e*
> *as considero como refugo".*

6 DE MAIO

AMOR INVISÍVEL

THOMAS WATSON

Então, o Senhor, teu Deus, não te desamparará, porquanto é Deus misericordioso, nem te destruirá, nem se esquecerá da aliança que jurou a teus pais.
DEUTERONÔMIO 4:31

Quando Deus esconde a Sua face de um filho, Seu coração continua a amá-lo, como ocorreu com José ao falar asperamente com seus irmãos, fazendo-os acreditar que os considerava espiões. No entanto, continuava a amá-los como nunca, com um amor que não podia ser contido. José foi compelido a afastar-se deles e chorou. Da mesma forma, Deus ama muito Seus filhos, mesmo quando parece estranho para eles. Outro exemplo é a mãe de Moisés, que colocou o filho em um cesto de junco e afastou-se do local, mas continuou com o olhar fixo nele; o bebê chorou, e a mãe também. Portanto, quando se afasta, como se tivesse abandonado Seus filhos, Deus continua cheio de compaixão e amor por eles. Deus pode mudar a expressão de Seu rosto, mas o Seu coração não muda. Uma coisa é Deus abandonar, outra coisa é deserdar: "Como te deixaria, ó Efraim?" (OS 11:8). Trata-se de uma metáfora de um pai que vai deserdar o filho, mas, quando chega a hora de agir, seu coração começa a quebrantar-se, enternecido pelo filho. Apesar de ser um filho pródigo, ele é Seu filho. Por isso, Deus diz: "Como posso te abandonar? Apesar de Efraim ser um filho rebelde, ele é um filho, e não vou deserdá-lo". O coração de Deus está cheio de amor, mesmo quando há um véu cobrindo-lhe o rosto. O Senhor pode mudar Sua dispensação a Seus filhos, mas não Sua disposição. Que o crente possa dizer: "Sou adotado e permito que Deus cumpra a Sua vontade em mim, que Ele pegue a vara, ou o cajado, tanto faz, porque Ele me ama".

Deus diz: "Como posso te abandonar?".

7 DE MAIO

CHORO SECRETO

RICHARD ALLEINE

*Vi os infiéis e senti desgosto,
porque não guardam a tua palavra.*
SALMO 119:158

As principais reclamações das igrejas giram em torno dos seus próprios pecados; as igrejas atiram a primeira pedra nelas próprias. Embora sejamos o Israel de Deus — não Ismael, ou Edom, ou filisteus —, somos impuros. O povo de Deus sente tristeza ao ver e ouvir os pecados dos outros: "Senti desgosto por causa dos infiéis". O fato de haver incircuncisos entre nós e inimigos declarados do evangelho agindo de modo tão perverso deveria encher-nos de tristeza. As idolatrias e os adultérios, a embriaguez e o vômito vergonhoso, as enxurradas de coisas imundas que nos envolvem deveriam causar tristeza no coração de todos os justos. Não podemos desconsiderar, como temos feito, que há uma geração perversa se levantando entre nós, como se o inferno conspirasse para afrontar o Deus do Céu, profanar Seu santo nome e desonrar o trono de Sua glória; isso deveria comover o coração de todos os que amam Cristo e a santidade do evangelho. É, sem dúvida, uma grande negligência nossa e um grande pecado não levar essa questão a sério. Falamos uns aos outros da maldade que há em nosso meio como se fosse um fato comum; quem dentre nós chora secretamente por todas essas abominações? Se o ódio dos homens à piedade e as perseguições que eles levantam contra ela chegam, sim, até nós e ao nosso íntimo, a ponto de sentirmos sua fúria atingir nosso ser e condições, devemos estar prontos para levantar a voz contra tudo isso. Embora possamos fugir da situação, sem permitir que ela nos atinja, não podemos de forma alguma desprezá-la como se fosse algo superficial. Esse é o nosso grande pecado e a grande verdade de que nosso coração não está tão preocupado com Deus e com a religião quanto está preocupado com nossos interesses. É o que nós sofremos, não o que a religião sofre, que toca o nosso coração.

*Quem dentre nós chora secretamente
por todas essas abominações?*

8 DE MAIO

RESPEITO MÚTUO

THOMAS GOUGE

Maridos, vós, igualmente, vivei a vida comum do lar, com discernimento; e, tendo consideração para com a vossa mulher como parte mais frágil, tratai-a com dignidade, porque sois, juntamente, herdeiros da mesma graça de vida, para que não se interrompam as vossas orações.

1 PEDRO 3:7

O respeito mútuo entre os cônjuges é uma condição de prudência para cada um deles. Se o marido crente, ou a esposa, for casado com uma pessoa não crente, ele deve fazer uso de todos os meios para levá-la a Cristo. E se um dos cônjuges for o meio de conversão do outro, as afeições entre ambos serão totalmente entrelaçadas. Se o marido e a esposa estiverem em estado de graça, devem permanecer vigilantes para evitar o pecado tanto de um lado quanto do outro, procurando corrigir da melhor maneira possível quando um deles cair em pecado, por meio de advertência em tempo oportuno, sim, de correção também. Nesse ponto, o marido e a esposa devem respeitar mais o bem-estar mútuo do que ter medo de ofender o outro. E, da mesma forma, é dever especial do marido e da esposa ajudar um ao outro a crescer na graça, sempre trocando ideias sobre coisas boas, principalmente sobre o que ouviram na pregação pública da Palavra e, dessa forma, serem cumpridores constantes dos deveres familiares, principalmente no que se refere à oração.

Eles devem estar vigilantes para evitar o pecado tanto de um lado quanto do outro.

9 DE MAIO

DESEJOS CONCEDIDOS

THOMAS MANTON

*Pois vosso Pai celeste sabe
que necessitais de todas elas.*

MATEUS 6:32

Se um pai terreno não permite que o filho passe fome, certamente um Pai tão amoroso quanto Deus também não permitirá que nenhum de Seus filhos passe fome. Você não tem um Pai negligente ou descuidado a respeito de sua condição, Ele sabe exatamente quais são os seus desejos e necessidades. É extraordinário observar como Deus se digna a expressar a atenção especial que dedica aos justos: "Eis que nas palmas das mãos te gravei" (IS 49:16). Da mesma forma que amarramos um barbante no dedo para nos lembrar de um alguma coisa, Deus também coloca, por assim dizer, uma impressão ou uma marca em Suas mãos, para falar segundo a maneira dos homens. E mais, "Até os cabelos todos da cabeça estão contados" (MT 10:30). Deus concede uma atenção especial às necessidades dos homens, e Jesus Cristo é Seu lembrete. Aquele que sempre comparece diante do Pai como representante do pedido deles (HB 9:24). Assim como o sumo sacerdote entrava no santuário com os nomes das tribos no peito e ombro quando ministrava perante Deus, esse é um símbolo de quanto Cristo nos ama, sempre se apresentando diante do Pai em favor de tal e tal crente.

*Ele sabe exatamente quais são os seus desejos
e necessidades.*

10 DE MAIO

DOIS JARDINS
THOMAS DOOLITTLE

*Quando ouviram a voz do S*ENHOR *Deus,*
que andava no jardim pela viração do dia,
*esconderam-se da presença do S*ENHOR *Deus, o homem*
e sua mulher, por entre as árvores do jardim.

GÊNESIS 3:8

O coração do homem não é capaz de imaginar, e a língua dos homens e dos anjos não é capaz de expressar, o que Cristo padeceu no jardim. Observa-se nas Escrituras que os sofrimentos de Cristo começaram em um jardim, e quando Ele morreu foi enterrado em um jardim (JO 19:41). Não há muito mistério para explicar por que Cristo escolheu o jardim para sofrer tanto ali. Foi no jardim do paraíso que nossos primeiros pais pecaram e provocaram a ira de Deus sobre eles e sobre toda a sua posteridade, e lá eles e toda a humanidade tornaram-se sujeitos à maldição da Lei e aos sofrimentos do inferno para sempre. Lá eles sofreram a ruína e tornaram-se pecadores e infelizes. Foi por isso que Cristo começou Seus últimos sofrimentos em um jardim. Em um jardim o homem mereceu a ira de Deus, e em um jardim Cristo suportou a ira de Deus. Em um jardim o homem pecou, e, quando veio redimir nossos pecados, Cristo sofreu em um jardim. Onde a doença começou, a cura foi concedida. [...] Nossos primeiros pais perderam a semelhança com Deus e sua justiça no jardim, e, quando Cristo veio para restaurar a imagem de Deus em nós e nos revestir de justiça, Ele sofreu no jardim. Após ter pecado, o primeiro Adão ficou tremendo no jardim; e o segundo Adão, ao levar com Ele os nossos pecados, teve medo e angustiou-se no jardim. O primeiro Adão ouviu sua sentença de condenação no jardim, e o segundo Adão sofreu no jardim para que fôssemos absolvidos.

A inimizade entre a semente da mulher e a semente da serpente começou no jardim; lá a serpente lhe feriu o calcanhar, e lá a semente da mulher feriu a cabeça da serpente. No jardim, foram feitas as primeiras promessas de um Salvador, e quando o Salvador veio para redimir as almas perdidas, Ele dirigiu-se ao jardim. Este é um assunto de meditação para você quando entrar em seus jardins: pense que lá o homem pecou, e lá o Senhor da glória sofreu; lá nós caímos, e lá fomos restaurados.

11 DE MAIO

A DOENÇA DA ALMA

RALPH ROBINSON

Filho meu, se os pecadores querem seduzir-te, não o consintas. PROVÉRBIOS 1:10

Acautele-se contra o pecado da mesma forma que você se acautela contra as doenças. Há muitos que cuidam muito bem da saúde física. Não comem nem bebem nada que seja nocivo ao seu bem-estar. Se tomam conhecimento de que algo poderá prejudicar o bom andamento de seu organismo, eles o evitam, mesmo que não estejam propensos a contrair uma doença por causa disso. E por que você não se acautela contra o pecado? Preste atenção e lembre-se de que blasfemar é uma doença, mentir é uma enfermidade; o orgulho é uma moléstia e assim por diante. Evite, portanto, todas as ocasiões para pecar e todas as tentações que conduzem ao pecado. Ore contra o pecado, e acautele-se contra ele. O pecado é uma doença que o deixará fora do Céu; é uma doença que leva Deus a repudiar você. Mantenha o pecado longe de sua família. Não permita que mentirosos, blasfemos e beberrões se abriguem sob seu teto (SL 101:7). Nenhuma doença é tão infecciosa quanto o pecado. Todos nós trazemos conosco a raiz do pecado e a propensão para pecar. Proteja seus filhos dessa doença. É pior que sarampo, pior que praga. Outras doenças poderão matar seus filhos fisicamente, mas o pecado, além do corpo, mata a alma. Portanto, vigie e proteja o seu coração e o de sua família, para que o pecado não adentre a eles e nem seus filhos frequentem lugares onde essa doença contagiosa está.

Nenhuma doença é tão infecciosa quanto o pecado.
Todos nós trazemos conosco a raiz do pecado...

12 DE MAIO

DÊ PREFERÊNCIA À GLÓRIA DE DEUS
WILLIAM BATES

Sabemos que todas as coisas cooperam para o bem.
ROMANOS 8:28

Todas as coisas são ordenadas tão sabiamente que Deus será glorificado nelas. O cristão deve ter o mais nobre dos deveres de dar preferência à proclamação da glória de Deus a todas a comodidades desta vida, e à vida em si. Nosso bendito Salvador, ao antever Seus sofrimentos, sentiu angústia e tristeza, como se o céu estivesse escurecendo antes de uma grande tempestade. Mas o curto conflito da natureza logo chegou ao fim; Ele se entregou como sacrifício à honra divina e exclamou: "Pai, glorifica o teu nome" (JO 12:28). Moisés e Paulo, cujo zelo admirável se assemelhou, até certo ponto, apenas ao fogo santo, desejaram a salvação dos judeus antes da própria salvação, desde que isso glorificasse a Deus. Esta é a primeira petição em ordem e dignidade naquela forma completa de oração feita por nosso Salvador, como regra para todos os nossos desejos: "Que o teu nome seja glorificado em nós e por nós". […] Se tivéssemos de ser martirizados por causa de Sua verdade e nosso sangue fosse derramado, como sacrifícios no altar, ou se nosso corpo fosse consumido como incenso no incensário, seria injusto e sinal de ingratidão expressar uma forte relutância contra Sua providência. Se não houvesse nenhuma consequência de nossos sofrimentos, a não ser de glorificar a Deus, deveríamos ficar contentes. Este é o fim mais digno que Ele propôs a Si mesmo e o cumprirá: Seus excelentes atributos divinos serão ilustrados pela maldade dos homens, que atualmente obscurece a glória do governo de Deus. Finalmente, Sua sabedoria, poder, santidade, misericórdia e justiça serão reconhecidos, admirados e enaltecidos.

*Se não houvesse nenhuma consequência
de nossos sofrimentos, a não ser a de glorificar a Deus,
deveríamos ficar contentes.*

13 DE MAIO

RICOS CONFORTOS

GEORGE SWINNOCK

*Justificados, pois, mediante a fé, temos paz com Deus
por meio de nosso Senhor Jesus Cristo;
por intermédio de quem obtivemos igualmente acesso,
pela fé, a esta graça na qual estamos firmes;
e gloriamo-nos na esperança da glória de Deus.*

ROMANOS 5:1,2

Ó que privilégio desfrutamos por ter livre acesso ao trono da graça! Havia uma lei no império persa que impunha pena de morte a quem se apresentasse diante do rei sem ser chamado, mas as portas do Céu estão sempre abertas. Você tem a liberdade, de dia e de noite, para apresentar seus pedidos em nome de Cristo ao Rei de toda Terra, e não precisa ter medo de ser repreendido por atrevimento. [...] Se estiver em dúvida quanto à sua condição espiritual e quanto ao seu direito à herança dos santos em luz, poderá ir em oração até Ele, que é "Maravilhoso Conselheiro" e receber Seu conselho gratuitamente. Se sua alma for acometida de alguma doença que possa pôr em risco sua vida ou prejudicar sua paz e saúde, você poderá, em oração, bater na porta do verdadeiro Médico à meia-noite e pedir-lhe que se apresse em curá-lo. Se estiver cercado de muitos inimigos sanguinários e não souber o que fazer ou para onde ir, poderá enviar uma mensagem ao Céu por meio da oração e não precisará ter medo, pois Cristo irá ao encontro do mensageiro no meio do caminho e chegará a tempo de resgatá-lo. Se estiver preso com os grilhões da iniquidade e, como Pedro, sob rígida vigilância noite e dia, ainda que esteja cercado da guarda maligna do inferno e não possa fugir, a "oração incessante" romperá as correntes, abrirá as portas da prisão e, apesar de todas as legiões de demônios que o mantêm preso, a oração certamente o libertará. Se estiver oprimido pela tristeza, como o salmista, seu anseio chegará aos ouvidos de Deus pela oração e Ele lhe acalmará o coração. Quando o espelho de sua alma estiver tão cheio desses fortes sentimentos, de medo e tristeza, a ponto de quase explodir, a oração a Deus poderá abrir uma fresta para eles saírem, sem perigo algum. Enquanto vive neste vale de lágrimas, você está cercado de inimigos e tem muitas necessidades urgentes, bem como dúvidas e perigos; mas a oração irá adiante de você como foi adiante de Moisés. Permaneça ao lado de Deus, pois Ele vencerá tudo isso e o guiará durante a travessia do deserto deste mundo até as fronteiras de Canaã, e não o abandonará até você entrar no lugar de louvor.

14 DE MAIO

O MEL DE CRISTO

JOHN OWEN

Se o Senhor se agradar de nós, então, nos fará entrar nessa terra e no-la dará, terra que mana leite e mel.
NÚMEROS 14:8

O Pai nos ama e "nos escolheu, nele, antes da fundação do mundo", porém, na busca desse amor, Ele "nos tem abençoado com toda sorte de bênção espiritual nas regiões celestiais em Cristo" (EF 1:3,4). E de Seu amor, Ele despeja ou derrama o Espírito Santo ricamente sobre nós por meio de Jesus Cristo, nosso Salvador (TT 3:6). Ao derramar Seu amor, nenhuma gota cai ao lado do Senhor Cristo. O óleo da santa unção foi todo derramado sobre a cabeça de Arão (SL 133:2) e, por conseguinte, desce até a gola de suas vestes. O amor é derramado primeiro sobre Cristo, e dele goteja sobre a alma de Seus filhos como o orvalho de Hermom. O Pai deu ao Filho primazia em todas as coisas (CL 1:18); "aprouve a Deus que, nele, residisse toda a plenitude" (v. 19). "Porque todos nós temos recebido da sua plenitude e graça sobre graça" (JO 1:16). Ainda que o amor ao propósito e boa vontade do Pai tenha origem e fundamento em Sua mera graça e vontade, o desígnio dessa realização está unicamente em Cristo. Todos esses frutos são ofertados primeiro a Ele; e é somente nele que nos são dispensados. Embora os justos possam ver, ou melhor, vejam um oceano infinito de amor para eles no seio do Pai, eles não devem procurar gotas de amor vindas dele, mas do amor que chega até nós por meio de Seu Filho. Cristo é o único meio de comunicação. O amor no Pai é como mel proveniente da flor — precisa estar no favo antes de ser usado. Cristo extrai e prepara esse mel para nós. Ele extrai essa água da fonte, e nós a extraímos dos poços de salvação que se encontram nele.

O amor é derramado primeiro sobre Cristo, e dele goteja sobre Seus filhos como o orvalho de Hermom.

DANO AUTOINFLIGIDO

JOHN COLLINGES

Antes, sede uns para com os outros benignos, compassivos, perdoando-vos uns aos outros, como também Deus, em Cristo, vos perdoou.

EFÉSIOS 4:32

Se quisermos nos manter longe dos ataques de Satanás que visam a nos prejudicar, precisamos tomar a firme decisão de aprender a estar contentes em qualquer situação, munidos de paciência e preparados para enfrentar qualquer tipo de descontentamento. Nenhuma alma satisfeita e contente consigo mesma e com a situação cai na armadilha do diabo. Essa armadilha é sempre consequência do descontentamento. Ora, em geral o descontentamento fundamenta-se no orgulho. O apóstolo Paulo afirmou: "Aprendi a viver contente em toda e qualquer situação. Tanto sei estar humilhado como também ser honrado; de tudo e em todas as circunstâncias, já tenho experiência, tanto de fartura como de fome; assim de abundância como de escassez" (FP 4:11,12). Não há antídoto melhor que esse para combater o veneno dos dardos inflamados. A tentação está aqui; é melhor afastar-se do mundo do que ser exposto a essa vergonha. [...] Porém, a alma munida de paciência, que aprendeu a estar contente em qualquer situação, que se submete a Deus para que a Sua vontade seja feita e que distribui sua porção (visto que está equipada com uma capa encouraçada) não poderá ser atingida por nenhum dardo dessa natureza.

Nenhuma alma satisfeita e contente consigo mesma e com a situação cai na armadilha do diabo.

16 DE MAIO

DEUS NOS VÊ

ROBERT DINGLEY

Pois mil anos, aos teus olhos, são como o dia de ontem que se foi e como a vigília da noite.

SALMO 90:4

Os olhos do Senhor estão sobre você... "Eis que os olhos do Senhor estão sobre os que o temem" (SL 33:18). Na verdade, os olhos da providência e da onipresença de Deus estão sobre todos. E, pelos olhos da onisciência, Ele vê e conhece todas as coisas. Mas o Senhor tem um olhar de amor, especial e terno, dirigido ao Seu povo, um olhar que abre Seus ouvidos, coração e mão para beneficiá-los. "Os olhos do Senhor repousam sobre os justos, e os seus ouvidos estão abertos ao seu clamor. O rosto do Senhor está contra os que praticam o mal" (SL 34:15,16). E mais: o Senhor não apenas oferece aos Seus filhos um olhar amoroso, mas também os considera como menina dos Seus olhos e como anel de sinete em Sua mão direita. O Senhor não se silencia quando alguém os maltrata, mas diz: "Não toqueis nos meus ungidos, nem maltrateis os meus profetas" (SL 105:15). Observe como Cristo se encanta ao olhar para o Seu povo: "Arrebataste-me o coração, minha irmã, noiva minha... Quanto melhor é o teu amor do que o vinho, e o aroma dos teus unguentos do que toda a sorte de especiarias!... Desvia de mim os olhos, porque eles me perturbam" (CT 4:9-10; 6:5). Diante disso, vemos quão grande é o amor de Cristo pelo crente verdadeiro; Ele olha e olha de novo. Não se envergonha de Seu amor! E se os olhos do Senhor anseiam por cuidar dos justos, podemos concluir que os olhos dos anjos repousam sobre eles. As cortinas dos tabernáculos eram estampadas com querubins. Seja para onde for que um grande monarca dirija o olhar, lá estão os olhos de sua nobreza e seguidores. Portanto, ao ver que Deus olha para nós, não devemos ter dúvida de que os anjos fazem o mesmo. Como é segura e confortável a condição do povo de Deus! ...Como são estimados e como são amados aqueles que estão sob o olhar do Mestre para lhes fazer bem, sim, sob o olhar de um Pai e Marido que nunca dorme, nem cochila! Se suspiramos ou oramos em secreto, Ele nos vê; se erguemos os olhos para Ele à meia-noite, Ele vê. Em todas as nossas atividades e sofrimentos Ele nos vê, tem piedade de nós e nos ajuda.

17 DE MAIO

ARGUMENTANDO COM DEUS

JEREMIAH BURROUGHS

*Teme a Deus e guarda os seus mandamentos;
porque isto é o dever de todo homem.*

ECLESIASTES 12:13

A promessa de Deus é: "Ao homem que teme ao SENHOR, ele o instruirá no caminho que deve escolher" (SL 25:12). O temor de Deus coloca-nos em um sistema de ensino, e o Senhor deleita-se em nos ensinar. Certamente é uma bênção indescritível de Deus sermos ensinados da maneira que escolhemos. Como seria bom se o Senhor pusesse um sistema de raciocínio em nosso coração, para que pudéssemos começar a ponderar e pesar as coisas, e, se os argumentos espirituais não prevalecessem, poderíamos ver se somos criaturas que raciocinam ou não. O profeta adverte: "Lembrai-vos disto e tende ânimo; tomai-o a sério, ó prevaricadores" (IS 46:8). Venha, vamos raciocinar juntos: não existem infinitamente mais razões para andar nos caminhos de Deus do que nos caminhos nos quais você anda? Deus não é infinitamente digno de ser honrado e louvado por você e de outras maneiras de honra e louvor que você tem oferecido a Ele? Sua consciência é seu juiz. Deus não lhe deu alma imortal? E essa alma não é capaz de fazer coisas melhores do que as que você escolheu como boas e principais? Deus não o criou para uma finalidade maior que comer, beber e se divertir? O quê! Será que a abençoada Trindade deliberou criar um ser glorioso ("Façamos o homem à nossa imagem" – GN 1:26) e, ao concluir o excelente trabalho, decidiu que ele foi criado apenas com a finalidade de comer, beber e cometer maldade?

*Certamente é uma bênção indescritível de Deus sermos
ensinados da maneira que escolhemos.*

18 DE MAIO

VERGONHA DIÁRIA

RICHARD ALLEINE

*Se confessarmos os nossos pecados, ele é fiel
e justo para nos perdoar os pecados e nos purificar
de toda injustiça.* 1 JOÃO 1:9

Amigos, sejam quais forem as suas transgressões, falem sem rodeios; não considerem seus erros como se fossem pequenos, e seus pecados, insignificantes. Tenham certeza de que fugir do assunto não é o caminho certo para reparar o erro. Envergonhem-se diante do Senhor, humilhem-se diante dele; analisem o tamanho dos pecados que consideram pequenos; escancarem o coração e descubram qual é o ninho de maldade que existe ali; vasculhem seus caminhos e vejam a insensatez e a vaidade que lá existem e não tentem escondê-las. "O que encobre as suas transgressões jamais prosperará" (PV 28:13). Não escondam suas transgressões; confessem todas, e estendam-nas diante do Senhor até que sua alma se sinta envergonhada. Ó, que esta palavra nos faça voltar para casa, cada um de nós, com o coração partido e o rosto ruborizado e, ajoelhados diante do Senhor, repitamos com os nossos lábios estas palavras de Esdras: "Meu Deus! Estou confuso e envergonhado, para levantar a ti a face, meu Deus, porque as nossas iniquidades se multiplicaram sobre a nossa cabeça, e a nossa culpa cresceu até aos céus" (9:6). Devemos ficar com o rosto corado diante de nossa hipocrisia, diante de nossa indiferença, diante de nosso proceder mundano e de nossa carnalidade; devemos ruborizar durante nossas orações e voltar para casa com o rosto corado, chorando ao longo do caminho; devemos reconhecer que todos nós somos impuros e que nossa justiça é como trapo de imundícia.

*Tenham certeza de que fugir do assunto não é o
caminho certo para reparar o erro.*

19 DE MAIO

O ESCUDO DOURADO

THOMAS WATSON

*Tu, Senhor, conservarás em perfeita paz
aquele cujo propósito é firme;
porque ele confia em ti.*
ISAÍAS 26:3

O contentamento é o arco espiritual ou pilar da alma. Convém ao homem carregar fardos; aquele que está pronto para afundar sob o menor pecado, em virtude disso, tem um espírito invencível durante o sofrimento. O cristão contentado é como a camomila: quanto mais é esmagada, mais cresce — assim como o corpo se esforça para expelir a doença, o contentamento se esforça para expelir a adversidade do coração. E o argumento é este: "Se estou sendo repreendido, Deus pode me inocentar; se estou necessitado, Deus pode me auxiliar". "Não sentireis vento, nem vereis chuva; todavia, este vale se encherá de... água" (2RS 3:17); portanto, o contentamento santo impede o coração de desanimar. No outono, quando os frutos e as folhas forem levados pelo vento, ainda haverá seiva na raiz; quando o outono se abater sobre nossa felicidade exterior e as folhas de nosso estado de espírito caírem, ainda haverá a seiva do contentamento no coração — o cristão tem vida interior quando os confortos exteriores não florescem. O coração contentado jamais se deixa abater pelo desânimo. O contentamento é um escudo dourado que repele o desânimo. A humildade é como chumbo na rede de pesca que mantém a alma submersa quando ela é erguida por intensas emoções; e o contentamento é como a cortiça que impede o coração de sucumbir durante momentos de desânimo. O contentamento é o excelente suporte; é como a viga que sustenta o peso colocado sobre ela. E mais: é como a rocha que quebra as ondas. É curioso observar como dois homens se comportam de modo diferente sob a mesma aflição. [...] O descontentamento aumenta a tristeza, e a tristeza abate o coração. Quando esse sustentáculo de contentamento começa a encolher, passamos a claudicar sob nossas aflições; não sabemos que fardo Deus pode colocar em nossas costas. Vamos, portanto, manter o contentamento; nossa coragem será proporcional ao nosso contentamento. Davi desafiou Golias com cinco pedras e uma funda e derrotou-o. Coloque o contentamento na funda de seu coração e, com essa pedra sagrada, você poderá desafiar o mundo e vencê-lo; poderá fragmentar as aflições que poderiam arruiná-lo.

20 DE MAIO

SINCERIDADE
JOHN BUNYAN

*Ouve, ó Deus, a minha súplica;
atende à minha oração.*

SALMO 61:1

A oração é o derramar sincero da alma diante de Deus. A sinceridade é uma graça que está presente em todas as graças de Deus em nós, e em todas as ações do cristão, e tem grande influência sobre elas também, ou então essas ações não seriam consideradas por Deus e nossas orações também não seriam ouvidas. A respeito desse assunto, Davi quando menciona a oração diz: "A ele clamei com a boca, com a língua o exaltei. Se eu no coração contemplara a vaidade, o Senhor não me teria ouvido [a oração]" (SL 66:17,18). O exercício da oração é composto em boa parte pela sinceridade, sem a qual Deus não a consideraria uma oração no bom sentido (SL 16:1-4). Então "eu vos ouvirei. Buscar-me-eis e me achareis quando me buscardes de todo o vosso coração" (JR 29:12,13). A falta disso fez o Senhor rejeitar as orações em Oseias, onde o Ele diz: "Não clamam a mim de coração", isto é, com sinceridade, "mas dão uivos nas suas camas" (7:14). Eles oravam com fingimento, para fazer uma demonstração de hipocrisia, a fim de serem vistos e aplaudidos pelos homens. Sinceridade foi o que Cristo elogiou em Natanael quando o viu debaixo da figueira: "Eis um verdadeiro israelita, em quem não há dolo!" (JO 1:47). [...] E por que a sinceridade deve ser um dos elementos essenciais da oração aceita por Deus? Porque a sinceridade leva a alma a abrir seu coração a Deus com toda simplicidade e a contar a situação para Ele explicitamente, sem subterfúgios; a condenar-se claramente, sem disfarces; a clamar a Deus de todo o coração, sem hipocrisia. "Bem ouvi que Efraim se queixava, dizendo: Castigaste-me, e fui castigado como novilho ainda não domado" (JR 31:18). A sinceridade age da mesma forma quando está sozinha e quando está diante da face do mundo. Ela não tem duas caras, uma para aparecer diante dos homens, e outra para um rápido furto às escondidas. Mas a sinceridade precisa ter Deus e estar com Ele na oração. Não é a movimentação dos lábios que interessa, pois é para o coração que Deus olha, e é para o coração que a sinceridade olha, e é do coração que a oração procede, se essa oração for acompanhada pela sinceridade.

21 DE MAIO

OBEDIÊNCIA ABSOLUTA

WILLIAM PERKINS

---

*Porém Samuel disse: Tem, porventura,
o Senhor tanto prazer em holocaustos e sacrifícios
quanto em que se obedeça à sua palavra?
Eis que o obedecer é melhor do que o sacrificar,
e o atender, melhor do que a gordura de carneiros.*

1 SAMUEL 15:22

Nossa obediência tem de ser absoluta, porque precisamos (por assim dizer) fechar os olhos e simplesmente, sem demora, confiar em Deus e em Sua Palavra exatamente como ela é, e nos deixar ser levados por ela. Na sequência natural das coisas, a experiência vem primeiro, e depois a fé. Tomé, seguindo a sequência natural, quis primeiro sentir antes de crer. Mas temos de confiar em Deus, embora o que Ele diga pareça ser contrário à razão e à experiência. Abraão creu em Deus, mesmo quando a esperança humana já não existia (RM 4:18). O segundo ponto é que nossa obediência tem de ser sincera. Devemos confiar na Palavra de Deus porque é a Palavra de Deus, deixando de lado todo preconceito. Aqueles que são como solo pedregoso aceitam a Palavra de Deus e se alegram nela, mas, após algum tempo, não resistem à tentação pelo seguinte motivo: eles recebem a Palavra, mas não se alegram corretamente nela, visto que pensam na honra, no lucro ou no prazer que colherão. João Batista foi uma vela constantemente acesa, e os judeus alegraram-se com essa luz, mas só por causa da novidade, portanto o Espírito Santo diz: "Ele era a lâmpada que ardia e alumiava, e vós quisestes, por algum tempo, alegrar-vos com a sua luz" (JO 5:35). Não devemos confiar em Deus apenas parcialmente, mas em toda Sua Palavra. Muitos perdem a fé, pois se contentam em confiar no Senhor e em Suas promessas de misericórdia e salvação, mas não querem crer nele quanto aos Seus mandamentos e advertências. Devemos confiar em Deus e em Sua Palavra de todo o coração, para que ela crie raízes profundas e seja uma Palavra enxertada. Não nos basta provar a boa Palavra de Deus e recebê-la com alegria, se não estivermos bem firmados nela e confiantes no que ela diz. Essa confiança em Deus precisa partir de um coração sincero, isto é, de um coração no qual exista um propósito claro e determinado de não pecar, mas de fazer a vontade de Deus em todas as coisas. Os bons ouvintes são aqueles que recebem a Palavra com coração sincero e bondoso. Sem isso, possivelmente ninguém poderia viver pela fé. Todo aquele que deixa de lado a boa consciência faz sua fé naufragar. Somente a santidade possui as promessas desta vida e da vida futura. E ninguém pode viver a vida de fé, a não ser os justos.

22 DE MAIO

PRINCÍPIOS MAIS PROFUNDOS

JOSEPH CARYL

A fim de que a si incline o nosso coração, para andarmos em todos os seus caminhos e guardarmos os seus mandamentos, e os seus estatutos, e os seus juízos, que ordenou a nossos pais.

1 REIS 8:58

As obras que procedem de um bom princípio são agradáveis a Deus [...] portanto, entendemos a necessidade de regeneração. Cristo diz: "Em verdade, em verdade". Há uma afirmação forte e dupla: "Em verdade, em verdade te digo que, se alguém não nascer de novo, não pode ver o reino de Deus" (JOÃO 3:3). Não nascemos com esse coração puro, com essa consciência pura, com essa fé não fingida que são as realidades de uma boa obra. Não nascemos com isso, pois quem pode tirar coisa pura de algo impuro? Ninguém! Ninguém entre os filhos dos homens (JÓ 14:4). Coração puro, boa consciência e fé não fingida são resultados do novo nascimento. A educação não pode purificar o coração; é a revelação que torna o coração puro. A boa educação pode mudar a vida e os conhecimentos. Como dizem, para estudar arte e filosofia é necessário eliminar a aspereza que existe na natureza humana, tornando os homens serenos, e os moldando muito bem para que sejam usados de modo excelente. A boa literatura e educação podem instruir, mas não podem espiritualizar. Podem mudar o rumo da vida de um homem, mas não podem transformar sua natureza; isso só é feito pela regeneração. E agora eu digo: a condição do homem e sua natureza precisam ser transformadas. Ele precisa ter aquele coração puro que só teremos quando nossa natureza for alterada. Ele precisa ser bom antes de praticar espiritualmente atos de bondade. Gravem esta palavra do apóstolo: "Pois somos feitura dele, criados em Cristo Jesus para boas obras, as quais Deus de antemão preparou para que andássemos nelas" (EF 2:10). Apreendam isto: aqui estão as boas obras. Mas como chegaremos a fazer essas boas obras? Ora, porque somos feitura dele, assim Ele diz. Deus age em nós antes de trabalharmos para Ele. Deus nos torna bons antes de praticarmos boas obras. Ele diz que somos feitura dele. E então, somos criados, ou criados em Cristo Jesus para realizar boas obras. Pela união com Cristo Jesus passamos a ter um princípio espiritual que nos conduz à prática de todas as boas obras. Vocês precisam ser novas criaturas, criadas em Cristo Jesus para boas obras, antes de praticá-las.

REDENÇÃO APLICADA

JOHN FLAVEL

*Mas vós sois dele, em Cristo Jesus, o qual
se nos tornou, da parte de Deus, sabedoria,
e justiça, e santificação, e redenção.*

1 CORÍNTIOS 1:30

Aquele que deseja saber qual é o justo valor e importância de Cristo faz uma pergunta que deixa todas pessoas na Terra e os anjos no Céu em estado de permanente perplexidade. O mais alto grau de conhecimento que alcançamos nesta vida é saber que Cristo e Seu amor excedem a todo entendimento (EF 3:19). Mas Cristo é magnífico, e sejam quais forem os tesouros de justiça que estão em Seu sangue, e sejam quais forem a alegria, a paz e as consolações arrebatadoras, reveladas aos homens por Sua encarnação, humilhação e exaltação, tudo isso é concedido para benefício e consolação dos homens como meio de aplicação eficaz. Pois uma ferida jamais foi curada com um unguento preparado, contudo não aplicado; nunca o corpo de uma pessoa foi aquecido por um cobertor feito com esmero, porém não colocado sobre ela; jamais alguém se sentiu renovado e estimulado pelo mais fino tônico sem ingeri-lo; nem nunca se soube, desde o princípio do mundo, que um pecador insignificante, desiludido, condenado, corrompido e infeliz foi, de fato, liberto desse estado lastimoso enquanto Cristo não o tornou, da parte de Deus, sabedoria, justiça, santificação e redenção. Pois assim como a condenação do primeiro Adão não nos é transferida a menos que (por descendência) pertençamos a ele, também a graça e a remissão não nos são transferidas do segundo Adão, a menos que (por regeneração) pertençamos a Ele. O pecado de Adão prejudica somente os que estão nele; e o sangue de Cristo beneficia somente os que estão nele. Que grande peso existe na aplicação eficaz de Cristo à alma dos homens! E, no mundo inteiro, não há algo tão terrivelmente solene, tão grandemente importante quanto isso! Esse é o forte resultado da consolação que, neste contexto, o apóstolo oferece aos cristãos de Corinto como uma recompensa superabundante pela desprezível maldade e infâmia da condição exterior deles neste mundo, sobre as quais ele acabara de falar nos versículos 27 e 28, dizendo que, embora o mundo os condenasse como desprezíveis, tolos e fracos, eles se tornaram, "da parte de Deus, sabedoria, e justiça, e santificação, e redenção".

24 DE MAIO

VIVA PARA PERSUADIR

JEREMIAH BURROUGHS

*Assim brilhe também a vossa luz diante dos homens,
para que vejam as vossas boas obras
e glorifiquem a vosso Pai que está nos céus.*
MATEUS 5:16

Vocês precisam andar e viver de tal forma que o seu modo de proceder provoque nas outras pessoas o desejo de ter comunhão com Cristo. Deus tornou gloriosa essa comunhão, para que vocês mostrem tal glória para os outros, a fim de todos os que se relacionam com vocês digam: "Certamente eles foram abençoados pelo Senhor, certamente Deus está com eles. É melhor andarmos com eles". Ó, que bênção seria se nossa vida fosse um exemplo para convencer os outros de que somos plantas da plantação de Deus! O modo de viver dos homens convence muito mais que suas palavras. "A língua convence, mas a vida comanda", são as palavras de alguém do passado. Lemos em Apocalipse 14 que aqueles que estão em companhia do Cordeiro no monte Sião, usufruindo a comunhão com Ele, têm escrito na fronte o nome do Pai, e a glória de Deus resplandecia ali. O Senhor deseja que as palavras que você profere sejam convincentes. O nome de Deus deve ser de grande valia para você. Viver para honrar o Senhor não é precioso a você? Demonstrar que honramos a Deus é a maior de todas as glórias que podemos render a Ele. Que sejamos conhecidos por aquilo que professamos ser, separados do mundo por viver de forma santa. Tertuliano disse a respeito dos cristãos de sua época que eles eram conhecidos como cristãos por causa da transformação que ocorrera na vida deles. Vocês estão unidos a Cristo como um cinto atado ao corpo do homem, mas tomem cuidado para não serem como o cinto mencionado pelo profeta Jeremias: "Este povo maligno, que se recusa a ouvir minhas palavras, que caminha segundo a dureza do seu coração e anda após outros deuses para os servir e adorar, será como este cinto, que para nada presta" (13:10). A igreja dos judeus naquela época era um cinto inútil. Mas vocês devem ser como aquela cinta de Cristo mencionada em Apocalipse 1 — uma cinta de ouro ao redor de Seu peito. Essa é a descrição da beleza e da condição gloriosa da Igreja de Cristo.

Eles eram conhecidos como cristãos por causa da transformação que ocorrera na vida deles.

25 DE MAIO

AFEIÇÃO CELESTIAL

WILLIAM BATES

Folguem em ti e se rejubilem todos os que te buscam;
e os que amam a tua salvação digam sempre:
Deus seja magnificado! SALMO 70:4

Permita que Deus seja o objeto supremo de sua estima e afeições; e os fardos que tivermos de carregar, sejam eles quais forem, serão mais leves e mais suportáveis. O apóstolo garante-nos "que todas as coisas cooperam para o bem daqueles que amam a Deus" (RM 8:28). Essa afeição celestial não é apenas a condição que nos dá acesso a essa promessa, que, por meio de um privilégio especial, torna todos os males deste mundo vantajosos para os justos, mas é também o requisito para recebê-la. Pelo amor, usufruímos a presença de Deus, e o amor nos tornará dispostos a fazer ou aceitar o que lhe agrada, e assim teremos uma comunhão mais completa com Ele. Em Deus todas as perfeições estão em proeminência transcendente; são sempre as mesmas e sempre novas. Ele concede todas as coisas sem que Seu tesouro seja diminuído. Ele recebe os louvores e os serviços que os anjos lhe prestam, e Sua felicidade não aumenta em razão disso. E na adoração a Ele, tudo o que é amável e excelente nas pessoas poderá ser desfrutado de maneira incomparavelmente melhor do que nelas próprias. A infinita bondade de Deus supre todas as nossas necessidades, suaviza todas as nossas tristezas e vence todos os nossos medos. Um clarão de Seu rosto é capaz de reviver um espírito morto de tristeza e mergulhado no desespero.

A infinita bondade de Deus supre todas as
nossas necessidades, suaviza todas as nossas tristezas
e vence todos os nossos medos.

26 DE MAIO

MANSIDÃO
ROBERT HARRIS

---

*Os mansos comerão e se satisfarão;
louvarão ao Senhor os que o buscam;
o vosso coração viverá para sempre.*
SALMO 22:26 (BKJ)

A mansidão é uma graça que modera a ira, tanto na afeição em si como em seus efeitos, pois ela ensina ao homem quando irar-se, como irar-se e até que ponto ele deve ou não se irar. E aquele que sabe praticamente quando, por que e até que ponto ficar irado é um homem manso, um homem abençoado, e a prova disso é esta: ele herdará a Terra. Quanto ao Céu, ele não tem nenhuma dúvida, mas, quanto à Terra, se havia alguma dúvida em relação a ela, tal dúvida foi dissipada pelo nosso Salvador: os mansos também herdarão a Terra. Observe aqui que a bênção prometida é condizente com a graça, como no caso das duas bem-aventuranças anteriores. Aos pobres é prometido um reino; aos que choram, consolação. E para a mansidão é prometida tranquilidade na Terra, porque o nosso Salvador apresenta uma objeção. Alguns poderão dizer: "Se devemos ser mansos e concordar passivamente com os erros diante de nós, logo nos cansaremos disso, perderemos nossas propriedades e, ao tolerar uma ofensa, ficaremos expostos a sofrer outra". Para tal argumento, Ele responde que tal possibilidade não existe, pois os mansos herdarão a Terra. A mansidão não prejudicará seus bens; viverão tranquilamente na Terra, ou pelo menos tranquilamente na condição em que se encontram. Sim, esse homem terá a Terra como herança e a terá por direito de adoção (é o que a palavra usada no original significa; ela é usada também no Salmo 37:11 de onde essa promessa parece originar-se). Ele terá direito à Terra como herdeiro e usufruirá dela, pois se deleitará, assim disse o salmista, na abundância de paz. Os outros homens poderão deleitar-se na abundância de gado, na abundância de tesouro, na abundância de amigos (conforme Agostinho comenta a respeito da passagem), mas os mansos se deleitarão apenas na abundância de paz.

A bênção prometida é condizente com a graça.

27 DE MAIO

COROA DE JÚBILO

NICHOLAS BYFIELD

Buscai o bem e não o mal, para que vivais;
e, assim, o Senhor, o Deus dos Exércitos,
está convosco, como dizeis.

AMÓS 5:14

Há uma promessa especial de Deus na nova aliança de que Ele escreverá Suas leis em seu coração, e o fará conhecer o Senhor. Você pode apresentar-se corajosamente diante do trono da graça para pedir mais iluminação do Espírito de Deus. Esse é um dos pedidos que Deus não nega a Seus filhos. Ele prometeu conduzi-lo por um caminho que você não conhece. Ele o protegerá com Seu conhecimento, embora você não conheça o caminho. Aquele que conduziu Seu povo de Babel a Sião, quando eles não conheciam praticamente nada daquele longo caminho, o conduzirá no caminho direto da Terra ao Céu, se você buscar o caminho de Deus como eles fizeram (IS 42:16). Temos um Sumo Sacerdote que sabe ter compaixão dos ignorantes. Aquele que assumiu a posição do sumo sacerdote na lei a expressará muito mais nele próprio (HB 5:2,3). Isso precisa ser a sua glória e a coroa de júbilo, pois, embora ignore muitas coisas, você conhece Deus e o Cristo crucificado, e essa é a vida eterna (JO 17:3).

Temos um Sumo Sacerdote que sabe
ter compaixão dos ignorantes.

28 DE MAIO

A OBRA MAIS IMPORTANTE

CHRISTOPHER NESSE

*Criou Deus, pois, o homem à sua imagem,
à imagem de Deus o criou; homem e mulher os criou.*
GÊNESIS 1:27

Você precisa saber que o homem é a obra-prima do Criador do Universo. Deus convocou (por assim dizer) uma reunião no Céu e disse: "Façamos o homem" (GN 1:26), isto é, nós. Toda sabedoria contida na Trindade empenhou-se em criar o homem. A consulta e a deliberação a esse respeito demonstram claramente que foi criada a obra de arte do maior momento e importância da história. E o que foi dito a respeito do hipopótamo (beemote) — "Ele é obra-prima dos feitos de Deus" (JÓ 40:19) — pode ser dito com mais destaque a respeito do homem. O ser humano é a criação principal dos caminhos e das obras de Deus. O Sol, a Lua e as estrelas são apenas obras dos dedos de Deus (SL 8:3), porém o homem é a obra de Suas mãos (SL 139:14,15). É por isso que Davi, ao falar do homem, primeiro se maravilha e depois se expressa em palavras, e, quando termina de falar, sua admiração continua. Cada criatura de Deus é (de fato) uma maravilha, sim, as criaturas pequeninas (aquelas minúsculas da criação) são grandes maravilhas (bem como o hipopótamo e outros animais de grande porte). Pois a infinita sabedoria e poder do Criador se manifestam ao expressar vida e movimento nesses seres minúsculos, como insetos, moscas e formigas. O homem, porém, é a maior maravilha por ser superior a todas as outras criaturas: ele é a síntese de todas as maravilhas. Você crê que Deus é Espírito e vê que o mundo é um corpo? Então, o homem é o epítome de ambos, de Deus com referência a Seu Espírito, e do mundo na composição de Seu corpo, como se o grande Jeová (com o propósito de apresentar uma imagem dele próprio e de Sua obra) tivesse planejado incluir no homem, essa criatura finita, tanto a infinitude de Sua natureza como a vastidão de todo Universo.

As criaturas pequeninas, aquelas minúsculas da criação, são grandes maravilhas.

29 DE MAIO

O FOGO DO CORAÇÃO

JOHN BUNYAN

Como suspira a corça pelas correntes das águas, assim, por ti, ó Deus, suspira a minha alma.
SALMO 42:1

A oração é o derramar apaixonado da alma diante de Deus. Ó, que calor, que força, que vida, que vigor e que paixão existem na oração correta! "Eis que tenho desejado os teus preceitos..." (SL 119:40 ACF). "Tenho desejado a tua salvação, ó Senhor..." (v.174 ACF). "A minha alma está desejosa, e desfalece pelos átrios do Senhor; o meu coração e a minha carne clamam pelo Deus vivo." (SL 84.2 ACF). "A minha alma está quebrantada de desejar os teus juízos em todo o tempo." (SL 119:20 ACF). Observe as palavras: "A minha alma está desejosa", desejosa, desejosa etc. Ó, que afeição é aqui revelada por meio da oração! É semelhante à que encontramos em Daniel: "Ó Senhor ouve; ó Senhor, perdoa; ó Senhor, atende-nos e age; não te retardes, por amor de ti mesmo, ó Deus meu" (9:19). Cada sílaba contém uma veemência poderosa. De acordo com Tiago, essa é a oração fervorosa e eficaz. Um outro exemplo é: "E, estando em agonia, orava mais intensamente" (LC 22:44), isto é, as afeições de Cristo foram cada vez mais dirigidas a Deus e Sua mão protetora. Ó, quão sábios são os homens que oram de acordo com essa oração, ou seja, a oração que cai na conta de Deus! É triste que a maioria dos homens não tem nenhuma consciência do dever; e infelizmente muitos dos que têm essa consciência não conhecem o significado de derramar o coração e a alma perante Deus de modo sincero, sensível e apaixonado; chegam a contentar-se com um pequeno movimento dos lábios e do corpo, balbuciando algumas poucas orações imaginárias. Quando as afeições são envolvidas na oração, o homem se envolve por inteiro e de tal forma que a alma se consome, por assim dizer, para não ficar sem o que ela deseja, até mesmo a comunhão com Cristo e alívio nele. É por isso que os justos investiram todas as suas forças, perderam a vida, para não ficar sem a bênção (SL 69:3; 38:9,10; GN 32:24-26).

30 DE MAIO

A VARANDA DA ETERNIDADE

THOMAS WATSON

---

*O galardão da humildade e o temor do Senhor
são riquezas, e honra, e vida.* PROVÉRBIOS 22:4

O privilégio da vida é um privilégio do cristão, isto é, a vida para um filho de Deus é vantagem para o Céu. Esta vida que lhe é concedida é uma provisão para uma vida melhor. A vida é a varanda da eternidade; aqui o crente se adorna para estar apto a entrar com o Noivo. A respeito de um homem mau, não podemos dizer que a vida pertence a ele. Embora ele viva, a vida não é dele, pois está morto em vida. Ele não melhora a vida natural para obter a vida da graça; é como um homem que arrenda uma fazenda e não tira nenhum proveito dela. Ficou tanto tempo no mundo, como diz Sêneca, que não viveu. Nasceu no reino de um monarca, o pai deixou-lhe uma propriedade, ele envelheceu e morreu; há um fim para ele; sua vida não mereceu uma oração, e sua morte não mereceu uma lágrima. Mas quanto a você, a vida é sua; ela é um privilégio para o crente; embora tenha vida natural, ele se apega à vida eterna. Como ele lida com a sua salvação? Qual o seu empenho para que as evidências sejam confirmadas? Quanto ele chora? Quanto luta? Como ele alcança o Céu? Essa vida é sua; para um filho de Deus, ela é um tempo de graça e um tempo de semeadura para a eternidade: quanto mais ele vive, mais se prepara para o Céu. A vida do cristão é como uma lâmpada; ele faz bem a si mesmo e aos outros; a vida do pecador escorre por entre os dedos como areia; pouco se aproveita. A vida do crente é uma imagem esculpida em mármore; a vida do pecador é como carta escrita no pó.

*Essa vida é sua; para um filho de Deus, ela é um tempo
de graça e um tempo de semeadura para a eternidade.*

31 DE MAIO

O ALICERCE
ISAAC AMBROSE

*Sede fortes, e revigore-se o vosso coração,
vós todos que esperais no Senhor.* SALMO 31:24

Precisamos esperar em Jesus. [...] Não basta conhecer, considerar e desejar. Precisamos esperar e manter a esperança como se fosse de nosso interesse! Ora, a esperança é uma paixão por meio da qual aguardamos, com expectativa ou certeza, que nosso futuro será bom. A questão é a seguinte: se essa salvação a respeito do grande acordo entre Deus e Cristo pertence a nós, em que solo e alicerce nossa esperança está construída? Sei que alguns abusam desta doutrina: "Se Deus, antes da formação do mundo, determinou que eu seria salvo, posso viver como quiser; não preciso ouvi-lo orar, prestar culto ou realizar qualquer dever religioso, porque sei que serei salvo". E, assim, não há motivo para ter esperança. É verdade que os decretos de Deus são imutáveis, mas eles não permitem ilações e deduções como essas. Você poderia dizer que o Senhor determinou que você viva por um tempo e que, antes disso, não morrerá, portanto não necessita comer, beber, usar roupas ou quaisquer coisas do gênero. Esse é um argumento tolo, insensato e diabólico! O decreto de Deus diz respeito aos meios e também ao fim. Aqueles que, por decreto de Deus, são salvos, são também chamados, justificados e santificados antes que Ele salve. [...] Portanto, olhe para o alicerce sobre o qual sua esperança está construída; se o alicerce for fraco, sua esperança é fraca; mas, se o alicerce é sólido, sua esperança é forte e certamente provará ser mais resistente e prudente.

*O decreto de Deus diz respeito aos meios
e também ao fim.*

1.º DE JUNHO

AMOR DIGNO
JOHN ROGERS

Vós que amais o SENHOR, detestai o mal; ele guarda a alma dos seus santos, livra-os da mão dos ímpios.

SALMO 97:10

Os não regenerados não podem amar o próximo, pois, embora cuidem do corpo, não sentem amor por sua alma — isso é digno de ser chamado de amor? É como se um amigo ou filho nosso tivesse uma ferida na cabeça e outra no calcanhar, e cuidássemos com muito carinho do calcanhar, ignorando o ferimento da cabeça. Há pais extremamente zelosos que dedicam muita atenção ao bem-estar físico dos filhos, mas permitem que a alma deles mergulhe no pecado, morra e pereça por falta de conselhos, admoestações, orações e exemplo piedoso. Isso pode ser chamado de amor? Há magistrados que são amigos de toda a comunidade e mantêm a casa em ordem o ano inteiro, mas permitem que o pecado reine, que a desordem se espalhe pela comunidade, que o sábado seja profanado e fazem vista grossa a coisas como essas. Isso pode ser chamado de amor? Há pastores negligentes que dão dinheiro aos pobres e mantêm um bom relacionamento com os vizinhos, mas permitem que a alma deles morra de fome por não lhes dar o Pão da Vida [...] isso se chama ódio, não amor.

Há pais que permitem que a alma dos filhos pereça por falta de conselhos, admoestações, orações e exemplo piedoso. Isso pode ser chamado de amor?

2 DE JUNHO

EXPERIÊNCIA COM DEUS

SAMUEL ANNESLEY

Na tua presença, Senhor, estão os meus desejos todos, e a minha ansiedade não te é oculta.

SALMO 38:9

Decida seriamente a descobrir, por meio da experiência, o que é amar a Deus e ter comunhão com Ele. Anseie por isso, e que esse anseio nunca desapareça. Suspire por isso. Deus entende a retórica de sua respiração, bem como de seu clamor. "Se", diz Agostinho, "eu não desejo nada além de ti, eu te suplico, Pai, permite que eu te encontre; se desejo algo supersticioso, purifica-me e capacita-me a ver-te". Cristãos, animem seu espírito; o que deixa seu espírito abatido a ponto de vocês não se alegrarem com o maior deleite deste lado do Céu? [...] Vocês têm a promessa de que seu conhecimento aumentará, desde a manhã da regeneração até o meio-dia da glória. O que os impede? É o medo? [...] Deus, o Pai, ordena que vocês lancem suas preocupações sobre Ele. "Ao Senhor pertence a terra e tudo o que ela contém" (SL 24:1), e Ele conhece todas as suas necessidades. Cristo ordena que vocês levem suas dúvidas a Ele. Vocês têm alguma dúvida que Cristo não seja capaz de responder? [...] Certamente tudo o que Ele fez e sofreu foi para convencê-los de que Ele está pronto a atendê-los [...] Tomem a decisão de andar perto de Deus. Ajam com fé, e fortaleçam-na com obediência, para que possam dizer: "Quem mais tenho eu no céu? Não há outro em quem eu me compraza na terra" (SL 73:25).

Seu conhecimento aumentará, desde a manhã da regeneração até o meio-dia da glória.

3 DE JUNHO

SEMPRE BRILHANDO

ROBERT DINGLEY

Mas para vós outros que temeis o meu nome nascerá
o sol da justiça, trazendo salvação nas suas asas;
saireis e saltareis como bezerros soltos da estrebaria.

MALAQUIAS 4:2

Quando o rosto de Cristo, o Sol da justiça, resplandece plenamente, com raios perpendiculares, esse brilho apaga a glória secundária da Lua e das estrelas; obscurece o bem-estar aparente de vocês, que, na verdade, não merece um simples olhar de sua parte com respeito a Cristo. A alma que contempla Cristo vive em êxtase constante e, com o coração saltando de alegria, canta: "Não há nenhum amado como o meu amado; Ele é o mais belo entre dez mil". E, depois, ao olhar para outras coisas, ela considera que tudo não passa de refugo e esterco para Cristo. Não ficamos preocupados quando vemos o Sol se pôr, porque esperamos que ele apareça na manhã seguinte. E o Sol não pode ser totalmente eclipsado como a Lua, porque a interposição é feita pela Lua, e ela é muito menor que o Sol. O mesmo ocorre aqui; não devemos nos preocupar demasiadamente quando esse Sol da justiça se põe, porque "ao anoitecer, pode vir o choro, mas a alegria vem pela manhã" (SL 30:5). Jesus Cristo pode ser eclipsado, mas nunca totalmente (como ocorre com os confortos terrenos) porque, mesmo que Seu rosto fique oculto em grande parte, um feixe de luz permanece para animar e sustentar a alma, pois o pecado que se interpõe entre Cristo e nós é muito menor que Cristo. Se o pecado aumentar, a graça transbordará, porque Sua misericórdia é maior que nosso pecado e sofrimento.

Jesus Cristo pode ser eclipsado, mas nunca totalmente.

4 DE JUNHO

REJEITE A PRESUNÇÃO

JOHN COLLINGES

*Guarda teu servo também dos pecados presunçosos;
que eles não tenham domínio sobre mim.
Então serei reto, e serei inocente da grande
transgressão.* SALMO 19:13 (BKJ)

Os pecados presunçosos roubam de Deus a glória de Sua justiça. Na verdade, parecem dar a Deus a honra por Sua bondade e misericórdia, mas transformam-no em um ídolo de misericórdia e roubam dele Sua justiça, pureza e santidade. Deus é, de fato, gracioso e misericordioso, mas Ele é também o Deus de olhos puros demais para contemplar a iniquidade. O Deus diante de quem os pecadores não ficarão em pé no julgamento, o Deus que não pode inocentar o culpado. No entanto, aquela alma que continua no caminho do pecado e espera encontrar o favor de Deus e ir para o Céu finalmente pensa que Deus não é tão santo e puro quanto Ele realmente é, ou que não é tão justo quanto Ele realmente é; ou que não tem tanto poder para punir os pecadores ou a firme resolução de castigar os que andam nos caminhos da impiedade, como Ele realmente tem. Pense em como deve ser grande o pecado de negar a pureza e a santidade de Deus ou o Seu poder e a Sua justiça. O pecador presunçoso diz: "Deus tem olhos muito puros, mas pode suportar a iniquidade, assim o pecador pode permanecer diante dele", ao passo que Deus não seria Deus se não fosse justo, ou não seria santo e puro. A santidade faz parte da Sua glória. Ele não é apenas glorioso em majestade, mas também glorioso em santidade. E como a justiça e a pureza de Deus são contestadas pela presunção, a verdade de Deus também é contestada. O pecador presunçoso diz: "A Escritura é uma mentira e um romance", visto que a linguagem de seu coração contraria diretamente a linguagem das

Escrituras que diz que tais e tais pecadores não entrarão no reino de Deus, mas serão lançados no lago de fogo e enxofre.

Ele não é apenas glorioso em majestade,
mas também glorioso em santidade.

5 DE JUNHO

SEJA CUIDADOSO

RICHARD ALLEINE

Adquire a sabedoria, adquire o entendimento e não te esqueças das palavras da minha boca, nem delas te apartes.

PROVÉRBIOS 4:5

Embora o evangelho ainda seja aceito como uma verdade indubitável e inquestionável, embora a evidência de sua verdade seja tão clara que não podemos contradizê-la ou questioná-la, talvez o nosso coração não sinta muito o peso dele; as verdades em que acreditamos talvez não sejam muito observadas, nem levamos a sério a possibilidade de que deixem impressões poderosas em nosso coração. As coisas grandiosas, a importância e o valor de uma alma, o medo de perder uma alma, o perigo de que alguém esteja perdendo sua alma, a excelência e a necessidade de Cristo, o peso eterno da glória, a vingança de Deus contra a injustiça dos homens — embora acreditem nessas coisas e as reconheçam, por enquanto os homens não se importam muito com elas nem meditam nelas. Talvez essas coisas estejam tão distantes de nossos olhos, tão distantes de nossos pensamentos que a percepção delas e a eficácia dessa percepção pareçam estar totalmente perdidas. Amigos, não é a existência dessas coisas grandiosas, nem o simples fato de acreditar que existem, mas a preocupação com elas e a frequente meditação sobre elas, o fato de termos aquele peso e profundidade, aquela vida e morte sob nosso olhar — é isso que afeta o coração e age sobre ele. E os cristãos, por falta de cuidado e atenção, podem até ter perdido a visão do Céu e a do inferno. As coisas do presente encheram e dominaram o coração dos homens a ponto de se esquecerem do que importa. O coração pode estar tão enfeitiçado por este mundo, tão cercado de uma multidão de prazeres e deleites carnais, tão mergulhado nos cuidados e nas artimanhas mundanas, tão voltado para os negócios e as comodidades seculares que estamos passando por cima dos assuntos da eternidade, como se houvéssemos esquecido que temos um Cristo ou uma alma para dedicar nossos cuidados.

> *As coisas do presente encheram e dominaram*
> *o coração dos homens a ponto de se esquecerem*
> *do que importa.*

6 DE JUNHO

OS ESTRATAGEMAS DO DIABO

EDMUND CALAMY

Sede sóbrios e vigilantes.
O diabo, vosso adversário, anda em derredor,
como um leão que ruge procurando
alguém para devorar.

1 PEDRO 5:8

O amor sincero é uma graça sem a qual toda a confissão religiosa não passa de hipocrisia revestida de ouro. Onde o amor está, Deus habita; onde o amor não está, o diabo habita. Quanto mais amor, mais semelhantes a Deus nos tornamos; quanto menos amor, mais semelhantes ao diabo nos tornamos. Experiências pesarosas revelam que aqueles que possuem excelentes dons, mas pouco ou nenhum amor, mostram mais a natureza do diabo do que a natureza de Deus e agem mais como o diabo do que como Deus. [...] O amor é a flor mais bela de todo o jardim de Deus; é também uma flor cujo perfume o diabo não suporta por não ter capacidade para sentir e sabe que, onde o amor habita, ele é obrigado a desaparecer. Portanto, o objetivo principal do diabo é destruir o amor, se possível, de todos os modos e crenças, arrancá-lo e expulsá-lo do coração de todos. O diabo fica contente quando oramos, pregamos, lemos, ouvimos sermões e fazemos um razoável alarde disso, desde que essas atividades não brotem do amor nem tenham a tendência de aumentar o amor a Deus e pelos outros. Porém, quando vê que o amor é a raiz e o fruto de nosso serviço, ele age com astúcia, como uma serpente, para abrir buracos na parede, a fim de entrar e destruir essa flor; planeja meios para dividir a opinião das pessoas, com a finalidade de destruir esse sentimento de amor no coração delas. Se essas artimanhas não dão certo, ele provoca inveja para destruir o amor e a caridade, sim, e às vezes retribui a melhor das graças com o pior dos vícios. E, ao tentar mentes voltadas para a carnalidade, às vezes ele chama a luxúria de amor e, com essas artimanhas, faz um rombo na caridade, com o objetivo de entrar no jardim de Deus e arrancar a mais bela graça do amor.

O amor é a flor mais bela de todo o jardim de Deus,
mas o diabo não suporta sentir seu perfume.

7 DE JUNHO

PALAVRAS DE OURO

THOMAS WATSON

As palavras dos meus lábios e o meditar do meu coração sejam agradáveis na tua presença, Senhor, rocha minha e redentor meu! SALMO 19:14

Os pecadores, em seus discursos comuns, apresentam as Escrituras como os filisteus fizeram com Sansão, para ridicularizá-la, como se a Bíblia fosse uma piada do melhor dos menestréis e uma pilhéria sem valor algum, a menos que fosse temperada com o sal do santuário. A seguinte frase é atribuída a Lutero: "Aquele que Deus tem em mente destruir, Ele permite que brinque com as Escrituras". Mas nesse sentido o justo é muito mais valioso. "Prata escolhida é a língua do justo" (PV 10:20). Graciosas palavras caem de sua boca como gotas de prata para enriquecer a alma dos outros. "As palavras da boca do homem sábio são graciosas" (EC 10:12 - BKJ). O texto em hebraico diz: "elas são graça". As palavras do justo não são como vinagre que corrói, mas como sal para temperar os outros (CL 4:6). A abóboda palatina é chamada de céu da boca. O Céu está presente na boca do homem piedoso. Ele fala como se já tivesse estado no Céu. O diálogo santo dos dois discípulos no caminho de Emaús levou Jesus a fazer-lhes companhia. "Aconteceu que, enquanto conversavam e discutiam, o próprio Jesus se aproximou e ia com eles" (LC 24:15). As palavras destiladas dos lábios dos santos são tão saborosas que Deus tem um caderno para anotá-las. "Então, os que temiam ao Senhor falavam uns aos outros; o Senhor atentava e ouvia; havia um memorial escrito diante dele" (ML 3:16). Dizem que Tamerlão (o herói mongol) mantinha um registro com os nomes e as boas ações de seus soldados. Deus registra as falas de Seu povo para que não fiquem perdidas.

O Céu está presente na boca do homem piedoso.

8 DE JUNHO

ÁGUAS VIVAS

GEORGE SWINNOCK

*Lâmpada para os meus pés é a tua palavra e,
luz para os meus caminhos.*

SALMO 119:105

A Palavra de Deus é uma fonte de água viva, uma mina profunda de grande tesouro, uma mesa guarnecida com todos os tipos de alimentos, um jardim com uma variedade de frutas saborosas, e a carta magna para Igreja, contendo todos os seus privilégios e realizações, manifestando seu direito de apoderar-se deles. A Palavra contém preceitos piedosos para a transformação de vida do cristão e preciosas promessas de consolação. Se o justo estiver em aflição, a Palavra poderá mantê-lo com a cabeça fora da água e impedi-lo de afundar quando as ondas gigantes lhe açoitarem a alma. Nela há elementos estimulantes, fortes o suficiente para reavivar o espírito mais abatido. Se o justo é atacado, a Palavra é armadura indestrutível, com a qual ele pode defender-se humanamente e ferir seus inimigos mortalmente. Se a alma for pecadora, a Palavra poderá santificá-la: "Vós já estais limpos pela palavra que vos tenho falado" (JO 15:3). Essa água pode lavar todas as manchas e nódoas. Se a alma for herdeira do inferno, a Palavra poderá salvá-la: "E que, desde a infância, sabes as sagradas letras, que podem tornar-te sábio para a salvação pela fé em Cristo Jesus" (2TM 3:15). Outros escritos podem causar admiração ao sábio, mas somente a Palavra pode trazer-lhe salvação.

*Se o justo é atacado, a Palavra é
armadura indestrutível.*

9 DE JUNHO

O AMOR DO PAI

JOHN OWEN

> *Em toda a angústia deles, foi ele angustiado, e o Anjo da sua presença os salvou; pelo seu amor e pela sua compaixão, ele os remiu, os tomou e os conduziu todos os dias da antiguidade.*
>
> ISAÍAS 63:9

O amor do Pai é generoso, um amor de cima para baixo, um amor tão grande que o leva a realizar coisas boas e grandiosas para nós. O amor do Pai está no fundo de todas as dispensações em nosso favor; é raro encontrarmos qualquer menção desse amor, mas ele é apresentado como a causa e a origem de algum dom gratuito. O Pai nos ama e envia Seu Filho para morrer por nós. O Pai nos ama e nos abençoa com todas as bênçãos espirituais. O amor é uma escolha. O Pai nos ama e nos disciplina. É um amor semelhante ao amor dos Céus pela Terra, que, ao se encherem de água, derramam chuva copiosa para tornar a terra frutífera; e da mesma forma que o mar envia suas águas aos rios por meio de generosidade, de sua magnitude, os rios devolvem ao mar apenas o que receberam dele. É o amor de uma fonte, de uma nascente, sempre se doando; é um amor do qual procede tudo o que é amável em seu propósito. Instila e cria bondade nas pessoas amadas. Quem ama faz o bem àqueles que ama, porque é capaz. O poder e a vontade de Deus são iguais; o que Ele deseja Ele faz.

O amor é uma escolha.
O Pai nos ama e nos disciplina.

10 DE JUNHO

CONHEÇA A SI MESMO

JEREMIAH BURROUGHS

*Não temais; Deus veio para vos provar
e para que o seu temor esteja diante de vós,
a fim de que não pequeis.*

ÊXODO 20:20

Vemos que Deus conduziu Seu povo pelo deserto para dar-lhes uma lição de humildade, para prová-los e saber o que se passava no coração deles. Deus já sabia, mas queria que eles e os outros soubessem. Li que Gregório de Nazanzo [N.T.: Teólogo, patriarca de Constantinopla e escritor cristão, 329-389 d.C.], ao caminhar pela praia, viu que, durante uma tempestade, o mar trazia coisas leves e vazias, não coisas sólidas e pesadas. Ele aplica isso às aflições e diz que, nesses períodos, os espíritos leves e vazios são jogados para cima e para baixo e perdem a firmeza; mas os espíritos sólidos são como a rocha que permanece firme e sem alteração. Não conhecemos nosso próprio coração. Passamos a conhecê-lo muito mais do que imaginamos quando os problemas surgem. Nunca pensamos que abrigávamos tanto orgulho, tanta impaciência e tanta incredulidade no coração. Imaginávamos que poderíamos nos submeter à mão de Deus e suportaríamos um peso maior do que o que carregamos agora. No entanto, descobrimos que o nosso coração murmura, lamenta, se irrita e se exaspera [...] Quando um lago é esvaziado, podemos ver lama, sujeira e sapos no fundo; da mesma forma, quando Deus nos esvazia, quando Ele retira Suas bênçãos de nós, muita sujeira, muitas concupiscências abjetas, antes ocultas, tornam-se visíveis. Às vezes, na aflição, a graça se torna mais aparente do que antes. Alguns filhos de Deus se veem como criaturas inferiores, desconfiam e têm medo de si mesmos, pensam que não receberão graça durante as aflições, que sua paz é falsa; no entanto, quando Deus se agrada em fazê-los passar por provações, eles encontram mais paz, mais segurança, mais força que antes ou muito mais do que imaginavam possuir. Nunca imaginaram possuir tanta alegria, tanta segurança, tanta fé, paciência e amor quanto nos momentos das mais dolorosas e mais fortes aflições. De fato, isso é muito raro; há poucos que, durante as aflições, encontram mais coisas boas no coração que imaginavam possuir. Mas, para a alma sincera, esse pode ser o seu maravilhoso e eterno selo. Quando vemos a plantação de milho no campo, podemos imaginar qual será a produção, mas só saberemos com certeza na época da colheita. [...] Quando as uvas são prensadas é que sabemos o que há nelas.

11 DE JUNHO

A EXCELÊNCIA DA GRAÇA

ROBERT HARRIS

*Para mostrar, nos séculos vindouros,
a suprema riqueza da sua graça, em bondade
para conosco, em Cristo Jesus.*

EFÉSIOS 2:7

Meditem seriamente na excelência da graça, e ficarão com água na boca depois disso. A graça salvadora de menor importância, ou seja, nossa vida, nosso conforto e nossa honra, é uma promessa do Céu. Pensem consigo mesmos: "Ah, quem dera eu tivesse um pouco mais de fé, um pouco mais de conhecimento, um pouco mais de paciência e força contra o pecado. Eu deveria orar mais por isso enquanto estou vivo, mais por isso quando morrer, sim, daqui a mil anos, sim, ter mais glória e consolação quando ressuscitar". Portanto, vocês devem impor um limite em seus desejos de obter mais graça, meditando na excelência da graça. Provoquem a si mesmos para almejar mais a busca por coisas espirituais, observando aquele insaciável desejo dos homens de mente secular que procuram coisas temporais. Se eles nunca fossem tão ricos, tão bem-sucedidos, tão importantes, seriam mais importantes ainda; e mais, se tivessem monopolizado o mundo inteiro, ambicionariam mais e se entristeceriam por não haver outros mundos para tomar posse deles. Dessa forma, eles aumentam seu desejo de ir para o inferno, como o profeta fala de Nabucodonosor, o homem sedento por ouro. Ora, será que vemos homens trabalhando e se esforçando tanto para conquistar bens terrenos, acordando cedo e dormindo tarde em troca de nada, em troca de lixo que não tem valor depois de usado, que eles rapidamente abandonam, que não lhes dá nenhum conforto sólido aqui e muito menos na vida futura? Ah, reflitam sobre a vida de vocês. Repreendam-se e apressem-se para fazer uma busca mais sincera das coisas espirituais, que são tão desejáveis e tão duráveis.

Imponham um limite em seus desejos de obter mais graça, meditando na excelência da graça.

12 DE JUNHO

VIDA E PODER

CHRISTOPHER NESSE

*Pois o exercício físico para pouco é proveitoso,
mas a piedade para tudo é proveitosa,
porque tem a promessa da vida que agora
é e da que há de ser.*

1 TIMÓTEO 4:8

A piedade contém vida e poder. Pode haver muitas carcaças e formas de religião, mas há apenas uma vida, um poder; há uma forma de conhecimento e uma forma de piedade, no entanto ambas desejam o poder. Você pode viver por uma forma, mas não pode morrer por uma forma. É o poder da piedade que é a verdadeira piedade. A piedade é quase semelhante a Deus; faz você ser parecido com Ele (porque a falta de piedade o torna diferente de Deus), santo como Ele é santo (1PE 1:15,16). Assim como a piedade é a restauração da imagem e semelhança de Deus, que o homem perdeu por ter pecado (ao comer o fruto proibido), ela também é a estrutura inteira da graça se espalhando (como um fermento abençoado) por todas as três dimensões da comida (não apenas o entendimento, a vontade e a memória, mas também o corpo, a alma e o espírito), por meio da graciosa ofuscação do Santo Espírito. A piedade é (por assim dizer) a manifestação de Deus na carne, da mesma forma que Deus foi manifestado fisicamente na carne de Seu Filho. Portanto, Deus se manifesta espiritualmente na carne de Seu povo, como Pai, Filho e Espírito Santo, que moram, vivem, habitam neles e fazem deles um tabernáculo e um templo. A piedade é um conjunto de todas as graças do Espírito, uma vez que muitos elementos compõem esse abençoado conjunto; a piedade é a vida e o exercício de cada graça, de fé e amor, de alegria, paz e louvor, de autonegação e devoção, de paciência, obediência, esperança e perseverança. Ela contém a sua confiança em Deus, sua adoração a Deus e sua obediência a Deus; sim, cada vitória e triunfo seus sobre todos os seus inimigos, sobre a carne e o diabo. Portanto, a piedade precisa ser seu principal objetivo e esforço, uma vez que é a principal coisa que Deus procura nos homens. Do Céu, Ele olha para baixo, e para quê? Não é para ver até que ponto os homens são justos, fortes, ricos, importantes e respeitáveis, mas para ver até que ponto são bons, piedosos, justos e religiosos.

13 DE JUNHO

ESCRÚPULOS

TIMOTHY CRUSO

Cuidado que ninguém vos venha a enredar com sua filosofia e vãs sutilezas, conforme a tradição dos homens, conforme os rudimentos do mundo e não segundo Cristo.

COLOSSENSES 2:8

Ter consciência zelosa é não nos perturbar ou nos atormentar com escrúpulos frívolos ou sem fundamento e, dessa maneira, ser escravos do desânimo todos os dias de nossa vida. Isso pode ser um indício da graça, mas, ainda assim, é uma fraqueza, como a ternura dos olhos de Lia, e faz a alma recusar o conforto e a satisfação que tem direito a receber. Desse modo, a consciência nunca sente paz, e qualquer coisa insignificante, sim, totalmente banal, nos causa grande perturbação como se fosse uma realidade aterradora. O medo de ofender, quando não há motivo para medo, precisa ser considerado como exemplo de fraqueza, não de perfeição. Pedro foi repreendido por ter chamado de impuro aquilo que Deus havia purificado; e nenhum homem deve ser elogiado por ficar confuso e perplexo consigo mesmo diante de um caso bem simples, porque é sua perplexidade que o torna complicado. O que é isso senão andar em solo esburacado ou caminhar com dor, como o viajante com uma pedra no sapato, quando devia sentar-se e tirá-la para eliminar a dor? Em nenhum momento, Deus nos coloca em um redemoinho nem transforma coisas inocentes em espinhos dolorosos e espadas penetrantes. Quem age dessa maneira torna sua vida amarga por causa da própria tolice, visto que um homem pode passar a vida inteira se torturando, se ele se deixar levar pelos pensamentos sombrios que lhe vêm à mente. A regra do apóstolo Paulo é mais ampla que o caso isolado, para o qual foi estabelecido: "Comei de tudo o que se vende no mercado, sem nada perguntardes por motivo de consciência" (1CO 10:25).

*Um homem pode passar a vida inteira se torturando,
se ele se deixar levar pelos pensamentos sombrios
que lhe vêm à mente.*

14 DE JUNHO

A AJUDA DO ESPÍRITO

JOHN BUNYAN

Também o Espírito, semelhantemente, nos assiste em nossa fraqueza; porque não sabemos orar como convém, mas o mesmo Espírito intercede por nós sobremaneira, com gemidos inexprimíveis.

ROMANOS 8:26

A alma que ora corretamente deve estar no Espírito e receber ajuda e força dele, porque é impossível que o homem se expresse na oração sem isso. Quando digo que é impossível que o homem se expresse na oração sem isso, quero dizer que é impossível que o coração se derrame diante de Deus de modo sincero, sensível e afetuoso, com gemidos e suspiros verdadeiros, sem a ajuda do Espírito. A boca não é o aspecto principal a ser considerado na oração, pois pode ser que o coração esteja tão cheio de afeição e sinceridade na oração a Deus que não consegue expressar seus sentimentos e desejos de forma audível. Quando os anseios verdadeiros do homem são fortes, numerosos e poderosos demais, todas as palavras, lágrimas e gemidos que partem do coração não são capazes de exprimi-los. A oração que contém apenas muitas palavras é fraca. O homem que ora de verdade nunca será capaz de expressar com a boca ou com uma caneta os inexprimíveis desejos, sentimentos, afeições e anseios que sobem a Deus quando ele ora. As melhores orações contêm quase sempre mais gemidos que palavras: e as palavras proferidas não passam de uma representação insuficiente e superficial do coração, vida e espírito dessa oração. Não encontramos, nem lemos, nenhuma palavra de oração proferida pela boca de Moisés quando ele saiu do Egito e foi perseguido pelo Faraó; no entanto, o Céu vibrou mais uma vez com o seu clamor (ÊX 14:15). Foram gemidos e gritos inexprimíveis e inescrutáveis de sua alma no Espírito e com o Espírito. Deus é o Deus de espíritos, e Seus olhos enxergam além do exterior de qualquer obrigação (NM 16:22). [...] Mas a oração, conforme mencionado, não é apenas um dever, mas um dos deveres mais sublimes e, portanto, o mais difícil de cumprir. Paulo sabia o que estava falando quando declarou: "Orarei com o Espírito" (1CO 14:15). Ele sabia muito bem que não era o que os outros escreviam ou diziam que poderia transformá-lo em um homem de oração, pois apenas o Espírito é capaz de fazer isso.

15 DE JUNHO

REFLITA EM SEUS ÁTRIOS

THOMAS MANTON

Eis que os céus e os céus dos céus são do Senhor, teu Deus, a terra e tudo o que nela há. DEUTERONÔMIO 10:14

Se temos um Pai no Céu e o Salvador à Sua direita, para fazer todas as coisas de que necessitamos, devemos olhar para o firmamento com o sentido da visão, com nossos olhos físicos. É bom contemplar a glória dos corpos celestes, isto é, do lado de fora daquele átrio que Deus reservou para os justos. Não quero incutir-lhe uma fútil especulação; os servos de Deus consideravam muito importante contemplar o firmamento durante suas meditações matutinas e vespertinas. É notável ver Davi contemplando o céu, destacadamente em dois salmos: uma meditação parece ter sido feita à noite e a outra pela manhã. Na meditação noturna ele diz: "Quando contemplo os teus céus, obra dos teus dedos, e a lua e as estrelas que estabeleceste" (SL 8:3). Davi estava ao ar livre em uma noite enluarada e, ao olhar para o céu, seu coração se emocionou. E o Salmo 19 parece ser uma meditação matutina; ele fala que o sol sai dos seus aposentos como um noivo (v.5) e espalha seus raios, calor e influências ao mundo; e Davi diz mais: "Os céus proclamam a glória de Deus" (v.1). De manhã ou de noite, ou sempre que você sair para contemplar a beleza do firmamento, diga: "Eu tenho um Pai lá, um Cristo lá"; esse é o pavimento do palácio que Deus reservou para os justos. Cristãos, é uma bela meditação quando vocês podem dizer: "Aquele que fez todas as coisas está lá". Será muito bom e proveitoso se, às vezes, você olhar para o palácio de nosso Pai com os olhos físicos e ver o que pode ser visto daqui.

Cristãos, é uma bela meditação quando vocês podem dizer: "Aquele que fez todas as coisas está lá".

16 DE JUNHO

GLÓRIA INEFÁVEL

ROBERT DINGLEY

*A cidade não precisa nem do sol, nem da lua,
para lhe darem claridade, pois a glória de Deus
a iluminou, e o Cordeiro é a sua lâmpada.*

APOCALIPSE 21:23

Nossos olhos verão o palácio do grande Rei, a glória resplandecente da Nova Jerusalém, amplamente descrita por João em Apocalipse 21: adornada de ouro, de pedras preciosas e de pérolas. Lemos que os fundamentos, as ruas e as portas são feitas desses materiais preciosos. Quão resplendente será o teto? Quão admirável será o trono? Bem, nossos olhos verão, nossos dedos tocarão e a eternidade não será suficiente para analisar sua glória e maravilhar-se com seu esplendor. [...] Se o mundo que foi feito em seis dias é uma estrutura excelente, como será aquela cidade que foi construída e embelezada desde a eternidade? Entrem (Cristo dirá) no reino preparado para vocês! Deus ainda está preparando, mobiliando e perfumando o Céu para você. O que direi? "Nem olhos viram, nem ouvidos ouviram, nem jamais penetrou em coração humano o que Deus tem preparado para aqueles que o amam" (1CO 2:9). Essa alegria não pode penetrar em nós; é suficiente que adentremos a ela. Quando nos virmos envolvidos por toda essa glória, repetiremos as palavras da rainha de Sabá dirigidas a Salomão quando ela viu a ordem e o esplendor de seu reino: "Eis que não me contaram a metade: sobrepujas em sabedoria e prosperidade a fama que ouvi" (1 RS 10:7). É assim que você verá, e nossos olhos se alegrarão; embora a maneira seja inefável, quando chegarmos à casa de nosso Pai, resplandeceremos e veremos nossa própria glória. Veremos o corpo reluzente dos santos ao redor do corpo de Cristo, diante do qual o Sol não passa de um globo escuro, e finalmente veremos o esplendor da Nova Jerusalém; e veremos tudo isso eternamente, sem espanto, tremor ou cansaço. [...] Haverá uma glória, uma glória que excede nossa imaginação, que não apenas ocuparia, mas surpreenderia, deslumbraria e cegaria nossos olhos só de olhar para ela, se eles não estivessem sustentados pelo infinito poder e sabedoria de Deus; do contrário, seríamos esmagados e destruídos.

17 DE JUNHO

O PIOR DOS TEMPOS

THOMAS WATSON

*Num ímpeto de indignação escondi de ti
a minha face por um momento;
mas com misericórdia eterna me compadeço de ti,
diz o Senhor, o teu Redentor.*

ISAÍAS 54:8

A desolação é a mais triste condição que pode se abater sobre os filhos de Deus nesta vida. Do Céu, Deus agora faz chover inferno (usando uma expressão de Salviano [N.T.: Escritor cristão do século 5.]). "Porque as flechas do Todo-Poderoso estão em mim cravadas, e o meu espírito sorve veneno delas" (JÓ 6:4). Essa é a flecha envenenada que fere o coração. A desolação é uma amostra dos tormentos do condenado. Deus declara: "Num ímpeto de indignação escondi de ti a minha face por um momento" (IS 54:8). Posso usar aqui um sofisma de Bernard: "Senhor, chamas a Tua ira de ímpeto de indignação quando escondes o Teu rosto?". Deus é chamado nas Escrituras de luz e fogo; a alma desolada sente o fogo, mas não consegue ver a luz. No entanto, você, que foi adotado, pode significar amor em tudo isso. Dizem que a clava de Hércules era feita de madeira da oliveira; a oliveira é um emblema da paz. Da mesma forma, a vara de Deus, com a qual Ele disciplina a alma desolada, possui vestígios de oliveira. Há paz e misericórdia nela. [...] Em tempos de desolação, Deus deixa uma semente de consolação na alma. "Pois o que permanece nele é a divina semente" (1JO 3:9). Essa semente de Deus é uma semente de consolação. Embora os filhos desolados de Deus queiram o selo do Espírito, eles têm a unção do Espírito; embora queiram o Sol, eles têm a estrela-d'alva no coração. Assim como a árvore perde suas folhas e frutos no inverno, mas ainda há seiva na raiz, no inverno da desolação há a seiva da graça na raiz do coração. Outro exemplo é o Sol que, embora não envie luz à Terra quando se esconde atrás de uma nuvem, continua a exercer influência sobre ela. O mesmo ocorre com os filhos amados e adotados por Deus; embora possam perder a luz de Seu rosto, continuam a receber a influência de Sua graça.

*No inverno da desolação há a seiva da graça
na raiz do coração.*

SUBMISSÃO SAGRADA

WILLIAM BATES

Sujeitai-vos, portanto, a Deus. TIAGO 4:7

Reflita nesta forte admoestação que pesa sobre o cristianismo: muitos pagãos virtuosos em grande aflição foram, de certa forma, sustentados pelos preceitos da sabedoria humana, ao passo que os cristãos, a quem do Céu foi revelado que a glória e a alegria eternas serão sua recompensa por terem sofrido com paciência, continuam completamente desconsolados. Destacarei um único exemplo. Estilpo, o filósofo [N.T.: 360–280 a.C.], quando sua cidade foi destruída e sua mulher e filhos foram mortos, e ele escapou sozinho do fogo, ao ser perguntado se havia perdido alguma coisa, respondeu: "Todos os meus tesouros estão comigo — justiça, virtude, temperança, prudência e este princípio inviolável: não ter apreço por qualquer coisa boa que me pertença, pois pode ser arrebatada de mim". Sua mente estava aprumada e firme sob as ruínas de seu país. E outros de menor importância, que viviam em condições menos generosas, suportaram seus sofrimentos. Esses exemplos deveriam nos envergonhar. Como a luz do ocaso dessas pessoas é capaz de superar nosso brilho do meio-dia? Se situações comuns foram capazes de animar o espírito delas, será que as águas da vida, as fortes e divinas consolações do evangelho não deveriam nos fortalecer para suportarmos todos os sofrimentos com uma corajosa resignação à vontade de Deus? Se o espírito de um homem pode, por meio de princípios racionais, sustentar suas fraquezas, será que o Espírito de Deus, o grande Consolador, não é capaz de nos sustentar em todos os problemas que enfrentamos?

> *As águas da vida, as fortes e divinas consolações*
> *do evangelho não deveriam nos fortalecer para*
> *suportarmos todos os sofrimentos?*

19 DE JUNHO

O LEME DA VIDA

ROBERT DINGLEY

Sobre tudo o que se deve guardar, guarda o coração, porque dele procedem as fontes da vida. PROVÉRBIOS 4:23

Lembre-se de vigiar seu coração com cuidado. Mantenha a nascente limpa, e dela sairá água pura. Não permita que a principal fortaleza seja atingida, e as fortificações exteriores serão recuperadas. Ao se guardar o coração, os olhos são preservados. "Guarda o coração (ou guarda acima de tudo), porque dele procedem as fontes da vida. Os teus olhos olhem direito, e as tuas pálpebras, diretamente diante de ti" (PV 4:23,25). E repetindo: "Dá-me, filho meu, o teu coração, e os teus olhos se agradem dos meus caminhos" (23:26). Junius e Tremellius [N.T.: Tradutores do Antigo Testamento em hebraico para o latim entre 1575 e 1579.] expõem esse texto de Provérbios desta maneira: "Desvia meus olhos, ou seja, desvia meus pensamentos e preocupações da vaidade". Para onde vão os pensamentos e desejos do nosso coração, para lá vai também o nosso olhar. Nosso bendito Salvador afirma que é de dentro do coração dos homens que procedem os maus desígnios (MC 7:21,22). Se não há um coração mau, não pode haver olhos maus, isto é, habitualmente maus. Os olhos, os ouvidos, a língua e todas as partes do corpo são orientados a agir de acordo com o coração. Tenha, então, um coração humilde, honesto e puro e vigie-o, visto que ele é muito ardiloso, um poço de engano. Escreva a Lei de Deus em seu coração com as letras douradas do Espírito; feito isso, seu coração transmitirá ordenanças aos sentidos e assumirá o controle dos olhos.

Os olhos, os ouvidos, a língua e todas as partes do corpo são orientados a agir de acordo com o coração.

O SABOR DA REDENÇÃO

JOHN FLAVEL

Gloriai-vos no seu santo nome; alegre-se o coração dos que buscam o Senhor. SALMO 105:3

Seja agradecido, e alegre-se, em todas as situações. "Bendito o Deus e Pai de nosso Senhor Jesus Cristo, que nos tem abençoado com toda sorte de bênção espiritual nas regiões celestiais em Cristo" (EF 1:3). Ó, pense um pouco: o que são os homens em relação aos anjos? E Cristo os preteriu, para ser o Salvador dos homens. E o que você é entre os homens para que seja aceito, e outros deixados para trás? E, dentre todas as misericórdias de Deus, quais se comparam às que lhe foram outorgadas? Bendiga o Senhor por privilégios como esses quando seus confortos exteriores estiverem no fundo do poço. E, ainda assim, você não chegará nem perto de cumprir seu dever, exceto que se alegrará no Senhor e se regozijará cada vez mais depois de receber misericórdias como essas. "Alegrai-vos sempre no Senhor; outra vez digo: alegrai-vos" (FP 4:4). Eu pergunto: O pobre prisioneiro não tem motivos para alegrar-se ao receber a liberdade? O devedor não se alegra depois que todas as suas contas foram pagas e ele não deve mais nada? O viajante cansado não se alegra, apesar de não ter uma só moeda no bolso, quando está quase chegando em casa, onde todas as suas necessidades serão supridas? Este é o seu caso, quando Cristo passa a ser seu, você é um homem liberto pelo Senhor. Suas dívidas perante a justiça foram todas quitadas por Cristo, e você está a um passo da completa redenção de todos os seus problemas e inconveniências de sua situação atual.

Você é um homem liberto pelo Senhor. Suas dívidas perante a justiça foram todas quitadas por Cristo.

21 DE JUNHO

A BELEZA DO JUSTO

WILLIAM DYER

*Assim, já não sois estrangeiros e peregrinos,
mas concidadãos dos santos,
e sois da família de Deus.*
EFÉSIOS 2:19

Por que motivo os justos se destacam acima de todos? Por causa de seu nascimento, educação, cultura, riqueza, importância ou honra? Não, não. Não é por causa de nada disso, mas você conhecerá a razão: Cristo está formado neles e casado com eles; assim têm um novo nome, uma nova natureza, um novo coração e um novo espírito. Este é o motivo: se há qualquer coisa além de Cristo que possa tornar uma nação, uma família ou uma pessoa totalmente admirável, deve ser o nascimento, a importância, a cultura, a beleza, a sabedoria ou a força; no entanto, tudo isso não torna ninguém admirável, pois, se assim fosse, aqueles que governam as nações seriam as pessoas mais admiráveis da Terra, uma vez que possuem a maioria desses atributos. Nesse sentido, veja o que Daniel afirma: "E o dá a quem quer e até ao mais humilde dos homens constitui sobre eles" (4:17), para que nenhum deles possa fazer isso, apenas Cristo (AP 5:10). Ele nos constituiu reis e sacerdotes para servir a Deus. Cristo fez de cada crente um rei; é a beleza de Cristo que nos embeleza; são Suas riquezas que nos enriquecem; é Sua justiça que nos torna justos; somente Ele nos torna honráveis e admiráveis. Cristo poderia ser chamado de o desejo de todas as nações, pois é Ele que torna as nações desejáveis.

*É a beleza de Cristo que nos embeleza;
são Suas riquezas que nos enriquecem.*

22 DE JUNHO

DO CÉU À TERRA

JOHN DURANT

Ora, ninguém subiu ao céu, senão aquele que de lá desceu, a saber, o Filho do Homem [que está no céu].

JOÃO 3:13

Reflita sobre o lugar de onde Cristo veio. Ele estava no seio do Pai, onde se encontra, e vivia no amor de Seu Pai; portanto, Ele veio para manifestar amor aos fiéis. João nos diz que Ele desceu do Céu (6:38). Jesus Cristo estava no Céu desde a eternidade; lá, Ele tinha a companhia do Pai; lá, Ele desfrutava o amor do Pai; lá, era abençoado no seio do Pai (porque assim dizem as Escrituras). Ele vivia na luz do amor do Pai (JO 1:18). E, por estar com Deus, Ele se consolava em Deus. Nessa mesma luz e glória na qual Deus estava, Cristo triunfou. E apesar de tudo, de tudo, Ele veio por amor aos crentes. Esqueceu-se (por assim dizer) de Sua família e da casa do Pai, a fim de nascer para os crentes. Uma viagem tão longa, partindo de um lugar tão raro, evidencia muito amor por eles. Ó, que longa jornada Cristo fez quando nasceu, e que paraíso de deleite Ele deixou para estar com os fiéis! Certamente grande foi a Sua afeição, transcendente em Seu amor, que veio (ao menos por uns tempos) da casa de amor (do seio de Seu Pai) para oferecer aos crentes a fonte de amor (Seu próprio seio).

Esqueceu-se (por assim dizer) de Sua família e da casa do Pai, a fim de nascer para os crentes.

23 DE JUNHO

MONUMENTO PERMANENTE

WILLIAM FENNER

*Jesus lhe respondeu:
Em verdade te digo que hoje
estarás comigo no paraíso.*

LUCAS 23:43

Onde o malfeitor foi perdoado? Não foi no Gólgota, onde Cristo foi crucificado, o lugar onde Cristo triunfou, onde Ele foi coroado, onde perdoou as transgressões e pecados? Foi lá que Cristo o perdoou. Da mesma forma que o capitão ergue um monumento no lugar onde foi vitorioso, como símbolo de sua conquista, também Cristo, depois de ter trazido salvação ao mundo, ergueu um monumento no lugar onde Ele trouxe a salvação à humanidade. Nada poderia ter sido maior que isso, nem as pedras que se partiram, nem o terremoto, nem outras maravilhas semelhantes honraram tanto a magnitude de Cristo, como a conversão daquele malfeitor. À semelhança de um médico que produz um remédio excelente e, desejoso de aplicá-lo, faz isso em troca de nada, o que ele não voltará a fazer em troca de muito? Da mesma forma, Cristo, depois de ter feito um admirável e soberano emplastro para a salvação da humanidade, Ele aplica, mais rápido que nunca, esse medicamento no malfeitor, como se estivesse dizendo: "Agora você verá o que a minha morte é capaz de fazer". Vemos, então, que a conversão do malfeitor não foi um milagre comum, mas um milagre extraordinário.

*"Agora você verá o que a minha morte
é capaz de fazer".*

SEGURANÇA

JOHN OWEN

*O efeito da justiça será paz, e o fruto da justiça,
repouso e segurança para sempre.*

ISAÍAS 32:17

A segurança evangélica não é algo que se baseia em um ponto qualquer, sendo, portanto, incapaz de sofrer variações. Ela pode ser mais alta ou mais baixa, maior ou menor, obscura ou vista com mais evidência. Não está totalmente perdida quando não se encontra em seu ponto mais alto. Às vezes, Deus eleva maravilhosamente a alma de Seus filhos com tentativas de aproximação com eles. Concede-lhes um senso de Seu amor eterno, uma amostra dos abraços de Seu Filho e da habitação do Espírito neles, e Sua interferência não lhes causa nenhuma perturbação; essa é, portanto, a segurança deles. Mas a vida neste mundo não é um período de salário constante; nosso trabalho ainda não terminou; não vamos morar para sempre neste monte. Temos de descer e voltar para o campo de batalha, lutar de novo, chorar de novo, reclamar de novo. Devemos pensar agora que a alma perdeu sua segurança? Absolutamente não! Ela teve segurança antes com alegria, triunfo e exultação; e tem segurança agora, ou pode ter, com luta, choro, lágrimas e súplicas. E a segurança do homem pode ser tão boa, tão verdadeira, quando ele vive na Terra com o senso de pecado, como quando for levado ao terceiro Céu com um senso de amor e uma amostra da glória.

*Devemos pensar agora que a alma perdeu sua
segurança? Absolutamente não!*

25 DE JUNHO

DELEITES
EDMUND CALAMY

*Prostrar-me-ei para o teu santo templo
e louvarei o teu nome, por causa da tua misericórdia
e da tua verdade, pois magnificaste acima de tudo
o teu nome e a tua palavra.*

SALMO 138:2

O homem piedoso deleita-se mais em Deus e em Sua Palavra do que em qualquer coisa deste mundo. "Senhor, levanta sobre nós a luz do teu rosto. Mais alegria me puseste no coração do que a alegria deles, quando lhes há fartura de cereal e de vinho" (SL 4:6,7). O deleite de um homem piedoso na Palavra de Deus supera todas as alegrias e contentamentos, e, cheio de alegria, ele "vai, vende tudo o que tem e compra aquele campo" (MT 13:44). Mas a alegria do ímpio fundamenta-se mais no cereal, no vinho e no azeite. Em momentos de contendas, ele prefere abandonar seus prazeres espirituais e celestiais a perder seus prazeres carnais e humanos. Herodes alegrava-se na palavra que João Batista pregava, mas alegrava-se mais em Herodias e, na ocasião que isso veio a julgamento, preferiu decapitar João Batista a abandonar Herodias. No momento da perseguição, o solo rochoso abandonou toda a sua alegria para não perder sua condição ou vida (MC 4:16,17). Assim como o homem piedoso se alegra nas coisas do mundo, como se não se alegrasse (1CO 7:30), o ímpio alegra-se nas coisas espirituais, como se não se alegrasse. No Antigo Testamento, as aves que não voavam nem nadavam eram impuras. Às vezes, o ímpio voa alto nos deleites espirituais, mas também se banha e nada nos prazeres carnais, e seu coração é mais afetado pelo avanço mundano e recreações físicas do que com as coisas celestiais; e isso é sinal de que ele é um cristão impuro, e que seus deleites em Deus e em Sua

Palavra não estão corretos, visto que não são intensos nem elevados em alto grau.

*O homem piedoso alegra-se nas coisas do mundo,
como se não se alegrasse.*

26 DE JUNHO

RÍSPIDO E GENTIL

TIMOTHY CRUSO

Para que vos torneis irrepreensíveis e sinceros, filhos de Deus inculpáveis no meio de uma geração pervertida e corrupta, na qual resplandeceis como luzeiros no mundo. FILIPENSES 2:15

Deus sabe que, às vezes, há necessidade de fazer uso de rispidez com Seus filhos, para que pensem corretamente e continuem assim. No entanto, nesse particular há uma grande diferença entre o caso do homem bom e do homem mau, da mesma forma que há muitos graus manifestos de dureza nas coisas naturais. E aqueles que cochilam diferem do espírito daqueles que dormem profundamente. Os homens maus têm sono pesado e só acordam quando alguém lhes dá um cutucão ou com o estrondo do poder de Deus. E os homens em estado de letargia são despertados por um som um pouco maior que o normal, ao passo que os homens bons despertam por meios mais suaves. Para alguns, talvez seja necessário o ferrão de um escorpião para fazê-los recuperar um dos sentidos; para outros, o cutucão de uma vara, aplicado pela graça, é suficiente para despertá-los. E muitas coisas que encontramos em vários outros exemplos são apropriadas e necessárias. Pois Deus chicoteia pouco ou muito, de acordo com o que Ele vê na ocasião. Ele nos lança em uma fornalha mais quente ou menos quente, de acordo com a nossa necessidade de derreter mais ou derreter menos. Ele não se agrada de fazer Seus filhos (como alguns idólatras bárbaros fazem com os deles) passarem pelo fogo, mas, quando a situação exige, é assim que Deus age.

Os homens bons despertam por meios mais suaves.

27 DE JUNHO

É MELHOR PARTIR

JOHN SHOWER

Ora, de um e outro lado, estou constrangido, tendo o desejo de partir e estar com Cristo, o que é incomparavelmente melhor. FILIPENSES 1:23

De acordo com o que o nosso Salvador disse na cruz ao malfeitor arrependido, e de acordo com o que entendemos na parábola referente a Lázaro, a felicidade imediata das almas dos cristãos após a morte é confirmada, ou seja, eles não têm de aguardar a felicidade até o dia da ressurreição. Quando o corpo de Estêvão adormeceu, o Senhor Jesus recebeu seu espírito. E o apóstolo deseja ser despido deste tabernáculo terreno para que sua alma possa entrar na casa construída não por mãos humanas, e ele possa estar na presença do Senhor. O apóstolo queria morrer a fim de estar com Cristo, o que era incomparavelmente melhor (muito melhor). E a mesma expressão "estar com Cristo" ou estar "na presença dele" é usada com relação à felicidade dos justos após a ressurreição, dando a entender que se trata do mesmo tipo de felicidade e que é muito melhor que qualquer deleite propiciado por Deus neste mundo, o que é chamado de "ausência dele". Lemos também que as almas dos mártires que vieram da tribulação e tiveram as suas vestiduras lavadas no sangue do Cordeiro "se acham diante do trono de Deus e o servem de dia e de noite no seu santuário" (AP 7:15). E isso é interpretado como Sua presença imediata em outro lugar, porque está escrito que o Senhor Onipotente e o Cordeiro são o santuário (AP 21:22).

O apóstolo deseja que sua alma possa entrar na casa construída não por mãos humanas.

28 DE JUNHO

PRAZERES VERDADEIROS

JEREMIAH BURROUGHS

Porquanto, quem quiser salvar a sua vida perdê-la-á; e quem perder a vida por minha causa achá-la-á. Pois que aproveitará o homem se ganhar o mundo inteiro e perder a sua alma? Ou o que dará o homem em troca da sua alma?

MATEUS 16:25,26

Ó, quem dera você pusesse à prova os caminhos de Deus, provasse e visse que Ele é bom! Se o seu coração se satisfizesse sem os prazeres terrenos, isso tornaria a moderação dele mais agradável que o excesso. Você encontraria mais prazer no ato da autonegação do que em todos os prazeres de sua vida, e se há muita alegria em negar o falso prazer, que alegria há em desfrutar o verdadeiro prazer? Certamente Deus se deleita o suficiente em você, desde que o seu coração confie nele com seu prazer; você perderá apenas seu pecado, não seu prazer. Bernard tem uma frase extraordinária: "Se você está disposto a sacrificar seu Isaque (que significa riso), o seu Isaque, que é o seu prazer, não morrerá". É o carneiro, isto é, sua solidez de espírito, seu egoísmo, que morrerá. Isaque viverá, e seu prazer não desaparecerá. Não alimente pensamentos maus a respeito de Deus, não pense que Ele é inimigo de seu prazer e deleite. Ele não se agrada em entristecer seu espírito. Se você confiar nele com seu prazer, terá prazer. [...] Você precisa confiar em Deus com a condição exterior de sua alma; não confiará nele com seus prazeres? Acha que Cristo veio para morrer e derramar Seu precioso sangue para dar-lhe uma condição pior que antes? Ó, não, certamente Cristo não veio para remover o prazer de Seu povo, mas trazer-lhes os deleites do Céu, e da Terra também, na medida em que forem necessários. Não é verdade que você se deleita quando está reconciliado com Deus, e não quando está reconciliado com um inimigo?

Você precisa confiar em Deus com a condição exterior de sua alma; não confiará nele com seus prazeres?

29 DE JUNHO

QUESTIONAMENTOS SÉRIOS

RICHARD ALLEINE

Farás também uma lâmina de ouro puro e nela gravarás à maneira de gravuras de sinetes: Santidade ao Senhor. ÊXODO 28:36

Será que vivemos como pessoas que creem verdadeiramente que em breve estaremos em outro mundo, onde colheremos eternamente os frutos de nossas ações aqui? Será que vivemos como homens que têm a eternidade no olhar? Temos no coração o vívido senso da morte e do julgamento, da gloriosa recompensa e do castigo eterno que estão diante de nós? Claro que não! Ó, poucos de nós vivemos assim! Será que oramos, ouvimos, compramos, vendemos e conversamos no mundo como homens e mulheres que veem e aguardam tão grande mudança? Será que nunca houve um tempo em que sentimos mais a respeito das coisas eternas em nosso coração do que agora? Nunca houve um tempo em que éramos mais sérios e resolutamente convictos de nossa religião, quando estávamos muito mais decididos a acumular tesouro no Céu e fugir da ira vindoura? Nunca houve um tempo em que estes sérios questionamentos deviam ser ponderados: O que devo fazer para ser salvo? E se eu for condenado e excluído do Reino eterno, trancado nas trevas eternas? O que posso fazer para agradar a Deus, ser merecedor de Seu chamado santo e ter certeza de uma porção em Cristo? Nunca houve um tempo em que essas perguntas fossem mais comuns que agora e um tempo em que fôssemos mais solícitos em respondê-las?

Será que nunca houve um tempo em que sentimos mais a respeito das coisas eternas em nosso coração do que agora?

A ESSÊNCIA DA ORAÇÃO

HENRY SCUDDER

*Porque fostes comprados por preço.
Agora, pois, glorificai a Deus no vosso corpo.*
1 CORÍNTIOS 6:20

Quando há motivo, fazemos longas orações ou repetições e, por conseguinte, usamos muitas palavras em algumas orações, e isso ocorre quando o assunto de nossa oração é extenso e quando, ao repetir as mesmas palavras, renovamos e duplicamos nossos desejos e o nosso coração se expressa com um pouco mais de seriedade e sinceridade ao apresentar tais desejos. Os exemplos de orações de Davi, Salomão, Daniel e de nosso bendito Salvador Jesus Cristo — que passava noites inteiras em oração e, portanto, deve ter usado muitas palavras — autorizam-nos a fazer longas orações. No entanto, em numerosos casos, usar muitas palavras na oração é injustificável, como, por exemplo, palavras sem conteúdo, muitas palavras e repetições sem critério e novas afeições, quando os homens pensam que serão ouvidos por causa de sua oratória ou loquacidade, quando imaginam possuir um amplo dom de oração, ou quando oram dessa maneira de modo fingido, visando interesses próprios. Uma reflexão sobre a infinita majestade e bondade celestiais de nosso Deus e Pai ensina-nos que, quando oramos a Ele, precisamos ter uma reverência santa no coração, tanto interior quanto exterior (quando o tempo, o lugar e a capacidade permitem), com gestos corporais reverentes e apropriados. Cristo redimiu nossa alma e nosso corpo; portanto, devemos servi-lo e glorificá-lo no corpo e no espírito e também com o corpo e com o espírito, que são de Deus. Embora a essência da oração consista do desejo de elevar o coração e, embora Deus seja Espírito que não é movido por simples gestos corporais, é importante fazer uso de gestos apropriados na oração. Por um lado, eles ajudam o homem interior, tornando o espírito mais apto e vivo e a mente mais atenta ao que estamos fazendo, e por outro, expressam a devoção e o afeto interiores de nosso coração.

1.º DE JULHO

ESTÁGIOS DA GRAÇA

RICHARD ALLEINE

*Pais, eu vos escrevo, porque conheceis
aquele que existe desde o princípio.
Jovens, eu vos escrevo, porque tendes vencido o
Maligno. Filhinhos, eu vos escrevi,
porque conheceis o Pai.*

1 JOÃO 2:13,14

Entre os justos, alguns possuem mais religião dentro de si, possuem em abundância a graça de Deus e a obra da graça. Outros possuem algo dentro de si, mas há pouca religião neles; sua fé é pequena (MT 6:30), bem como sua força. Há algumas coisas boas neles em relação ao Deus de Israel, porém essas coisas são apenas um dia dos humildes começos (ZC 4:10). Desses que possuem pouco, alguns nunca tiveram muito. Lemos sobre os bebês em Cristo (1CO 3:1), de crianças na fase de entendimento e, dentre estas, algumas não passam de bebês recém-nascidos, aprendizes de religião; outras, como Hebreus 5:14 descreve, deveriam ser fortes no Senhor, pois já são adultas. No entanto, muito tempo depois de terem professado o cristianismo, não tiveram um côvado sequer acrescentado à sua estatura na graça de Deus. Embora sejam cristãos de longa data, são semelhantes a Zaqueu fisicamente, de pequena estatura. Desses que possuem pouca graça, alguns nunca possuíram mais; desde o início, o nível foi sempre baixo para eles. Outros chegaram a possuir um pouco mais de graça, mas caíram e afundaram na própria condição em que se encontravam. Assim como Noemi, partiram de mãos cheias, mas voltaram de mãos vazias. Desperdiçaram seus talentos, perderam as forças; sua luz está fraca e a chama de sua candeia não passa de mecha fumegante; sobrou-lhes apenas o pavio queimado da religião. Ora, a religião precisa ser despertada neles de todas essas maneiras. Aqueles que perderam a maior parte da graça precisam esforçar-se para obter mais: aqueles que (vivem) na prática diligente da graça, que vivem do modo mais espiritual possível, do modo mais circunspecto possível, precisam ser mais diligentes no dia a dia. Vocês, que chegaram ao ponto máximo, ainda não alcançaram o pleno crescimento. Há mais para ser obtido, e mais a ser feito para Deus e para a alma de vocês.

*Aqueles que perderam a maior parte da graça
precisam esforçar-se para obter mais.*

GRATIDÃO

THOMAS MANTON

*Entrai por suas portas com ações de graças
e nos seus átrios, com hinos de louvor;
rendei-lhe graças e bendizei-lhe o nome.*
SALMO 100:4

Quando oramos, precisamos nos lembrar não apenas do que queremos, mas do que recebemos, reconhecendo que tudo o que temos vem de Deus. Ele é o nosso Pai: "É assim que recompensas ao Senhor, povo louco e ignorante? Não é ele teu pai, que te adquiriu, te fez e te estabeleceu?" (DT 32:6). Precisamos reconhecer o bem que possuímos, assim como aquilo que esperamos receber dele. Portanto, se tivéssemos um método de oração e nos livrássemos das preocupações e daquela ansiedade que é uma desonra à providência divina, seria bom pensar em Deus com a ideia de um Pai, que nos faz descansar nele em todas as coisas: "Não andeis ansiosos pela vossa vida, quanto ao que haveis de comer ou beber; nem pelo vosso corpo, quanto ao que haveis de vestir" (MT 6:25). Por quê? "Pois vosso Pai celeste sabe que necessitais de todas elas" (v.32). Vocês, pais competentes, ficariam ofendidos se seus filhos furtassem ou roubassem para viver, mendigassem, vivessem preocupados e batessem de porta em porta para receber comida e sustento, sem confiar em seu cuidado e provisão. Os crentes que reconhecem ter um Pai celestial não são negligentes em seu chamado; são ativos e diligentes no que fazem e usam os meios legais que, pela providência de Deus, lhe foram apresentados; não vivem "ansiosos de coisa alguma", conforme aconselha o apóstolo em Filipenses 4:6 e apresentam diante de Deus as suas "petições, pela oração e pela súplica". Ó, quem dera pudéssemos transformar as aflições em orações e corrêssemos para o Pai. Seríamos muito felizes. Zelo, diligência e provisão necessária: é para isso que devemos trabalhar e nos esforçar; mas, quanto ao sucesso e eventualidade das situações, entregue tudo a Deus. Quando nos sentimos aflitos no mundo em razão da ansiedade e somos atormentados por pensamentos inquietantes ("terei o suficiente na velhice?" e "o que será de nós e dos nossos queridos?"), retiramos o trabalho de Deus de Suas mãos. Trata-se de uma desonra ao nosso Pai celestial e um descrédito à Sua providência e cuidado.

3 DE JULHO

A VIDA DIVINA

WILLIAM BATES

Andou Enoque com Deus. GÊNESIS 5:24

Depois que o princípio de vida e santidade é plantado em nós, somos, por meio da força contínua que vem de Cristo, ajudados a pôr em prática todos os atos peculiares à vida divina. Há uma semelhança entre os frutos terrenos e as graças recebidas pelo cristão: a semente precisa ser lançada no solo antes de brotar; e quando é semeada, as propriedades da terra — frio e aridez — são tão contrárias à frutificação que, sem as influências dos céus, o calor do sol e as chuvas, a semente não germinaria. A graça é derramada para o florescimento e frutifica pela ação irradiante e cálida do Espírito. Mas somos agentes subordinados para levar a obra da graça até a perfeição. O apóstolo exorta-nos a desenvolver a nossa salvação com temor e tremor, pois é Deus quem efetua em nós tanto o querer como o realizar (FP 2:12,13). Os homens que andam segundo a carne deturpam a liberdade da graça, considerando-a como frouxidão e segurança; e o poder da graça, como negligência e preguiça. Nossa dependência de Deus supõe o uso de meios para salvar nossa alma. Esta é a ordem de nosso Salvador: "Vigiai e orai, para que não entreis em tentação" (MT 26:41). Vigiar sem orar é confiar em nossa própria força; orar sem vigiar é desprezar a graça de Deus. A oração do Pai Nosso é a regra de nosso dever e desejos: em cada pedido estamos engajados em cooperar com a graça divina para receber o que pedimos em oração. Naamã presumiu que seria imediatamente curado da lepra pela oração de Eliseu, mas o profeta ordenou-lhe que se banhasse sete vezes no rio Jordão para ser purificado. A água corrente preserva sua cristalinidade em razão de sua constante movimentação; se ficar parada, apodrecerá. A pureza da alma é preservada pelo constante exercício da graça habitual.

4 DE JULHO

AÇÃO DE GRAÇAS

GEORGE SWINNOCK

*Toda boa dádiva e todo dom perfeito
são lá do alto, descendo do Pai das luzes,
em quem não pode existir variação
ou sombra de mudança.*

TIAGO 1:17

Considere quão extraordinária é a misericórdia e quão precioso é o tesouro da Palavra de Deus, e que sem eles você seria ímpio e infeliz para sempre, e que por eles você viverá eternamente em graça e glória. Sem dúvida você encontrará motivo para bendizer o Doador dessa dádiva tão rara e benéfica. O apóstolo inclui esse favor entre as bênçãos da melhor forma possível: "Qual é, pois, a vantagem do judeu? Ou qual a utilidade da circuncisão?" (RM 3:1). A resposta é essencialmente esta: porque a eles foram confiados os oráculos de Deus. O salmista, ao mencionar essa misericórdia, conclui com esta palavra: "Aleluia!" (SL 147:20). A luz do sol, da lua e das estrelas é tão importante para os homens que, sem elas, a beleza da antiga criação mergulharia nas trevas; portanto, os filhos de Deus deram ao Altíssimo o crédito desses luminares maiores e menores (SL 136:7-9). [...] A luz da Lei e da Palavra de Deus tem valor infinito visto que, por ela, a glória e a beleza da nova criação e aquela curiosa amostra da redenção do homem são vistas e conhecidas. Deus merece a honra por esse favor!

A luz da Lei e da Palavra de Deus tem valor infinito.

5 DE JULHO

AGARRE A OPORTUNIDADE

ROBERT HARRIS

Por isso, enquanto tivermos oportunidade, façamos o bem a todos, mas principalmente aos da família da fé.

GÁLATAS 6:10

Pergunte e reflita: "Que misericórdia eu tenho mostrado aos pobres? Com que frequência tenho orado por eles, chorado com eles, esforçado-me para atender às suas necessidades?". E se você acha que o resultado alcançado será lento e insatisfatório, sinta vergonha disso; lamente por isso. E no futuro, jamais tenha receio de demonstrar misericórdia, como se Deus, ao nos convocar a isso, quisesse nos prejudicar. Agarre as oportunidades e aceite-as de bom grado. Aproveite a ocasião para bendizer a Deus por Ele ter lhe concedido capacidade e oportunidade de ser útil, prestativo, consolando corações tristes ou aliviando situações desastrosas. Você poderá ser facilmente convencido de que é uma bênção receber ajuda, consolação, bem-estar e alívio quando está angustiado. Considere esta palavra de Cristo proferida pelo apóstolo Paulo em Atos 20:35 como sendo um provérbio muito usado pelo nosso Salvador, a saber: "Mais bem-aventurado é dar que receber" boas coisas. É melhor ser agente que paciente nas boas coisas, e o contrário nas coisas más. Você não ficaria agradecido por receber o bem das mãos de outras pessoas? Seja mais agradecido ainda se Deus lhe concedeu capacidade e oportunidade, e (o melhor de tudo) um coração para fazer o bem aos outros.

É uma bênção receber ajuda, consolação, bem-estar
e alívio quando você está angustiado.

6 DE JULHO

O PODER DA ORAÇÃO

CHRISTOPHER NESSE

Disse este: Deixa-me ir, pois já rompeu o dia.
Respondeu Jacó: Não te deixarei
ir se me não abençoares.

GÊNESIS 32:26

Há uma espécie de onipotência atribuída à oração (como Lutero disse) quando ela é a oração de fé e, assim, movida pela melhor das graças — a fé. Talvez você fique admirado e queira saber o que as Escrituras atribuem à fé e à oração, ou à oração de fé. Ela pode fazer mais do que todos os feiticeiros do mundo são capazes de fazer, porque move o braço de Deus, ao passo que eles só conseguem mover o braço do diabo. Ninguém sabe o que a oração é capaz de fazer, a não ser aqueles que sabem o que Deus é capaz de fazer. Nesse sentido, dizem que a oração é onipotente porque faz a onipotência agir. A oração teve poder sobre os quatro elementos: sobre o ar no caso de Elias (TG 5:17), a quem Deus deu autoridade para abrir e fechar o céu de acordo com o Seu querer; sobre o fogo que o mesmo Elias fez descer do Céu por meio da oração em um momento de ira (2RS 1:10-16); e em outro momento de misericórdia e aceitação compassiva (1RS 18:37,38). A oração teve poder sobre a água (ÊX 14:15,16) no caso de Moisés, e também sobre a terra. A oração poderosa desse mesmo homem de Deus abriu o mar para salvar Israel e depois abriu a terra para destruir os cúmplices de Corá (NM 16:29). Da mesma forma que esses dois homens (Moisés e Elias) confortaram Cristo sobremaneira no monte Tabor e tiveram poder sobre os quatro elementos, Josué também teve poder sobre o sol (JS 10:12). E, pela oração de Moisés, Josué teve poder sobre Amaleque anteriormente (ÊX 17:11,12). Um fato de maior destaque foi a oração de Eliseu que teve poder sobre os anjos, fazendo-os descer do Céu para protegê-lo (2RS 6:17). E de mais destaque ainda foi o poder sobre o Deus-homem, o Anjo da aliança, o Senhor dos anjos, que chorou e suplicou a Jacó, dizendo: "Deixa-me ir, pois já rompeu o dia" (GN 32:26).

> *A oração é onipotente*
> *porque faz a onipotência agir.*

7 DE JULHO

REI DOS REIS

WILLIAM DYER

*Tem no seu manto e na sua coxa
um nome inscrito: REI DOS REIS
E SENHOR DOS SENHORES.*

APOCALIPSE 19:16

Cristo reina sobre Seus inimigos; Ele é Rei acima de todos os reis e acima de todas as coisas, e é por isso que as Escrituras o chamam de "Rei dos reis", como está escrito em 1 Timóteo 6:15. Cristo é Rei acima de todos os reis; se Ele não fosse Rei acima de todos os reis, não poderia ser Rei acima de todas as coisas. Duas passagens das Escrituras provam isso. No Salmo 89:17, Deus diz: "Fá-lo-ei, por isso, meu primogênito, o mais elevado entre os reis da terra". Ora, quem é o primogênito? É Jesus Cristo, conforme Ele é chamado em outras passagens: o primogênito de toda a criação (CL 1:15). Deus diz que fará Seu primogênito ser mais elevado que os reis da terra, mais elevado em glória, mais elevado em poder e mais elevado em majestade. E em Apocalipse 1:5, Cristo é chamado de "Soberano dos reis da terra". Ora, ora, o que são todos os homens poderosos, os grandes homens, os homens respeitáveis da Terra quando comparados a Jesus Cristo? Não passam de bolha de sabão, pois todas as nações, quando comparadas a Deus, não passam de um pingo que cai de um balde ou de um grão de pó na balança, conforme diz o profeta Isaías (40:15). Ó como são insignificantes os reis da Terra! E mais, meus amigos: Cristo Jesus não está apenas acima dos reis da Terra e acima dos reis, mas está também acima dos anjos, sim, Ele é o cabeça de todos os anjos: "Ele é o cabeça de todo principado e potestade" (CL 2:10), o que inclui os anjos. E em Hebreus está escrito: "E todos os anjos de Deus o adorem" (1:6). Assim como aos homens, Deus fará que os anjos adorem Cristo. Ele é o Rei, diante do qual os anjos cobrem o rosto com um véu, e os reis da Terra abaixam a cabeça, envergonhados de sua coroa.

Ó como são insignificantes os reis da Terra!

8 DE JULHO

FUTURA REDENÇÃO

JOHN BUNYAN

*O qual transformará o nosso corpo de humilhação,
para ser igual ao corpo da sua glória,
segundo a eficácia do poder que ele tem
de até subordinar a si todas as coisas.*

FILIPENSES 3:21

Haverá ainda a redenção chamada redenção do nosso corpo (RM 8:23). Dessa redenção temos tanto o penhor quanto o selo, a saber: o Espírito de Deus (EF 1:14; 4:30). E, uma vez que o tempo para essa redenção é longo, temos de esperar por ela; e uma vez que será sobre ela que toda a nossa bem-aventurança nos será outorgada, devemos nos consolar diante de todos os sinais de que ela está próxima; Cristo diz: "Erguei a vossa cabeça; porque a vossa redenção se aproxima" (LC 21:28). O corpo dos santos será chamado de posse adquirida; posse porque o corpo de todos os que serão salvos se tornarão o templo ou a casa onde Deus habitará nos Céus. É uma posse adquirida porque o corpo, bem como a alma, é comprado a preço de sangue (1CO 6:14-20). Mas o que Deus quer dizer com redenção dessa posse adquirida? Respondo: Ele quer dizer que ela ressuscitará dentre os mortos: "Eu... os resgatarei da morte" (OS 14:14). E então se cumprirão estas palavras: "Tragada foi a morte pela vitória" (1CO 15:54; IS 25:8). E isso foi expresso por Moisés quando ele fala do ano do jubileu e da redenção da casa que era vendida em Israel; se não fosse resgatada em um ano, seria devolvida ao proprietário (LV 25). Nosso corpo pertence a Deus, mas o pecado continua a habitar nele. Nós também o vendemos e o entregamos à morte e à sepultura, onde morará; mas no Dia do Juízo, nesse abençoado jubileu, Deus pegará o nosso corpo, que originalmente lhe pertencia, e o libertará da escravidão da corrupção, à qual, por nossa alma e por meio do pecado, ele foi subjugado. Deus pegará o nosso corpo, eu digo, porque lhe pertence, tanto pela criação quanto pela redenção, e lhe dará aquela liberdade perfeita que somente é encontrada na imortalidade e na vida eterna. E é isso que Israel deve esperar!

RESOLUÇÃO SANTA

THOMAS WATSON

O Senhor, tenho-o sempre à minha presença; estando ele à minha direita, não serei abalado. SALMO 16:8

A respeito de Atanásio [N.E.: Arcebispo de Alexandria de 328 a 373.], Gregório de Nazianzo [N.E.: Teólogo e escritor cristão do século 4.] disse que ele era ao mesmo tempo magnetita [pedra-ímã] e diamante: magnetita pela suavidade de sua disposição, e diamante pela invencibilidade de sua resolução. Quando o imperador Valente [N.T.: Flávio Júlio, 328-378.] prometeu a Basílio [N.T.: Arcebispo de Cesareia e Capadócia, 329-379.] grande benefício se ele concordasse com a heresia ariana, Basílio respondeu: "Senhor, esses discursos são apropriados para atrair criancinhas, mas nós, que fomos ensinados pelo Espírito, estamos prontos a suportar mil mortes a ter de tolerar que uma única sílaba das Escrituras seja alterada". O homem justo está disposto a carregar sua cruz para unir-se a Cristo e, a exemplo de Inácio [N.T.: Bispo de Antioquia da Síria entre 68 e 100 ou 107.], usa os sofrimentos de Cristo como um colar de pérolas. "Mas também nos gloriamos nas próprias tribulações" (RM 5:3). O apóstolo Paulo arrastava seus grilhões e gloriava-se neles como uma mulher que se orgulha de suas joias, disse Crisóstomo [N.T.: Arcebispo de Constantinopla, 349-407.]. "Sairei perdendo", disse Górdio [N.T.: Mártir nascido em Cesareia da Capadócia.], "se vocês minorarem qualquer um de meus sofrimentos". Que espírito heroico e destemido possuíam os cristãos primitivos que desprezavam cargos honoríficos, riam de prisões, aceitavam tormentos como se fossem coroas e cujo amor por Cristo ardia mais que o fogo a ponto de fazer os pagãos bradarem: "Grande é o Deus dos cristãos!".

O homem justo usa os sofrimentos de Cristo como um colar de pérolas.

10 DE JULHO

CONTEMPLE O AMOR

JOHN OWEN

*Os meus olhos viram o Rei,
o Senhor dos Exércitos!*
ISAÍAS 6:5

Veja Deus como se Ele fosse amor. Não olhe para Ele como um Pai sempre decepcionado, mas como o Pai mais bondoso e terno. Vamos olhar para Ele com fé, como alguém que tem pensamentos de bondade em relação a nós desde a eternidade.

É errado pensar que alguém que tenha recebido o sopro de Deus, por menor que seja, venha a fugir dele. "Em ti, pois, confiam os que conhecem o teu nome" (SL 9:10). Os homens não podem habitar com Deus em meditações espirituais. Não há relacionamento de Deus com essas almas visto que não compreendem Seu amor. Elas fixam os pensamentos apenas em Sua grande majestade, rigor e grandeza; e, dessa forma, não sentem afeição por Ele. Se uma alma olhasse continuamente para a ternura e compaixão eternas de Deus, para Sua graciosa aceitação, ela não suportaria ficar uma hora longe dele. Que a primeira noção dos justos a respeito do Pai seja a de que Ele os ama com amor eterno e gratuito; que o coração e os pensamentos deles afastem todos os desânimos que porventura existam no caminho. Considere [...] de quem esse amor procede. É o amor de Deus, aquele que é autossuficiente, infinitamente satisfeito com Ele próprio e com Sua gloriosa primazia e perfeições; aquele que não tem necessidade de forçar Seu amor aos outros nem de buscar o objeto desse amor sem Ele mesmo. Pode haver descanso com deleite e complacência na eternidade. Deus é suficiente para Seu próprio amor. Ele tem Seu Filho, também, Sua eterna Sabedoria, para alegrar-se e deleitar-se desde a eternidade

(PV 8:30). Isso pode preencher e saciar todo o deleite do Pai, mas Ele também ama Seus filhos. E é um amor com o qual Ele busca não apenas Sua satisfação, mas também o nosso bem; o amor do Deus, o amor do Pai, cujas fronteiras são bondade e generosidade.

11 DE JULHO

MISERICÓRDIA COM DEUS
JOHN SHOWER

*Contigo, porém, está o perdão,
para que te temam.*
SALMO 130:4

Se o perverso e o iníquo abandonarem a maldade em seu coração e em seus caminhos e se voltarem para o Senhor, encontrarão misericórdia. Observe que se os mais vis e os mais abomináveis transgressores (não importa quais foram seus pecados) se voltarem para Deus com arrependimento, certamente receberão perdão. Seja qual for a perversidade cometida contra Deus, seja qual for a injustiça cometida contra os homens, seja qual for a iniquidade ou pecado, no coração ou na vida, exposto ou secreto, dos quais eles sejam acusados, ainda assim Deus demonstrará misericórdia diante do verdadeiro arrependimento. As Sagradas Escrituras estão repletas dessa doutrina. Quão grandes e variados são os convites e chamados de Deus para todos os tipos de pecadores? Quão claras e definidas são as declarações de Sua Palavra, que até os pecados vermelhos como o carmesim se tornarão brancos como a neve e a lã; que todos os pecados e blasfêmias serão perdoados, exceto o pecado contra o Espírito Santo (o qual é associado à impenitência obstinada), que nosso Senhor Jesus Cristo veio para salvar o maior dos pecadores, e que Seu sangue purifica de todo pecado? Que grande lista negra há daqueles que não entrarão no reino de Deus (fornicadores, adúlteros, difamadores, usurpadores), mas, ainda assim, é acrescentado: "Tais fostes alguns de vós; mas vós vos lavastes" (1CO 6:9-11). Com que grande afeição Deus repreende os pecadores! Até mesmo os mais vis pecadores, e pede que abandonem suas transgressões e lhes garante que não tem prazer em sua ruína. Com que sinceridade Ele lhes suplica que se reconciliem e ouçam a voz de Sua misericórdia! Com que variedade de argumentos Ele lhes suplica? Da liberdade e das riquezas de Sua graça, da absoluta necessidade dela? [...] Os agravos de sua culpa nunca chegarão a ponto de condená-lo, mas a virtude do sangue de Cristo é maior para perdoá-lo, se você se voltar para Deus mediante Jesus Cristo. Assim como o Céu está acima da Terra, os pensamentos de Deus estão acima dos nossos nesse assunto.

*Com que grande afeição
Deus repreende os pecadores!*

12 DE JULHO

CONVIDADO REAL

RICHARD ALLEINE

Deus é o Rei de toda a terra;
salmodiai com harmonioso cântico.

SALMO 47:7

Se você tivesse um amigo importante, um lorde ou um fidalgo, que fosse se hospedar por uma noite em sua casa, o que você faria? Como prepararia sua casa para receber tal amigo? Varrer, lavar, esfregar, polir e enfeitar [...] você não faria tudo isso? Cada vaso ficaria reluzente, cada cômodo seria embelezado! Você deixaria de limpar todo o pó e sujeira e as teias de aranha penduradas? Deixaria a casa em desordem e suja, tudo fora de lugar? Claro que não! E quando o amigo chegasse, você abriria as portas e deixaria entrar um grupo de mendigos imundos, ou de trapaceiros e beberrões, permitindo que bebessem, fizessem algazarra e cuspissem em todos os cômodos que o visitante fosse usar? Não, você varreria todo o interior da casa e colocaria um guarda na porta para impedir a entrada desse bando imundo. Ó, o que significa o maior amigo do mundo em comparação com o grande e santo Deus? Prepare uma habitação santa para Ele; abra as portas para que o Rei da glória entre. Depois feche a porta e não permita a entrada de qualquer coisa impura que possa ofendê-lo e aborrecê-lo, a fim de que o Senhor sinta prazer em sua companhia e se deleite, e diga a seu respeito: "Este é para sempre o lugar do meu repouso; aqui habitarei, pois o preferi" (SL 132:14).

Feche a porta e não permita a entrada de qualquer coisa
impura que possa ofendê-lo e aborrecê-lo.

13 DE JULHO

A ARMADURA DE DEUS

NATHANIEL VINCENT

Revesti-vos de toda a armadura de Deus, para poderdes ficar firmes contra as ciladas do diabo.

EFÉSIOS 6:11

O apóstolo, ao olhar para os efésios como santos militantes que lutavam não contra a carne e o sangue, mas contra os principados e poderes das trevas, instruiu-os para que se tornassem mais que vencedores. Com essa finalidade, em primeiro lugar, ele lhes diz onde a força deles residia: eles precisavam ser "fortalecidos no Senhor e na força do seu poder" (EF 6:10). Em seguida, o apóstolo ofereceu-lhes uma armadura completa. [...] Eles precisavam cingir-se com a verdade. [...] Um julgamento corretamente definido e bem fundamentado, que compra a verdade e não a vende de modo algum, exerce grande influência no cristão, em sua firmeza e crescimento na graça. O cristão precisa vestir-se com a couraça da justiça. [...] Satanás não pode perturbar com facilidade aqueles que são sinceros, nem ser capaz de corrompê-los. [...] Eles têm os pés calçados com a preparação do evangelho da paz. Precisam ser encorajados pela paz que o evangelho anuncia, precisam correr no caminho dos mandamentos do Senhor e, ao enfrentar aquelas guerras que nunca são muito difíceis ou desagradáveis para a carne e o sangue, eles precisam agarrar-se à profissão de sua fé, afastar-se do mal e seguir o caminho que é chamado santo. Ao agir assim, os cristãos nunca se expõem muito nem se tornam presas. Acima de tudo, eles precisam embraçar "o escudo da fé, com o qual poderão apagar todos os dardos inflamados do Maligno" (v.16). [...] A fé é um escudo para afastar esses dardos e apagá-los; a fé aplica a justiça e a força de Cristo e, por meio dela, as feridas antigas são amenizadas e curadas, mas a alma se sente mais segura quanto ao futuro.

Os cristãos devem cobrir a cabeça com o capacete da salvação no dia da batalha contra os anjos do mal. Uma viva esperança de salvação é muito encorajadora tanto para a busca do bem-estar com contínua paciência quanto para o sofrimento em prol da justiça. O apóstolo disse aos efésios que a espada do Espírito, que é a Palavra de Deus, precisa ser usada. Se essa Palavra for entendida e amada, se acreditarmos e meditarmos nela, se nos maravilharmos com ela, se ela habitar em nós, seremos fortes e venceremos o Maligno.

14 DE JULHO

MISERICÓRDIAS COMUNS

SAMUEL LEE

Pois o supres das bênçãos de bondade;
pões-lhe na cabeça uma coroa de ouro puro.
SALMO 21:3

A bondade infinita de Deus concede mais misericórdias sobre nós no processo de antever as coisas do que das respostas a orações pessoais. Apreciamos mais as coisas antes de pedi-las, e quase sempre elas são melhores do que pedimos e mais abundantes na quantidade. [...] Deus faz o Seu Sol nascer todas as manhãs sobre o injusto, e faz a Sua Lua encher o seu orbe de luz sobre o crescente ímpio. Os caminhos de Deus nas nuvens destilam gordura nos campos de tiranos sanguinários; em Seu oceano não há nevoeiro, e suaves brisas ocidentais inflam as velas dos navios de piratas que navegam sem destino. A Terra está cheia de Sua bondade. Ele espalhou e preencheu as tábuas de Heliogábalo [N.T.: Imperador romano durante os anos de 218 a 222.] com Seus tesouros ocultos. Não há qualquer habitante que não tenha recebido de Seus benefícios em abundância, por mais que tenha exagerado em luxúria, orgulho e devassidão. As misericórdias de Deus superam todas as Suas obras; Ele faz o início da manhã e da noite cantar. E guarda as entradas e as saídas de todos os filhos de Adão.

Não há nenhum habitante que não tenha recebido
Seus benefícios em abundância.

15 DE JULHO

NÃO SE CALE

THOMAS WATSON

*Pois o zelo da tua casa me consumiu,
e as injúrias dos que te ultrajam
caem sobre mim.*

SALMO 69:9

O coração semelhante ao de uma criança é zeloso. Não tolera que Deus seja desonrado. Moisés era calmo em relação a sua causa, mas intenso nas de Deus. Quando o povo de Israel agiu insensatamente ao fazer um bezerro de ouro, ele quebrou as tábuas da Lei. Da mesma forma que responderemos por palavras vãs, também responderemos pelo silêncio pecaminoso. Nesse sentido, é perigoso ser possuído por um demônio mudo. Davi diz que o zelo pela casa de Deus o consumia (SL 69:9). Muitos cristãos, cujo zelo quase os devorou, agora devoram seu zelo. Alguns falam de amargura, mas não posso acreditar que eles tenham o coração de uma criança dentro de si, que possam se conformar quando a glória de Deus sofre. Pode uma criança ingênua suportar ver o seu pai ser envergonhado? Embora devamos permanecer em silêncio debaixo da indignação divina, não podemos nos calar quando Ele é desonrado. Se houver o fogo do zelo queimando no coração, ele irromperá nos lábios. Zelo temperado com santidade — esse branco e vermelho é a melhor aparência da alma. [...] A respeito de Crisóstomo, dizem que ele reprovava todo pecado contra Deus, como se ele próprio tivesse recebido a ofensa.

*Embora devamos permanecer em silêncio
debaixo da indignação divina, não podemos nos calar
quando Ele é desonrado.*

16 DE JULHO

LÁGRIMAS TRIUNFANTES
ROBERT DINGLEY

Ainda assim, agora mesmo, diz o S<small>ENHOR</small>:
Convertei-vos a mim de todo o vosso coração;
e isso com jejuns, com choro e com pranto.

JOEL 2:12

O verdadeiro penitente gostaria que sua cabeça fosse uma fonte e que de seus olhos brotassem rios de lágrimas, para ele poder chorar dia e noite por seus pecados. Os olhos de Davi jorravam lágrimas pelos pecados dos outros, e ele alagava o seu leito com suas lágrimas (SL 6:6) por conta de suas falhas pessoais. Pedro chorou amargamente por ter negado a Cristo três vezes. Maria Madalena, que conspurcou seus olhos com olhares lascivos, seus cabelos encaracolados, seus movimentos sedutores e seus lábios com beijos impuros, usou-os de outra forma depois que se arrependeu. Ela lavou os pés de Cristo com suas lágrimas, beijou-os com seus lábios e enxugou-os com seus cabelos. E, assim, os olhos que lançaram olhares lascivos devem chorar de arrependimento. As lágrimas nos rebatizam. Uma música raríssima é ouvida sobre a água, e nossas orações compõem a mais bela melodia sobre um rio de lágrimas. "As orações imploram, e as lágrimas triunfam", diz Jerônimo. "Ouvi a tua oração e vi as tuas lágrimas" (2RS 20:5), disse Deus a Ezequias. Nossas orações perfuram as nuvens quando são acertadas com lágrimas. Aquele que chora por perdas mundanas, e não por fracassos espirituais, não tem nada dentro de si a não ser a própria essência. Agostinho declarou que chorou copiosamente ao ler o quarto livro de Virgílio, quando Dido foi assassinada. "Ó, que alma desventurada eu tinha, que chorou pela infelicidade dela e não pela minha!", diz ele. "As lágrimas, são o vinho dos anjos, que se alegram com o arrependimento do pecador", diz Bernard. O martelo da lei pode quebrar um coração de gelo, mas o sol do evangelho derrete-o com lágrimas. Você sabe que o coração de Pedro foi derretido pelo olhar amoroso de Cristo. [...] "Após o tempo de semeadura, segue-se uma gloriosa colheita, e, após um rio de lágrimas, segue-se o fulgor da alegria", diz Crisóstomo. Embora não sejam meritórias, as lágrimas podem evidenciar nosso interesse em Cristo. [...] O sentimento de crueldade oferecido a Cristo perfura de tristeza o Seu coração. A vingança é resultado de arrependimento, e o verdadeiro penitente, ao observar os fracassos passados de seus olhos, pensa em uma vingança santa sobre si mesmo; e aqueles olhos que foram a porta de entrada da vaidade serão a porta de saída da tristeza.

O HÁBITO DA GRAÇA

EDMUND CALAMY

Eu, porém, roguei por ti, para que a tua fé não desfaleça. LUCAS 22:32

A fé é permanente e perseverante, resiste até a morte e nunca é perdida totalmente. Os verdadeiros crentes que vivem na fé morrem na fé. O apóstolo, ao referir-se aos verdadeiros cristãos, disse: "Todos estes morreram na fé" (HB 11:13). E é verdade que o crente autêntico sempre morre na fé, na fé da devoção, e não na fé da evidência. Isso se adapta muito bem ao nome do fiel verdadeiro: "Porque nos temos tornado participantes de Cristo, se, de fato, guardarmos firme, até o fim, a confiança que, desde o princípio, tivemos" (HB 3:14). Essas palavras evidenciam claramente que a fé justificadora é fé perseverante; resiste até a morte e termina em satisfação plena. Ela nunca é perdida totalmente nem para sempre, e essa é realmente sua propriedade característica e a propriedade de toda graça renovadora. Toda graça renovadora resiste até a morte; essa graça que usa a coroa de glória é perseverante (AP 2:10). Ela nem sempre é assim na aparência, mas na verdade. Os crentes verdadeiros podem, às vezes, e em alguns casos, achar que perderam a fé, e também outras graças, e deixar isso transparecer aos outros, como muitos exemplos nas Escrituras demonstram, mas, ainda assim, como diz Jó: "a raiz da acusação se acha em mim" (19:28, ARC); a verdade da graça se acha no interior do homem, onde ela habita. No entanto, os crentes verdadeiros podem perder por uns tempos, e às vezes perdem, o conforto da graça e a visão dela [...] no entanto, nunca perdem totalmente o hábito de qualquer graça renovadora; esses dons de Deus são concedidos sem arrependimento.

A fé justificadora é fé perseverante; resiste até a morte e termina em satisfação plena.

18 DE JULHO

PROVISÕES DIÁRIAS

WILLIAM SPURSTOWE

Ora, se Deus veste assim a erva que hoje está no campo e amanhã é lançada no forno, quanto mais tratando-se de vós, homens de pequena fé!

LUCAS 12:28

A fé exercitada nas promessas temporais ajuda muito a fortalecer nossa adesão às promessas de uma vida melhor e nos leva a confiar mais perfeitamente em Deus para a salvação de nossa alma. O Salvador diz aos discípulos que, se Deus alimenta as aves e veste os lírios, muito mais Ele fará por aqueles que valem mais que as aves e os lírios! E assim o crente pode argumentar que se Deus fez tantas ricas promessas de suprir as necessidades do corpo, não haveria Ele de querer a felicidade da alma? Se Ele é tão cuidadoso com o porta-joias, não se esquecerá das joias. Se Ele dá o pão de cada dia a uma pessoa, certamente dará o maná a outra. Se Ele torna nossa peregrinação agradável e faz os caminhos de nossos pés destilarem gordura, gloriosos serão o nosso descanso e habitação nele. Se os pés pisam em rosas aqui, e pisarão na Lua e nas estrelas futuramente, que perfeição e beleza terá a coroa da vida que será colocada em nossa cabeça! Esses tipos de argumentações são muito úteis ao crente, que possui todas as consolações exteriores que procedem da fidelidade de Deus às Suas promessas, embora, pelo simples fato de ter essas promessas, ninguém conhece o amor ou o ódio (EC 9:1).

Se Deus fez tantas ricas promessas de suprir as necessidades do corpo, não haveria Ele de querer a felicidade da alma?

19 DE JULHO

O AMOR DE CRISTO

SAMUEL BOLTON

Vede que grande amor nos tem concedido o Pai, a ponto de sermos chamados filhos de Deus; e de fato somos filhos de Deus. Por essa razão o mundo não nos conhece, porquanto não o conheceu a ele mesmo. 1 JOÃO 3:1

Cristo ama extremamente Sua igreja; somos os amados de Sua alma (JR 12:7, ARC) [...] portanto Cristo nos ama além do limite da compreensão (EF 3:19); é um amor que excede o entendimento. [...] o apóstolo prossegue medindo a altura, a profundidade, a largura e o comprimento desse amor, mas viu que o seu cordão de medida era pequeno demais, portanto conclui que se trata de um amor que excede todo entendimento. O homem pode expressar muito amor, mas pode ter mais amor do que é capaz de expressar. Ora, esse amor de Cristo está acima de tudo o que podemos imaginar, acima do conhecimento. É um amor infinito. É, eu digo, um amor infinito, pois, mesmo que eu conseguisse reunir o coração de todas as pessoas em um só lugar, esse amor ainda seria muito maior. O amor de Deus é maior que tudo. Veja o que Ele fez, o que sofreu e, mesmo assim, Ele ama acima de tudo. E, portanto, o coração de Cristo se enternece profundamente com Sua Igreja e povo [...] somos Sua riqueza, Seu tesouro [...] Seus amados, Seu povo, Sua esposa, e Ele se alegra sobre nós: "...chamar-te-ão Minha-Delícia [...] porque o Senhor se delicia em ti" (IS 62:4); sim, da mesma forma que o noivo se alegra com a noiva, Deus se alegra com você: "O Senhor [...] se deleitará em ti com alegria; renovar-te-á no seu amor, regozijar-se-á em ti com júbilo" (SF 3:17). Portanto, ao ver que Cristo se alegra, Seu coração deve estar extremamente ocupado por nós.

O amor de Cristo está acima de tudo o que podemos imaginar, acima do conhecimento.

20 DE JULHO

ESTAR COM DEUS

JEREMIAH BURROUGHS

*Assim, os justos renderão graças ao teu nome;
os retos habitarão na tua presença.*
SALMO 140:13

A presença gloriosa de Deus que os justos usufruirão no Céu representa uma grande parte da alegria deles. O Céu não seria Céu sem a presença de Deus. A presença de Deus no lugar mais infeliz possível seria uma felicidade maior do que a ausência dele no lugar mais glorioso possível. Davi não tinha medo quando andava no vale da sombra da morte, porque Deus estava com ele (SL 23:4). Lutero preferia estar no inferno com a presença de Deus a estar no Céu sem Ele. Se a presença de Deus elimina o medo do vale da sombra da morte e torna o inferno mais desejável que o Céu, como será o Céu com a presença dele? Os três jovens na fornalha ardente ficaram felizes com a presença de Deus entre eles; sendo assim, quão felizes não serão os santos com a presença de Deus no Céu? Os justos desejam a presença de Deus mesmo quando Ele está zangado; não gostam de estar longe de Sua presença. No Salmo 51:9, Davi clamou a Deus pedindo que escondesse o Seu rosto de seus pecados, visto que a face de Deus demonstrava ira contra ele. No entanto, no versículo 11 ele suplica novamente: "Não me repulses da tua presença". Davi não queria ficar longe da presença de Deus. Agostinho expressa-se desta forma: "O rosto de quem ele teme é o mesmo rosto que ele invoca". Deus fez ricas promessas a Moisés, mas ele não estaria satisfeito sem a presença de Deus. "Se a tua presença não vai comigo, não nos faças subir deste lugar" (ÊX 33:15). O apóstolo, ao descrever a infelicidade daqueles que estão condenados, afirma: "Estes sofrerão penalidade de eterna destruição, banidos da face do Senhor e da glória do seu poder" (2TS 1:9). A presença de Deus precisa ser a felicidade dos justos.

> *Os justos desejam a presença de Deus*
> *mesmo quando Ele está zangado;*
> *não gostam de estar longe de Sua presença.*

21 DE JULHO

CONSTRUÍDO SOBRE A ROCHA

JOHN ARROWSMITH

Não há santo como o Senhor;
porque não há outro além de ti; e Rocha não há,
nenhuma, como o nosso Deus.

1 SAMUEL 2:2

Quando andou sobre as águas e percebeu a fúria dos ventos, Pedro começou a afundar, mas Jesus imediatamente estendeu-lhe a mão e o segurou. E quando a carne e o coração do salmista fraquejaram, Deus foi a força de seu coração. De acordo com o original, o Senhor foi "a rocha" para ele. As rochas não fortalecem mais as cidades e os castelos construídos sobre elas do que Deus fortalece o coração de Seu povo. A alma do crente sincero é comparada pelo nosso Salvador a uma casa edificada sobre a rocha, que fora golpeada de todos os lados: no telhado, pela chuva que caiu sobre ele; no alicerce, pela água golpeando-lhe; nas paredes, pelos fortes ventos soprando contra elas. No entanto, a casa resistiu porque era forte, e era forte porque fora edificada sobre uma rocha. Essa rocha é o nosso Deus, assim como a rocha descrita na parábola. Ezequias, a quem Deus escolheu conceder vida, estava enfermo, à beira da morte. Lázaro, a quem Jesus amava, adoeceu e morreu. Timóteo padecia de enfermidades frequentes. A carne do salmista fraquejou ou, usando a expressão de Paulo, o homem exterior que havia nele se corrompeu, mas, nesse ínterim, Deus foi a rocha e a força do coração de Seu servo enfermo.

As rochas não fortalecem mais as cidades
e os castelos construídos sobre elas do que Deus fortalece
o coração de Seu povo.

22 DE JULHO

A VOZ DO PASTOR
OBADIAH SEDGWICK

*Como pastor, apascentará o seu rebanho;
entre os seus braços recolherá os cordeirinhos
e os levará no seio; as que amamentam
ele guiará mansamente.*

ISAÍAS 40:11

Preste muita atenção à voz do seu Pastor. Você não poderá sequer tentar se desgarrar, pois ouvirá o som do assobio dele, e Sua Palavra e Espírito fustigarão sua consciência. Ouça Sua voz, alimente-se de Suas pastagens, não ande a esmo por outros pastos, embora pareçam mais abundantes e viçosos. Quero dizer o seguinte: ande apenas em Seus caminhos, de acordo com Suas orientações, não se afaste nem ande sem rumo, atraído por quaisquer tentações ou pelo mundo. Embora outras pastagens pareçam mais agradáveis, elas estão cheias de espinheiros. Você não poderá alimentar-se deles; ficará preso, arranhado e dificilmente conseguirá sair sem perder grande parte de sua lã. Talvez você se deleite por uns tempos no caminho pecaminoso, mas sua consciência e graça sofrerão por isso. Você não poderá voltar sem uma grande diminuição por um lado e uma estranha contrariedade de outro. Aquele que vagueia em busca de pecados prazerosos deve ser necessariamente menos digno e mais perturbado. E que defesa você apresentará por não ter ouvido Seu pastor? Você será como a ovelha perdida nas montanhas de Gileade.

*Ande apenas em Seus caminhos, de acordo com Suas
orientações, não se afaste nem ande sem rumo.*

INTEGRIDADE DE CORAÇÃO

WILLIAM GREENHILL

*Então, saiu Satanás da presença
do Senhor e feriu a Jó.*
JÓ 2:7

O diabo raramente prevalece onde há integridade de coração. Jó era um homem temente a Deus que evitava o mal, um homem perfeito [...] e como o diabo pôde prevalecer contra ele? Deus libera o diabo e permite-lhe atacar Jó mais do que a qualquer outro homem do qual temos conhecimento, e o diabo prevaleceu contra Jó? Não, Jó era um homem de coração íntegro, e o diabo não poderia prevalecer. Jó exauriu as forças do diabo. Esse servo de Deus foi ferido ao perder seus servos, gado e filhos. Foi ferido no próprio corpo, ferido por seus amigos e por sua esposa, que o tentou, mas nada disso foi suficiente para derrotar Jó. Ora, ele era um homem de coração íntegro, e o homem de coração íntegro não negocia com o diabo, mas resiste a ele. Tal homem fecha a porta e dá as costas ao diabo; apresenta-se com o escudo da fé e apaga os dardos inflamados do inimigo; mostra-lhe a Escritura na qual se lê: "Está escrito". Resiste ao diabo, e ele foge. Mas, se você tiver um coração fraco ou apático, o diabo o fará voar ou cair; porém, o homem de coração íntegro resiste ao diabo e o põe em fuga. Dessa forma o diabo é desencorajado e se frustra.

*O homem de coração íntegro não negocia com o diabo,
mas resiste a ele.*

24 DE JULHO

ARMADURA COMPLETA
PAUL BAYNES

Revesti-vos de toda a armadura de Deus.
EFÉSIOS 6:11

O cristão nasce com sua armadura nas costas, sendo assim, ele pode deixar de ser cristão e ficar desarmado. Aquilo que se fala mitologicamente da raça dos gigantes se aplica a nós — assim que nascemos, temos espadas cingidas a nós e escudos em nossos braços. Pois somos gerados pela Palavra, e a fé é a primeira coisa formada em nós. A partir desse momento, fica bem claro que precisamos ter a armadura completa, pois é inútil ter algumas partes cobertas e outras expostas a ferimentos mortais. O diabo é como aqueles campeões que, se não conseguem ferir a cabeça ou o coração, atingem qualquer parte para não fracassar. Os cristãos precisam vestir a armadura completa, da cabeça aos pés. Essa armadura revela como é a maioria dos incrédulos, que desconhecem a existência dela; eles são como Israel quando não havia ferreiros nem armas [...] Se você não possui essa armadura, saiba que o diabo pode surpreendê-lo e mantê-lo escravizado. Repetindo, muitos se esquecem de que precisam possuir a armadura completa, que os cubra por inteiro, pois em algumas partes parecem cobertos, mas quanto a outras estão desprotegidos.

Os cristãos precisam vestir a armadura completa,
da cabeça aos pés.

25 DE JULHO

O MENOR DOS PECADOS

TIMOTHY CRUSO

Ninguém, pois, vos julgue por causa de comida e bebida, ou dia de festa, ou lua nova, ou sábados, porque tudo isso tem sido sombra das coisas que haviam de vir; porém o corpo é de Cristo.

COLOSSENSES 2:16,17

Devemos evitar imparcialmente os pequenos pecados. Esses pecados costumam ser esquecidos e deixados para trás pela maioria das pessoas, ao passo que as transgressões maiores são severamente condenadas. Mas, na verdade, quando nos afastamos de Deus por um pouco de tempo, corremos o risco de que Ele nos entregue à nossa própria sorte para cometermos delitos piores e mais abomináveis, o que revela um desprezo vil e deplorável por Deus, ou seja: infidelidade a Ele. "Quem é injusto no pouco também é injusto no muito" (LC 16:10). Devemos sempre pensar mais na grandeza de quem proíbe do que nos agravos da coisa proibida. Por exemplo, devemos levar em conta quem disse: "Não furtarás", e não o que ou quanto fomos tentados a furtar. E se nosso coração for dotado daquela ternura que lhe convém, faremos isso, pois até os pequenos pecados são grandes aos olhos de tais pessoas. Elas não repetem as palavras de Jônatas: "Tão somente provei um pouco de mel com a ponta da vara que tinha na mão. Eis-me aqui; estou pronto para morrer" (1SM 14:43), mas concordam sinceramente com elas, visto que sua condenação é infligida com justiça por quem a menor iniquidade é conhecidamente permitida. Sabemos que Abraão não levou nada que pertencesse ao rei de Sodoma, sequer um cordão de sandália. E quando o Faraó cedeu, dizendo que o povo de Israel e seus filhos pequenos deviam ir e oferecer sacrifício a Deus, mas que seus rebanhos deviam permanecer, Moisés lhe disse que seus rebanhos também iriam e que nem uma unha ficaria para trás. A tal ponto chegaram as igrejas plantadas pelos apóstolos de manter todas as festas judaicas abolidas, que Paulo diz aos colossenses que nenhum homem deveria julgá-los. Um dos antigos historiadores da Igreja conta a respeito de Marcos, bispo de Aretusa, que destruiu um templo pagão na época de Constantino e, depois, no reinado de Juliano, e foi perseguido por isso [...] por fim lhe propuseram pagar pelo que havia destruído ou pelo menos indenizar metade dos prejuízos, ou então uma parte, mas ele se recusou dizendo que destinar uma pequena moeda àquele propósito seria tão repulsivo quanto pagar tudo o que era requerido.

26 DE JULHO

UM JULGAMENTO MODERADO

HENRY SCUDDER

*Porque Deus não nos tem dado espírito de covardia,
mas de poder, de amor e de moderação.*

2 TIMÓTEO 1:7

Permita que um julgamento moderado e claro diferencie o que é bom do que é mau. Também o que é melhor do que é menor, preferindo incomparavelmente coisas espirituais, celestiais e eternas às que são terrenas e temporais. Faça das melhores coisas o seu tesouro (MT 6:21). Então o seu coração estará pronto e seus pensamentos correrão na direção delas, e você será moderado ao pensar nas coisas que são menos necessárias. Aja como um conselheiro ou assessor jurídico, que precisa ouvir muitos clientes e responde a muitas petições. Analise os processos, veja qual é o mais importante e despache-os por primeiro. Afaste os pensamentos mundanos e deixe-os aguardando do lado de fora da porta até chegar o momento de lidar com eles, e despache por primeiro os melhores e mais necessários. Se os pensamentos mundanos se intrometerem imprudentemente e não quiserem sair, repreenda-os com firmeza. Não lhes dê ouvidos; desencoraje-os e repreenda o porteiro ou vigia da porta de seu coração, isto é: golpeie, machuque e verifique sua consciência.

*Afaste os pensamentos mundanos
e deixe-os aguardando do lado de fora da porta
até chegar o momento de lidar com eles.*

27 DE JULHO

LASTIMÁVEL IGNORÂNCIA

JAMES JANEWAY

*Ainda que o pecador faça o mal cem vezes,
e os dias se lhe prolonguem, eu sei com certeza que
bem sucede aos que temem a Deus. Mas o perverso
não irá bem, nem prolongará os seus dias; será como a
sombra, visto que não teme diante de Deus.*

ECLESIASTES 8:12,13

A falta de conhecer a Deus e não ter familiaridade com Ele é a principal causa do pecado. Não existe mal maior deste lado do inferno do que a necessidade de pecar (2PE 2:14). Aqueles que, segundo dizem, não conseguem parar de pecar são chamados de filhos da maldição. Quem escolhe o pecado em vez da aflição sofre de cegueira mental. Isso é apresentado como forte acusação em Jó: "Tome cuidado, não consideres a iniquidade; porque isso escolheste ao invés da aflição" (36:21, BKJ). Escolher a iniquidade em lugar da aflição é a maior tolice imaginável. Grande parte da miséria do inferno deve-se ao fato de que eles nunca cessam de pecar, e esse é o maior sofrimento sobre a Terra, pois passamos muito tempo sob o poder do pecado. Faço este apelo à alma alcançada pela graça que esteja sentindo o peso do pecado: Qual é a sua grande perturbação e tristeza? Não é por causa do pecado? Quais são seus gemidos secretos diante de Deus? Não é o senso de pecaminosidade? Paulo diz: "Desventurado homem que sou! Quem me livrará do corpo desta morte?" (RM 7:24). O apóstolo se queixa da enorme pecaminosidade que ainda pesava sobre ele e, na luta feroz de seu espírito contra o pecado, ele chama isso de corpo da morte. Seu sofrimento era tal que ele tinha a sensação de estar preso a uma carcaça pútrida e fétida. Como é desventurado o estado da alma que não conhece a Deus! Ela não pode fazer nada a não ser pecar, visto que lhe falta a regra correta para agir, um padrão correto a ser imitado, um princípio correto para praticar, um propósito correto pelo qual viver, um objetivo correto para lutar e a única ajuda com a qual contar. Isso nos diz respeito quando discernimos entre o bem e o mal, se tivermos algum respeito pela santidade e pureza ante o pecado e a iniquidade, a fim de nos relacionarmos com Deus, pois, sem um relacionamento com Ele, temos a terrível necessidade de pecar.

28 DE JULHO

NECESSIDADE DE FÉ

JOHN COLLINGES

Sede vigilantes, permanecei firmes na fé,
portai-vos varonilmente, fortalecei-vos.
1 CORÍNTIOS 16:13

Quando o carcereiro se ajoelhou aos pés do apóstolo e disse: "Que devo fazer para que seja salvo?" (AT 16:30), o apóstolo respondeu: "Crê no Senhor Jesus e serás salvo, tu e tua casa" (v.31). Quando o chefe da sinagoga teve medo, Cristo disse: "Não temas, crê somente" (MC 5:36). Quando o homem aflito pediu misericórdia por seu filho, Cristo lhe disse: "Tudo é possível ao que crê" (9:23). Quando oramos, se crermos sem duvidar, receberemos e certamente não fracassaremos. Tantas coisas gloriosas têm sido ditas a respeito dessa mãe das graças, cuja fé parece ser a nossa total ocupação. Perguntaram a Demóstenes quantas coisas eram necessárias a um orador, e ele mencionou três: primeira, ação; segunda, ação; e terceira, ação, o que significa que ação era mais que tudo. E quando um certo príncipe perguntou a um grande comandante o que era necessário para a guerra, esse comandante mencionou três coisas: dinheiro, dinheiro, dinheiro, o que significa que o dinheiro é o ligamento e os nervos da guerra. E, de fato, se alguém me perguntasse qual é a única coisa necessária para o cristão, eu diria: fé; se me perguntassem de novo, eu diria: fé; e se me perguntassem pela terceira vez, eu diria ainda: crer. À primeira, ore por fé; à segunda, use a fé; à terceira, cresça e tenha mais fé. Ter fé e crer é o dever integral do cristão, em um sentido seguro, pois isso supõe humilhação e ordena um novo modo de vida.

Ter fé e crer é o dever integral do cristão.

29 DE JULHO

DOIS DESTINOS

JOHN SHOWER

Então, clamando, disse: Pai Abraão, tem misericórdia de mim! E manda a Lázaro que molhe em água a ponta do dedo e me refresque a língua, porque estou atormentado nesta chama. LUCAS 16:24

Vamos considerar que as condições de felicidade e infortúnio são imutáveis e eternas. A felicidade de Lázaro e o tormento do rico eram condições que não podiam ser alteradas. Há um abismo intransponível fixado pelo conselho eterno e o decreto irrevogável de Deus: os amaldiçoados jamais subirão ao Céu, e os abençoados nunca afundarão no inferno. A desgraça de um e a felicidade do outro nunca cessarão! Vida eterna e destruição eterna. Toda a estrutura da religião cristã é edificada sobre essa verdade, isto é: a vida e a imortalidade são trazidas à luz pelo evangelho, da mesma forma que a felicidade ou o infortúnio após a morte. Deveríamos renunciar ao evangelho, jogar fora nossas Bíblias, condenar o Filho de Deus como impostor, as Sagradas Escrituras como fábula, e todos os homens mais sábios que existiram no mundo como tolos por acreditarem no evangelho de Cristo, se não houvesse estas duas condições eternas: felicidade ou infortúnio após a morte. O relato de nosso Senhor sobre os acontecimentos do último dia e a questão do Juízo Final estão expressos nessa questão. E o Juízo Final é denominado de "juízo eterno" (HB 6:2), não pela continuidade de sua implementação, mas pelos seus efeitos e consequências. Apesar de desconhecermos a duração do dia do julgamento, as recompensas eternas e os castigos eternos serão cumpridos.

A vida e a imortalidade
são trazidas à luz pelo evangelho.

30 DE JULHO

A PALAVRA FIRME

EDMUND CALAMY

Nestes últimos dias, nos falou pelo Filho,
a quem constituiu herdeiro de todas as coisas,
pelo qual também fez o universo.

HEBREUS 1:2

Devemos bendizer a Deus não apenas por revelar Sua vontade em Sua Palavra, mas também por revelá-la por escrito. Antes da época de Moisés, Deus expunha Sua vontade por meio de revelações imediatas vindas do Céu. Temos, porém, uma palavra mais firme de profecia (2PE 1:19), mais firme do que uma voz advinda do Céu, pois o diabo (diz o apóstolo) se transforma em anjo de luz. Ele faz aparições e revelações, ele é o imitador de Deus e, ao imitá-lo, aparece aos Seus discípulos e os faz crer que é Deus quem aparece, e não o diabo. Assim ele apareceu a Saul, na figura de Samuel. E se Deus expusesse hoje, neste dia, o Seu caminho de adoração e Sua vontade divina por meio de revelações, como seria fácil os homens serem enganados e confundirem ilusões diabólicas com revelações divinas. Devemos, portanto, bendizer a Deus pela Palavra escrita, que é mais firme e mais segura que uma revelação imediata. Há algumas pessoas propensas a pensar que se um anjo pudesse vir do Céu para revelar a vontade de Deus a elas, o impacto seria maior do que a Palavra escrita, mas eu pediria a tais pessoas que estudassem a conversa entre Abraão e o homem rico (LC 16:27-31). "Eles têm Moisés e os Profetas" (v.29); se não os ouvem, também não ouvirão qualquer um que saia do inferno ou desça do Céu. Porque é o mesmo Deus que fala por meio de Sua Palavra escrita e por uma voz vinda do Céu. A diferença está apenas na vestimenta exterior; portanto, se a fala de Deus por escrito não nos corrigir, a fala de Deus por meio de uma voz também não o fará.

Ó, que Deus seja muitíssimo bendito pela Palavra escrita! Devemos nos apegar a ela, sem esperar quaisquer revelações de novas verdades advindas do Céu, mas repetir as palavras do apóstolo: "Mas, ainda que nós ou mesmo um anjo vindo do céu vos pregue evangelho que vá além do que vos temos pregado, seja anátema" (GL 1:8).

Se a fala de Deus por escrito não nos corrigir, a fala de Deus por meio de uma voz também não o fará.

31 DE JULHO

PENSAMENTOS SOBRE O CÉU

HENRY SCUDDER

*A cidade não precisa nem do sol, nem da lua,
para lhe darem claridade, pois a glória de Deus
a iluminou, e o Cordeiro é a sua lâmpada.*

APOCALIPSE 21:23

No Céu há perfeita obediência. Não há erro, mesmo na menor das circunstâncias. "Agora, conheço em parte", diz o apóstolo, "então (isto é, quando chegar ao Céu), conhecerei como também sou conhecido" (1CO 13:12). Ao referir-se aos novos Céus, Pedro disse: "nos quais habita justiça" (2PE 3:13). O Céu é o lugar santo no qual nenhum ímpio pode entrar, porque, quando havia pessoas desobedientes no Céu, ou seja, o diabo e seus anjos, que não mantiveram seu estado original, o Céu os vomitou, para nunca ser enganado por eles ou coisa parecida. No Céu não há tentadores; há apenas Deus, anjos e os espíritos dos justos que se tornaram perfeitos. Assim, não há nenhuma tentação para pecar. Esses pensamentos suavizam a dor quando nossos amigos morrem no Senhor, pois o lugar para onde a morte os levou é o Céu. Isso nos dá segurança de que eles estão onde se tornaram perfeitos, onde não ofenderão nem serão ofendidos. Será que essa meditação produz nos filhos de Deus não apenas contentamento, mas o desejo de abandonar este tabernáculo (o corpo) para ser transformado quando o Senhor assim o desejar, uma vez que a transformação será tão feliz? Trata-se apenas de abrir mão de uma terra infeliz e pecaminosa para viver no Céu, onde habita a justiça perfeita. Trata-se de abandonar a mortalidade em troca da vida, o pecado em troca da graça, e a infelicidade em troca da glória. Lá, não há atores nem contempladores do pecado. Lá, não há pecado para contaminá-los ou aborrecê-los. Quando estivermos exaustos e quase desfalecendo em nosso combate contra o pecado e contra este mundo perverso, devemos considerar que em breve, se permanecermos firmes e corajosos, esse pecado e essa carne não nos aborrecerão mais. Quando a morte chegar, ela será o portal para o Céu. Certamente a morte separa o pecado da alma e do corpo para sewmpre da mesma forma que a alma se separa do corpo por uns tempos, pois o nosso lugar é no Céu, onde os anjos habitam, os exemplos de nossa obediência. Quando chegarmos lá, seremos iguais aos anjos (LC 20:36) e estaremos para sempre com o Senhor.

1.º DE AGOSTO

VIDA ESPIRITUAL
ISAAC AMBROSE

Se vivemos no Espírito, andemos também no Espírito.
GÁLATAS 5:25

O Espírito gera em nós um princípio de vida espiritual. Às vezes, as Escrituras dão a esse princípio o nome de semente, às vezes de nascente ou fonte, e ainda de vida de Cristo, porque ela nos é outorgada pelo Espírito de Cristo, por meio de nossa união inseparável com Cristo. Seja qual for o nome, não podemos entender isso como uma aptidão acrescentada àquelas que existem em nós de modo natural, mas um aperfeiçoamento dessas habilidades para agir no plano espiritual, como faziam espontaneamente antes da regeneração. É por isso que se diz que a pessoa regenerada prossegue segundo o Espírito, é conduzida pelo Espírito e anda no Espírito. Ora, dessa fonte nascem todos os hábitos da graça espiritual, individualmente distinguidos pelos nomes de fé, esperança e amor, embora, falando de um modo mais apropriado, eles não passem de variações daquele princípio espiritual dentro de nós, caracterizados por esses nomes. É desses hábitos da graça, que habitam em nós, que normalmente procedem as inclinações e ações espirituais. Os hábitos espirituais funcionam de modo semelhante aos hábitos naturais; aumentam e são fortalecidos por meio de exercícios e enfraquecem quando são negligenciados. Em razão de tudo isso, não posso negar que existe em nosso interior uma natureza deplorável e pecaminosa, oposta e contrária à santidade e que nos conduz todos os dias à escravidão. No entanto, aqui está o nosso privilégio, até mesmo santificação em parte. Certamente o Senhor nos deu outro nome e uma nova natureza. Existe algo mais dentro de nós que nos faz lutar contra o pecado e, com o tempo, prevaleceremos contra todos os pecados.

Certamente o Senhor nos deu outro nome
e uma nova natureza.

ARREPENDIMENTO VERDADEIRO

ARTHUR HILDERSAM

Filho meu, não rejeites a disciplina do SENHOR, nem te enfades da sua repreensão. PROVÉRBIOS 3:11

Quem se arrepende verdadeiramente não sente ódio nem raiva daquele que o admoesta ou reprova por causa do pecado, mas ama-o mais ainda. Quem é pobre de espírito e chora pelo pecado é também manso. [...] Ele não considera uma vergonha, mas um ornamento e honra, o fato de ser tão fielmente tratado. Davi estimou mais Natã depois de ter sido repreendido diretamente por ele; veja o respeito reverente que Davi demonstrou a Natã quando o profeta foi falar com o rei e teve acesso a ele (1RS 1:23), e você verá que Davi não passou a esconder-se dele, mas discutia com ele todos os assuntos importantes do momento. E em Atos 2, os mesmos homens que zombaram dos apóstolos e os repreenderam por causa de seu ministério passaram a respeitá-los reverentemente (AT 2:37). O mesmo fez aquele que relatou que Deus estava verdadeiramente no meio deles (1CO 14:25). Agiram assim porque sabiam que Deus é o Autor da repreensão que lhes foi aplicada de acordo com Sua Palavra, não importa de quem tenha partido. Embora o Faraó-Neco fosse inimigo de Josias, o conselho e a repreensão que foram enviados a Josias vieram da boca do Senhor, o que causou sua ruína por não lhe ter dado ouvido. Aquele que me repreende por qualquer pecado, de acordo com a Palavra, fala comigo em nome de Deus. Essa palavra vem de Deus e deve ser recebida, não como a palavra de um subalterno, mas como a Palavra de Deus.

Aquele que me repreende por qualquer pecado, de acordo com a Palavra, fala comigo em nome de Deus.

3 DE AGOSTO

O SABOR DO CÉU

JEREMIAH BURROUHGS

*Oh! Como é bom e agradável viverem unidos
os irmãos! É como o óleo precioso sobre a cabeça,
o qual desce para a barba, a barba de Arão,
e desce para a gola de suas vestes.*

SALMO 133:1,2

Provamos desde já o sabor do Céu quando nos reunimos com o povo de Deus em comunhão. As Escrituras chamam de Céu a Igreja do Senhor e a comunhão da igreja. Em Isaías 65:17, encontramos a promessa de Deus de restaurar a Sua igreja e curá-la do sofrimento. O texto diz: "Pois eis que eu crio novos céus e nova terra; e não haverá lembrança das coisas passadas, jamais haverá memória delas". O texto em Apocalipse 21, no qual a visão da restauração da Igreja foi revelada a João, diz a mesma coisa. Ele viu um novo céu e uma nova Terra. A Igreja do Senhor é o Céu. Não é apenas um grupo com o qual viveremos no Céu, mas é o Céu agora, e é por isso que o nosso Salvador diz que o menor no reino do Céu será maior que João Batista [MT 11:11]. [...] O reino do Céu é semelhante a um homem que semeia trigo no campo. Em outras palavras, a Igreja é um campo onde o trigo foi semeado. Crisóstomo diz em um de seus sermões sobre os coríntios: "A Igreja é o lugar dos anjos, o palácio do Céu, sim, o próprio Céu". Se a comunhão com o povo de Deus já é o Céu, certamente vale a pena suportar muitas aflições para estar com eles.

*A igreja não é apenas um grupo
com o qual viveremos no Céu, mas é o Céu agora.*

4 DE AGOSTO

DELEITEM-SE NA RELIGIÃO

RICHARD ALLEINE

Pelo conhecimento se encherão as câmaras
de toda sorte de bens, preciosos e deleitáveis.

PROVÉRBIOS 24:4

Ó amigos, deleitem-se na religião e lutem não apenas para serem cristãos conhecidos e compreendidos, mas também para serem cristãos de caráter e espírito atraentes. "Os que se inclinam para o Espírito [cogitam], das coisas do Espírito" (RM 8:5). As coisas espirituais são atraentes aos homens espirituais. Disponham-se a desenvolver a mente espiritual para serem influenciados espiritualmente, para que o conhecimento de Deus, os pensamentos de Deus, a adoração de Deus e a comunhão com Deus, com o coração de vocês e uns com os outros sobre as coisas de Deus possam influenciar sua alma e ser agradáveis a ela. Cristãos afetuosos e vigorosos — esse é um sinal de que eles sorveram o espírito da religião em seu coração; e isso será útil para produzir e aquecer afetos nos outros. Quando vocês provarem experimentalmente a doçura e, por conseguinte, sentirem-se profundamente afetados pela religião, é bem provável que se apegarão a ela e prosperarão nela. Essa tendência e apego à religião é obtida somente por meio de nossa familiaridade interior e experimental com ela. Enquanto ela permanecer na mente e na língua, será apenas algo seco e insípido para vocês; enquanto vocês permanecerem na superfície, e fora dela, e não levarem a religião a sério, poderão dizer a respeito de sua religião o mesmo que foi dito a respeito da idolatria em Samaria: "Não haverá talo, o broto não dará alimento" (OS 8:7, BKJ). Ou se houver talo, e aparentemente der algum alimento, nem o talo nem o alimento terá doçura. Amigos, vocês precisam aprofundar-se na religião se quiserem saborear sua doçura. Esforcem-se para que o coração de vocês seja fermentado e temperado com a religião, esforcem-se para que ela se torne natural em vocês; sorvam o espírito da religião dentro de vocês, para que sejam metamorfoseados e transformados na imagem e natureza dela, e aí, sim, descobrirão quão agradável ela será para vocês.

Amigos, vocês precisam aprofundar-se na religião se quiserem saborear sua doçura.

5 DE AGOSTO

CARIDADE

THOMAS WATSON

*E agora permanecem a fé, a esperança e a caridade,
estas três; mas a maior destas é a caridade.*

1 CORÍNTIOS 13:13 (BKJ)

O homem justo é útil a outras vidas. Ele é um salvador secular. Fecha um olho para os erros das pessoas e abre o outro para observar suas necessidades. Ele é como os Céus derramando sua influência e enviando suas gotas de prata de caridade; é o cajado para o coxo e pão para o faminto. Coloca uma muleta de ouro sob os braços dos outros quando estão caindo. Dizem que o jovem Lorde Harrington doava um décimo de sua renda anual para fins de caridade. Assim como Maria levou seus doces perfumes para ungir o corpo de Cristo, também uma alma graciosa leva seus unguentos de caridade para ungir os justos, que são o Corpo vivo de Cristo. O homem bom considera ponderadamente que ele próprio vive de contribuição: a terra enriquece-o com filões de prata e colheitas de cereais. Um animal lhe fornece a lã, outro lhe fornece óleo, e ainda outro a seda. Ao observar cada ser vivo cooperando para o seu bem-estar, ele pensa em dedicar-se a fazer o bem aos outros. A fé sem obras é morta (TG 2:17). A fé santifica as obras e as obras testificam a fé. O crente, por um lado, recebe as virtudes de Cristo; por outro, consola seus companheiros. E ao suprir as necessidades dos pobres, ele contribui generosamente. A caridade escorre dele como a mirra escorre da árvore. Ele não coloca suas esmolas entre suas dívidas incontroláveis e agradece por Deus o ter colocado entre o número de doadores, e não de recebedores.

A fé santifica as obras e as obras testificam a fé.

6 DE AGOSTO

LÍNGUA DUPLA

THOMAS ADAMS

*O que guarda a boca e a língua guarda
a sua alma das angústias.*
PROVÉRBIOS 21:23

Se Deus nos deu uma língua, por que agimos como se tivéssemos duas? Algumas pessoas têm língua dupla porque têm coração duplo. Mas Deus nos deu uma língua e um coração para que eles sejam realmente um, como o são em número. Foram feitos um de cada; não devem ser duplos. Deus nos fez pessoas decentes, mas nós nos tornamos monstros. Ele nos deu dois olhos, dois ouvidos, duas mãos e dois pés. Mas agimos como se tivéssemos apenas um de cada. Temos um olho para espreitar os erros de alguém, mas não temos outro para ver nossos próprios erros. Temos um ouvido para ouvir o queixoso, mas não temos outro para ouvir o acusado. Temos um pé rápido para trilhar caminhos proibidos, mas não temos outro para nos levar ao lugar santo de Deus. Temos uma das mãos para exortar, arranhar e ferir, mas não temos a outra para consolar, dar esmolas e curar feridas. No entanto, Deus nos deu apenas uma língua e um coração, ordenando-nos que nos contentemos com essa singularidade, mas decidimos ter duas línguas e dois corações; agimos de modo contrário a Deus, à natureza e à graça; tornamo-nos monstros de um olho só, de um pé só, de duas línguas e de dois corações. O caluniador, o adulador, o blasfemo e o mexeriqueiro são monstruosos; são deformados, como se tivessem duas línguas e um só olho, duas cabeças e um só pé.

*Algumas pessoas têm língua dupla
porque têm coração duplo.*

7 DE AGOSTO

DEMONSTRAÇÕES
JOHN BUNYAN

Mantendo exemplar o vosso procedimento no meio dos gentios, para que, naquilo que falam contra vós outros como malfeitores, observando-vos em vossas boas obras, glorifiquem a Deus no dia da visitação.

1 PEDRO 2:12

O crente é a única pessoa por meio de quem Deus manifesta ao mundo o poder de Sua graça e o modo como a fé de Seu povo age. Os incrédulos entendem realmente o poder da graça, da fé, esperança, amor, alegria, paz e santificação do coração do cristão; mas não sentem nada a respeito da ação que está nessas coisas capaz de matar o pecado; para eles, isso não passa de uma história de Roma ou da Espanha. Portanto, para mostrar aos outros o que eles não encontram em si mesmos, Deus produz fé, esperança e amor na geração que o serve; e por meio disso eles são convencidos de que, embora o pecado e os prazeres desta vida lhes sejam agradáveis, há pessoas com a mente voltada para outras coisas. Até mesmo as pessoas que veem a glória da qual os outros leram sentem prazer nessas coisas às quais se opunham. É para isso, eu digo, que cristãos são chamados. Cristo aqui é glorificado, por meio disso os pecadores são convencidos do pecado, e por isso o mundo é condenado.

Deus produz fé, esperança e amor na geração que o serve.

PERDÃO

JOHN OWEN

*Contigo, porém, está o perdão,
para que te temam.*
SALMO 130:4

Certamente a consciência não sabe nada a respeito de perdão; sim, o perdão contraria aquilo em que ela confia e também sua função e sua ocupação. Se a um homem de coragem e honestidade for confiado o dever de comandar uma tropa contra o inimigo, e chegar alguém dizendo que houve um tratado de paz entre as duas partes e que ele deve abandonar o seu posto, abrir os portões e cessar toda a vigilância, quão cauteloso ele será para não ser traído sob esse pretexto! "Não", ele dirá, "permanecerei aqui até receber ordens expressas de meus superiores". Deus concede à consciência o poder de agir na alma do pecador, com a ordem de manter tudo sob seu controle no que se refere ao julgamento que virá. Ela não trai sua confiança ao acreditar em um relatório de paz. Não; ela diz o seguinte e fala em nome de Deus: "A culpa e o castigo são gêmeos inseparáveis; se a alma pecar, Deus julgará. O que você me diz a respeito do perdão? Sei qual é a minha incumbência, e vou cumpri-la. Você não incluirá um comandante superior, um princípio oposto, em minha confiança; pois, se assim for, parece que devo deixar o trono para que outro senhor o ocupe", sem saber, ainda, como esse assunto todo é constituído no sangue de Cristo. Ora, em quem o homem deve acreditar senão na sua consciência, a qual, assim como não o lisonjeia, também não tem a intenção de assustá-lo, mas de falar a verdade como o assunto exige? [...] Ela permitirá que os homens falem de perdão, que ouçam pregações sobre o perdão, embora façam mau uso dele todos os dias, mas que o recebam em seu poder, que se opõe diretamente ao seu domínio.

"No reino", diz a consciência, "serei maior que você", e em muitas vezes, ou na maioria das vezes, ela mantém seu domínio e não se acomodará.

Em quem o homem deve acreditar
senão na sua consciência?

9 DE AGOSTO

ORAÇÃO INQUIETA
WILLIAM FENNER

Orai sem cessar.
1 TESSALONICENSES 5:17

O que é oração persistente? Eu respondo: é uma oração inquieta, que não aceita resposta negativa, mas é petulante no bom sentido, até ser respondida [...] Se você é persistente, não descansa enquanto não recebe uma resposta de sua súplica diante de Deus. Um exemplo é aquela pobre mulher cananeia que buscou o Senhor Deus do Céu e da Terra (ela pertencia à família amaldiçoada de Cam, que o Senhor ordenara fosse destruída; no entanto, ela se arrependeu e passou a ter a fé de Abraão) para saber se o Senhor a reconhecia como filha. O Senhor, porém, pareceu rejeitá-la e permitiu que o diabo se apossasse de sua filha. Será que aquela pobre mulher pensou que havia feito uma troca lamentável de religião, ao ver que Deus, o autor disso, não a reconhecia, mas permitiu que o diabo se apossasse de sua filha? Mas veja a persistência da mulher. Ela não sossegou enquanto não encontrou Cristo (MC 7:24,25). Cristo não podia esconder-se. Não? Ora, Ele não poderia esconder-se em algum canto? Não, não, ela pensa, há um Cristo, e se Ele estiver nesta parte debaixo do Céu, eu o encontrarei. O mesmo ocorre com a alma perseverante na oração; ela é inquieta. E se Cristo se escondesse no mundo e não reconhecesse uma pobre alma, ainda assim essa pobre alma saberia que há um Cristo, e, se Ele pode ser encontrado neste mundo, ela o encontrará.

...a alma perseverante na oração [...] é inquieta.

10 DE AGOSTO

LUZ E TREVAS

PETER STERRY

*Até as próprias trevas não te serão escuras:
as trevas e a luz são a mesma coisa.*

SALMO 139:12

Davi afirma que "as trevas e a luz são a mesma coisa" para Deus. Ó que maravilhosa união de opostos! Ó poder insondável. Ó poderosa razão da alegria universal! Deus é a única verdade, e a medida da verdade; as trevas e a luz são iguais para Ele, que é o Primeiro e o Último. Assim como a luz emite seu brilho das trevas e torna manifesto tudo o que há de melhor em si mesma, as trevas oferecem luz e são uma manifestação de todas as glórias, uma representação de todas as imagens de beleza e deleite perante Deus. A luz tem uma aparência própria e característica e é vista por Deus em sua forma distinta, como é em si mesma, contudo, ao vê-la, todas as coisas são vistas. Da mesma forma, as trevas revelam-se diante de Deus em sua forma mais escura e melhor; e todas as luzes da consolação, santidade e verdade surgem com ela nessa mesma revelação. Benditos aqueles que permanecem em Deus ou são semelhantes a Ele, pois não há trevas que escondam a alegria deles, nem mesmo as trevas da morte! A sepultura resplandece para eles, como o Céu, e mostra o mesmo espírito, vida e glória para seus olhos. Essa é a obra do poder de Deus, que faz a luz que vem de cima e as trevas que vêm de baixo se unirem e se beijarem; e como o homem e a mulher, passam a ter uma imagem, para se tornarem uma luz.

*As trevas e a luz são iguais para Ele,
que é o Primeiro e o Último.*

11 DE AGOSTO

RAZÃO REVELADA

JOHN ARROWSMITH

Pois em ti está o manancial da vida;
na tua luz, vemos a luz.

SALMO 36:9

A religião é algo que distingue os homens dos animais mais do que a própria razão os distingue. Alguns animais selvagens possuem traços de razão, mas não possuem nenhum traço de religião. Esta definição: "O homem é uma criatura apegada à religião" pode ser considerada verdadeira, da mesma forma que esta outra é comumente aceita: "O homem é uma criatura viva dotada de razão". Algum tipo de divindade é reconhecido em todas as partes do mundo, e em qualquer lugar onde uma divindade é aceita, alguma forma de adoração é observada. Se uma assembleia de filósofos fosse convocada para discutir assuntos relacionados a Deus, eu nada perguntaria, a não ser que em seus debates eles pronunciassem um anátema contra o ateísmo e outro contra a incredulidade. Entre os romanos, adorar com moderação era considerado uma forma de ateísmo. Ninguém, a não ser o Deus verdadeiro, é capaz de revelar o que é a verdadeira adoração. Assim como esse olhar glorioso do Céu não pode ser visto a não ser por sua própria luz, e um milhão de tochas não podem nos mostrar o Sol, da mesma forma toda a razão natural que existe no mundo não pode desvendar o que Deus é nem qual é a adoração que Ele espera, sem a revelação divina e sobrenatural dele próprio.

Toda a razão natural que existe no mundo
não pode desvendar o que Deus é nem qual
é a adoração que Ele espera.

12 DE AGOSTO

RELIGIÃO DO CORAÇÃO

WILLIAM DYER

*Quem dera que eles tivessem tal coração,
que me temessem e guardassem em todo o tempo
todos os meus mandamentos, para que
bem lhes fosse a eles e a seus filhos, para sempre!*

DEUTERONÔMIO 5:29

Que sua habilidade na questão da obediência seja a de entregar o seu coração, em obediência, a Deus: "Dá-me, filho meu, o teu coração" (PV 23:26). Veja que Deus pede o coração, que é aquele campo do qual Deus espera a maior e a mais abundante colheita de glória. Deus nutre maior respeito por seu coração do que pelas suas obras. Deus olha mais para o lugar onde o homem olha menos. Se o coração for de Deus, então tudo é de Deus — nossas afetividades, nossas vontades, nossas intenções, nossos desejos, nossos planos, nosso tempo, nossa força, nossas lágrimas, nossas doações, nossas orações, nossa situação, nosso corpo, nossa alma. Pelo fato de ser a fortaleza principal que comanda todo o resto — os olhos, os ouvidos, as mãos, a língua, a cabeça e os pés —, o coração comanda todos eles. Ora, se Deus tiver o nosso coração, terá tudo. Se Ele não tiver o nosso coração, não terá nada. O coração obediente é a obediência do coração. Assim como o coração está sob o comando da alma que o governa, a alma também está sob o comando de Deus que a concedeu. "Porque fostes comprados por preço", diz o apóstolo. "Agora, pois, glorificai a Deus no vosso corpo" (1CO 6:20). Aquele que é tudo em tudo por nós deve ter o que é tudo em tudo em nós. O coração é a sala do trono, onde o Rei da glória faz Sua morada. Aquilo que é mais valioso para nós deve ser entregue àquele que é o mais valioso para nós. O corpo é apenas o estojo, a alma é a joia; o corpo é apenas a concha, a alma é a pérola. A alma é o sopro de Deus, a beleza do homem, a maravilha dos anjos e a inveja dos demônios.

Aquele que é tudo em tudo por nós
deve ter o que é tudo em tudo em nós.

GLORIFIQUE A DEUS

THOMAS MANTON

*Glória a Deus nas maiores alturas,
e paz na terra entre os homens,
a quem ele quer bem.*

LUCAS 2:14

Nossos maiores sentimentos de carinho e afeição devem ser dedicados à glória de Deus quando oramos. Devemos nos esquecer de nós, não de Deus. O Senhor deve ser lembrado em primeiro lugar. Não há nada mais precioso do que Deus; portanto nada deve ser mais valioso para nós do que Sua glória. Esta é a grande diferença entre o homem honrado e o hipócrita: o hipócrita nunca busca a Deus a não ser em momentos de necessidade; e nunca busca o próprio Deus. Mas, quando o homem honrado busca a Deus, é por Deus que ele busca em primeiro lugar; sua principal preocupação é maior com os interesses de Deus do que com os dele próprio. Embora ele busque em Deus a sua felicidade e tenha permissão para fazer isso, sua busca principal é pela glória de Deus, não por seus interesses e preocupações. O Salmo 115 diz: "Não a nós, Senhor, não a nós, mas ao teu nome dá glória, por amor da tua misericórdia e da tua fidelidade" (v.1). Não se trata de uma doxologia, nem de uma forma de gratidão, mas de uma oração. Observe que ela não é pela nossa segurança e bem-estar, mas pela glória de Deus; não pela destruição de nossos adversários ou de vingança contra eles; não por garantir nossos interesses, mas pela graça e verdade da glória de Deus, para que Ele seja conhecido como o Deus que cumpre Sua aliança, pois a misericórdia e a verdade são os dois pilares dessa aliança. É uma grande desonra para Deus quando se busca mais qualquer coisa dele do que buscar Sua presença ou não o buscar por quem Ele é.

Agostinho diz que se trata de um afeto carnal na oração quando os homens buscam mais a si mesmos do que a Deus. A busca pelo ego e por Deus são duas coisas competitivas. No entanto, há vários tipos de ego: o carnal, o natural, o espiritual e o glorificado. Deus deve estar acima de todos eles.

*A misericórdia e a verdade são
os dois pilares dessa aliança.*

14 DE AGOSTO

LUTEM PELA PERFEIÇÃO

HENRY SCUDDER

Prossigo para o alvo, para o prêmio da soberana vocação de Deus em Cristo Jesus.

FILIPENSES 3:14

Que nossa oração e empenho sejam para fazer boas coisas e cumprir a vontade de Deus. E apesar de haver falhas em relação ao que está feito (que também não deve ser permitido), se o coração for íntegro na forma de ser, Deus tolerará as muitas fraquezas e aceitará a verdade e a integridade. Os cristãos precisam ter a perfeição como objetivo. Precisam sempre esforçar-se para consegui-la. "Ora, o Deus da paz... vos aperfeiçoe em todo o bem, para cumprirdes a sua vontade" (HB13:20,21), diz o apóstolo. [...] É justo alguém duvidar que um homem seja verdadeiramente cristão se não sentir o desejo e o anseio de buscar a perfeição do cristianismo. Isso faz cair por terra o pensamento de todos aqueles que acham que sabem o suficiente e que fizeram bom progresso na corrida do cristianismo. O que diz o apóstolo? Nem todos os que correm recebem o prêmio. Se alguém cair ou parar, jamais terminará a corrida. Portanto, Deus deseja que os outros façam como Ele fez: corram para que possam obter e, então, lutem para receber o domínio e a coroa. Aquele que põe a mão no arado e olha para trás não é apto para o reino de Deus (LC 9:62). Os pensamentos a respeito do Céu, os padrões de imitação que estão no Céu e o estado de perfeição no qual estaremos quando lá chegarmos devem atuar como ímã puxando-nos para cima, para a perfeição. Sejam perfeitos, Cristo diz, como é o Pai celestial de vocês (MT 5:48); em todas as coisas e em todos os caminhos, sejam perfeitos. Para conseguir isso é preciso: primeiro, convencer o coração de que devemos ser perfeitos. Segundo, entender que ainda não somos perfeitos, como diz o apóstolo. Terceiro, não olhar para o que fizemos e para o que ficou para trás, mas olhar para a missão que está adiante de nós. Quarto, purificar-nos da corrupção da carne e do espírito, e alcançar a perfeita santidade. Quinto, para conseguir fazer tudo isso, precisamos ler e ouvir as Sagradas Escrituras e meditar nelas, porque são elas que tornam perfeito o homem de Deus. Por último, ser totalmente diligentes e prosseguir, como o apóstolo fez, para o prêmio da soberana vocação de Deus em Cristo Jesus. Façam isso, porque aqueles que não almejam a perfeição não possuem a perfeição da verdade.

15 DE AGOSTO

MANANCIAL PERPÉTUO

WILLIAM SPURSTOWE

*Há um rio, cujas correntes alegram a cidade de Deus,
o santuário das moradas do Altíssimo.*

SALMO 46:4

As consolações das promessas de Deus são misericórdias perenes e seguras (AT 13:34); da mesma forma são as correntes cristalinas de uma nascente viva, e não as águas impuras de uma torrente impetuosa, que às vezes, com sua correnteza, fazem o viajante temer pela própria vida e, em outras, frustram a expectativa de ser refrescado por elas. Os geógrafos, ao descreverem as Américas, relatam que há um rio no Peru chamado Diurnal, ou diurno, porque corre com grande volume de água durante o dia, mas fica totalmente seco à noite. Dizem que isso ocorre por causa do calor do sol, que durante o dia derrete a neve vinda das montanhas ao redor. Mas, quando o Sol se põe e a noite fria se aproxima, a neve que alimenta o rio congela, e o canal fica inteiramente seco. Muito semelhantes a esse rio são todas as alegrias do mundo, que são apenas alegrias diurnas, mas não noturnas. No calor do sol da paz e da prosperidade, elas fluem em forma de correntes agradáveis, mas nas noites de aflição desaparecem e se reduzem a nada. Então o homem rico, como diz Cipriano, deita-se inquieto em uma cama macia e geme profundamente embora se extasie com pérolas e safiras. Mas o extremo oposto acontece com as promessas de Deus, cujas águas correm como um bálsamo em tempos de sofrimento e quase sempre são caudalosas e refrescam poderosamente a alma cansada e aflita.

*Todas as alegrias do mundo são apenas alegrias diurnas,
mas não noturnas.*

16 DE AGOSTO

PEREGRINOS

RICHARD ALLEINE

*No deserto, fendeu rochas e lhes deu a beber
abundantemente como de abismos.*

SALMO 78:15

Quem me conduzirá através do deserto? Há muitos caminhos, muitos caminhos falsos, muitos caminhos cruzados e apenas um é o caminho certo. Como encontrarei o caminho para o Céu, o caminho certo que conduz para lá? E quem me mostrará esse caminho e me guiará? Aqui a Confiança responde: Cristo me conduzirá. Eu me apoio nele para ser meu Moisés e guiar-me no caminho que devo seguir: "Tu me guias com o teu conselho" (SL 73:14). Cristo percorreu antes o caminho de Seus escolhidos e lhes mostrará Seus passos para conduzi-los. Portanto, o apóstolo exorta a correr a carreira olhando para Jesus (HB 12:2), a fim de obter encorajamento e direção. Não siga somente os passos do rebanho, mas siga os passos do Pastor, e ande onde Ele andou antes de você. Mas como encontrarei o caminho ou os lugares por onde Cristo andou? "Não cabe ao homem determinar o seu caminho" (JR 10:23). "Como, pois, poderá o homem entender o seu caminho?" (PV 20:24). Há muitas situações difíceis e complexas nas quais posso ficar parado sem saber que caminho seguir. A resposta encontra-se no Salmo 143: "Pois em ti confio; mostra-me o caminho por onde devo andar, porque a ti elevo a minha alma" (v.8); "Guie-me o teu bom Espírito por terreno plano" (v.10). Confio que "tu me guias com o teu conselho e depois me recebes na glória" (SL 73:24).

*Não siga somente os passos do rebanho,
mas siga os passos do Pastor.*

17 DE AGOSTO

DOENTE DE AMOR

JOHN OWEN

*Conjuro-vos, ó filhas de Jerusalém,
se achardes o meu amado, lhe digais
que* estou *doente de amor.*
CÂNTICO DOS CÂNTICOS 5:8 (BKJ)

A esposa está totalmente extasiada com a ternura do acolhimento de Cristo e encontra amor, carinho e bondade concedidos por Ele nas congregações dos santos. Portanto, ela clama: "Sustentai-me com passas, confortai-me com maçãs, porque eu *estou* doente de amor" (CT 2:5, BKJ). Ao descobrir a excelência e a ternura de Cristo na sala do banquete, a alma é subjugada imediatamente e suplica para ser participante da plenitude disso. Ela está "doente de amor", não (como alguns supõem) desfalecendo pela necessidade de um senso de amor, sob a ideia de ira; mas adoeceu e desfaleceu, e conseguiu vencer com a poderosa ação daquele afeto divino depois de ter provado a ternura de Cristo na sala do banquete. Seu desejo postergado fez seu coração adoecer, portanto ela clama: "Fica comigo; tive um vislumbre do Rei em Sua beleza, provei do fruto de Tua justiça; a minha alma se desmancha de saudades dele. Ó! Sustenta e ampara meu espírito com Tua presença em Tuas ordenanças, com aquelas 'passas e maçãs de Sua sala de banquete', para que eu não desmorone totalmente e desfaleça! Eu te vi, e minha alma tornou-se semelhante às carruagens de Aminadabe. Que eu receba algo de ti para sustentar-me, ou morrerei". Quando uma pessoa está desfalecendo, seja qual for a ocasião, duas coisas devem ser feitas: ampará-la com força para que ela não caia ao chão e aplicar-lhe algo que reanime seu espírito. É por essas duas coisas que a alma dominada e desfalecida pela força de seu próprio amor (aumentado pelo senso da presença de

Cristo) ora. Dessa forma, a alma teria uma graça fortalecedora para ampará-la nessa condição, a fim de poder cumprir o seu dever e teria as consolações do Espírito Santo para alegrá-la, revigorá-la e saciá-la, até encontrar pleno deleite em Cristo.

Ao descobrir a excelência e a ternura de Cristo na sala do banquete, a alma é subjugada imediatamente.

18 DE AGOSTO

O CORAÇÃO PERFEITO

ROBERT HARRIS

*Perguntou o Senhor a Satanás:
Observaste o meu servo Jó? Porque ninguém há na
terra semelhante a ele, homem íntegro e reto,
temente a Deus e que se desvia do mal. Ele conserva
a sua integridade, embora me incitasses contra ele,
para o consumir sem causa.*

JÓ 2:3

O coração íntegro é, antes de tudo, um coração perfeito, conforme as Escrituras o denominam. Ele é totalmente íntegro quando todos os poderes seguem na mesma e única direção, quando a alma inteira se curva diante de Deus e deseja apenas buscá-lo e honrá-lo. Você pode conhecer melhor esse coração se compará-lo ao coração do hipócrita, que é um coração dividido. O coração do hipócrita olha para duas direções ao mesmo tempo, como se o poder e a capacidade da alma exercessem forças opostas. Há (e é verdade) uma luta no interior das melhores pessoas, mas essa luta é travada entre a graça e a carne, entre o homem e seu inimigo. No entanto, no hipócrita, uma faculdade luta contra a outra, ou seja, a razão e a consciência lutam contra a afeição, e uma afeição luta contra a outra. Há uma grande diferença entre guerra civil, na qual um vizinho luta contra o outro, e guerra nacional, na qual todos se juntam contra um inimigo em comum. A luta do cristão é travada entre a parte totalmente regenerada e a corrupção; mas no coração do hipócrita há guerra civil. Os poderes conflitam-se entre si, como se um membro do corpo, ou um súdito do reino, devesse lutar contra o outro. A paixão recomenda algo, a razão o condena; a luxúria afeta uma coisa, a consciência a rejeita; uma parte possui algo, e a outra possui outro. No homem íntegro isso ocorre de modo bem diferente, pois seu coração é puro e segue sempre o mesmo caminho. Tudo o que ele deseja é agradar a Deus e lutar contra o pecado.

Há (e é verdade) uma luta no interior das melhores pessoas, mas essa luta é travada entre a graça e a carne.

19 DE AGOSTO

PÉROLAS DA PERSEGUIÇÃO

JEREMIAH BURROUGHS

Chamando os apóstolos, açoitaram-nos e, ordenando-lhes que não falassem em o nome de Jesus, os soltaram. E eles se retiraram do Sinédrio regozijando-se por terem sido considerados dignos de sofrer afrontas por esse Nome.

ATOS 5:40,41

O povo de Deus aqui está aflito, para que Cristo neles, e eles em Cristo, possa ser, na conclusão de todos, mais glorificado. Primeiro, isso ocorre na vitória sobre toda maldade e na destruição final de todos os seus inimigos. Segundo, vemos isso na felicidade deles depois de terem sofrido tantos males; a amargura do sofrimento anterior aplaude a doçura das alegrias posteriores. Terceiro, as aflições deles contribuem para aumentar sua glória. O apóstolo afirma: "Porque a nossa leve e momentânea tribulação produz para nós eterno peso de glória" (2CO 4:17). Górdio, um mártir abençoado (a quem Basílio tanto elogia em um discurso), relatou que não considerava perda o fato de ter sofrido vários tipos de tortura. Disse que as torturas não passavam de uma permuta com Deus por glória. Tertuliano expressou-se dizendo que quanto maiores forem os combates, maiores serão as recompensas. Bernard disse que os perseguidores eram os ourives do Pai, que trabalham para acrescentar pérolas às coroas dos justos. As sementes da felicidade são lançadas nos sulcos profundos da aflição, e quanto mais profundos forem os sulcos, mais preciosas serão as sementes lançadas neles, e mais gloriosa e abundante será a colheita. Quando se desenha uma imagem gloriosa e bem elaborada, o chão usado deve ser traçado em preto, e não em sujeira. Da mesma forma, o nosso chão aqui no mundo pode ser traçado em aflições, mas não podemos permitir que seja traçado em pecado. Vemos, então, que, embora as aflições sejam uma raiz amarga, delas nascem lindas flores e frutos agradáveis. Não é de admirar, então, que, embora Deus tenha controle sobre todas as coisas, Seu povo viva em condição aflitiva. Devemos aprender com as coisas que Deus determinou que fossem dessa maneira.

> *Vemos, então, que, embora as aflições*
> *sejam uma raiz amarga, delas nascem lindas flores*
> *e frutos agradáveis.*

20 DE AGOSTO

PRAZERES EFÊMEROS

ROBERT DINGLEY

Pois toda carne é como a erva,
e toda a sua glória, como a flor da erva.

1 PEDRO 1:24

Um dia, desapareceremos desta glória terrena; como um barco à vela, estamos em movimento constante e, de repente, chegaremos à costa da eternidade. Embora a glória do mundo deva ser verdadeira para nós e nos acompanhe até a sepultura, ela não poderá dar um passo além dela. Adriano, o imperador romano, que viveu de forma tão gloriosa, morreu em desespero. Cícero pronunciou este discurso divino: "A morte deve ser assustadora para aqueles cuja felicidade termina junto com sua vida". E Sêneca disse: "Seu último dia provará se você foi realmente feliz". Na hora da morte, o mundo mostrará sua vaidade, porque nos voltaremos à terra, a mãe de todos nós. Veja, então, a tolice e a loucura de nossa mente quando fixamos os olhos e o coração nas coisas exteriores e transitórias. "...que não entrega a sua alma à falsidade..." (SL 24:4). O coração de muitas pessoas (inclusive que professam a Cristo) está cravado e concentrado no mundo, nas loucuras e vantagens dele, enquanto elas repetem as palavras de Pedro: "Senhor, bom é estarmos aqui" (MT 17:4). Mas deixemos que os mamonistas e as simples minhocas (especialmente) reflitam em sua condição. Se o mundo não representa para você a vaidade da Terra, a morte representará. Ofereça roupas bordadas, cofres de ouro, títulos de honra, a música mais primorosa ou os prédios mais suntuosos a um homem que luta para respirar; ele desprezará suas ofertas e lhe dirá: "Vejo agora que tudo isso é vaidade". Terrível será a hora da morte para os que amam o mundo; quando seus amigos chorarem por eles e os médicos os abandonarem, quando

Deus franzir a testa para eles, quando os sentidos falharem, quando a Terra os deixar, quando o Céu os recusar e Tofete os desafiar, certamente a melodia mudará. Não mais: "Vaidade das vaidades, tudo é vaidade", mas "Desgraça das desgraças, tudo é desgraça!". Essa será uma ferroada eterna no coração deles, para refletir quanto eles perderam por tão pouco. Pois trocaram a glória pela vaidade, a felicidade pela aflição, Cristo pela petulância e a vida imortal pelo sonho de uma sombra, como aqueles que venderam o justo por um par de sapatos. Milhões de pessoas perdem prazeres infinitos por coisas que perecem com o uso.

21 DE AGOSTO

OUVINDO O MUNDO

CHRISTOPHER NESSE

Alegro-me nas tuas promessas, como quem acha grandes despojos. SALMO 119:162

Ter a Palavra de Deus para ler e ouvir — é o que você precisa valorizar como um privilégio precioso e louvar o Senhor por isso com o coração, os lábios e a vida. Deus entregou a você um rico tesouro ao lhe conceder Sua Palavra e evangelho. Você poderia estar suplicando por gotas de misericórdia no inferno, no entanto, pelo simples fato de olhar para Deus, Ele lhe oferece, em Sua Palavra e evangelho, oceanos de graça aqui na Terra. Ó, o que os amaldiçoados não dariam (até dez mundos se os possuíssem) para desfrutar desses meios de graça (sim, por ao menos um dia), e esses dias de salvação foram concedidos a você. Deus não fez a nenhuma outra nação, nem a muitas pessoas, o que fez por você no país onde nasceu (SL 147:19,20). Foi um favor especial e uma garantia a Israel o fato de Deus lhes ter confiado os oráculos vivos (e estimulantes) (RM 3:2). É de fato um talento primoroso, uma questão de grande confiança, conhecer a vontade do Mestre. Há muito disso em Lucas 12: "Àquele a quem muito foi dado, muito lhe será exigido" (v.48). O pobre mundo pagão vive sob uma longa noite de trevas (tendo apenas a luz cintilante da estrela da natureza caída) na qual eles vagueiam tristemente, mas não tão largo a ponto de perder o inferno. A luz da estrela cintilante torna-os indesculpáveis (RM 1:20), mas não pode conduzi-los à estrela de Jacó, a brilhante Estrela da Manhã, nem à vida e à salvação (AT 4:12).

A luz da estrela cintilante torna-os indesculpáveis, mas não pode conduzi-los à estrela de Jacó.

A MISERICÓRDIA DE DEUS

JOHN SHOWER

Rendei graças ao Senhor, porque ele é bom;
porque a sua misericórdia dura para sempre.
1 CRÔNICAS 16:34

"Vai, pois, e apregoa estas palavras para o lado do Norte e dize: Volta, ó pérfida Israel, diz o Senhor, e não farei cair a minha ira sobre ti, porque eu sou compassivo, diz o Senhor, e não manterei para sempre a minha ira. Tão somente reconhece a tua iniquidade, reconhece que transgrediste contra o Senhor, teu Deus" (JR 3:12,13), isto é, "Não deixe que eles acalentem pensamentos injustos a meu respeito, como se não houvesse perdão; não deixe que percam a esperança de receber minha misericórdia, imaginando que não os aceitarei quando retornarem". Essas palavras dão-nos grande encorajamento para convencer os pecadores de que há uma tábua de salvação para livrá-los do naufrágio, um remédio contra o desespero; aqui existe uma base para retornarem a Deus com esperança. Aqui há um motivo para buscar misericórdia, pois Deus proclamou sua presteza em perdoar e oferecer perdão em abundância. E deixa muito claro que a doutrina do arrependimento jamais teria sido pregada se não houvesse nenhuma esperança de perdão. Os anjos caídos, por não terem recebido a oferta da misericórdia, nunca foram chamados ao arrependimento; pois, se não houver uma convicção muito profunda de pecado e tristeza por conta dele, não poderá haver arrependimento e retorno para Deus, sem acreditar que existe misericórdia a ser recebida. Tudo terminaria em morte e desespero. O arrependimento nunca foi exigido como um dever, nem foi ordenado aos pecadores como uma obrigação, a não ser por esta verdade: se os ímpios abandonarem o caminho, Deus terá misericórdia.

*A doutrina do arrependimento
jamais teria sido pregada se não houvesse
nenhuma esperança de perdão.*

23 DE AGOSTO

CONHECER A DEUS

RICHARD STOCK

Mamarás o leite das nações e te alimentarás ao peito dos reis; saberás que eu sou o Senhor, o teu Salvador, o teu Redentor, o Poderoso de Jacó. ISAÍAS 60:16

Sem conhecer a Deus, o homem não pode conhecer a si mesmo. O conhecimento do homem a respeito das coisas naturais é um excelente conhecimento; no entanto, isso não tem valor sem o conhecimento do eu, como diz Agostinho. Embora o ser humano conheça todos os mistérios, a extensão da terra e a profundidade do mar, mas sem conhecer a si mesmo, ele é como um homem que ergue um prédio sem alicerce. Sem conhecer a Deus, nenhum homem pode conhecer a si mesmo, por conta do orgulho perverso que existe naturalmente nele, pois, quando ele olha para si mesmo, pensa que é tão santo, tão justo e tão puro que confunde injustiça com justiça, impureza com pureza. Mas, se ele contemplar a face de Deus, verá então que sua justiça é injustiça, que sua pureza é impureza, que sua integridade é tolice. Portanto, é imprescindível que o homem conheça a Deus. Sem isso ele não pode adorar a Deus corretamente, e a adoração a Deus é o fim principal da criação. Para esse fim as Escrituras nos apresentam vários exemplos: "Vinde, adoremos e prostremo-nos; ajoelhemos diante do Senhor, que nos criou" (SL 95:6). A adoração a Deus é ordenada na primeira tábua [dos Dez Mandamentos], e o principal elemento arrolado nela é conhecer a Deus. Sendo assim, não há adoração a Deus onde não se conhece a Deus. Portanto, para que o homem saiba como adorar o Senhor, Deus precisa revelar quem Ele é: "Eu sou o Senhor, teu Deus, que te tirei da terra do Egito, da casa da servidão" (ÊX 20:2), e este é o método que Davi estabelece para Salomão: "Conhece o Deus de teu pai" (1CR 28:9).

Sem conhecer a Deus, nenhum homem pode conhecer a si mesmo.

O DIAMANTE DO CÉU

THOMAS WATSON

As suas faces são como um canteiro de bálsamo,
como colinas de ervas aromáticas;
os seus lábios são lírios que gotejam mirra preciosa.
CÂNTICO DOS CÂNTICOS 5:13

Jó declara: "Em minha carne verei a Deus" (19:26). Ver Jesus será o fim mais sublime e arrebatador para o justo glorificado. Quando Cristo esteve na Terra, Sua beleza foi oculta. "Não tinha aparência nem formosura" (IS 53:2). A luz da natureza divina foi oculta na lanterna furta-fogo do ser humano; foi oculta embaixo de acusações e sofrimentos; no entanto, até nessa ocasião, havia beleza suficiente em Cristo para alegrar o coração de Deus. "O meu escolhido, em quem a minha alma se compraz" (IS 42:1). Seu rosto estava coberto por um véu, mas como será quando o véu for removido e Ele aparecer em toda a Sua formosura? "Porquanto, nele, habita, corporalmente, toda a plenitude da Divindade" (CL 2:9), uma expressão que melhor entenderemos quando chegarmos ao Céu. Raios brilhantes resplandecerão de Cristo naquele dia, raios que surpreenderão e arrebatarão os olhos dos espectadores. Imagine que visão abençoada será esta: ver Cristo usando o manto de nossa natureza humana, e ver essa natureza sentada em glória acima dos anjos. Para ver o Céu, basta ver Cristo. "Quem mais tenho eu no céu?" (SL 73:25). Há, diz Musculus, anjos e arcanjos, mas eles não compõem o Céu. Cristo é o diamante mais cintilante no anel da glória. Portanto, o apóstolo não diz: Desejo ser destruído e estar no Céu, mas estar com Cristo, pois Sua presença é o Céu dos céus.

Que visão abençoada será esta:
ver Cristo usando o manto de nossa natureza humana,
sentado em glória acima dos anjos.

25 DE AGOSTO

MELHOR EM DEUS
WILLIAM WHITTAKER

Então, Elcana, seu marido, lhe disse:
Ana, porque choras? E por que não comes?
E por que estás de coração triste?
Não te sou eu melhor do que dez filhos?
1 SAMUEL 1:8

Olhe para Deus não apenas como a fonte de todo o bem, mas como a soma e a quintessência de todo o bem. Isso deve ser muito agradável ao Seu povo, pois tudo o que é agradável em qualquer pessoa deve ser muito mais agradável em Deus, porque Deus, que torna qualquer pessoa agradável a nós, pode, na ausência de tal pessoa, transmitir a mesma sensação a nós vinda dele próprio. Observe isso de acordo com a antiga regra: "Aquele que faz algo assim deve ser muito melhor". Os escolásticos mencionam três maneiras pelas quais chegamos a conhecer a Deus. A primeira é por meio de causalidade, quando percebemos os pontos excelentes espalhados de cima a baixo nas pessoas, e todos eles se encontram em Deus; sim, e encontram-se nele sem a menor mistura das imperfeições que atrapalham as pessoas. Mas não é tudo. Em segundo, elas estão todas em Deus por meio da infinitude. O amigo é agradável? Deus é um amigo acima de todos os amigos. É um fiel conselheiro de grande ajuda? Que ajuda você pode comparar a Deus? A respeito de Seu ser: "Com quem comparareis a Deus?" (IS 40:18). "Onde está aquela pessoa, ou aquele amigo, que pode fazer por você aquilo que eu fiz, e ainda estou disposto a fazer?". Você considera a tranquilidade um grande privilégio? Não há tranquilidade como a que Deus fornece; Ele concede tranquilidade às mentes perturbadas e às consciências magoadas. E mais, a vida em si é desejável? Lemos no Salmo 63:3 que Deus é muito mais desejável; na vida e na morte Deus é desejável. "A tua graça", diz o salmo, "é melhor que a vida". O salmista prefere morrer no favor do Senhor a viver em uma condição afastada de Deus. Ora, o que é a luz de uma vela diante da luz do Sol? Deus não é apenas tão bom quanto as comodidades terrenas. Ele é muito melhor, como Elcana disse a Ana: "Não te sou eu melhor do que dez filhos?".

> *O salmista prefere morrer no favor do Senhor*
> *a viver em uma condição afastada de Deus.*

26 DE AGOSTO

GRAÇAS ENFERRUJADAS

THOMAS TAYLOR

Conheço as tuas obras, que nem és frio nem quente.
Quem dera fosses frio ou quente!
APOCALIPSE 3:15

O fogo se extingue quando não há mais nada que o alimente; assim também o fogo da graça é apagado quando não usamos nossas graças e as deixamos inativas, não dando glórias a Deus por elas nem fazendo o bem aos outros. O ferro, mesmo quando reluz como o cristal, quando deixado de lado e sem uso, enferruja e torna-se inútil; o mesmo ocorre com as graças. E o cristão sonolento, apesar de ter sido revestido de graça, caso se torne apático, seu coração será semelhante ao campo improdutivo de Salomão, todo coberto de musgo e ervas daninhas, que sufocam a boa semente. A saúde do corpo é mantida pelo exercício, e a saúde da alma é mantida pela atividade da graça. A mariposa desgasta sua mais bela roupagem quando não é usada, e a água parada congela antes da água corrente. Assim como o fogo se extingue quando não alimentamos sua combustão, permitimos que nossas graças definhem quando negligenciamos os meios que Deus estabeleceu para o fortalecimento e confirmação delas. [...] Se o homem não se alimentar rotineiramente, o calor natural enfraquecerá, assim como o vigor, a saúde, a vida e tudo enfim; o mesmo ocorrerá com o cristão se ele negligenciar a Palavra, os sacramentos, a meditação, a oração, a vigilância etc.

...a saúde da alma é mantida pela atividade da graça.

27 DE AGOSTO

A MENTIRA
RICHARD CAPEL

*A testemunha verdadeira não mente,
mas a falsa se desboca em mentiras.* PROVÉRBIOS 14:5

A mentira (no sentido apropriado da palavra) significa aquilo que é falso, com o intuito de enganar os ouvidos de alguém com aquilo que não é verdadeiro. Portanto, algumas falas irônicas e expressões exageradas não são, na verdade, mentiras. Fingimento ou simulação não é mentira quando apenas difere da verdade, mas não é contrário à verdade. Portanto, os pais não são considerados mentirosos quando assustam os filhos em ocasiões justificadas. [...] Para se estabelecer a definição de mentira, a palavra propriamente dita não deve ser entendida no sentido restrito, pois mentir pode ser, e é, falar aquilo que é falso, mas que consideramos verdadeiro. Tomás de Aquino [1225–74] chama de mentira formal quando ela é falsa e nós, que a proferimos, não sabemos ou não imaginamos que seja falsa. Mentira material é quando o assunto que divulgamos é falso, mas imaginamos ser verdadeiro. [...] A palavra "mentira" é normalmente entendida por nós com o mais odioso dos significados, mas, se olharmos para a verdadeira e plena natureza da mentira, certamente, se o que estivermos falando for falso, estamos mentindo, apesar de acharmos que é uma grande verdade. As Escrituras afirmam: "Se dissermos que mantemos comunhão com ele e andarmos nas trevas, mentimos" (1JO 1:6). Mas quantos há que andam nas trevas e não apenas confessam, mas imaginam ser cristãos? No entanto, João diz que todos eles são mentirosos. Quer concordemos quer não, continua a ser uma mentira.

*Mentir pode ser, e é, falar aquilo que é falso,
mas que consideramos verdadeiro.*

NOSSO IRMÃO MAIS VELHO

MATTHEW LAWRENCE

Na casa de meu Pai há muitas moradas.
Se assim não fora, eu vo-lo teria dito. Pois vou
preparar-vos lutar. JOÃO 14:2

A fé afirma que nosso irmão mais velho tem a posse do Céu (JO 14:1,2). Às vezes, o irmão mais velho toma posse de todos os bens, no direito de toda a família, embora o restante só tenha direito a possuir sua parte depois de algum tempo. E esse ato é uma segurança para todos eles, como se já tivessem adquirido a posse. Da mesma forma o crente está certo de que Cristo possui o Céu, e assim subiremos (de certa forma) com Ele. O apóstolo fala como se os crentes já estivessem no Céu, porque Cristo assumiu a posse deste em nome deles. E, portanto, oferece firme convicção de que eles também o possuirão no devido tempo. E é por isso que Cristo é chamado de nosso precursor (HB 6:20). Todos os cristãos verdadeiros são comparados a marinheiros, e Cristo chega primeiro ao Céu, para tomar posse de todo o restante. Dessa forma, o mundo é como o mar, a Igreja como um navio (fora do qual não há segurança), tendo Cristo como o Piloto. Todos os crentes sinceros são passageiros que têm uma aventura em comum. O país a eles destinado é o reino do Céu; a passagem ou a bússola é a Palavra de Deus; o vento que o impulsiona é o Espírito de Deus. Quanto aos materiais, o fundo e o lastro do navio são feitos de humildade; o topo, de simplicidade sincera; as laterais, de paciência; as velas e a bandeira, de amor; as cordas, de caridade; o leme, de fé; e a âncora, de esperança. Essa âncora é descrita (HB 6:19) como segura e firme. Essa âncora se sustentará até a tempestade passar e até chegarmos ao Céu.

Todos os crentes sinceros são passageiros
que têm uma aventura em comum.

29 DE AGOSTO

A ESTRELA DA MANHÃ

WILLIAM GREENHILL

*Eu sou a Raiz e a Geração de Davi,
a brilhante Estrela da manhã.*
APOCALIPSE 22:16

Cristo é a brilhante Estrela da manhã especialmente porque tal estrela anuncia a boa-nova de que o dia está raiando. Quando a estrela da manhã aparece, o dia está próximo. Cristo também trouxe a boa-nova de que o dia se aproxima e que a noite chegou ao fim. Em Lucas 2:10,11, sobre a encarnação de Cristo, o anjo disse aos pastores: "Não temais, eis aqui vos trago boa-nova de grande alegria, que o será para todo o povo; é que hoje vos nasceu, na cidade de Davi, o Salvador, que é Cristo, o Senhor". E então? "Glória a Deus nas maiores alturas, e paz na terra entre os homens, a quem ele quer bem" (v.14). A noite da ira de Deus havia passado e o dia do favor de Deus raiara. Cristo trouxe de volta o sol do favor e da bondade paternal de Deus e amor para nós, "para dar ao seu povo conhecimento da salvação, no redimi-lo dos seus pecados, graças à entranhável misericórdia de nosso Deus, pela qual nos visitará o sol nascente das alturas, para alumiar os que jazem nas trevas e na sombra da morte, e dirigir os nossos pés pelo caminho da paz" (LC 1:77-79). A boa-nova chegou. Agora, o dia está próximo, e Cristo trouxe de volta a imortalidade e a vida ao mundo. Estas se manifestaram pela chegada de nosso Senhor e Salvador Jesus Cristo, o qual destruiu a morte e trouxe a vida e a imortalidade à luz por meio do evangelho.

*A noite da ira de Deus havia passado
e o dia do favor de Deus raiara.*

30 DE AGOSTO

PROVIDÊNCIAS ENCANTADORAS
SAMUEL LEE

E disse: Nu saí do ventre de minha mãe e nu voltarei;
o SENHOR o deu e o SENHOR o tomou;
bendito seja o nome do SENHOR!

JÓ 1:21

As esplêndidas misericórdias, que o mundo ingrato chama de sorte e destino, são as súbitas e agradáveis dispensações da divina providência celestial e santa. Em Sua imensa generosidade, Ele se agrada em atender às nossas expectativas com favores repentinos e surpreendentes para nos alegrar, sim, nos encantar, com Sua bondade divina e atrair nosso coração com os cordões de seda do amor. É o favor de Deus que destila gotas de afeto nos corações e mentes, nos movimentos ondulares e recíprocos no peito daqueles que Ele uniu pelo matrimônio. Com o olhar, Ele conduziu a banida Agar a um arbusto em Parã, e para que seu filho não morresse de sede, um anjo mostrou-lhe um poço para amenizar seu sofrimento. Maravilhosos são os exemplos, tanto na história civil quanto na história sagrada, da descoberta de meios, estabelecimento de métodos e orientação quanto a acidentes para a prevenção de perigos, preservação da vida e súbitas situações de aflição. Não menos admiráveis são os rápidos e espetaculares livramentos de masmorras e prisões que proporcionaram grandes e famosos progressos; e pelas providências a nós concedidas, ocasionais e acidentais, as solenes e sublimes manifestações de Deus são derramadas à Sua Igreja e povo.

Em Sua imensa generosidade,
Ele se agrada em atender às nossas expectativas
com favores repentinos e surpreendentes.

31 DE AGOSTO

A FÉ É A PRECURSORA

JOHN ROGERS

Então, lhe disse Jesus: Ó mulher, grande é a tua fé!
Faça-se contigo como queres.
E, desde aquele momento, sua filha ficou sã.

MATEUS 15:28

Adquira conhecimento e entendimento, examine as Escrituras, faça uso de tão excelente auxílio quanto o tempo permitir. [...] Não diga: "Sou idiota, tenho péssima memória". Deus eliminou essas desculpas; portanto, elas não terão valor no último dia. A seguir, observe que a fé e o amor andam juntos como dois companheiros inseparáveis. Onde um está, o outro está também, e se você perder um, perderá os dois. Os que têm fé precisam ter amor, pois a fé age pelo amor (GL 5:6). A fé assegura que Deus nos ama, faz que amemos a Deus e o nosso próximo por amor dele. [...] E onde quer que o verdadeiro amor esteja, certamente a fé já passou por ali. Ambos não podem se separar, como não se pode separar o Sol da luz ou a boa árvore de seu fruto.

A fé assegura que Deus nos ama, faz que amemos a
Deus e o nosso próximo por amor dele.

1.º DE SETEMBRO

AMOR INTENSO

JOHN ROGERS

*Acima de tudo, porém, tende
amor intenso uns para com os outros,
porque o amor cobre multidão de pecados.*

1 PEDRO 4:8

Nosso amor precisa ser intenso. Devemos amar da forma mais sincera e ardente possível. E devemos também amar constantemente, pois nessas duas coisas encontra-se o fervor. Primeiro, consideremos a sinceridade de nosso amor. Uma vez que temos de estender amor a muitas pessoas e, por dever, temos também de estendê-lo à alma, ao corpo, ao ato de doar e ao ato de perdoar e assim por diante[…] não devemos ser comedidos, mas liberais, pois "o que semeia pouco pouco também ceifará" (2CO 9:6). Ao perdoar, devemos ser magnânimos, até "setenta vezes sete", pois é assim que Deus age conosco ao nos dar alma, corpo, bens materiais e nome a nós e aos nossos, dia e noite, jamais se cansando de nos fazer o bem e nunca nos censurando. Quanto ao perdão, quão misericordioso Deus tem sido ao desconsiderar as nossas muitas ofensas! E Ele faz isso todos os dias […], portanto temos de amar da mesma forma […] para não permitir que o nosso amor se apague. E temos de amar intensamente, sem postergar essas obrigações […] e nos esquecer dos prazeres, lucros e facilidades, para fazermos o bem ao próximo. O amor não procura seus interesses. O amor é diligente (1CO 13), como fez o samaritano que colocou o homem ferido "sobre o seu próprio animal" e seguiu a pé. Deixou todo o dinheiro que tinha no bolso para pagar as despesas do ferido e prometeu que enviaria mais; como fez aquele que saiu de sua cama quente para levar pães ao seu vizinho e como fizeram aqueles que doaram seu gado e venderam suas terras para atender aos necessitados da Igreja (AT 2:44). Mil vezes acima e além de toda comparação foi a intensidade do amor de Deus, o Pai, quando se separou de Seu único Filho ao tirá-lo de Seu peito, e a intensidade do amor de nosso Senhor Jesus Cristo, que abandonou a glória do Céu para salvar pecadores miseráveis como nós, Seus inegáveis inimigos. Ó, como esses atos de amor seguem em direção contrária ao amor frio, sim, o amor congelado do mundo! E onde há uma faísca, embora muito fraca, a menor gota d'água é capaz de apagá-la!

Ao perdoar, devemos ser magnânimos, até "setenta vezes sete", pois é assim que Deus age conosco.

2 DE SETEMBRO

VALORIZANDO CRISTO

EDMUND CALAMY

E, tendo achado uma pérola de grande valor,
vende tudo o que possui e a compra. MATEUS 13:46

Fé verdadeira é a fé que aceita Cristo; ela recebe e aceita o Cristo por inteiro, Cristo como Salvador e Cristo como Senhor em todos os Seus ofícios: Profeta, Sacerdote e Rei. Aqueles que se entregam inteiramente a Cristo passam a desejar ser comandados por Ele em todas as coisas, de acordo com Sua Palavra. É assim que o evangelho apresenta Cristo, e é assim que o crente verdadeiro aceita Cristo. "Senhor meu e Deus meu!" (JO 20:28), diz Tomé ao crer. Aceitar Cristo faz parte da fé justificadora. "Deram-se a si mesmos primeiro ao Senhor" (2CO 8:5), diz o apóstolo a respeito de alguns cristãos genuínos. Essa é uma verdade universal a respeito de todos os crentes verdadeiros, pois eles se entregam ao Senhor de modo espontâneo e voluntário. Essa fé também tem um preço: colocar Cristo acima de tudo, e ela se apega à misericórdia de Deus em Cristo como sendo melhor que a vida, tanto no sentido positivo quanto no sentido comparativo. "Para vós outros, portanto, os que credes, [Ele] é a preciosidade" (1PE 2:7); "O meu amado é... o mais distinguido entre dez mil" (CT 5:10); "Tu és o mais formoso dos filhos dos homens" (SL 45:2); "Ele é totalmente desejável" (CT 5:16); "Qual a macieira entre as árvores do bosque, tal é o meu amado entre os jovens" (CT 2:3); "O seu falar é muitíssimo doce" (CT 5:16); "Porque melhor é o teu amor do que o vinho" (CT 1:2). [...] Em todas essas palavras fica evidente que faz parte da verdadeira fé valorizar Cristo em todas coisas, lugares, pessoas e condições, acima de tudo e além do tempo.

Essa fé também tem um preço:
colocar Cristo acima de tudo.

3 DE SETEMBRO

AMOR IMUTÁVEL

ISAAC AMBROSE

Com amor eterno eu te amei.

JEREMIAS 31:3

Se, às vezes, pensamos que o Senhor não nos ama é porque não sentimos ou não conhecemos o Seu amor. Mas será que não amamos nossos filhos, mesmo quando são pequenos e não nos conhecem? [...] Pensamos que, por causa de nossos muitos pecados ou de tantas aflições, o Senhor não nos ama, mas estamos julgando corretamente? Nossos filhos não recebem nosso amor quando estão doentes? Deus conhece nossa estrutura e sabe que somos pó. Ele nos escolheu espontaneamente como Seus filhos, portanto (apesar de todos os nossos pecados e aflições) Ele continua a nos amar. Se Ele vê Efraim lamentando sua obstinação, bem como sua enfermidade, o Senhor brada sem se conter: "Não é Efraim meu precioso filho, filho das minhas delícias? Pois tantas vezes quantas falo contra ele, tantas vezes ternamente me lembro dele; comove-se por ele o meu coração, deveras me compadecerei dele, diz o SENHOR" (JR 31:20).

Será que não amamos nossos filhos,
mesmo quando são pequenos
e não nos conhecem?

4 DE SETEMBRO

UMA SÓ COISA

NATHANIEL VINCENT

Pouco é necessário
ou mesmo uma só coisa.
LUCAS 10:42

Quem pode nomear aquilo que é de maior necessidade, ou de tão grande necessidade, como a conversão? A conversão tem sido necessária em todas as eras, desde a queda do homem, e será necessária até o fim do mundo. Ela é necessária para todos os tipos de pessoas: judeus e gentios, altos e baixos, ricos e pobres, jovens e idosos, homens e mulheres, escravos e livres. Sem a conversão, todos perecerão, e para sempre. Somente os convertidos vivem para Deus neste mundo, e apenas os convertidos viverão com Ele no mundo vindouro. Consideramos necessidades: o alimento que nos sustenta, a roupa que vestimos e o ar que respiramos. E, de certa forma, são necessidades, visto que a natureza frágil não pode viver sem eles. Porém, muito mais necessária é a conversão, sem a qual a alma preciosa se perderá; e não há como fugir da morte e da condenação eternas.

Muito mais necessária é a conversão,
sem a qual a alma preciosa se perderá.

5 DE SETEMBRO

O AMOR A CRISTO

THOMAS VINCENT

Beija-me com os beijos de tua boca;
porque melhor é o teu amor do que o vinho.
CÂNTICO DOS CÂNTICOS 1:2

O amor dos cristãos por Cristo é uma graça forjada no coração deles pelo Espírito. É uma flor da mais doce fragrância, porém não existe nenhuma semente dela na natureza humana desde a Queda. O amar a Cristo é uma centelha divina que vem do alto; é um fogo alimentado pelo sopro de Deus, cuja essência é amor. Esse amor por Cristo está fundamentado na constatação e na compreensão inabalável da amabilidade e do amor de Cristo. Antes de tudo deve haver uma constatação de Cristo como o melhor ponto de convergência do amor, não uma simples noção disso; deve haver firmes convicções de que Cristo é infinitamente digno de amor, superlativamente excelente e que Seu amor pelos filhos dos homens é inigualável e transcendente; de que há um tesouro nele, um manancial de todas as graças e os mais necessários e ricos suprimentos. De outra forma o coração não será movido a amá-lo. O amor dos cristãos por Cristo está no desejo de se relacionar e ter comunhão com Ele. Faz parte da natureza do amor querer unir-se ao objeto amado; principalmente a respeito desse amor por Cristo, e dessa união a ser alcançada, há um desejo pela comunhão com Cristo, de conversar e ter amizade com Ele. Nenhuma conversa é tão desejável quanto aquela com as pessoas que mais amamos. E quando essa comunhão é alcançada, há uma complacência essencial nela; a alma descansa e repousa agradavelmente em Cristo e alegra-se em Sua presença e amor. Quem ama se entrega à pessoa amada; isso faz parte da união conjugal e, à semelhança do amor por Cristo, ambos se entregam a Ele para serem dele e serem usados inteiramente por Ele.

*Nenhuma conversa é tão desejável
quanto aquela com as pessoas
que mais amamos.*

6 DE SETEMBRO

CUIDADO COM O ORGULHO

JAMES JANEWAY

*Olhar altivo e coração orgulhoso,
a lâmpada dos perversos, são pecado.*
PROVÉRBIOS 21:4

Algumas pessoas consideram orgulho apenas aquilo que é exibido em roupas e adornos de alto custo, além da posição e das posses da pessoa. Outras consideram orgulho o tratamento que alguém dá ao seu semelhante. Raciocine comigo: o maior orgulho do mundo é o pouco valor que o homem atribui a Deus, e isso existe naturalmente no coração de todos. Todos, por natureza, levantam-se contra Deus, desejam destroná-lo e coroar a si mesmos. Todos seguem os conselhos do seu coração contrários a Deus, dizendo: "Rompamos os seus laços e sacudamos de nós as suas algemas" (SL 2:3). Essa é a voz de cada pessoa que ousa pecar voluntariamente. Esta é a obra do orgulho no coração do homem contra Deus: afastar Deus do trono de Sua majestade e sentar-se ali. Qual é a finalidade da glória de Deus e respeito a Ele entre Suas criaturas? Já que Ele é o iniciador e Autor de tudo, não deveria ser também o fim de tudo? Este é propósito pelo qual Deus criou o homem: tendo recebido de Deus tudo o que é, o homem deveria entregar espontaneamente a Ele aquilo que possui. Tudo o que o homem é, e tudo o que possui, deve ser oferecido a Deus, como o fim e o centro de todas as coisas. Porém, a criatura pecadora rebaixa Deus e o transforma em seu serviçal, em um mero provedor. E embora o orgulho do homem contra Deus nem sempre seja facilmente percebido, é o pecado mais ousado do mundo. [...] Considere a grande distância entre o orgulho do homem e sua verdadeira e magnífica união com Deus. Precisamos, portanto, fazer uma distinção entre a alta estima que o homem tem por si mesmo e o orgulho, pois o fato de o homem se autoconsiderar um ser nobre, ocupando uma posição acima de todo o mundo natural, não é orgulho. Visto que nesse caso ele possui (por ser um agente de entendimento espiritual) a capacidade de ter intimidade com Deus e de estar unido a Ele.

*Considere a grande distância entre o orgulho do homem
e sua verdadeira e magnífica união com Deus.*

7 DE SETEMBRO

MANTENHA-SE PERTO DE DEUS

RICHARD ALLEINE

> *O Senhor retribua o teu feito, e seja cumprida*
> *a tua recompensa do Senhor, Deus de Israel,*
> *sob cujas asas vieste buscar refúgio.*
>
> RUTE 2:12

Devemos confiar em Cristo não apenas no que se refere ao mundo vindouro, para nos garantir a entrada no Céu, mas também no que se refere a este mundo, para nos conduzir e nos ajudar, estar conosco ao longo de todo o caminho, do começo ao fim. Nossa grande dificuldade e nosso grande perigo de fracassar não estão muito no fim de nossa jornada, mas no modo de chegar até ele. Por mais difícil que seja morrer bem, mais difícil ainda é viver bem. Embora o último inimigo, a morte, apresente-se com um rosto assustador, os inimigos que encontramos no decorrer da vida — pecado, luxúria, tentação — nos causam danos maiores. Quem venceu o pecado não deve ter medo do encontro com a morte; temos uma vida santa, portanto, não devemos nos preocupar com a forma como morreremos. A respeito dos homens e mulheres piedosos mencionados em Hebreus 11 — Abel, Abraão, Sara e outros — está escrito que eles viveram pela fé e que "todos morreram na fé" (v.13); a morte não conseguiu derrotar nenhum daqueles que, pela fé, mantiveram-se perto de Deus durante a vida.

> *Por mais difícil que seja morrer bem,*
> *mais difícil ainda é viver bem.*

8 DE SETEMBRO

O ÚLTIMO TRIUNFO

THOMAS WATSON

Onde está, ó morte, a tua vitória?
Onde está, ó morte, o teu aguilhão?
1 CORÍNTIOS 15:55

"Que homem há, que viva e não veja a morte? Ou que livre a sua alma das garras do sepulcro?" (SL 89:48). A graça por si só não nos torna imunes à morte. Um vaso de barro, mesmo cheio de ouro, pode quebrar. Os justos, que são vasos terrenos, não estão livres da destruição da morte. Porém, a morte deles é preciosa. Os ímpios, à semelhança dos gaviões, empoleiram-se nos galhos altos, adornados com guizos, mas de repente soa o toque do sino da morte e os chama; e, quando morrem, ninguém sente a falta deles. A vida deles não mereceu sequer uma oração, nem sua morte, uma lágrima. O ímpio morre em seus pecados (JO 8:24). Para eles, a morte é uma armadilha para levá-los ao inferno. Quando, porém, o justo morre, seus pecados morrem com eles. A palidez da morte adquire uma aparência rosada, por ter sido espargida com o sangue do Cordeiro. Quando tem a morte no corpo, o fiel tem Cristo na alma. O dia de sua morte é o dia de sua ascensão ao Céu. A morte do justo é preciosa para Deus; diz-se que os justos são congregados. O pecador é levado pela tempestade, ao passo que os justos são reunidos assim como escolhemos frutos preciosos e guloseimas. Deus valoriza tanto a morte do justo que pede contas de cada gota de seu sangue. A morte do justo é preciosa aos outros justos que sobrevivem a ele. [...] E os justos que sobrevivem a ele sofrem a perda de um homem piedoso e o carregam até a sepultura com abundantes lágrimas. Quando o corpo do ímpio é colocado na sepultura, ali jaz um amontoado de pó a ser jogado no inferno, mas o pó do justo faz parte do Corpo místico de Cristo. O pó do justo está unido a Cristo enquanto está na sepultura e, como o pó dos crentes é excelente, em breve também aparecerá diante dos homens e dos anjos. As cinzas do imperador Trajano receberam honras em Roma; da mesma forma, na ressurreição, as cinzas dos justos receberão honras quando tiverem o corpo transformado à semelhança do corpo glorioso de Cristo em sua beleza, força, agilidade e imortalidade.

9 DE SETEMBRO

NÓS REINAREMOS

WILLIAM DYER

*Pisareis os perversos, porque se farão
cinzas debaixo das plantas de vossos pés,
naquele dia que prepararei,
diz o S*ENHOR *dos Exércitos.*

MALAQUIAS 4:3

Os cristãos genuínos reinam agora sobre as criaturas, sobre a ostentação e o orgulho do mundo, sobre todos os espíritos, sobre a consciência dos ímpios, sobre os sofrimentos; além disso, eles reinarão com Cristo e sobre aqueles que agora reinam sobre eles. "E reinarão sobre a terra" (AP 5:10); "e viveram e reinaram com Cristo durante mil anos" (20:4). O Senhor promete que os mansos herdarão a Terra. As Escrituras não dizem que "nos últimos dias o monte da Casa do SENHOR será estabelecido no cimo dos montes" (IS 2:2)? E que os reinos deste mundo se tornarão reinos de nosso Senhor Jesus (AP 11:15)? Aquele que ama ver a bela face de Sua Igreja breve enxugará as lágrimas de sangue; e logo você triunfará e dirá: "Porque eis que passou o inverno, cessou a chuva e se foi; aparecem as flores na terra, chegou o tempo de cantarem as aves" (CT 2:11,12).

O Senhor promete que os mansos herdarão a Terra.

10 DE SETEMBRO

EXAMINE AS ESCRITURAS

WILLIAM GOUGE

E logo, durante a noite, os irmãos enviaram Paulo e Silas para Bereia; ali chegados, dirigiram-se à sinagoga dos judeus. Ora, estes de Bereia eram mais nobres que os de Tessalônica; pois receberam a palavra com toda a avidez, examinando as Escrituras todos os dias para ver se as coisas eram, de fato, assim. ATOS 17:10,11

Devemos examinar as Escrituras para conhecer a vontade de Deus, porque nelas está contida a Sua vontade. Essa é a busca para a qual se promete conhecimento e entendimento. E para nos ajudar nesse assunto, devemos ser leitores diligentes da Palavra de Deus. Com referência aos judeus convertidos, nota-se que eles continuaram firmes na doutrina dos apóstolos, e está escrito que eram ouvintes diligentes e constantes dos apóstolos, bem como fiéis confessores e praticantes dessa doutrina. A primeira afirmação é a causa da segunda. A pregação da Palavra é uma grande ajuda para levar-nos a fazer a vontade de Deus. E a esse respeito há uma dupla explicação. Primeira, porque a vontade de Deus é apresentada a nós de modo mais claro, mais distinto e mais completo. Segunda, porque é um meio santificado por Deus para creditar e assegurar a verdade daquilo que é revelado; sim, e para fazer a nossa vontade, o coração e as afeições se renderem a ela e se firmarem nela. Sobre esse assunto, diz a sabedoria de Deus, que está especialmente apresentada na pregação de Sua Palavra: "Feliz o homem que me dá ouvidos, velando dia a dia às minhas portas, esperando às ombreiras da minha entrada" (PV 8:34).

A pregação da Palavra é uma grande ajuda para levar-nos a fazer a vontade de Deus.

11 DE SETEMBRO

CANTANDO

CHRISTOPHER NESSE

Cantai ao Senhor todas as terras; proclamai a sua salvação, dia após dia. 1 CRÔNICAS 16:23

Davi não apenas acordou de seu sono letárgico (como ocorreu com Sansão [JZ 16:20]), mas também considerou que os decretos de Deus, que ele transformou em cânticos na casa de sua peregrinação, eram melhores para ele que dez mil talentos de ouro e prata. As leis de Deus eram a alegria de seu coração, sua melhor herança. "Habite, ricamente, em vós a palavra de Cristo" (CL 3:16). Grave isto: a Palavra deve estar em você e em você de novo, bem digerida e transformada em suco e sangue; e isso não será efetuado com êxito por meio de uma leitura rápida e superficial da Palavra, como se ela estivesse sendo cantada. Por esse motivo, há uma meditação distinta e fixa nela, e sobre cada sílaba, enquanto é pronunciada pausadamente; quanto mais você medita nela, mais possibilidades existem de que ela exerça uma forte influência em suas afeições. Essa pausa para meditação grava, flexibiliza e tece a Palavra dentro do seu espírito. E, assim, ela torna-se uma ordenança interessante e arrebatadora para você, incutindo um fervor mais intenso em seu coração do que por meio de uma simples leitura; dessa maneira, a Palavra de Deus causa uma impressão maior em você, e todas aquelas coisas que lhe eram desconhecidas passam a ser mais conhecidas e mais bem entendidas, enquanto o Espírito de Deus as confirma em sua alma. Então a Palavra de Cristo passa a habitar ricamente em sua vida, e você a acolhe com muita liberalidade e considerará insignificantes todas as outras coisas em comparação com esse verdadeiro tesouro.

Davi considerou que os decretos de Deus eram melhores do que o ouro e a prata.

12 DE SETEMBRO

É MELHOR OBEDECER

THOMAS MANTON

*Ora, como recebestes Cristo Jesus,
o Senhor, assim andai nele.*
COLOSSENSES 2:6

Cristo só é recebido e acolhido como Senhor e Rei onde Suas leis são obedecidas. Se você o aceita como Salvador e Rei, deve também prestar-lhe obediência. Na oração do Pai Nosso, dizemos primeiro: "Venha o teu reino", e depois dizemos: "Seja feita a tua vontade". Só deixaremos de repetir monotonamente a oração do Pai Nosso, proferindo-a apenas com nossos lábios, quando tomarmos a decisão de fazer o que Deus determinou para nós: amar e odiar, temer e nos alegrar, como Deus ordena. Enquanto não chegarmos a esse ponto, não poderemos dizer com sinceridade: "Venha o teu reino". Os reis deste mundo agem de acordo com a própria vontade. Da mesma forma, Cristo governa de acordo com Sua vontade em Sua lei. Se você aceitou Deus para ser o seu Deus, e Jesus Cristo para ser o seu Rei, então declare o que Davi declarou: "Ensina-me a fazer a tua vontade, pois tu és o meu Deus" (SL 143:10). Esta é uma máxima universal: "Sois servos daquele a quem obedeceis". Onde está sua obediência? Se você está sujeito à graça, então cada pensamento deverá ser levado cativo à obediência (2CO 10:5). Você não vigiará apenas suas ações irregulares, mas também cada pensamento que se levantar contra a obediência a Cristo. Haverá maior brandura para não violarmos qualquer uma das santas leis que pertencem ao governo de Cristo. Neste ponto você terá condições de saber se é submisso a outro rei. Você teme um mandamento? [...] Não estou falando daquele que teme um castigo, mas daquele que teme um mandamento quando o coração sente temor reverencial diante das leis de Cristo; para que, quando for tentado a pecar, o homem diga: "Ó, não posso. O Senhor ordenou-me o contrário". Isso mais se parece com uma espada flamejante em seu caminho. Se o nosso coração age dessa maneira quando somos tentados a cometer este ou aquele pecado, então, quando cumprimos qualquer dever, mesmo que seja irritante para a carne e o sangue, ainda assim essa é a vontade de meu Senhor, a quem me entreguei inteiramente em forma de submissão; esse é um sinal de que você está sob o Seu senhorio.

13 DE SETEMBRO

SEJA HUMILDE

ROBERT HARRIS

---

*O galardão da humildade e o temor do S*ENHOR
são riquezas, e honra, e vida.

PROVÉRBIOS 22:4

É preciso haver humildade se quisermos estar em paz, pois é somente por causa do orgulho que os homens brigam e competem entre si. Mas a humildade abranda o coração e o torna flexível e fácil de ser orientado. Porém, onde os erros são pesados, o pecado se mostra leve, pois a humildade faz o homem sentir-se diminuído e desprezado aos próprios olhos; e se isso ocorrer, ele não dará muita importância ao erro de um irmão menor nem julgará sua reputação. Portanto, a mente deve ser purificada e abrandada se você quiser ter paz. Tenha sempre muito amor e piedade em relação a Deus e aos homens. Porque, quando pensamos: "Deus me ama, tolera minhas fraquezas, perdoa minhas ofensas e transgressões", isso nos leva, por amor e gratidão a Deus, a considerar insignificante o assunto e perdoar as fraquezas de nossos irmãos. Além disso, o amor é sociável. Um bom artista enfrenta tudo da melhor maneira. "É paciente, é benigno, não se exaspera, não se ressente do mal, tudo sofre, não procura os seus interesses" (1CO 13:4-7). O amor deixa de lado todos os interesses particulares e compartilha tudo em comum. O amor não é egoísta, não procura fazer a própria vontade, mas procura fazer a vontade dos outros, valorizando o bem-estar de cada um como se fosse o dele próprio.

O amor deixa de lado todos os interesses particulares e
compartilha tudo em comum.

14 DE SETEMBRO

CREDIBILIDADE

TIMOTHY CRUSO

Em vez disso, devíeis dizer:
Se o Senhor quiser, não só viveremos, como
também faremos isto ou aquilo.

TIAGO 4:15

Fazia parte do caráter admirável de Richard Fairclough [1621-82, teólogo presbiteriano.] (agora com Deus) a característica de ser fiel e pontual em relação aos compromissos assumidos. Mesmo em relação a assuntos de menor interesse, sua fidelidade era tal que qualquer pessoa poderia depender dela, com a mesma certeza de que o dia nasce após a noite, a não ser que alguma providência extraordinária interviesse. Não é recomendável ser positivo demais e antecipar-se dizendo: "Faremos isto ou aquilo", sem expressar a devida ressalva, levando-se em conta a satisfação secreta de Deus: "Se o Senhor quiser". O apóstolo Paulo faz isso com frequência, e Tiago nos recomenda a fazer o mesmo. Mas, quando há uma evidente falta de sinceridade no caso, isso é pior que um obstáculo inesperado, e por esse motivo, vemos um número enorme de pronunciamentos de extrema bondade quase sempre terminando em atos de pouca generosidade. Os homens, que não gostam de que desconfiem do que eles dizem, sentem-se frustrados. No entanto, um coração brando não tolerará que um homem mude ou volte atrás, embora ele tenha jurado que nunca se prejudicaria tanto assim.

Quando há uma evidente falta de sinceridade no caso,
isso é pior que um obstáculo inesperado.

15 DE SETEMBRO

OUTRO PARAÍSO
JEREMIAH BURROUGHS

*E não vos conformeis com este século,
mas transformai-vos pela renovação da vossa mente,
para que experimenteis qual seja a boa,
agradável e perfeita vontade de Deus.*
ROMANOS 12:2

Deus, diz Bernard, não nos expulsou do paraíso para procurarmos outro paraíso neste mundo. Não; nascemos para trabalhar. Por que você procura os vivos dentre os mortos? Por que busca confortos na vida, se sua expectativa é morrer todos os dias? Somente o Céu está acima de todos os ventos, tempestades e tormentas; o descanso deve vir após o trabalho. O descanso é a coroa de nosso trabalho; é um despropósito procurá-lo aqui. Por que você exige o descanso em certo lugar (diz Ambrósio) quando ele está em outro? Por que cargas d'água você receberia a coroa antes de ter vencido a batalha? Imagine a condição mais satisfatória que você poderia ter neste mundo e, mesmo assim, ela não passaria de vaidade. Assim diz o salmista: "Todo homem, por mais firme que esteja, é pura vaidade" (SL 39:5). O original diz: "Em seu melhor estado, ele é vaidade"; não apenas vaidoso, mas também vaidade. Tiago apresenta uma acusação pesada sobre algumas pessoas em Tiago 5: elas viviam nos prazeres na Terra. Ele queria dizer que a Terra não é lugar para prazeres; aqui é lugar de tristeza, aborrecimento, pranto e aflição. Foi assim que Abraão responsabilizou o homem rico; ele diz: "recebestes os teus bens em tua vida". A ênfase está aqui: "em tua vida". Esse não deveria ter sido o momento. Devemos estar atentos para não nos apressar demais em procurar descanso, prazeres e deleites. Podemos talvez ter um pouco de descanso para a carne por uns tempos, e, pelo fato de não nos contentarmos com essa condição que Deus designou para Seu povo, pode ser que aqui estejamos perdendo nossa parte naquele descanso glorioso e eterno que Deus preparou para Seu povo no futuro. Busque por aquilo que você procura, isto é, o descanso, mas não o busque onde o procura. Se buscarmos nosso descanso neste mundo onde encontramos tantos problemas, o que faríamos se o Senhor nos permitisse prosperar? Vejam (disse um ancião), o mundo é problemático e, ainda assim, é amado; como seria se fosse um lugar de paz? Você o aceita embora seja sujo; como seria se fosse belo? Se você não pode manter as mãos longe dos espinhos, quão sincero seria ao colher as flores?

16 DE SETEMBRO

MEDO APROPRIADO

THOMAS ADAMS

Vinde, filhos, e escutai-me;
*eu vos ensinarei o temor do S*ENHOR.

SALMO 34:11

Devemos amar o nosso bom Deus; devemos temer o nosso grande Senhor. Para tais afirmações há esta objeção: "O perfeito amor lança fora o medo" (1JO 4:18). A resposta é que o medo atrai o perfeito amor, da mesma forma que a agulha atrai o fio. E não é possível sentir amor verdadeiro sem um pouco de medo, ou seja: uma reverência de filho para pai. Que a escravidão do medo esteja longe de seu coração e de minhas palavras. No entanto, esse medo é uma afeição justa e apropriada, (posso dizer) a mais adequada de todas em relação a Deus. Na verdade, Deus exige nosso amor. Mas podemos pensar, então, que Deus se inclina e se curva para ser amado por nós, pois há uma desigualdade tão imensurável entre Deus e nós que, se Ele não descer carinhosamente até nós, não haverá lugar para essa afeição. Porém, se olharmos para cima, para a glória infinita de nosso grande Senhor, e olharmos para baixo, para nossa condição desprezível, porque somos pó pecaminoso, diremos que, por causa da desproporção entre nós, não há nada tão adequado para oferecermos ao majestoso Deus, ou seja: o medo.

Se Ele não descer carinhosamente até nós,
não haverá lugar para essa afeição.

17 DE SETEMBRO

TERNO AMOR

JOHN DURANT

Como é preciosa, ó Deus, a tua benignidade!
Por isso, os filhos dos homens se acolhem
à sombra das tuas asas.

SALMO 36:7

Cristo descobre um meio agradável não apenas de preservar os fracos começos da graça no coração dos fiéis, mas também de fortalecê-los em sua fraqueza todos os dias. É importante notar que Cristo não esmaga a cana quebrada, nem apaga a torcida que fumega, isto é, Ele não apenas aprecia as fracas graças que estão nos crentes debilitados, mas também as fortalece e as aumenta. Ele as amplia, produz justiça conforme a verdade (IS 42:3). O significado é este, conforme o dr. Sibbes diz com doçura: "Aquela graciosa estrutura de santidade, montada em nosso coração pelo Espírito de Cristo, avançará ou aumentará até que todo poder contrário seja derrubado". Meus pés, diz a pobre alma, são tão fracos que estou pronto a tropeçar em uma palha qualquer. Certamente nunca serei capaz de andar sobre um tronco de árvore, sobre uma montanha. Não duvide, você cuja fé é pequena. Cristo se deslocará com ternura em sua direção; e embora seus pés estejam fracos como os pés de um cordeiro e você mal consiga andar sobre um montículo de terra, Ele os fortalecerá como os pés da corça. E em breve você será capaz de transpor uma montanha. "Ele deu a meus pés a ligeireza das corças" (SL 18:33). Cristo é muito cuidadoso para conduzir a alma de "força em força" (84:7). Portanto, Ele designou uns para apóstolos, outros para profetas, com vistas ao aperfeiçoamento dos santos, para que os crentes fracos, que não passam de bebês, possam se fortalecer cada vez mais até chegarem à idade adulta conforme diz Efésios 4:13. Cristo fará disso um dia, e um dia perfeito em seu coração. [...] "Mas a vereda dos justos é como a luz da aurora, que vai brilhando mais e mais até ser dia perfeito" (PV 4:18). Mesmo enquanto o dia ainda está nascendo e o Sol começa a aparecer, ó, como é agradável o modo como Cristo nos conduz, fortalecendo nossas fracas graças todos os dias. Ele o tratará com carinho, ó você que ainda é bebê na fé, até você crescer abrigado em Seu peito.

Cristo fará disso um dia, e um dia perfeito em seu coração.

18 DE SETEMBRO

OUTROS DEUSES
JOHN DOD E ROBERT CLEAVER

Não terás outros deuses diante de mim.
ÊXODO 20:3

O significado do primeiro mandamento é que devemos santificar Deus em nosso coração e oferecer-lhe tudo o que é adequado e peculiar à Sua majestade. [...] Não ter outros deuses significa não ter nada que nos cause atração irresistível ou que estimamos mais do que Deus. Portanto, a doutrina é que não devemos permitir que nada afaste nossa alma, ou qualquer coisa em nós, de Deus, pois isso passa a ser o nosso deus, aquilo que mais nos atrai. Se nossa mente estiver ocupada com qualquer outra coisa que não seja a glória e o serviço a Deus, isso passa a ser outro deus para nós. Quanto à questão de conveniência, se colocarmos a esperança, a confiança e o coração na riqueza, isso é idolatria. O homem rico descrito no evangelho fez da riqueza o seu deus visto que confiava nela e a adorava; pois aqui ele fala da adoração interior a Deus na alma. Se confiarmos na riqueza e pensarmos que estamos seguros por possuí-la, quando ela nos for retirada, será o nosso fim. [...] A ganância é chamada de idolatria [...] diante da qual nossa alma e afeições, nossa inteligência, memória, compreensão e todas as nossas faculdades se curvam quando deveríamos nos curvar somente diante de Deus.

Não ter outros deuses significa não ter nada
que nos cause atração irresistível ou que
estimamos mais do que Deus.

19 DE SETEMBRO

CUIDADO COM OS SONHOS

ROBERT DINGLEY

Porque assim diz o Senhor dos Exércitos,
o Deus de Israel: Não vos enganem os vossos profetas
que estão no meio de vós, nem os vossos adivinhos,
nem deis ouvidos aos vossos sonhadores,
que sempre sonham segundo o vosso desejo.

JEREMIAS 29:8

Permitam-me dizer algumas palavras sobre revelações e visões em sonhos noturnos, pelas quais algumas pessoas se sentem seduzidas e caem na armadilha do diabo. As visões e revelações deixam boquiabertos os familistas [membros de uma seita antinomiana originária da Holanda], que chamam de literalistas todos aqueles que estão sempre atentos às Escrituras. Chamam a Palavra escrita de divindade inferior e manchada com tinta. Os anabatistas de Münster sofriam grandes influências de sonhos e inspirações e eram um grupo maligno de monstros nos gibões dos homens. Ímpetos violentos, movimentando-se para deter o avanço das Escrituras, partem daquele que pode transformar-se em um anjo de luz. Tertuliano foi tristemente enganado por reverenciar Montano e Priscila como profetas, condenando todos os outros como pessoas das trevas. [...] Antigamente Deus revelava imediatamente Sua vontade por meio de sonhos, mas hoje Ele a revela por meio de Sua Palavra, à qual não se pode acrescentar nada até o fim do mundo (AP 22:18). Ireneu fala de alguns que se intitulam restauradores de apóstolos. Maomé diz que dialogou com o anjo Gabriel, cujas palavras estão registradas no Alcorão. Os helcessaites, diz Bullinger, afirmavam que receberam um livro do Céu, no qual todos os mistérios divinos foram revelados. Lemos que João de Leiden [N.T.: Líder anabatista de Leiden, no condado da Holanda – 1509–36.] dormiu profundamente e sonhou durante três dias seguidos. Finalmente, ao despertar e fingir-se de mudo, ele nomeou três homens pobres como governadores de Münster; lemos também que ele não era ligado a nenhuma esposa. Ora, isso é o que os heréticos fazem, para espanto e divertimento dos leigos e para proteger seus dogmas corruptos do risco da disputa. Judas chama-os de "sonhadores *imundos*" (v.8, BKJ).

> *Antigamente Deus revelava imediatamente*
> *Sua vontade por meio de sonhos, mas hoje*
> *Ele a revela por meio de Sua Palavra.*

20 DE SETEMBRO

HERANÇA ETERNA

JOHN SHOWER

A sua posteridade durará para sempre,
e o seu trono, como o sol perante mim.

SALMO 89:36

Depois de milhões de anos e séculos, a felicidade dos justos não terá fim, como ocorreu quando sua alma foi recebida pela primeira vez no paraíso. O amor infinito de Deus, o mérito eterno de Cristo e a imutabilidade da aliança da graça asseguram-nos que eles serão felizes para sempre. Comerão da árvore da vida no meio do paraíso de Deus, serão pilares do Templo divino e jamais sairão de lá. Viverão para sempre na luz, no amor e na alegria do Céu. Ó! Que pensamento maravilhoso! E ele absorverá todos os outros pensamentos nossos! Se um dia de comunhão com Deus na Terra é melhor que mil anos em outro lugar, o que pensar da comunhão imediata e eterna com Deus no Céu? Nós o veremos como Ele é, e o amaremos mais do que somos capazes de imaginar; e não apenas por um dia ou uma semana, mas por milhares de milhões de anos, sim, por uma longa e bendita eternidade, que jamais terá fim. Trata-se de uma herança imortal, de um reino eterno. Reinaremos com Deus e com o Cordeiro para sempre. Nós o veremos, o amaremos, o louvaremos e o adoraremos para todo o sempre. Tudo o que virmos e conhecermos nunca terá valor menor aos nossos olhos e à nossa estima; tudo o que amarmos nunca deixará de ser encantador. Tudo o que louvarmos será sempre digno de nosso louvor, e o que apreciarmos nunca nos cansaremos de apreciar.

Tudo o que louvarmos será sempre
digno de nosso louvor.

21 DE SETEMBRO

DELEITE-SE COM A BONDADE

RICHARD ALLEINE

Tens ouvido, Senhor, o desejo dos humildes;
tu lhes fortalecerás o coração e lhes acudirás.

SALMO 10:17

Vocês desejam Deus? Desejam graça? Movimentem e ampliem seus desejos; escancarem a boca desses corações tacanhos. Sejam cristãos ambiciosos; ambicionem muito, e ambicionem sinceramente os melhores dons. Digam com o salmista: "Uma coisa só eu desejo: nada a não ser Deus, nada a não ser graça. Pegue o milho e o vinho que quiser, pegue o ouro e a prata que quiser, deixe que o Senhor seja meu, e isso me bastará". Deseje somente Deus e siga-o de perto. "A minha alma apega-se a ti" (SL 63:8). Amigos, vocês têm a ambição e alguns desejos mais fracos de buscar Deus. Ó, acelerem esses corações frágeis. Lembrem-se sempre de como Deus valoriza todos os seus desejos. Que joia, que tesouro é a graça de Deus! Olhem sempre para o Céu; vejam Deus com os olhos da mente e Seus gloriosos tesouros; passem mais tempo contemplando Sua glória e bondade. É o ato de ver o objeto que desperta e acelera o desejo. A vocês, cujo coração não se interessa em olhar para o Céu, digo que esse é um sinal de que seus olhos fazem pouco caso do Céu. Acreditem, algumas visualizações mais claras do amor, da bondade, da santidade, da benignidade e da glória de Deus despertariam seu apetite, dariam vida aos desejos tediosos e transformariam a alma de vocês em almas famintas, almas sedentas e almas ardentes. Ó, olhem sempre para o alto; fixem o olhar na montanha das especiarias. Provem e saboreiem a bondade de Deus, conversando constantemente com Ele, e isso penetrará em todas as suas artérias. Da alma de vocês fluirão as palavras e os suspiros do salmista: "Como suspira a corça pelas correntes das águas, assim, por ti, ó Deus, suspira a minha alma. A minha alma tem sede de Deus, do Deus vivo" (SL 42:1,2).

*Provem e saboreiem a bondade de Deus
conversando constantemente com Ele.*

22 DE SETEMBRO

CUIDADO COM O DIABO

THOMAS MANTON

Nem deis lugar ao diabo.
EFÉSIOS 4:27

Peça sabedoria para poder discernir as astúcias de Satanás, e para não ser pego desprevenido, pois ele "se transforma em anjo de luz" (2CO 11:14). Observe como o diabo não se preocupa muito com os que são seus, isto é, não se preocupa em agir e atrair os perversos para o mal. Esses, ele certamente já arrebanhou e então esforça-se para contratar os justos como seus empregados, se possível, e para conseguir que os que pertencem a Deus realizem seu trabalho. E assim ele se transforma em anjo de luz. A tentação disfarça-se de vários pretextos plausíveis; nesse caso, um filho de Deus pode tornar-se agente de Satanás e instrumento do diabo. Por exemplo, Pedro teria feito a proposta se tivesse visto a mão de Satanás? Obviamente, não! A tentação apresentou-se de forma disfarçada quando ele aconselhou seu Mestre a livrar-se do sofrimento. Pedro cobriu seus propósitos ilícitos com pretextos plausíveis. O conselho da carne contém piedade e carinho natural: "Tem compaixão de ti, Senhor; isso de modo algum te acontecerá. Mas Jesus, voltando-se, disse a Pedro: Arreda, Satanás! Tu és para mim pedra de tropeço" (MT 16:22,23). Em outra ocasião, quando o Mestre foi desrespeitado e rejeitado, os discípulos quiseram agir como Elias: mandar descer fogo do Céu para consumir Seus opositores (LC 9:54). A vingança quase sempre tem zelo por Deus. A vingança, ou explosão de raiva, diante de afrontas ou agressões pessoais das quais fomos vítimas, é considerada como zelo; então os discípulos talvez não saibam qual é a sua índole. Muitas vezes nossas ações são conduzidas pelo diabo, mas pensamos que são conduzidas pelo Espírito de Deus. E o que parece ser zelo não passa de simples vingança. Portanto, precisamos recorrer a Deus: "Senhor, livra-nos do mal; somos pobres criaturas incautas; não queremos cair na armadilha dos pretextos aparentemente bons do diabo nem sermos surpreendidos por suas artimanhas".

Precisamos recorrer a Deus:
"Senhor, livra-nos do mal".

23 DE SETEMBRO

PROFUNDEZAS INSONDÁVEIS
JOHN SHOWER

As coisas encobertas pertencem ao Senhor, nosso Deus, porém as reveladas nos pertencem, a nós e a nossos filhos, para sempre, para que cumpramos todas as palavras desta lei. DEUTERONÔMIO 29:29

Há profundezas e mistérios na providência divina que devemos reconhecer que são insondáveis. Não devemos censurar aquilo que não somos capazes de entender, que não somos capazes de perscrutar. É estranho a sabedoria incompreensível fazer coisas incompreensíveis? Não devemos, portanto, ser muito curiosos a respeito dos segredos da providência de Deus, nem determinar apressadamente aquilo que não nos é revelado. Temos certeza de que Deus criou o mundo; no entanto, há muitas perguntas sobre as obras da criação que podem deixar embasbacado o mais sábio e o mais diligente pesquisador. No governo do mundo, há muitas coisas além de nosso alcance e, ainda assim, podemos ter certeza de que uma sabedoria infalível comanda todas elas. Somos tão ignorantes e míopes; os desígnios de Deus encontram-se tão longe de nós; os meios que Ele usa são tão variados e suas conexões com Seus propósitos distam tanto de nossa limitada visão que não é de admirar que quase sempre estejamos perdidos. Principalmente quando todos os detalhes de Suas obras de providência que compõem a beleza do todo estão maravilhosamente entrelaçados. Logo, não será estranho se não compreendermos os motivos de todos os acontecimentos e não discernirmos a sabedoria e a justiça de Deus quanto aos numerosos detalhes. No entanto, ainda assim, acreditamos que Ele é sábio, santo em todos os Seus caminhos e justo em todas as Suas obras.

Não será estranho se não compreendermos os motivos de todos os acontecimentos.

24 DE SETEMBRO

PERMANEÇA NO CAMINHO

HENRY SMITH

Bom e reto é o Senhor, por isso,
aponta o caminho aos pecadores. SALMO 25:8

Assim como Deus ensinou aos israelitas o caminho para Canaã, enviando uma coluna de fogo adiante deles, que os guiou por onde quer que andassem, de igual modo também, quando Ele ordenou um Céu para os homens, mostrou o caminho até lá. E quem perde esse caminho jamais chegará ao Céu. Assim como Herodes procurou Cristo em todo o povoado judeu, mas não o encontrou (somente os que seguiram a estrela o encontraram), ainda existe um caminho que conduz os homens a Cristo e precisamos segui-lo, do contrário não conseguiremos chegar aonde Ele está. Há muitos caminhos errados, da mesma forma que há muitos erros; existe apenas um único caminho certo, pois existe apenas uma verdade. Jacó não viu muitos caminhos; viu apenas uma escada que alcançava o Céu. E João Batista não disse que "preparou caminhos para o Senhor", mas "o caminho", mostrando que existe apenas um caminho certo nesta vida. Salomão entendia o caminho dos perversos, portanto disse: "Não declines nem para a direita nem para a esquerda" (PV 4:27). Foi como se ele dissesse: "Alguns são muito quentes, ao passo que outros são muito frios; alguns são muito supersticiosos, ao passo que outros são muito descuidados; alguns são muito medrosos, ao passo que outros são muito confiantes". Existe um zelo sem conhecimento, um amor sem sinceridade, uma oração sem fé e uma fé sem frutos. Portanto, o apóstolo nos adverte a examinarmos a nós mesmos se realmente estamos na fé (2CO 13:5); não se temos um tipo de fé, mas se estamos na fé, isto é, na verdadeira fé.

Quando Ele ordenou um Céu para os homens, também
mostrou o caminho até lá.

25 DE SETEMBRO

CONSIDERE ESTE AMOR

JOHN DURANT

Angustiado estou por ti, meu irmão Jônatas; tu eras amabilíssimo para comigo! Excepcional era o teu amor, ultrapassando o amor de mulheres.

2 SAMUEL 1:26

Trema ao pensar que você pecará contra Cristo, que o ama tanto. Veja o seu pecado sob a luz do amor de seu Salvador; e quando vir a sublimidade desse amor por você que Ele abriga no peito, sente-se e sofra profundamente ao ver o seu grande pecado contra Ele. De fato, o amor sobrenatural age de modo tão terno em seu espírito que quando você pensa nele, chora por seus pecados. E com quanta ternura o amor agiu naquela mulher (que era pecadora) quando ela provou o amor sobrenatural de seu Salvador (LC 7:36-50)! Ao ver o grande amor que Ele abrigava no peito, ela sentou-se aos Seus pés e chorou amargamente ao pensar nos pecados que cometera. […] E apesar de não existir nada no mundo que derreta um coração pecador, se os pensamentos se concentrarem no amor de Cristo, esse coração se derreterá. Ó, crentes, permitam que tal amor realize esse trabalho em seu peito. Que o amor sobrenatural (que vocês podem ver escrito com o sangue do coração de Cristo) dissolva o seu coração de pedra. E que o coração de vocês chore grandemente por seus pecados. "Olharão para aquele a quem transpassaram; pranteá-lo-ão" (ZC 12:10). Vocês (crentes) não veem Aquele que vocês traspassaram com seu pecado? Não choram, principalmente quando o veem sob a luz do amor? Não direi mais nada. Ou vocês não provaram o amor sobrenatural de Cristo, ou têm o espírito muito endurecido, se a percepção e os pensamentos a esse respeito não os fazem chorar pelo pecado. Deixem, portanto, que essa palavra de exortação cale fundo no coração de vocês; chorem e derramem lágrimas de sangue ao pensar que vocês pecaram contra Jesus Cristo, quem escreveu essa verdade com o próprio sangue. Ele os ama com um amor que excede todo entendimento.

*Ou vocês não provaram o amor sobrenatural de Cristo,
ou têm o espírito muito endurecido.*

26 DE SETEMBRO

TRISTEZA EVANGÉLICA

EDMUND CALAMY

*Coração compungido e contrito,
não o desprezarás, ó Deus.*
SALMO 51:17

Se lamentamos nossos pecados e não descansamos em Cristo para nos perdoar, nossa tristeza baseia-se na lei e não no evangelho, no desespero e não na contrição. A tristeza evangélica é misturada com esperança. Os evangélicos choram com esperança. Esperam receber misericórdia, mesmo no mais profundo sofrimento, conforme se vê na forma como choram. Eles não se desesperam, mas imploram a Deus por misericórdia. A tristeza os leva para perto de Deus, não para longe, como evidencia o exemplo do filho pródigo que, na maior das angústias, não se desesperou, mas retornou ao pai em busca de misericórdia. Se ele não tivesse a esperança de receber misericórdia, jamais teria regressado ao pai. A tristeza evangélica está mesclada com alegria, que se mistura com fé e esperança. O evangélico que chora olha para sua tristeza como um sacrifício do qual Deus se agrada, portanto ele se alegra por poder entristecer-se e oferecer esse sacrifício a Deus. "Sacrifícios agradáveis a Deus são o espírito quebrantado" (SL 51:17), afirmam as Escrituras. Esse coração contrito crê e, portanto, alegra-se nos momentos de tristeza.

*O evangélico que chora olha para sua tristeza como um
sacrifício do qual Deus se agrada.*

AFASTE-SE DO MAL

NATHANIEL VICENT

*Deixe o perverso o seu caminho, o iníquo,
os seus pensamentos; converta-se ao SENHOR,
que se compadecerá dele, e volte-se para o nosso Deus,
porque é rico em perdoar.*

ISAÍAS 55:7

Os olhos de Deus são penetrantes ao extremo e perscrutam tudo, até os lugares totalmente escuros. Ele vê a maldade que é escondida dos outros, a qual ninguém imagina que existe. Deus olha dentro do coração e observa todas as imaginações, desejos, afeições e projetos malignos. E, pelo fato de serem penetrantes, os olhos de Deus são extremamente puros. Ele vê toda a iniquidade, mas nem por isso a aprova. Os ímpios são propensos a acreditar que Deus é semelhante a eles, e, pelo fato de gostarem de andar no caminho mau, imaginam que Deus os vê com bons olhos. Mas os ímpios, que são chamados de tolos, são mais tolos ainda quando concluem que Deus não se ira com o pecado deles. Essa incredulidade, essa segurança, essa compreensão errada de Deus suscita maior indignação contra Ele. Se Deus é glorioso em santidade, se Sua ira é revelada contra todos os ímpios, não há como negar que é absolutamente necessário afastar-se da iniquidade.

*E, pelo fato de serem penetrantes,
os olhos de Deus são extremamente puros.*

28 DE SETEMBRO

O SENHOR DAS VINGANÇAS

THOMAS WATSON

Ó Senhor, Deus das vinganças,
ó Deus das vinganças, resplandece.
SALMO 94:1

Se os justos são melhores que os outros, quão severo será Deus com aqueles que os prejudicam? Os ímpios são espinhos cravados nas laterais do corpo dos piedosos. Paulo foi açoitado por mãos cruéis. "Fui três vezes fustigado com varas" (2CO 11:25); é como se estivéssemos vendo um escravo açoitando o filho do rei. Mas será que Deus não vingará Seus eleitos? Claro que sim! "A espada do Senhor está cheia de sangue... Porque será o dia da vingança do Senhor, ano de retribuições pela causa de Sião" (IS 34:6-8). Foi como se o profeta tivesse dito: "O tempo designado chegou para Deus vingar Sião pelo mal que lhe fizeram". Jeremias afirma: "A Caldeia servirá de presa; todos os que a saquearem se fartarão, diz o Senhor; ainda que vos alegrais e exultais, ó saqueadores" (50:10,11). E ainda: "Entregarei ao saque todos os que te saqueiam" (30:16). Os justos são pessoas honradas; são os primogênitos de Deus. Ó, quão grande será a ira do Senhor contra aqueles que os ofendem! Eles esmagam as pérolas de Deus no pó com os pés. Ferem a menina dos olhos de Deus. Os justos são o diadema de Deus. Um rei toleraria que alguém cuspisse em suas roupas e jogasse sua coroa na lama? Tudo o que é feito ao justo é feito ao próprio Deus. Quando o favorito do rei é atingido, o rei é igualmente atingido. "Mas eu conheço... o teu furor contra mim" (2RS 19:27). A raiva de Senaqueribe foi contra a pessoa de Ezequias, mas, pelo fato de haver um pacto entre Deus e Seu povo, o próprio Deus cuidou do assunto. "Conheço o teu furor contra mim; certamente isso não ficará impune." Deus reprovou os reis por amor aos Seus.

O que aconteceu com (os imperadores pagãos) Juliano, Nero e Diocleciano? Um deles morreu por um ferimento proveniente do Céu. Os outros tiveram o ventre retalhado e morreram delirando. Carlos IX, rei da França, que se fartou com o sangue de muitos cristãos no massacre em Paris, passou a viver tão aterrorizado que tinha medo de acordar sem música e, por fim, morreu em razão de hemorragia em várias partes do corpo. Esses são lembrados como monumentos públicos da vingança de Deus.

29 DE SETEMBRO

JULGANDO COM O CORAÇÃO

JEREMIAH BURROUGHS

Porque todo o que se exalta será humilhado; mas o que se humilha será exaltado. LUCAS 18:14

Deus não julga pela aparência exterior. O que isso representa diante do Senhor? O que significa ter ouro e roupas finas diante de Deus? O Senhor não ama os homens por causa dessas coisas. Nem deixa de amá-los por não as terem. Falta de roupa, de dinheiro e de riquezas mundanas — o que isso representa para Ele? Será que Deus despreza alguém por não ter essas coisas? Deus não é parcial com as pessoas; se existe alguém por quem Ele tem alta estima é pelos pobres, humildes e contritos. Deus agrada-se de olhar para os pobres deste mundo. Ele separa um povo pobre que confia no Seu nome (SF 3:12). O Senhor não toma conhecimento das coisas grandiosas do mundo. Ele abate os poderosos e respeita a condição inferior de Sua serva, a condição inferior de Seu povo. É para os pobres e contritos de espírito que Ele olha lá do alto; Ele atende à oração do desamparado (SL 102:17). A palavra no original refere-se a um arbusto insignificante, ou pequenas coisas do deserto que os animais pisoteiam, que ninguém respeita, que são aparentemente inúteis. Se chegar alguém com palavras de valentia para mostrar que tem poder, Deus as jogará como lixo no rosto de tal pessoa. Se chegar outro com gemidos, sem conseguir expressar o que deseja, Deus o acolherá com graça. Um homem orgulhoso e arrogante, ao ouvir o gemido do coração de um pobre clamando a Deus, pode pensar que é bobagem, mas Deus, conhecendo o significado de Seu espírito, e vendo Sua graça, o respeitará.

Se chegar outro com gemidos, sem conseguir expressar o que deseja, Deus o acolherá com graça.

JULGANDO A NÓS MESMOS

THOMAS GOUGE

Julga-me, Senhor, Deus meu,
segundo a tua justiça.

SALMO 35:24

Não existe pecado tão secreto e cometido tão às ocultas que não seja descoberto à vista de todos. É difícil encontrar um ímpio no mundo que, apesar de não ser muito formal, não tenha cometido em um momento ou outro um pecado em segredo, que ele ou ela não queria que o mundo soubesse. Mas certamente o mundo inteiro conhecerá tal pecado no dia do julgamento. Naquele dia, todos os seus pecados secretos e perversidades ocultas serão descobertos e expostos diante dos anjos, dos homens e dos demônios [...] sim, não apenas suas palavras e ações, mas também seus pensamentos e imaginações secretos, por mais vis e devassos, por mais imundos e abomináveis que tenham sido, aparecerão à vista de todos. Portanto, nunca se atreva a cometer um pecado na esperança de que seja mantido em segredo, só porque aparentemente você não está sendo visto pelos outros. Suponha que seu pecado permaneça escondido até o último e grande dia, mas ele virá à tona com uma testemunha e será manifesto diante de todos. No entanto, não conheço outra maneira melhor de evitar que seus pecados sejam revelados no grande dia do que procurar examinar o seu coração e a sua vida neste instante e neste dia de graça, e depois julgar e condenar você mesmo pelos muitos pecados e transgressões, pois o apóstolo diz: "Porque, se nos julgássemos a nós mesmos, não seríamos julgados" (1CO 11:31). Ó, marquemos, então, sempre um dia de julgamento em nossa alma e consciência, julgando e condenando a nós mesmos pelo pecado e depois, com toda humildade, prostremo-nos diante do trono de graça, suplicando a misericórdia de Deus e os méritos de Cristo para perdoar todos eles. Não daremos descanso à nossa alma até encontrarmos alguma evidência e certeza confortáveis, que nos farão levantar a cabeça com alegria no grande dia da prestação de contas.

1.º DE OUTUBRO

MAIS DOCE

JEREMIAH BURROUGHS

Pois um dia nos teus átrios vale mais que mil;
prefiro estar à porta da casa do meu Deus,
a permanecer nas tendas da perversidade.

SALMO 84:10

Embora o povo de Deus passe por aflições e os perversos tenham uma vida prazerosa, a aflição santificada é melhor que a iniquidade regada a deleites. É melhor estar junto do povo de Deus vivendo de maneira devota, em todas as aflições, do que desfrutar de todos os prazeres que a humanidade pode sentir em meio ao pecado. As lágrimas do homem piedoso são melhores que todas as alegrias dos ímpios. Dizia-se antigamente que as lágrimas dos que buscam a Deus são mais doces que as alegrias que o mundo oferece. A pior parte da vida piedosa é melhor que a melhor parte da vida pecaminosa. Embora Cristo seja um Cristo crucificado e permita que passemos por aflições, Seu povo deleita-se mais com Ele do que com todos os prazeres que há no mundo. Ele é fascinante de outra forma. É de Lutero esta notável frase: "Prefiro cair com Cristo a permanecer em pé com César; prefiro sofrer no mundo com Cristo a me alegrar com todos os prazeres da corte de César". O homem piedoso, cujo coração é amável e solícito, prefere sentir aflição com o povo de Deus a desfrutar de todos os prazeres efêmeros do mundo.

Embora Cristo seja um Cristo crucificado,
Seu povo deleita-se mais com Ele do que com todos
os prazeres que há no mundo.

2 DE OUTUBRO

APEGUE-SE A CRISTO

RICHARD ALLEINE

*Preservando a palavra da vida, para que,
no Dia de Cristo, eu me glorie de que não corri em vão,
nem me esforcei inutilmente.*

FILIPENSES 2:16

Permaneça perto de Cristo, do contrário é provável que você nunca tenha uma estreita ligação com Ele. Quanto mais nos aproximarmos de Cristo, quanto mais firmes permanecermos, menos perigos teremos de cair. A raiz de uma árvore, se for desprendida do solo, será arrancada com mais facilidade. Pode ser que algumas raízes secundárias a sustentem para que ela não morra. Mas, se a raiz principal for desprendida, o perigo de tombar será maior. A união da alma com Cristo é descrita como a união do marido com a esposa: "Eis que deixará o homem a seu pai e a sua mãe e se unirá à sua mulher" (EF 5:31). A palavra no original significa ficar colado à esposa. E se duas peças forem coladas uma na outra, se encolherem ou perderem a aderência, se separarão. Tome cuidado para não se encolher nem perder a aderência com Cristo; a cola enfraquecerá se você fizer isso; e assim que perder a aderência, você não saberá até que ponto será levado para longe dele. Ó, tome cuidado para não aumentar a distância, para não se afastar de Cristo; fique perto dele se quiser permanecer firme.

*Tome cuidado para não se encolher
nem perder a aderência com Cristo; a cola
enfraquecerá se você fizer isso.*

3 DE OUTUBRO

CONTENTAMENTO DIVINO

THOMAS WATSON

Seja a vossa vida sem avareza. Contentai-vos com as coisas que tendes; porque ele tem dito: De maneira alguma te deixarei, nunca jamais te abandonarei.

HEBREUS 13:5

O contentamento é algo divino; passa a ser nosso, não por aquisição, mas por infusão. É um enxerto da árvore da vida implantado na alma pelo Espírito de Deus; é um fruto que não cresce no jardim da filosofia, mas tem origem celestial. É fácil observar que o contentamento está ligado à piedade, e os dois se completam: "De fato, grande fonte de lucro é a piedade com o contentamento" (1TM 6:6). Quando o contentamento é uma consequência da piedade, ou concomitante, ou ambas as coisas, digo que é divino, para distingui-lo daquele contentamento que um homem de bons princípios é capaz de sentir. Aparentemente os pagãos sentem esse contentamento, mas é apenas uma sombra e imagem dele — é berilo, não diamante verdadeiro: um é polido, o outro é sagrado; um baseia-se nos princípios da razão, o outro, da religião; um é apenas iluminado pela tocha da natureza; o outro é a lâmpada das Escrituras. A razão pode transmitir um pouco de contentamento da seguinte forma: seja qual for a minha condição, foi para isso que eu nasci. E se enfrento sofrimentos, esta é uma desventura universal: todos têm sua cota de sofrimento, então por que eu deveria me perturbar? A razão pode sugerir isso; e, na verdade, pode ser restritivo; mas, para viver com segurança e alegria em Deus tendo escassez de provisões humanas, somente a religião pode trazer isso ao tesouro da alma.

Aparentemente os pagãos sentem esse contentamento, mas é apenas uma sombra e imagem dele.

4 DE OUTUBRO

NORMA INSUFICIENTE
ROBERT BOLTON

(Pois a lei nunca aperfeiçoou coisa alguma), e, por outro lado, se introduz esperança superior, pela qual nos chegamos a Deus. HEBREUS 7:19

A Palavra de Deus, no sentido literal, sem o significado espiritual (e o dedo do Espírito de Deus para aplicá-la poderosamente à nossa alma e consciência), não é uma norma suficiente de vida, nem é capaz de nos conduzir à luz da graça. Vemos isso em Nicodemos, que era um exímio conhecedor da Lei e dos profetas, líder e mestre em Israel; no entanto, era um bebê no que se refere ao poder da graça e ao mistério da piedade. Todos os conhecimentos da Lei ao pé da letra que ele possuía não lhe haviam possibilitado dar um passo sequer em direção ao Céu. Além de desconhecer a Lei, ele tinha uma falsa ideia do novo nascimento, que é a primeira entrada para o reino da graça. Quando Cristo disse a Nicodemos que ele não poderia ser salvo a não ser que nascesse de novo, ele replicou com estranheza: "Como pode um homem nascer, sendo velho? Pode, porventura, voltar ao ventre materno e nascer segunda vez?" (JO 3:4). Veja bem, não existe nenhum outro meio ou critério; nem todo o conhecimento, nem a sabedoria do mundo, nem as boas intenções, nem a devoção voluntária, nem a Palavra em si ao pé da letra, que podem conduzir-nos ao caminho da justiça ou ao Céu, são capazes de fazer isso, a não ser a luz da santa Palavra de Deus, exposta a nós por um ministério enriquecedor e pelo poder do Espírito.

Todos os seus conhecimentos da Lei ao pé da letra que ele possuía não lhe haviam possibilitado dar um passo sequer em direção ao Céu.

5 DE OUTUBRO

VALENTES NA BATALHA

CHRISTOPHER NESSE

Em Deus faremos proezas, porque ele mesmo calca aos pés os nossos adversários.

SALMO 108:13

Todos vocês que são batizados devem saber que, por meio do batismo, confessaram que o Senhor é o seu Deus (para andar em Seus caminhos e guardar os Seus mandamentos), e o Senhor lhes garantiu naquele dia que seriam Seu respectivo povo. O nome de Cristo, o nome mais exaltado e respeitável, é colocado sobre vocês. Ó, andem de modo digno desse honrado nome, e que o nome do nosso Senhor Jesus Cristo seja glorificado em vocês e vocês nele. Esse é o seu compromisso e o voto mais solene que já foi feito ou assumido. A aliança do seu Deus está sobre vocês; o vínculo da aliança deve ligá-los firmemente (de acordo com o significado da palavra "religião") a Deus e a vida piedosa. Ó, não desfaçam esses laços, nem joguem fora esses cordões aos quais estão presos, pois certamente vocês serão quebrados como um vaso de oleiro sem condições de ser recuperado. Não se deixem levar de um lado para o outro. Muito menos sejam aqueles que quebram a aliança com o grande Deus, que certamente vingará o rompimento de Sua aliança. Ó, mantenham-se no amor de Deus e continuem no amor de Cristo, que os constrange à obediência e à santidade. Vocês são soldados de Jesus Cristo. Sejam valentes e (como bons soldados) combatam o bom combate da fé contra os adversários que guerreiam com sua alma. Os romanos do passado faziam um juramento de guerra para ingressar no serviço militar. E aqueles que não se apresentavam ao general eram enforcados. Vocês fizeram um juramento a Deus, e o juramento do evangelho está sobre sua vida. Vocês foram arrolados no livro de Cristo como

Seus soldados; e qual a punição mais severa que merecerão (por exemplo, serem enforcados no inferno) se abandonarem o acampamento sem a permissão de seu general? Sim, haverá punição se vocês se revoltarem e correrem para o lado inimigo com fazem os apóstatas; ou se permanecerem no acampamento, mas trocarem informações secretas com o adversário; ou se não fizerem nada disso, mas, por covardia e desrespeito, não atacarem o inimigo ou não cumprirem seu dever. E o pior de tudo é estar no acampamento de Deus e guerrear em favor do inimigo, não de Deus. Isso acarreta mais culpa do que se vocês nunca tivessem prometido a Deus que o serviriam totalmente.

6 DE OUTUBRO

O NOME DE DEUS

JOHN OWEN

*Torre forte é o nome do SENHOR,
à qual o justo se acolhe e está seguro.*

PROVÉRBIOS 18:10

O nome de Deus é aquele por meio do qual Ele se revela a nós, por meio do qual Ele nos faz conhecê-lo e pertencer a Ele. Faz parte de Sua natureza ou característica Ele se apropriar de nós. Portanto, qualquer nome que Deus possui expressa quem Ele é, o que Ele é, o que esperamos encontrar nele. Pois Ele não nos enganará dando a si mesmo um nome errado ou falso. E a esse respeito, Deus pede que confiemos em Seu nome, porque certamente Ele nos fará saber o que Seu nome significa. Descansar em Seu nome, voar em direção ao Seu nome, invocar o Seu nome, louvar o Seu nome — são palavras mencionadas com frequência nas Escrituras e que confirmam o mesmo para nós. Essas coisas não poderiam ser um dever de nossa parte se estivéssemos enganados ao fazê-las. Deus é, então, e será, para nós o que o Seu nome declara.

Deus é, então, e será, para nós o que o Seu nome declara.

7 DE OUTUBRO

OS OLHOS DE DEUS
ROBERT DINGLEY

*Ou não vê Deus os meus caminhos
e não conta todos os meus passos?*

JÓ 31:4

Considere que os olhos de Deus estão sobre nós, para observar todos os nossos movimentos, olhares e comportamentos. Ele vê cada movimento de nossos olhos e lê nossos pensamentos a distância. "E o que formou os olhos será que não enxerga?" (SL 94:9). Os olhos de Deus percorrem a Terra de um extremo ao outro. Ouça Isaías, grande em conselhos e poderoso em obras, porque os olhos do Senhor estão sobre todos os caminhos dos filhos dos homens, para dar a cada um o fruto de Seus feitos. Salomão diz: "Os olhos do SENHOR estão em todo lugar, contemplando os maus e os bons" (PV 15:3). O anel de Giges [N.T.: De autoria do filósofo Platão em seus textos II e III de *A República* a respeito de um anel mágico encontrado por Giges que, dependendo da posição em que era colocado, tornava-o invisível.] não podia torná-lo invisível a Deus. Há uma imensa diferença entre os olhos de Deus e os nossos. [...] Nossos olhos são meios ou instrumentos de conhecimento, mas os de Deus são Seu conhecimento. Nossos olhos têm uma luz dupla para enxergar, uma luz interior em cada um e uma luz exterior no meio, mas Deus enxerga no escuro: "Não há trevas nem sombra assaz profunda, onde se escondam os que praticam a iniquidade" (JÓ 34:22). Enxergamos uma coisa após a outra, mas Deus vê todas as coisas de uma só vez. Nossos olhos conseguem ver apenas a uma certa distância, mas Deus é onipresente, e nada é distante demais para Ele. Nossos olhos enxergam a parte externa das coisas, mas o Senhor julga o coração, e nada lhe é oculto. Nossos olhos podem ser ludibriados ou enganados, mas os olhos de Deus não. Nossos olhos são temporários, mas os de Deus são eternos. [...] Nossos olhos não estão sempre abertos, ou acordados, mas os olhos do Senhor nunca cochilam nem dormem. Nossos olhos podem perder a capacidade de enxergar em razão de opacidade, doença ou tentação, mas os olhos de Deus não. E, por último, nossos olhos podem ver e observar o que é errado, mas não são capazes de punir o erro; Deus, porém, é notável, porque os olhos de Jeová podem nos levar ao inferno; Ele pode nos levar à destruição com um aceno de Sua cabeça. Ó, sinta-se maravilhado com Deus e com Seus olhos, que estão sempre sobre você! Se o que você faz é errado, ou se o que pensa é errado, Deus está vendo. Deus tudo vê, e Seus olhos estão sobre você, e Ele não tolera ver iniquidade nos olhos, no coração. Siga o caminho que quiser; Deus o verá, como aquele olho pendurado na parede, que vê tudo o que se passa no cômodo. Tales de Mileto [N.T.: Filósofo, 625 a.C–546 a.C.], ao ser perguntado se Deus vê nossas más ações, respondeu: "Sim, se pensarmos de modo errado".

8 DE OUTUBRO

COISAS DO ALTO

THOMAS WATSON

*Pensai nas coisas lá do alto,
não nas que são aqui da terra.*
COLOSSENSES 3:2

Ser humanamente santo é uma contradição. A palavra grega para *santo* significa uma pessoa pura e separada do mundo. Se um astrônomo, em vez de observar os planetas e os movimentos dos corpos celestes, pegasse um instrumento para medir a Terra, não estaria ele cometendo uma tolice? E não é uma grande tolice cometida por certos religiosos fingirem ter o olhar fixo em Cristo e no Céu, mas se importarem com as coisas terrenas? Nossa alma deve ser como um navio: pequeno e estreito na parte submersa e largo e amplo na parte visível. Da mesma forma, as nossas afeições deveriam ser estreitas com relação à Terra, mas externamente largas e amplas em relação às coisas celestiais. Vemos, então, que a morte é um privilégio dos crentes; a morte é sua. O herdeiro menor de idade tem direito à terra onde ele nasceu, mas só poderá fazer uso ou beneficiar-se dela quando atingir a maioridade. Seja qual for a sua idade, você só chegará à maioridade quando morrer. A morte nos traz a maioridade, e só então tomamos posse de nossa herança.

*As nossas afeições deveriam ser estreitas
com relação à Terra, mas largas e amplas
em relação às coisas celestiais.*

9 DE OUTUBRO

MAIS DE DEUS

RICHARD STOCK

Tu visitas a terra e a regas; tu a enriqueces copiosamente; os ribeiros de Deus são abundantes de água; preparas o cereal, porque para isso a dispões.

SALMO 65:9

Todos devem trabalhar para o Espírito de Deus a fim de que possa ser capaz de aprender com a Palavra pregada ou lida. Sem Ele, o homem pode ter conhecimento, mas não um conhecimento compensador. É excelente que o homem tenha bons mestres, mas não há nenhum proveito que possa ser comparado à ação do Espírito quando Ele se torna nosso mestre, pois "quem é mestre como ele?" (JÓ 36:22). Trabalhe, portanto, para esse Mestre. Agostinho diz que falta conhecimento aos mestres, mas Aquele que está assentado no Céu é quem deve ensinar ao coração, portanto, olhe para Ele. Podemos apenas fazer barulho aos nossos ouvidos quando clamamos de modo sincero e veemente, mas é o Espírito quem realiza a obra. Oro para que você me diga, pergunta Agostinho, o que o lavrador faz. Pode ele fazer outra coisa que não seja trabalhar no exterior? Pode ele fazer algo interiormente? É capaz de produzir uma maçã, uma folha? Não; é Deus quem faz isso. Pergunte ao apóstolo Paulo e ele lhe dirá: "Eu plantei, Apolo regou; mas o crescimento veio de Deus" (1CO 3:6). Esforce-se, portanto para receber essa unção.

Aquele que está assentado no Céu é quem deve ensinar ao coração, portanto, olhe para Ele.

10 DE OUTUBRO

DESCRIÇÃO DE DEUS
RICHARD BERNARD

No princípio, criou Deus os céus e a terra.
GÊNESIS 1:1

Deus é, por definição, bom, a razão primordial de todos os seres criados por Ele; é apenas um e único. Incompreensível, infinito, invisível, Ele é uma substância sem composição, é ação sem movimento, um ser espiritual, eterno, antes do tempo, no tempo e além do tempo. Ele não tem princípio nem fim, é o Alfa e o Ômega de todas as coisas. É o primeiro e o último, sem medida de tempo. É o regente real, o nobre soberano. Dá a todos vida, movimento e ação; concede a qualidade e aumenta a quantidade. No entanto, Ele é bom sem qualidade e grandioso sem quantidade. É o ser e a beleza dos seres que criou. Ele fez tudo bom e dele flui bondade. [...] É notável acima de tudo e destaca-se mais do que tudo, abundante em amor a todos e felicidade absolutamente perfeita em tudo. É o mais sublime em majestade, o mais importante em glória, o maior em magnificência, o mais poderoso em onipotência e sempre o melhor em generosidade indizível. Sem Ele nada é acessível, mas com Ele todas as coisas são possíveis. [...] Ele mede o céu com Sua mão, examina a profundidade dos mares; Ele pode fazer a Terra tremer diante de Sua presença. [...] Ele é todo santidade, a verdadeira fonte de toda bondade; nenhum mal procede dele, e nenhum mal é cometido por Ele. [...] Ele é majestade, é misericórdia, é primoroso, é glória, é poder, é principado, é graça e bondade, vida e felicidade. [...] A Ele seja o louvor perpetuamente.

Ele é o primeiro e o último, sem medida de tempo.

11 DE OUTUBRO

BOM USO

RALPH VENNING

Se alguém tem ouvidos, ouça. APOCALIPSE 13:9

Todos deveriam se esforçar para fazer melhor uso do que ouvem e leem. Toda Escritura é útil e foi escrita para instruir a todos nós. Há referência aos pais? É para uso dos mais jovens, para provocá-los a querer alcançar as mesmas conquistas e experiências e se esforçarem nesse sentido. Dessa forma, o apóstolo decidiu prosseguir e tratar do assunto da perfeição (comida sólida e doutrina), embora seus ouvintes fossem apenas bebês (HB 6:1). Há referências aos mais novos? É para uso dos pais, para se lembrarem de que foram jovens, como alguns de vocês, e para incentivá-los a agradecer, pois Deus lhes antecipou uma condição na qual se pode dizer: "Tal honra nem todos os santos possuem". E repetir as palavras de Davi: "Quem sou eu, Senhor Deus, e qual é a minha casa, para que me tenhas trazido até aqui?" (2SM 7:18). Ouvi falar de uma pessoa ilustre que assistiu a um sermão com outros ouvintes, e quando alguém se queixou e pareceu ofendido porque o pregador era um Boanerges [N.T.: Palavra que significa "filho do trovão" (MC 3:17).] e prenunciou ira e fogo do inferno aos pecadores, tal pessoa comentou que aquele foi um dos sermões mais agradáveis e reconfortantes que ouvira depois de muito tempo. Ela declarou: "Bendito seja Deus por ter me livrado de tudo isso". Isso, sim, é fazer bom uso de um sermão. Vocês, que são justos, ouvem sermões pregados a pecadores, para mostrar a condição angustiante em que vivem? Então bendigam a Deus porque Ele os converteu. Vocês, que são pecadores, ouvem sermões pregados aos santos, para mostrar os privilégios e a felicidade deles? Então orem a Deus para torná-los santos também. Assim, todos poderão fazer bom uso de cada sermão que ouvem.

Bendigam a Deus porque Ele os converteu.

12 DE OUTUBRO

SEMELHANTES A DEUS

JOHN SHOWER

*Quem há semelhante ao Senhor,
nosso Deus, cujo trono está nas alturas?*

SALMO 113:5

Considere a altura dos céus acima da Terra e a diferença (o que é melhor) entre a criatura e o Criador. Considere que Seus pensamentos não são os nossos; que não são semelhantes aos nossos pensamentos temerosos e desesperadores. Ele perdoa e perdoará como Ele é, como Deus; não segundo os instrumentos de medida de um homem finito, apaixonado e fraco. Tudo o que você disse, ou pode dizer, não será empecilho, se voltar-se para Deus e buscá-lo em Cristo para receber perdão. Ele perdoa abundantemente, além do que você é capaz de pensar ou supor. Deus reclama de Israel, um povo sempre propenso e inclinado a cometer deslizes; no entanto, em Seu coração, Ele não procura destruí-lo, mas expressa uma espécie de conflito entre justiça e misericórdia, e por fim decide: "Não executarei o furor da minha ira... Andarão após o Senhor" (OS 11:9-10). Ele faz coisas semelhantes a Ele próprio. Se constrói, Ele faz um mundo; se está zangado com o mundo, envia um dilúvio para cobrir a face de toda a Terra. Se sai com os exércitos de Seu povo, Ele faz o Sol parar, as estrelas lutarem, os mares engolirem os exércitos mais temíveis. Se Ele ama, o sangue precioso do coração de Seu Filho amado não é tão estimado; se alguém passa a ser Seu amigo e favorito pela mediação de Cristo, Ele o torna rei, dá-lhe um paraíso e coloca uma coroa de glória eterna em sua cabeça. Não devemos pensar muito naquilo que é adequado ou provável para recebermos, mas na grandiosidade de Deus em doar e conceder. Se temos um coração contrito, humilde, arrependido e corremos em direção a Jesus Cristo como nosso refúgio de esperança, Deus pensará que todos os sofrimentos meritórios de Seu filho, todas as promessas de Seu livro, todas as consolações de Seu Santo Espírito, todos os prazeres e felicidade de Seu reino ainda são insuficientes para nós.

Não devemos pensar muito naquilo que é adequado ou provável para recebermos, mas na grandiosidade de Deus em doar e conceder.

13 DE OUTUBRO

BONDADE DIVINA

JOHN ARROWSMITH

*Bondade e misericórdia certamente
me seguirão todos os dias da minha vida.*

SALMO 23:6

Moisés era profundo conhecedor de toda a cultura dos egípcios; no entanto, não satisfeito com isso, ele pediu humildemente a Deus que lhe desse um conhecimento maior e melhor. "Então, ele disse: Rogo-te que me mostres a tua glória" (Êx 33:18). Outras ideias podem encher a cabeça de um homem de bons princípios, mas só o conhecimento de Deus pode satisfazer o coração de um justo. Portanto, em resposta ao pedido de Moisés, o Senhor lhe faz uma promessa, dizendo: "Farei passar a minha bondade diante de ti" (v.19). O que Moisés queria era ver a glória de Deus; a promessa foi uma visão de Sua bondade, o que nos faz concluir que, apesar de todos os atributos de Deus serem gloriosos, Ele se gloria mais na manifestação de Sua bondade, e nada lhe atribui tanta glória quanto as criaturas que estão acostumadas a engrandecê-la da maior forma possível. Assim diz a igreja em Isaías: "Celebrarei as benignidades do Senhor e os seus atos gloriosos, segundo tudo o que o Senhor nos concedeu e segundo a grande bondade para com a casa de Israel, bondade que usou para com eles, segundo as suas misericórdias e segundo a multidão das suas benignidades" (63:7).

*Só o conhecimento de Deus pode satisfazer
o coração de um justo.*

14 DE OUTUBRO

ORAÇÃO SECRETA

SAMUEL SLATER

*Tu, porém, quando orares, entra no teu quarto e,
fechada a porta, orarás a teu Pai, que está em secreto;
e teu Pai, que vê em secreto, te recompensará.*

MATEUS 6:6

A oração secreta, ou reservada, é um dever excelente e vantajoso que todo o povo de Deus deveria realizar com frequência. Sozinho, sem ninguém ao seu lado; é nesse momento que você deve estar com Deus. À noite, quando estiver na cama, entrelace o seu coração com o coração de Deus e fique em silêncio; olhe para dentro de si mesmo antes que o sono chegue; e antes de se deitar, passe alguns momentos buscando Deus e conversando com Ele. Despeça-se dos amigos e parentes; ou, se preferir, afaste-se deles, para que você e o seu Deus possam estar juntos. Ao ouvir uma ordem expressa de Deus, Abraão aceitou oferecer em sacrifício o seu único e amado filho, Isaque: "Então, [Abraão] disse a seus servos: Esperai aqui, com o jumento; eu e o rapaz iremos até lá e, havendo adorado, voltaremos para junto de vós" (GN 22:5). Abraão receava que, se seus servos o acompanhassem, seriam um entrave para ele, portanto, não aceitou a companhia deles. Deixe de lado os assuntos seculares, afaste-se dos conhecidos e vá sozinho realizar atos de adoração e derramar seus pedidos no peito de seu Pai celestial. A oração secreta é a melhor parte de sua ocupação [...] não abra mão dela.

*Sozinho, sem ninguém ao seu lado;
é nesse momento que você deve estar com Deus.*

15 DE OUTUBRO

MELHOR DO QUE
O MELHOR

RALPH VENNING

Até os cabelos da vossa cabeça estão todos contados.
Não temais! Bem mais valeis do que muitos pardais.

LUCAS 12:7

Há uma imensa diferença entre o menor ou mais humilde dos justos e os homens ilustres, que são pessoas comuns e não convertidas, entre o pior dos justos (isto é, as crianças recém-nascidas na fé) e o melhor dos homens (isto é, os filósofos e homens de bons princípios morais). Sócrates e Sêneca são excelentes exemplos do que os homens são capazes de fazer com a ajuda da natureza; e Paulo (que se chamava Saulo antes da conversão) também é um exemplo do que um homem pode fazer com a ajuda da lei (FP 3:6). No entanto, na escola de Cristo, o mais insignificante dos justos ultrapassa e supera todos, pois ele é ensinado por Deus e, apesar de ser ainda um recém-nascido na fé, ele está em Cristo; e apesar de ser carnal, mas não um homem carnal como todos os que não estão em Cristo Jesus, ele é uma nova criatura. O ouro, mesmo antes de ser lavrado, é mais valioso que o barro e o pó; da mesma forma o recém-nascido na fé, que é ouro não lavrado, excede e supera todos os outros homens, que não passam de barro e pó, terrenos.

O ouro, mesmo antes de ser lavrado,
é mais valioso que o barro e o pó.

16 DE OUTUBRO

BELEZA DUPLA

JEREMIAH BURROUGHS

*E a pôr sobre os que em Sião estão de luto
uma coroa em vez de cinzas, óleo de alegria, em vez de
pranto, veste de louvor, em vez de espírito angustiado;
a fim de que se chamem carvalhos de justiça,
plantados pelo S*ENHOR *para a sua glória.*

ISAÍAS 61:3

Que todos sejam atraídos para amar os caminhos da vida piedosa. [...] Não tema o prazer, mas confie-o a Deus; assim, você encontrará o suficiente. Você nunca ficaria triste? "Viva bem", diz Bernard. Diga-me, você aceitaria os caminhos da religião se tivesse certeza do prazer? Invoco os Céus e a Terra para registrar hoje que aquilo que tenho falado dos caminhos da sabedoria são verdades de Deus; não são noções ou conceitos, mas realidades indiscutíveis. Deus comprometeu-se a tornar esses caminhos profusamente bons. Ó, venha e prove quão meigo é o Senhor! Não fique distante; Seus caminhos podem parecer desagradáveis a uma grande distância, mas, quando chegar perto, você verá alegria. Portanto, todos vocês que conhecem os caminhos da sabedoria manifestem isto: que Deus os conduziu a esses caminhos abençoados e que essas coisas são verdadeiras. A religião sofre muito por conta de alguns que a professam, quando as pessoas de fora não veem a manifestação dessas coisas. É nosso dever nos alegrar no Senhor e andar nos caminhos da sabedoria, portanto, pode parecer que são caminhos suaves. Temos de andar alegres nesses caminhos de alegria. Ter alegria nos caminhos da piedade redunda em beleza. Crisóstomo apresenta uma excelente comparação para expressar isso: "Um rosto bonito é sempre agradável aos olhos, especialmente quando a alegria se manifesta no semblante.

A alegria no rosto produz uma nova beleza e faz que aquilo que era belo passe a ser extremamente belo. Dá brilho à beleza". Embora os caminhos da religião sejam belos em si, quando a alegria espiritual é acrescentada, eles se mostram belos com uma dupla formosura. Temos uma linda promessa em Isaías 65:18; ó, quem dera pudéssemos vê-la cumprida! "Mas vós folgareis e exultareis perpetuamente no que eu crio; porque eis que crio para Jerusalém alegria e para seu povo, regozijo". Essa é uma alegria até mesmo abstrata, não apenas satisfação, mas alegria mesmo. Deus criará isso; faz parte de Seu trabalho. Apesar de não haver motivo de alegria de acordo com a perspectiva deste mundo, Deus criará alegria para Seu povo. Você sabe o valor que o profeta dá à alegria e como ela é agradável; trate de alegrar-se em todas as coisas.

17 DE OUTUBRO

PALAVRAS CHEIAS DE GRAÇA

ROBERT HARRIS

Todos lhe davam testemunho, e se maravilhavam das palavras de graça que lhe saíam dos lábios, e perguntavam: Não é este o filho de José? LUCAS 4:22

Você precisa controlar a língua. "A resposta branda desvia o furor" (PV 15:1). Se deseja paz, você deve esforçar-se para usar linguagem moderada, caso discorde da outra pessoa; fale com calma, fale com sabedoria, fale em silêncio, como se não estivesse dizendo nada. Essa atitude acalmará a fúria do outro e o desarmará de sua excessiva indignação. Palavras duras dirigidas a um coração empedernido nunca dão certo. Se você usar palavras duras dirigidas a um coração brando, poderá até quebrar uma pedra sobre um colchão ou almofada, o que não poderá ser feito se colocar uma pedra sobre outra. Portanto, o coração de um homem nunca será tão duro e empedernido se usarmos palavras brandas e fala moderada; ele se acalmará e se enternecerá diante de nós. Ao fazer isso, você amontoará "brasas vivas sobre a sua cabeça" (PV 25:22), que comoverão e suavizarão o oponente. Se você deseja paz, profira palavras gentis, forneça respostas brandas. Que os seus argumentos sejam sólidos a ponto de você convencer a pessoa de que ela está errada, mas que suas palavras sejam brandas; envolva-as com bondade o máximo que puder. E quando decidir falar de outras pessoas, tome cuidado para não mencionar seus erros e fraquezas, mas aja de acordo com as normas, isto é, apiedando-se delas e orando por elas ou, então, admoestando-as para que se aperfeiçoem.

Se você deseja paz, profira palavras gentis, forneça respostas brandas.

18 DE OUTUBRO

APARÊNCIA DO MAL

TIMOTHY CRUSO

Abstende-vos de toda forma de mal.
1 TESSALONICENSES 5:22

Devemos nos abster de toda a aparência do mal. Essa é uma determinação apostólica que deve ser sempre mantida diante de você. Moisés impôs aos israelitas as mais severas regras acerca da verdade: "Da falsa acusação te afastarás" (ÊX 23:7), o que não tem nada a ver com aquilo que parece dissimulação. As águas de nossas honestas intenções devem correr completamente limpas, para que não haja nenhuma sujeira no leito do rio que gostaríamos de ocultar. O israelita rico não podia emprestar com juros ao seu irmão pobre, não podia ser culpado de nenhum ato que sugerisse a ideia de extorsão corrosiva. O apóstolo Paulo ordena a seu filho Timóteo que repreenda, com toda pureza, as mulheres mais jovens, ou seja, em todas as suas falas e conversas, não deveria haver a menor sombra de leviandade ou malícia. E (como alguém observa muito bem) Tito é orientado a ordenar que as mulheres idosas instruíssem as jovens. Talvez a ideia fosse aconselhá-lo a não instruir as jovens, para não correr o risco de escandalizar alguém por ter muita familiaridade com pessoas do sexo oposto. Sabemos que o fato de Hamã cair na armadilha que Ester lhe preparou foi interpretado pelo rei como se ele a tivesse forçado. Foi o que pareceu, mas há pouca base para imaginar que esse fosse o plano dele na época. O coração brando é acompanhado dos mais claros sinais de santidade, sem a menor demonstração de maldade.

Em todas as suas falas e conversas, não deveria haver a
menor sombra de leviandade ou malícia.

ADORAÇÃO ADEQUADA

ARTHUR HILDERSAN

*Como um pai se compadece de seus filhos,
assim o Senhor se compadece dos que o temem.*

SALMO 103:13

Ninguém é capaz de adorar a Deus apropriadamente enquanto não o conhecer como seu Pai. Quanto mais o homem é persuadido a crer no amor paternal de Deus por ele, em Cristo, melhor será o culto prestado ao Senhor. Nosso Salvador, ao nos ensinar a orar, ordena que digamos: "Pai nosso", como se estivesse nos instruindo: "Não se atrevam a fazer nenhum pedido a Deus enquanto não sentirem que foram persuadidos por Ele". E o apóstolo diz que é o espírito de adoção que nos capacita a orar, torna audível a nossa oração e a transforma em voz do espírito de oração, que clama: "Aba, Pai". Sim, Deus tornou impossível ao homem orar corretamente sem esta certeza: "Como, porém, invocarão aquele em quem não creram?" (RM 10:14). O motivo principal é este: enquanto não entendermos que Deus é nosso Pai, e que nos ama em Cristo, não poderemos ter certeza de que Ele nos adotará. Quando sabemos que Ele é o nosso Pai em Cristo, somos impelidos a buscá-lo com ousadia e confiança. "Pelo qual temos ousadia e acesso com confiança, mediante a fé nele" (EF 3:12). "Levantar-me-ei, e irei ter com o meu pai (diz o filho pródigo), e lhe direi: Pai, pequei contra o céu e diante de ti" (LC 15:18). Embora ele tivesse pecado de modo tão ultrajante, a ideia de que era a seu pai que ele devia recorrer deu-lhe ousadia. E isso nos dá a certeza de que, apesar de nossas fraquezas, Ele nos aceitará.

*Quando sabemos que Ele é o nosso Pai em Cristo,
somos impelidos a buscá-lo com ousadia e confiança.*

ALEGRIAS MELHORES

RICHARD ALLEINE

*Quanto a mim, porém, quase me resvalaram os pés;
pouco faltou para que se desviassem
os meus passos. Pois eu invejava os arrogantes,
ao ver a prosperidade dos perversos.*

SALMO 73:2,3

Cristãos, não invejem a alegria do mundo, não permitam que seu coração seja atraído por ela. Vocês possuem outras alegrias, não aquelas que os espinhos do mundo produzem. Vocês sofrem enquanto eles ficam alegres, mas são aquinhoados com outras vantagens que não pertencem ao mundo. Vocês sentem alegria em suas tristezas. E, em meio a risadas, o coração está triste, portanto, em meio às suas tristezas, o coração de vocês poderá alegrar-se. Suas tristezas terminarão em alegria. E essa alegria vocês receberão da mão de seu Deus, e descansarão em paz. Quem semeia com lágrimas colherá com alegria (SL 126:6), ao passo que aqueles que semeiam em meio à alegria colherão com lágrimas. Talvez vocês estejam chorando pelo caminho enquanto os outros estão rindo, mas vejam qual será o fim de vocês e o deles. Isaías 65:13-15 diz que, seja qual for a situação do momento, vejam como será no futuro. E como será? "Os meus servos beberão, mas vós tereis sede; os meus servos se alegrarão, mas vós vos envergonhareis; os meus servos cantarão por terem o coração alegre, mas vós gritareis pela tristeza do vosso coração e uivareis pela angústia de espírito. Deixareis o vosso nome aos meus eleitos por maldição, o Senhor Deus vos matará…". Neste momento, os seus inimigos comem enquanto alguns de vocês passam fome. Mas imaginem como será o dia em que a situação for invertida, quando os pecadores que hoje comem, bebem, riem e se divertem não terão mais essas coisas e quando a fome e os uivos tomarem conta deles. Vocês, que hoje sentem fome e tristeza, comerão, beberão e se fartarão com a alegria do Senhor.

Em meio às suas tristezas, o coração de vocês poderá alegrar-se.

21 DE OUTUBRO

PAVOR DO PECADO

JOSEPH MEDE

Tu, porém, ó homem de Deus, foge destas coisas;
antes, segue a justiça, a piedade, a fé, o amor,
a constância, a mansidão.

1 TIMÓTEO 6:11

Certa vez, andei por um jardim em companhia de uma senhora, para colher flores. Havia um arbusto grande, cujos galhos pendiam com o peso de rosas lindíssimas. Paramos para admirá-las. Vimos uma flor que parecia destacar-se entre toda aquela beleza. A senhora aproximou-se do arbusto e inclinou o corpo para apanhar a rosa. Naquele instante, uma serpente negra, escondida na folhagem, enrolou-se em seu braço. O susto foi indescritível; ela saiu correndo do jardim, gritando, em total desespero. Durante todo aquele dia, ela sentiu muito medo; seu corpo inteiro tremia e demorou muito para se acalmar. [...] Hoje, ela odeia todos os tipos de serpentes e nunca mais conseguiu olhar para uma delas, nem mesmo para uma serpente morta. Ninguém jamais conseguiu convencê-la a aproximar-se de novo de um arbusto, até mesmo para colher uma linda rosa. Veja, é assim que age o pecador verdadeiramente arrependido. Ele pensa no pecado como a serpente que um dia se enrolou em seu corpo. Ele o odeia, tem pavor dele, foge dele, tem medo do lugar onde ele habita, não se atreve a aproximar-se dele. Nunca mais brincará com o pecado da mesma forma que aquela senhora não quer mais saber de serpentes.

Ele pensa no pecado como a serpente
que um dia se enrolou em seu corpo. Ele o odeia.

22 DE OUTUBRO

MISERICÓRDIAS INUMERÁVEIS

SAMUEL LEE

Quem pode numerar com sabedoria as nuvens?
Ou os odres dos céus, quem os pode despejar.
JÓ 38:37

As estrelas brilhantes no céu, as gotas de água salgada do oceano e as areias da praia sopradas pelo vento, o pó da terra e as partículas que dançam aos raios do sol são tão numerosos quanto as excelentes misericórdias de Deus. Arquimedes escreveu *O contador de areia*, contudo jamais houve alguém neste mundo que, mesmo tendo passado a vida toda escrevendo volumes a respeito de sua própria vida, tenha sido capaz de registrar as medidas das misericórdias de Deus, se não estivesse muito atento ou não investigasse as passagens da divina providência com tanta curiosidade. Cada entrada de ar nos pulmões é acompanhada de misericórdia. Quando o ar transporta os vapores fuliginosos do coração, quem é capaz de atraí-lo de novo para refrigerar o sangue e misturar o bálsamo volátil do ar para que aquele líquido roxo circule? As pulsações da providência são mais rápidas que as de nossos pulsos ou têmporas. "Que variedade, Senhor, nas tuas obras!" (SL 104:24). A alma de Davi conhecia muito bem as suas multiplicidades, mas não era capaz de multiplicá-las corretamente usando qualquer tipo de cálculo aritmético. Não, a própria soma ou os principais atributos da bondade divina são inumeráveis. As obras e os pensamentos maravilhosos de Deus para com Davi não podiam ser contados corretamente por ele, pois eram inumeráveis.

Cada entrada de ar nos pulmões
é acompanhada de misericórdia.

23 DE OUTUBRO

AMIGOS FIÉIS

DAVID CLARKSON

O homem que tem muitos amigos sai perdendo;
mas há amigo mais chegado do que um irmão.

PROVÉRBIOS 18:24

Se você quer lidar fielmente com aqueles que vivem em pecado, e com a sua alma, de acordo com a regra do evangelho, deve adverti-los com seriedade; se não aceitarem a advertência ou se não se regenerarem, não se associe com eles (2TS 3:14). Os atenienses são elogiados porque não se banhavam junto com os perseguidores de Sócrates. E a respeito do apóstolo João, dizem que quando Cerinto, um famoso herege da época do apóstolo, chegou para banhar-se onde João estava, ele deixou o local porque não queria ficar no mesmo ambiente onde Cerinto estava. E a respeito de Policarpo, discípulo do apóstolo João, dizem que quando Marcião o cumprimentou e perguntou-lhe se ele o conhecia, Policarpo respondeu: "Sim, eu o conheço, você é o primogênito do demônio". Foi assim que ele tratou aquele impostor. Você sabe como o Senhor se indignou quando Josafá se associou a Acabe, e a advertência que ele pôs na boca do vidente foi muito patética (2CR 19:2). E ele também se afligiu por ter-se associado a Acazias. Por que tal aproximação era perigosa? Aqueles que conheciam Josafá como um bom rei que obedecia aos mandamentos do Senhor, ao vê-lo escolher Acabe como amigo, devem ter concluído que os caminhos de Acabe não eram tão abomináveis, caso contrário Josafá não teria tanta intimidade com ele. E se Acabe não fosse tão mau assim, talvez eles estivessem mais propensos a seguir seus caminhos e modos de adoração. Dessa forma, a proximidade de Josafá com Acabe seria uma armadilha para os outros. Julgamos um homem de acordo com as pessoas com quem ele anda, e os homens tendem a pensar que aprovamos aqueles que escolhemos como amigos. De acordo com quem você anda, pode estar aprovando a maldade e, por conseguinte, fazendo parte dela, embora nunca a tenha posto em prática.

Julgamos um homem de acordo com as pessoas com quem ele anda.

24 DE OUTUBRO

EXEMPLOS PIEDOSOS

WILLIAM JENKYN

Irmãos, se alguém for surpreendido nalguma falta, vós, que sois espirituais, corrigi-o com espírito de brandura; e guarda-te para que não sejas também tentado.

GÁLATAS 6:1

Em razão de todo o nosso sofrimento por causa do pecado, nosso grande desejo deve ser o de evitar que os outros cometam o mesmo pecado e sofram como nós. Não devemos ser como alguém que sofre de uma moléstia contagiosa e ama infectar os outros. Um coração habitado pela graça prefere ouvir falar de convertidos, conquistados por seus erros e fracassos, do que ter a companhia de pessoas de ambos os lados. Aqueles que, pelo pecado, foram exemplos de imitação devem orar para que seus sofrimentos se tornem exemplos de prudência. Como é rara essa serenidade entre aqueles que sofrem! A maioria dos cristãos, quando tem problemas, deseja apenas que eles desapareçam ou talvez a santificação para si próprios. Mas quem ora pedindo santificação para transmitir aos outros? O homem, quando enfrenta sofrimento, costuma ter pensamentos impacientes contra Deus, ou de vingar-se do motivo de seus problemas, mas é raro encontrar um homem que tenha em mente beneficiar os outros por meio de seus problemas. Se o Senhor nos envolver completamente com o amor de Sua glória, e ódio ao pecado, devemos estar dispostos a deixar a casa cair sobre nossa cabeça, para que o pecado dos outros possa ser destruído. Assim, seremos mais úteis na morte do que durante a vida inteira.

O homem, quando enfrenta sofrimento, costuma ter pensamentos impacientes contra Deus.

25 DE OUTUBRO

DIRIGINDO-SE A DEUS

HENRY SCUDDER

Escuta, Rei meu e Deus meu, a minha voz que clama, pois a ti é que imploro. SALMO 5:2

No momento da oração, Deus deve ser retratado na mente e invocado com nomes, títulos ou descrições que sejam mais convenientes para despertar os desejos do coração e aumentar a fé daqueles que oram. Se os pedidos forem muitos e generalizados, os títulos e nomes devem ser usados para convencer os ouvintes de que todos serão ouvidos por Deus. Se um pedido especial for feito, então os nomes e as descrições de Deus que forem usados talvez sejam úteis ao autor do pedido. O servo de Abraão, ao orar pelo sucesso da incumbência que recebera de seu senhor, disse: "Ó Senhor, Deus de meu senhor Abraão, rogo-te que me acudas hoje e uses de bondade para com o meu senhor Abraão!" (GN 24:12). Quando suplicou a Deus que escolhesse um apóstolo para substituir Judas, Pedro pediu: "Tu, Senhor, que conheces o coração de todos, revela-nos qual destes dois tens escolhido" (AT 1:24). Quando orou contra os inimigos de Deus e Seus filhos, Davi disse: "Ó Senhor, Deus das vinganças, ó Deus das vinganças, resplandece" (SL 94:1). Quando exaltou o nome de Deus e incentivou todo o povo a orar a Ele e adorá-lo, Davi referiu-se a Deus desta maneira: "Ó tu que escutas a oração, a ti virão todos os homens" (SL 65:2). A escolha sábia de nomes e títulos corretos para representar Deus mostra que o conhecemos, e é preciso sabedoria para fazer uso de Seus diferentes atributos. Deus se agrada e se encanta ao ver conhecimento e sabedoria mesclados com a fé em Seus filhos.

A escolha sábia de nomes e títulos corretos para representar Deus mostra que o conhecemos.

ANJOS AO NOSSO REDOR

SIR RICHARD BAKER

O anjo do Senhor acampa-se ao redor dos que o temem e os livra.

SALMO 34:7

Pensamos pouco a respeito da proteção contínua sobre nós. Pensamos pouco que temos um exército inteiro para nos guardar, e pensamos menos ainda que esse exército todo é composto por anjos. Ó, como estaríamos protegidos se assim fosse! [...] Porém, como podemos pensar que somos guardados por anjos, se mal acreditamos que eles existem? E se existem, devem ser criaturas de Deus e certamente criaturas de excelente natureza. [...] Mas talvez pensemos que não existem porque nunca vimos nenhum anjo, como se fôssemos capazes de ver algo invisível. Será que pensamos que não temos alma só porque não a vemos? Vivemos pela fé, não por vista, portanto não podemos ver almas nem anjos. Que pena! Se só acreditamos naquilo que nossos olhos veem, aparentemente não vivemos pela fé, pois a fé crê naquilo que não se vê. Ó, minha alma, para você mostrar que está viva, e que vive pela fé, permita que esta seja uma cláusula de seu credo, isto é, que os anjos acampam e armam suas tendas ao seu redor. [...] Mas, se há anjos para cuidar dos piedosos, por que não os defendem? Por que permitem que sejam tão hostilizados, tão afligidos assim? Pois quem sofre tanto, quem geme tanto debaixo de aflições quanto os piedosos? [...] Ó minha alma, pense um pouco nos benefícios infinitos que os homens piedosos recebem quando são ministrados por anjos. Se, talvez, eles tolerassem problemas físicos, será que escapariam dos problemas maiores da alma? Se suportassem aflições momentâneas, não evitariam aflições eternas? Será que não existe um exército de espíritos malignos para atacá-los? Será que estariam livres de ser despedaçados se não houvesse um exército de anjos para ajudá-los?

> *Pense um pouco nos benefícios infinitos*
> *que os homens piedosos recebem*
> *quando são ministrados por anjos.*

27 DE OUTUBRO

BRILHO DA MANHÃ

ROBERT BOLTON

*De seis angústias te livrará,
e na sétima o mal te não tocará.*

JÓ 5:19

Os homens perversos deste mundo caminham facilmente, sem dificuldades ou interrupções, muitas vezes com cumprimentos efusivos e aplausos, com todas as honras e homenagens. Mas, ao chegar ao último degrau da escada, eles veem que o piso está muito escorregadio, e no ponto mais alto da felicidade humana há uma descida próxima e certa que os levará à sua maior queda. Aqui na Terra, eles vivem montados na realeza e galopam rapidamente nas belas e verdejantes planícies da alegria e da prosperidade, mas, no final da corrida, o cavalo e o cavaleiro caem e são lançados no poço de destruição. Navegam prazerosamente no mar deste mundo com as velas enfunadas, com muita calma e serenidade, carregados de riqueza, mas, quando o sol brilha com mais intensidade e quando menos desconfiam, afundam de modo repentino e inevitável no abismo das trevas e da desolação. No entanto, ocorre o contrário com os filhos de Deus, pois muitas vezes, em sua peregrinação, eles permanecem firmes no tremedal de lama e desprezo e às vezes caem, como Davi fala, na cova terrível do medo e do terror de consciência por causa de seus pecados. Têm por companhia dragões e avestruzes; andam entre rebeldes, espinhos, escorpiões e caluniadores cruéis. Há perigo por todo o caminho; seus perseguidores são mais rápidos que as águias no céu, que os perseguem e os acossam nas montanhas como se fossem perdizes, e os espreitam no deserto, como aqueles que esperam ver sangue. E além de todos esses tormentos do mundo, a maldade direta do inferno levanta muitas tempestades de tentação contra eles e, às vezes, até as ondas e dilúvios do próprio Deus lhes encobrem a cabeça. Esse é o caminho, a corrida e o ocaso da vida dos filhos de Deus no mundo, mas a alegria vem pela manhã, e eles encontram paz. Sua recompensa é uma brilhante estrela da manhã e em seu refúgio há felicidade sem fim e vida eterna.

*Esse é o caminho, a corrida e o ocaso da vida
dos filhos de Deus no mundo.*

28 DE OUTUBRO

ANTÔNIMO DE CÉU

RICHARD BERNARD

Deu o mar os mortos que nele estavam.
A morte e o além entregaram os mortos que neles
havia. E foram julgados, um por um,
segundo as suas obras.

APOCALIPSE 20:13

O inferno é o lugar dos impenitentes; todos os impenitentes habitam no inferno. O inferno é a prisão para aqueles que se afastam da presença de Deus. É o calabouço medonho de completa escuridão, o temível Tofete [N.T.: Ou lugar de chamas.] e o abismo sem fundo. É o lago de fogo e enxofre, a causa perdida, o caos da confusão. É terror acompanhado de lamentação, é pavor acompanhado de desolação. Ali há morte, morte sem fim, mas nunca sem começo. [...] A justiça de Deus os alcança, Seu poder os sustenta e o furor de Sua ira é sentido por toda parte. Há um fogo abrasador inextinguível e um frio congelante intolerável. [...] O inferno é o vale da maior vingança de Deus, o lugar onde Ele deposita toda a Sua ira e a perfeição de Suas pragas. O objetivo do Senhor é exilar almas. [...] Ó, que desgraça há ali com os lamentos de corações desolados; que rios de lágrimas por causa dos tormentos irremediáveis. [...] Seus habitantes vivem em um imenso mar de angústia, em um oceano de calamidade. Fogo, chamas e clarões passam por eles, o verme da consciência os devora interiormente. [...] A mão vingadora de Deus está sobre eles, derramando os frascos de Sua ira.

O inferno é a prisão para aqueles que se afastam
da presença de Deus.

29 DE OUTUBRO

PAZ NA MENTE

THOMAS TAYLOR

Filho meu, não te esqueças dos meus ensinos,
e o teu coração guarde os meus mandamentos;
porque eles aumentarão os teus dias
e te acrescentarão anos de vida e paz.

PROVÉRBIOS 3:1,2

Se você tem paz de consciência, agradeça ao Deus da paz e o bendiga. Desde que a antiga serpente perturbou a paz do Céu, desde que foi expulsa com seus anjos, sua próxima tarefa foi destruir a paz na Terra, afastando o homem do seu Deus. Para tanto, Satanás, o autor de todas as inimizades, corrompeu a natureza inteira do homem e desde então vem regando essas sementes para fazê-las brotar. Assim, todos os filhos de Adão são filhos da ira, desnudados pela fúria de Deus e vivem sob essa fúria como vasos de ira e seus frutos na alma, na mente, na consciência, na vontade e em todos os seus movimentos, sendo inimigos de Deus, com sua própria condição feliz, com todas as criaturas. E essa é a nossa condição por natureza, até que foi do agrado de Deus, por meio de Seu Filho Jesus Cristo (chamado de Senhor da paz), estabelecer o fundamento de nossa paz em Seu sangue e enviar o Espírito bendito ao coração dos crentes, promovendo a paz entre Deus e nós. E, com o coração renovado pelo Espírito, eles se tornam filhos da paz, reconciliados com Deus, em concordância com eles próprios e com todas as suas aptidões naturais, e ligados e unidos entre si na unidade do Espírito e no vínculo da paz.

E, com o coração renovado pelo Espírito,
eles se tornam filhos da paz, unidos de novo a Deus.

30 DE OUTUBRO

UNIÃO COM CRISTO

JOHN FLAVEL

Eu neles, e tu em mim, a fim de que sejam aperfeiçoados na unidade. JOÃO 17:23

A empatia que existe entre Cristo e os crentes comprova uma união entre eles. Cristo e os justos sorriem e lamentam juntos. O apóstolo Paulo declara em Colossenses: "Preencho o que resta das aflições de Cristo, na minha carne" (1:24). [E o autor da carta aos Hebreus afirma:] "Porque, com uma única oferta, aperfeiçoou para sempre quantos estão sendo santificados" (HB 10:14). Isso não significa que os sofrimentos de Cristo eram imperfeitos, mas, nessas duas passagens bíblicas, Cristo é mencionado como se tivesse uma capacidade dupla. Ele sofreu uma vez em Sua própria pessoa como Mediador; esses sofrimentos são completos e integrais, e, nesse sentido, Ele não sofre mais. Ele sofre também por Sua Igreja e membros, portanto continua a padecer os sofrimentos de cada crente por amor, e embora esses sofrimentos em Seu corpo místico não sejam iguais aos outros, em peso e valor [...] são verdadeiramente reconhecidos como sofrimentos de Cristo, porque a cabeça sofre quando os membros do corpo sofrem. Se não acreditarmos nisso, Atos 9:5 jamais será compreendido, quando Cristo, o Cabeça que estava no Céu, diz em alta voz: "Saulo, Saulo, por que me persegues?", quando o pé havia sido esmagado na Terra. Como Cristo poderia ser sensível aos nossos sofrimentos, ou nós aos dele, se não houvesse uma união mística entre Ele e nós?

Ele sofre também por Sua Igreja e membros, portanto continua a padecer os sofrimentos de cada crente por amor.

31 DE OUTUBRO

MARAVILHAS CONTÍNUAS

JEREMIAH BURROUGHS

Ó Senhor, quem é como tu entre os deuses?
ÊXODO 15:11

No Céu, Cristo será maravilhoso para sempre. Muitas coisas são admiradas hoje, mas a admiração é passageira. Estamos acostumados a dizer coisas estranhas, porém a novidade não dura muito e logo perde o seu encanto. Jesus Cristo, contudo, não é apenas uma maravilha à primeira vista, quando a alma o aceita — é verdade que os pobres pecadores, quando aceitam Jesus Cristo, por causa da novidade daquilo que veem nele, admiram-no porque nunca entenderam essas coisas antes —, mas se essa graça é verdadeira, você não se encantará apenas quando se aproximar de Cristo pela primeira vez, diante de Seus excelentes atributos, porém quanto mais continuar a crer, mais se encantará; e quando chegar ao Céu, depois de milhões e milhões de anos, continuará a encantar-se com Ele como ocorreu no primeiro momento. Aqueles que professaram a fé, e aparentemente se aproximaram de Cristo, encantam-se ao ouvir falar do evangelho pela primeira vez, como o chão pedregoso que recebeu a palavra com alegria. Ó, com que encanto eles ouvem pela primeira vez aquelas coisas gloriosas do evangelho! Mas agora o encanto termina rapidamente e, dali a pouco tempo, a alegria. Agora eles não veem tantos atributos excelentes para admirar, nem sentem muita alegria, mas, onde existe fé verdadeira, aí sim, a alma não apenas se encanta com Cristo ao aproximar-se dele pela primeira vez, mas maravilha-se mais e mais ainda por toda a eternidade.

Ó, com que encanto eles ouvem pela primeira vez aquelas coisas gloriosas do evangelho!

1.º DE NOVEMBRO

VER DEUS

JEREMIAH BURROUGHS

Rogo-te que me mostres a tua glória.
ÊXODO 33:18

Quanto mais vemos Deus elevado, menores devemos ser aos nossos olhos. Não há nada que nos torne mais humildes que a reflexão acerca de Deus. Penso que todo coração orgulhoso neste mundo não conhece a Deus, nunca teve a visão da glória de Deus como deveria. Quando vemos Deus, nosso coração se torna maravilhosamente humilde diante dele. Jó é um famoso exemplo disso. Ele declara: "Eu te conhecia só de ouvir, mas agora os meus olhos te veem. Por isso, me abomino e me arrependo no pó e na cinza" (42:5,6). Jó era um homem íntegro e reto, no entanto confessou que conhecia Deus só de ouvir falar, que nunca o havia visto até aquele momento que o próprio Deus lhe proporcionara. E ao ver Deus daquela maneira, embora fosse um homem íntegro e capaz de continuar a viver em retidão, ele diz: "Agora os meus olhos te veem. Por isso, me abomino e me arrependo no pó e na cinza". Ó, quem dera Deus desse uma visão de si mesmo a todos nós, aos orgulhosos, aos resistentes, aos que se rebelam contra Ele. Vocês conheciam Deus só de ouvir, mas os seus olhos já o viram? Se Deus lhes desse uma visão do que lhes falei sucintamente, certamente se ajoelhariam diante dele e se abominariam no pó e na cinza.

Quando vemos Deus, nosso coração se torna
maravilhosamente humilde diante dele.

2 DE NOVEMBRO

AMOR SINCERO
THOMAS VINCENT

Amai o Senhor, vós todos os seus santos.
SALMO 31:23

Os cristãos deveriam amar a Cristo com amor sincero: "A graça seja com todos os que amam sinceramente a nosso Senhor Jesus Cristo" (EF 6:24). Judá cometeu um grande pecado, pois não se voltou "de todo o coração" para o Senhor, mas apenas "fingidamente" (JR 3:10). Portanto, é um grande pecado amar Cristo com amor fingido e hipócrita. O amor dos cristãos por Cristo deve ser sincero no que diz respeito ao hábito e ao modo como ele age interiormente. Os cristãos precisam amar Cristo não apenas na aparência, na palavra e na confissão exterior, mas com amor afetuoso, vindo do coração e, portanto, um amor totalmente verdadeiro. O amor dos cristãos por Cristo deve ser sincero no que diz respeito ao objeto desse amor; os cristãos devem amar Cristo por quem Ele é, não pelo que recebem dele. Amar a Cristo só para receber algo em troca é um amor hipócrita; amar Cristo para ter outros ganhos não é um amor espiritual, mas amar Cristo por causa de Seus excelentes atributos e perfeições é um amor sincero e generoso. Amar Cristo sinceramente é dever de todos.

Os cristãos devem amar Cristo por quem Ele é,
não pelo que recebem dele.

3 DE NOVEMBRO

VENHA A CRISTO

JEREMIAH DYKE

*No último dia, o grande dia da festa,
levantou-se Jesus e exclamou: Se alguém tem sede,
venha a mim e beba.* JOÃO 7:37

Deus nos ordena ir a Cristo: "Venham, porque todas as coisas estão prontas". Não temos apenas um mandamento, o que já bastaria; temos também uma promessa. "E o que vem a mim, de modo nenhum o lançarei fora" (JO 6:37), isto é, com um abraço acolhedor e sincero eu receberei aqueles que vêm a mim e creem em mim. Venham e eu os acolherei. O Cristo que ordena que eu vá também me acolherá, se eu atender ao Seu chamado. Há alguma dúvida em sua alma? Pense, então, no que Cristo é com base no que Ele foi na Terra. Leio no evangelho que os mais pobres, os mais desprezíveis devem ir a Ele. Leio em Mateus 21:14 que o coxo e o cego foram a Cristo, e Ele os acolheu e os curou. Se eu for a Ele, encontrarei o Cristo que cura. E quanto a minha alma necessita de cura! Vejo que um leproso vai a Ele, um leproso fétido e imundo, mas este não é desprezado por causa de sua lepra, nem Cristo o repreende e ordena que se afaste. O leproso também é acolhido, e sua lepra é curada. Eu nunca vi Cristo ficar aborrecido com alguém por ter ido a Ele; nunca li que Ele se queixou de alguém que fez isso. Vejo que ninguém foi impedido ou proibido de ir a Ele. Ouço Cristo reclamar que os homens não iam a Ele. Vejo Cristo aborrecido com Seus discípulos por terem impedido a aproximação das crianças: "Então, tomando-as os braços e impondo-lhes as mãos, as abençoava" (MC 10:16). Vejo agora que Cristo não impede ninguém de ir a Ele. [...] Eu irei a Ele. Jesus Cristo, eu irei a ti.

*Eu nunca vi Cristo ficar aborrecido com alguém
por ter ido a Ele.*

4 DE NOVEMBRO

PACIÊNCIA DIVINA

JOHN COLLINGES

E, passando o Senhor por diante dele, clamou: Senhor, Senhor Deus compassivo, clemente e longânimo e grande em misericórdia e fidelidade. ÊXODO 34:6

Se algum de nós tem apetite para comer e beber, ou consegue digerir o alimento, é porque o Senhor nos capacita a fazer isso. Se temos o poder de movimentar a língua e os pés ou qualquer outra parte do corpo, tudo vem do Senhor, que é maravilhoso em obras. Ó, como Deus é paciente com o embriagado, com o mentiroso, com o blasfemador e com todos os tipos de pecadores que usam o corpo para profanar, ofender e maldizer Seu santo nome, ou cometem atos que profanam e desrespeitam Sua santa e justa lei. Por que eles continuam a desprezar as riquezas de Sua bondade, paciência e longanimidade, sem saber que a bondade de Deus os conduz ao arrependimento? Segundo a dureza e a impenitência de seu coração, eles acumulam dentro de si ira contra o dia da ira e contra a revelação do justo julgamento de Deus, "que retribuirá a cada um segundo o seu procedimento" (RM 2:6). Sim, e o Senhor não é relapso, como alguns dizem; Ele é longânimo em relação a nós e não deseja que ninguém pereça, mas que todos se arrependam. No entanto, o dia do Senhor chegará como um ladrão à noite.

Por que eles continuam a desprezar as riquezas de Sua bondade, paciência e longanimidade?

5 DE NOVEMBRO

FAMÍLIA E RELIGIÃO

RICHARD ALLEINE

Tributai ao Senhor a glória devida ao seu nome, adorai o Senhor na beleza da santidade. SALMO 29:2

Façam o que puderem para levar imediatamente a religião àqueles que não possuem religião. Sejam diligentes em proclamar a religião à sua família […] Ó amigos, se fizerem alguma coisa para Deus, que seja feita entre seus familiares. Instruam, ensinem todos a seguir os caminhos do Senhor, convençam e levem todos a Cristo. Esforcem-se para que a religião ocupe o primeiro lugar na casa deles. Façam o possível para converter seus filhos e amigos ao cristianismo. E não façam isso raramente, de vez em quando ou com enfado, como é costume de alguns, um pouco aqui, um pouco ali, sem nunca lhes levar uma palavra. Sejam constantes, apressem-se em conduzi-los a Deus, para que todos vejam uma religião séria no semblante de cada membro de sua família, para que a essência da religião seja a verdadeira natureza e o fundamento da casa de vocês. Alguns que professam a fé, sejam eles quem forem quando estão entre outros confessores e quanta religiosidade demonstrem, quando estão em casa, falam menos de Deus do que na casa dos que não possuem religião; há ignorância, carnalidade, vaidade, aridez, desinteresse e vazio de tudo o que é bom. Vocês que aqui vêm para manter acesa a chama da religião em seu coração, para buscar o fogo santo do altar, levem todas essas coisas para casa, inculquem-nas no coração de seus filhos e servos. É ali que sua atividade santa deve começar; aquele que não é diligente em trabalhar para Deus entre os seus, provavelmente não será muito útil para os outros.

Sejam diligentes em proclamar a religião à sua família.

6 DE NOVEMBRO

CONTENTAMENTO

THOMAS WATSON

*O Senhor te abençoe desde Sião,
para que vejas a prosperidade de Jerusalém
durante os dias de tua vida.* SALMO 128:5

O contentamento [...] é o melhor comentarista da divina providência; o contentamento é um bom intérprete de todas as atividades de Deus. Jamais permita que a providência de Deus seja muito escura ou sangrenta; o contentamento sempre as traduz no melhor sentido. A respeito do contentamento, podemos repetir as palavras do apóstolo sobre o amor: "não se ressente do mal" (1CO 13:5). A enfermidade (diz o contentamento) é a fornalha de Deus que refina Seu ouro e o torna mais brilhante; a prisão é um oratório ou casa de oração. E se Deus derretesse o ser humano? Talvez Ele visse o meu coração crescer mais em amor. Se eu tivesse passado muito tempo naquelas pastagens verdejantes nas quais deveria ter saciado a fome, quanto melhor estivesse a minha condição, pior estaria minha alma. Deus é sábio; Ele fez isso para evitar alguns pecados ou para exercer graça. Que bela moldura para o coração! O cristão contente é um advogado de Deus contra a incredulidade e a impaciência, ao passo que o descontentamento elimina tudo o que vem de Deus no pior sentido, pois obstrui a ação de Deus e censura-o: "Este mal que eu sinto não passa de um sintoma de um mal maior. Deus está prestes a me castigar; o Senhor trouxe-nos até este deserto para dar cabo de nós". A alma contente aceita tudo muito bem; e quando essa condição se agrava, a alma pode dizer: "Com efeito, Deus é bom" (SL 73:1).

*O cristão contente é um advogado de Deus
contra a incredulidade e a impaciência.*

7 DE NOVEMBRO

MAIOR SATISFAÇÃO
ROBERT DINGLEY

Seja perfeito o vosso coração para com o SENHOR, nosso Deus, para andardes nos seus estatutos e guardardes os seus mandamentos, como hoje o fazeis. 1 REIS 8:61

Ore ao Senhor como Daniel, para que Ele desvie seus olhos do mundo e não sejam seduzidos por vaidades reluzentes. O mundo tem muitos engodos e armadilhas, mas veja o que Gregório diz: "Você não deve olhar para aquilo que é pecado cobiçar". O mundo é um grande feiticeiro que lança seus feitiços em muitas pessoas, mas acabará sendo queimado por uma bruxa. Ora, é por meio dos olhos, ou janelas, que a morte invade o coração, como no caso de Eva e de Davi. Os olhos são a janela que pode inflamar a alma; se os fixarmos por muito tempo, corremos o risco de incendiar nossas afeições. Um mundo de maldades invade o coração por meio dos olhos. Ore, portanto, a Deus para que Ele assuma o controle desse sentido incontrolável, para manter a vaidade do mundo longe de nós; ou se nosso coração for uma via de fácil acesso a pensamentos inúteis, que eles não se alojem em nós. Assim, se o mundo é um mapa de vaidade, não espere descansar nesta vida. Só espere sentir satisfação completa quando chegar em segurança ao Céu. Decida centralizar-se e ancorar-se em Jesus Cristo. Agostinho disse: "Assim como a agulha da bússola treme até apontar para o norte, também o coração não tem descanso a não ser em Cristo". E Bernard afirmou: "Quando Cristo começa a ficar mais doce, e passamos a gostar das coisas espirituais, o mundo fica mais amargo e nós nos tornamos melhores". Deus é digno do nosso amor, e podemos pôr nossa confiança em Sua Palavra com toda segurança, pois ela não declara nada que não seja digno de

Deus. Os justos podem dizer e cantar estas palavras a respeito de Cristo: "Não há nenhum amado como esse!". Afaste-se da vaidade, de toda glória e pompa que circundam o mundo; aqui há um brilho que o supera e uma glória que o absorve! Assim como o brilho do Sol faz as estrelas desaparecerem, também a beleza transcendente e a glória inigualável de Cristo atuam como um véu no esplendor deste mundo!

Se nosso coração for uma via de fácil acesso a pensamentos inúteis, que eles não se alojem em nós.

8 DE NOVEMBRO

PERTO DE CRISTO

THOMAS WATSON

Todavia, estou sempre contigo, tu me seguras pela minha mão direita. SALMO 73:23

É uma bênção estar com Cristo. "Não temas, porque eu sou contigo" (IS 41:10). O que o homem piedoso deseja nesta vida senão ter a doce presença de Cristo? Ele não se preocupa com nada, a não ser com aquilo que tenha o fluir de Cristo, que contenha algo de Cristo. Ele gosta de cumprir apenas deveres que conduzem a Cristo. Por que a oração é tão agradável? Porque a alma conversa reservadamente com Cristo. Por que a Palavra é preciosa? Porque é um meio de comunicação com Cristo. Ele desce até nós nas asas do Espírito, e subimos até Ele nas asas da fé. Uma lei sem Cristo é o mesmo que comer o prato, não o alimento. Por que a esposa ama a carta, se não pela razão de esta conter notícias de seu marido? Neste mundo, desfrutamos da presença de Cristo por meio de cartas, o que é bom, mas como será desfrutar da Sua presença face a face e em glória? Aqui está o que pode nos encantar: estaremos com Cristo. Ele é tudo aquilo que é desejável; e mais, Ele é mais do que podemos desejar. Se um homem deseja um pouco de água para matar a sede, leve-o até os rios e lá ele receberá mais do que deseja. Em Cristo não há apenas total suficiência; há também total redundância, que transbordam em todas as margens. O cristão que foi mais refinado pela fé não tem cabeça para imaginar nem coração para desejar tudo aquilo que há em Cristo; somente quando chegarmos ao Céu é que Deus ampliará o reservatório de nosso desejo e nos preencherá como Cristo fez com as talhas de vinho, enchendo-as até a boca.

Em Cristo não há apenas total suficiência; há também total redundância.

9 DE NOVEMBRO

ABSORVIDOS PELA GLÓRIA

THOMAS MANTON

A ti, que habitas nos céus, elevo os olhos!
SALMO 123:1

Dizem que a grande obra da oração é elevar o coração a Deus, afastar o coração de todas as coisas criadas que vemos e sentimos neste mundo, para que possamos conversar com Deus no Céu. A oração não consiste de muitas palavras e estardalhaço, mas de nos aproximarmos do coração de Deus, a fim de que nos comportemos como se estivéssemos a sós com Ele, rodeados de santos e anjos gloriosos. Há uma dupla vantagem quando elevamos a alma até o céu em oração. É um meio de nos libertarmos das distrações, dúvidas e outros pensamentos intrusos. Enquanto não afastamos o coração deste mundo, como se estivéssemos mortos e fechados para todas as coisas atuais, com que facilidade o coração se deixa levar com pensamentos de preocupações terrenas! Enquanto não separamos e purificamos nosso espírito, com que facilidade entrelaçamos nossas orações com tantos pensamentos absurdos! É comum tratarmos Deus como uma pessoa desajeitada que faz um ramalhete de flores para levar a um amigo e coloca mais ervas daninhas malcheirosas do que belas flores. A carne se interpõe, e nosso coração humano se intromete e se enrosca em nossas orações com pensamentos inúteis e distrações terrenas. Quando oferecemos incenso a Deus, misturamos a ele o enxofre. Devemos, portanto, nos esforçar ao máximo para que nosso coração se eleve e se afaste do mundo, entre na presença de Deus e em companhia dos santos, de modo que possamos conversar com Ele como se estivéssemos no Céu e fôssemos totalmente engolidos por Sua glória. Embora nosso corpo esteja na Terra, nosso espírito deve estar com o Pai no Céu. A falta dessa prática na oração faz as distrações aumentarem. E quanto às dúvidas, quando olhamos para baixo, até para as próprias manifestações de Deus em relação a nós aqui na Terra, sentimos muito desânimo e vemos perigos e dificuldades. Enquanto não nos posicionamos acima do nevoeiro do mundo, não conseguimos ver nenhuma clareza e nenhum alívio; mas, quando unimos nosso coração ao coração de Deus, podemos ver que há muita coisa na nascente e pouca coisa no rio; e apesar de haver pouco na Terra, temos um Deus no Céu.

10 DE NOVEMBRO

VIAJANTES

RICHARD ALLEINE

Todos estes morreram na fé,
sem ter obtido as promessas; vendo-as, porém,
de longe, e saudando-as, e confessando que eram
estrangeiros e peregrinos sobre a terra.

HEBREUS 11:13

Os olhos do viajante se fixam muito mais no fim da jornada. Os cristãos, que estão fazendo sua caminhada rumo ao Céu, olham com muita frequência para lá. O coração dos cristãos está em seus olhos, e seus olhos estão fixos em seu futuro lar. O rosto deles mostra que se dirigem para o Céu. Foi dito a respeito de Cristo: "Ele fixou sua face para ir a Jerusalém" (LC 9:51, BKJ). Os cristãos fixam a face em direção ao Céu e decidem o rumo a ser tomado. Perguntam muitas vezes ao longo do caminho: "O que devo fazer para ser salvo? Quem subirá ao santo monte? Que tipo de pessoas devemos ser para chegar lá?". E pegam o caminho naquela direção [...], estão decididos a ir para outro país, para outro mundo; vieram do alto, procuram as coisas do alto e estão com pressa. O que eles possuem de bom neste mundo, para conseguir sobreviver, não é o objetivo nem a finalidade de sua vida. Buscam a glória, a honra e a imortalidade que procedem de Deus e estão indo de força em força, até chegarem diante de Deus em Sião. [...] Nesse aspecto, todo cristão sincero é diferenciado de todas as outras pessoas: ele fixa o coração e a esperança na eterna felicidade, tem-na como alvo e caminha na direção certa para obtê-la.

Vieram do alto, procuram as coisas do alto
e estão com pressa.

11 DE NOVEMBRO

A BONDADE DO PAI

JOHN DURANT

*Porque o próprio Pai vos ama, visto que me tendes
amado e tendes crido que eu vim da parte de Deus.*
JOÃO 16:27

Foi da vontade do Pai que Cristo cuidasse de Seu rebanho, e que cuidasse com muito carinho, principalmente dos cordeiros. Olhe para Cristo; embora tenha um cuidado peculiar com todo o rebanho (e tenha pedido a Pedro que o alimentasse), Ele tem um cuidado especial com os mais fracos e, portanto, ordenou a Pedro que os apascentasse. E como Cristo sempre declarava Seu próprio amor, Ele devia cuidar dos cordeiros e não deixar de alimentá-los (o que poderia ser outro exemplo do cuidado e ternura especiais de Cristo com os crentes mais fracos). Da mesma forma, Deus Pai, quando transferiu Sua missão a Cristo, na qual Ele entregou o rebanho inteiro a Seu cuidado, incluiu nela uma cláusula singular: Ele deveria ser muito carinhoso e muito clemente com os mais fracos. [...] O Pai encarregou Cristo de ser especialmente bondoso com eles. Na verdade, o elemento importante (ao lado da doçura de Sua natureza, que o levou a aceitar a missão) que move Cristo, seja para libertar uma pobre alma e cuidar dela ou para humilhar a si mesmo em tal missão, é a vontade do Pai, que Ele veio cumprir (JO 6:38). E foi da vontade do Pai que Cristo fosse muito carinhoso ao cuidar dos fracos.

*Cristo deveria ser muito carinhoso
e muito clemente com os mais fracos.*

12 DE NOVEMBRO

À ESPERA DA PAZ

JOHN OWEN

A tua salvação espero, ó Senhor!
GÊNESIS 49:18

A descoberta do perdão em Deus [...] produz a decisão de esperar nele pela paz e consolação, a Seu tempo e modo. "Aquele que crer não se apressará" (IS 28:16, BKJ). Não se apressar para quê? Para não se alegrar naquilo em que acreditava. Pressa indica precipitação e impaciência, e, ao descobrir isso, a alma é liberta e decide esperar o tempo designado por Deus para a paz e a consolação. Deus, ao falar do cumprimento de Suas promessas, diz: "Eu o Senhor irei apressar em fazer isto" (IS 60:22, BKJ). Bom, então, se Deus apressará, não podemos apressar também? "Não", diz Ele, "eu apressarei, mas no tempo certo". Todas as oposições e impedimentos considerados, Ele apressará, mas no tempo certo, no tempo devido, no tempo designado. É isso que a alma deve aguardar, e assim será. Quando Jacó viu a beleza de Raquel, e a amou, ele se contentou em esperar sete anos para sentir a alegria de tê-la como esposa e não achou que a espera foi muito longa, que o trabalho foi muito pesado, para poder se casar com ela. Assim também a alma, ao descobrir a beleza e a excelência do perdão de Deus, em Seu coração cheio de graça, em Seu eterno propósito, no sangue de Cristo, na promessa do evangelho, decide esperar com tranquilidade e paciência pelo tempo no qual Deus esclarecerá seu interesse pessoal. Mesmo uma aceitação experimental disso, até na hora da morte, bem que merece a espera e a obediência da vida inteira de um homem.

Ele apressará, mas no tempo certo,
no tempo devido, no tempo designado.

13 DE NOVEMBRO

PROMESSA DE PERDÃO

JOHN SHOWER

*Quem, ó Deus, é semelhante a ti,
que perdoas a iniquidade e te esqueces da transgressão
do restante da tua herança? O S*ENHOR *não retém
a sua ira para sempre, porque tem prazer
na misericórdia.* MIQUEIAS 7:18

Quanto aos pecados após o arrependimento e o perdão, Deus promete multiplicar o perdão, curar as rebeliões e, portanto, convida os pecadores a voltarem com uma promessa de perdão. "Voltai, ó filhos rebeldes, eu curarei as vossas rebeliões" (JR 3:22). Nos primeiros dias da Igreja Cristã, foi espalhada a doutrina da novação, que negava o arrependimento e perdão de pecados após o batismo, de onde se conclui que muitas boas almas retardavam o batismo ao máximo, para não profanar suas roupas depois que saíam da água. Aparentemente a ideia surgiu por causa de um erro de interpretação de Hebreus 6. Mas qualquer doutrina semelhante que desencoraje o arrependimento e o voltar a Deus, depois que pecamos, deve ter uma consequência muito perigosa para nossa alma. Confesso: é um sintoma sinistro cair sempre em pecado intencional, arrepender-se e pecar de novo, arrepender-se e pecar como se estivéssemos dentro de um círculo. Isso implica mais em uma intenção de pecar de novo do que no desejo de abandoná-lo. Entretanto, no caso daqueles que voltaram para Deus, foram perdoados e ainda assim pecaram de novo por causa do poder da tentação, há grande encorajamento para seu retorno e fundamento para esperar pelo perdão: "Se, todavia, alguém pecar, temos Advogado junto ao Pai, Jesus Cristo, o Justo; e ele é a propiciação pelos nossos pecados" (1JO 2:1,2). "Se alguém pecar" não é um encorajamento a que se peque, mas para evitar desespero após tê-lo cometido. E, uma vez que devemos perdoar uns aos outros, como Deus por amor de Cristo nos perdoou, não poderia ser nosso dever perdoar várias vezes, isto é, até setenta vezes sete, o irmão que nos ofendeu, se não houvesse misericórdia de Deus para os filhos reincidentes. Você tem permissão, e recebeu a ordem, de voltar para Deus e suplicar perdão; e deve acreditar que será acolhido e que sua reincidência será curada.

14 DE NOVEMBRO

ARREPENDIMENTO

RICHARD STOCK

Vinde, e tornemos para o Senhor,
porque ele nos despedaçou e nos sarará;
fez a ferida e a ligará.

OSEIAS 6:1

O arrependimento de pecados é o retorno constante do homem a Deus durante sua vida inteira. Tal arrependimento origina-se da fé genuína e do conhecimento verdadeiro da condição espiritual do homem, sempre acompanhados de humildade verdadeira. Quando digo que é um retorno, digo com a autoridade dos profetas do Antigo Testamento, e de Cristo e Seus apóstolos no Novo Testamento, expressa em suas pregações e escritos. [...] É uma volta completa, da vida inteira. Na natureza, há quatro tipos de retornos. A primeira é a substância, chamada geração e corrupção; a segunda está na quantidade, do maior para o menor ou do mais para o menos, e o contrário, que chamamos de aumento e diminuição. A terceira é quando as coisas mudam de lugar, o que chamamos de mudança local; a quarta está na qualidade, quando as coisas mudam de uma condição para outra, o que chamamos de alteração. Ora, não há nenhuma mudança na substância, porque aquele que peca e se arrepende é o mesmo e tem o mesmo corpo e a mesma alma, as mesmas faculdades mentais e os mesmos poderes tanto da alma quanto do corpo; também não há nenhuma mudança na quantidade, porque a mudança de pecados maiores para pecados menores, ou de mais pecados para menos pecados, não é arrependimento. Também não há nenhuma mudança de lugar, porque o pecado, tal qual a enfermidade do homem, é carregada com ele e não muda de lugar, como se fosse uma cama, não o liberta nem o torna íntegro. Se o retorno não se enquadra em nenhuma dessas, deve ser então a mudança em qualidade, isto é, quando o mesmo homem é transformado tanto na alma quanto no corpo, da iniquidade à retidão, de todos os pecados ao Deus vivo, tanto em seu interior quanto no que expressa exteriormente.

Aquele que peca e se arrepende é o mesmo e tem o mesmo corpo e a mesma alma.

15 DE NOVEMBRO

O ESPÍRITO SANTO

RICHARD BERNARD

E, havendo dito isto, soprou sobre eles e disse-lhes: Recebei o Espírito Santo. JOÃO 20:22

O Espírito Santo é a terceira pessoa da Trindade e procede do Pai e do Filho. Trabalha sempre de acordo com Eles, junto com ambos. É o príncipe regente de Cristo em Seu reino, Seu único general em Sua Igreja. Ele levantou os profetas, instruiu os apóstolos e agora capacita todos os verdadeiros mensageiros de Cristo. O que é mal Ele transforma em bem; e no bem, Ele aumenta a graça. Corrige nossos caminhos, influencia nosso julgamento e confirma nossa fé. Transforma a discórdia em amor e respeito, todas as más ações em boas ações, as orações vazias em orações piedosas, o palavreado tolo em pregações poderosas e persuasivas, a língua do pregador em caneta de um ágil escritor. Onde Ele chega, mata a sensualidade maldosa; Ele expulsa as obras mortas das trevas. Ele é o Espírito que santifica os eleitos. Não é parcial; lida equilibradamente com todos, sem favoritismo desastroso. É o bendito Consolador de todos os justos; convence-os a chamarem Deus de "Pai". Incentiva o arrependimento e dá a verdadeira paz de consciência. A Igreja de Cristo é Seu templo, e Ele é o salvo-conduto de Seu rebanho. [...] Ajuda-nos a estimular, a enquadrar nossa vontade, a fazer nossas meditações, a moderar nossas afeições e a pôr em ordem todas as nossas ações. Por meio de Seus olhos, examinamos as Escrituras; Ele é o verdadeiro comentarista para entendermos a Palavra. [...] Aqui nesta vida, Ele dá início à graça, promove a bondade, estimula-nos a sermos bons, persuade-nos a sermos santos, exorta-nos a sermos caridosos, pressiona-nos para realizarmos práticas piedosas e acomoda a alma na pureza religiosa.

Ele incentiva o arrependimento e dá a verdadeira paz de consciência.

16 DE NOVEMBRO

CHEIO ATÉ A BOCA

JEREMIAH BURROUGHS

> *E conhecer o amor de Cristo,*
> *que excede todo entendimento,*
> *para que sejais tomados de toda*
> *a plenitude de Deus.*
>
> EFÉSIOS 3:19

Caro cristão, você já encontrou o bem, aquele poder que o faz dizer com Davi: "'Quanto a mim, é bom estar perto de Deus', e embora eu encontre alguns problemas e tentações, quero que minha alma diga: Quanto a mim, é bom estar perto de Deus; quanto a mim, é bom eu ter deixado tais e tais coisas; quanto a mim, é bom que eu tenha recebido essas ordenanças, mesmo que eu perca alguns de meus confortos exteriores e que minhas propriedades sejam reduzidas e meus negócios se restrinjam". Repita as palavras de Davi no Salmo 73: "Com efeito, Deus é bom para com Israel" (v.1). Seja como for, Deus é bom para com Israel, embora muitas coisas digam o contrário. E conclua com estas palavras vindas do coração: "Embora eu nunca veja um dia aprazível neste mundo, ainda assim aquela consolação que recebi nos caminhos de Deus é suficiente para valorizá-los para sempre. Se tiver de morrer agora, e ser aniquilado, se Deus me privar das alegrias do Céu e me transformar em nada, ainda assim aquele bem que já possuo nos caminhos do Senhor será suficiente para compensar todas as aflições que encontrei, ou encontrarei, neste mundo. Mesmo que Deus se afaste de mim pelo resto da vida, e eu ande na escuridão sem ter nada a não ser problemas, ainda assim já tenho o suficiente em Deus para compensar tudo". Deus já falou à sua alma? Lembre-se destas palavras: "...que jamais caiam em insensatez" (SL 85:8). O Senhor já transmitiu paz à sua alma em momentos de aflição, portanto, Ele proibiu que você voltasse à insensatez e deseja que continue no bom caminho. Siga esse caminho o tempo todo até o fim, e o Senhor o abençoará no decorrer da jornada. Estas palavras têm a finalidade de encorajar o coração do povo de Deus que, com Moisés, fez esta escolha: é melhor sofrer aflições com o povo de Deus do que sentir prazer no pecado por um tempo.

*Siga esse caminho o tempo todo até o fim,
e o Senhor o abençoará no decorrer da jornada.*

17 DE NOVEMBRO

VISÃO ARREBATADORA

RICHARD BAXTER

Assim, eu te contemplo no santuário,
para ver a tua força e a tua glória.
SALMO 63:2

Suponha que você tenha visto a glória eterna que Cristo comprou e preparou para os Seus santos, que já tenha sido arrebatado ao terceiro Céu, como ocorreu com Paulo, e visto coisas inefáveis. Depois disso, você não teria vivido como Paulo, enfrentando sofrimento e desprezo em vez de ter vivido como vive este mundo louco e selvagem? Se já tivesse visto o que Estêvão viu antes de morrer [...] se tivesse visto os milhares e milhões de espíritos gloriosos e santos, que estão continuamente presenciando a majestade do Senhor; se tivesse visto os espíritos gloriosos dos justos que, quando aqui viveram, foram desprezados pelo mundo cego e perverso enquanto aguardavam em Deus, com fé, santidade e esperança por aquela coroa bendita que agora usam; se tivesse sentido suas alegrias por um momento; se os tivesse visto brilhando como o Sol em glória e transformados em anjos de Deus; se os tivesse ouvido cantar o cântico do Cordeiro e as jubilosas aleluias e louvar o seu Rei eterno; o que você seria e que decisão tomaria após uma visão como essa?

Que decisão você tomaria após uma visão como essa?

18 DE NOVEMBRO

AS AREIAS DO TEMPO

JOHN SHOWER

*Ensina-nos a contar os nossos dias,
para que alcancemos coração sábio.*

SALMO 90:12

---

comparação desta vida com a outra, do tempo com a eternidade, seja na alegria ou na tristeza, é muito importante e útil e pode servir para tantos propósitos excelentes e produzir sábios pensamentos e reflexões, que eu gostaria que examinássemos as duas com mais seriedade e frequência. Como é breve o tempo de nossa habitação aqui! E após a morte habitaremos para sempre no seio de Abraão ou em meio a angústia e sofrimento; com Deus em glória infinita, ou no fogo eterno, com o diabo e seus anjos. Ó, pense um pouco no absurdo de compararmos a vida do homem aqui na Terra, por mais longa que seja, com a vida que durará eternamente! O salmista nos diz: "Eis que tu fizeste meus dias como um palmo, e minha idade (minha vida, meu pouco tempo na Terra) é como nada diante de ti" (SL 39:5, BKJ) se comparada com a duração de Deus, que não tem começo nem fim. O velho Jacó, depois de ter completado 130 anos, disse: "Poucos e maus foram os dias dos anos da minha vida" (GN 47:9). E como foram os 930 anos de Adão, após sua criação? Em plena força e maturidade? Ou os 969 anos de Matusalém? Porém, não passam de um momento para a eternidade divina! "Pois mil anos, aos teus olhos, são como o dia de ontem que se foi e como a vigília da noite" (SL 90:5). Se fosse dito que mil milhões de anos são apenas um minuto, teria sido verdade. De acordo com esse cálculo, mil anos são como um dia. Vamos imaginar um homem que tenha nascido há mais de 5.000 anos; aos olhos de Deus, é como se ele tivesse nascido cinco dias atrás. Se o primeiro homem estivesse vivo até hoje, por esse cálculo, ele não teria mais de seis dias de idade. E pelo mesmo cálculo, quem viveu 62 anos no mundo viveu apenas uma hora e meia. […] Quão útil e impressionante seria fazer a comparação entre a vida mais longa possível e a eternidade. De modo geral, quem não oraria com Davi [N.E.: Moisés], para que Deus o ensinasse a contar seus dias e a valorizar seu pouco tempo de vida na Terra, dedicando seu coração à sabedoria, para que pudesse andar no caminho da vida?

19 DE NOVEMBRO

APOIO DE CRISTO

JOHN DURANT

Tudo posso naquele que me fortalece.
FILIPENSES 4:13

Cristo concede capacidade e força ao cristão para realizar qualquer obra para a qual Ele vier a chamá-lo. É claro que Seu fardo é leve para aqueles que fazem esse trabalho. Cristo concede poder para o crente fazer o que Ele ordenar. Ezequiel precisa pôr-se em pé. Infelizmente ele está fraco e não consegue. O Espírito de Cristo vem sobre ele para dar-lhe força. "Filho do homem, põe-te em pé (diz Cristo). Então, entrou em mim o Espírito... e me pôs em pé" (EZ 2:1,2). Sou grato a Jesus Cristo, que me fortaleceu, diz Paulo a Timóteo (1TM 1:12). Os apóstolos devem pregar a todas as nações, e Cristo lhes concede língua para capacitá-los a cumprir a ordem. "Ah!", diz a pobre alma, "o trabalho é pesado e sou fraca". É verdade, mas Cristo a tornará forte e capaz. Se o fardo for muito grande, suas costas serão endireitadas. Cristo não coloca um fardo pesado sobre ombros fracos. Sem dúvida, Ele fortalecerá seus ombros, ó alma fiel, de acordo com o peso que for colocado.

Se o fardo for muito grande,
suas costas serão endireitadas.

20 DE NOVEMBRO

BÊNÇÃO PRAZEROSA

JEREMIAH BURROUGHS

Agrada-me fazer a tua vontade, ó Deus meu;
dentro do meu coração está a tua lei. SALMO 40:8

Os caminhos da vida piedosa são encantadores e muito aprazíveis; sim, são puro deleite. Não há nada que atraia mais o coração do homem do que o prazer, e não há nada que atrapalhe mais o homem de seguir o caminho da piedade do que o medo de não encontrar satisfação nele. Portanto, é muito importante que sejamos convencidos de que há prazer nos caminhos da piedade. São caminhos prazerosos, e espero estar me dirigindo àqueles cujo coração aceita essa ideia assim que é mencionada e que podem dizer: "Sim, concordo". Os caminhos da sabedoria são caminhos das ordenanças de Deus, caminhos para exercitar a graça, ou caminhos de obediência, e todos são aprazíveis. "Quão amáveis são os teus tabernáculos, SENHOR dos Exércitos!" (SL 84:1). "Fartam-se da abundância da tua casa, e na torrente das tuas delícias lhes dás de beber" (SL 36:8). "Tributai ao SENHOR a glória devida ao seu nome, adorai o SENHOR na beleza da santidade" (SL 29:2). Esses versículos e muitos outros semelhantes falam das ordenanças de Deus. As atividades relativas à graça são caminhos de sabedoria, cheios de encanto e prazer. Cântico dos Cânticos diz: "As mandrágoras exalam o seu perfume, e às nossas portas há toda sorte de excelentes frutos, novos e velhos; eu tos reservei, ó meu amado" (7:13). Na Igreja do Senhor, as atividades relativas à graça do Espírito de Deus entre seus membros são prazerosas. Os deveres da obediência são tão agradáveis quanto o que lemos nestas expressões das Escrituras: "Quanto amo a tua lei!" (SL 119:97). "Pois na tua lei está o meu prazer" (SL 119:77) e em centenas de outras.

Há prazer nos caminhos da piedade.

21 DE NOVEMBRO

RECREAÇÕES

HENRY SCUDDER

*Portanto, quer comais, quer bebais
ou façais outra coisa qualquer,
fazei tudo para a glória de Deus.*
1 CORÍNTIOS 10:31

O homem, quando está cansado, pode ser sentir-se renovado ao realizar alternadamente vários deveres relativos ao seu chamado. E a melhor recreação para a mente espiritual, quando está cansada das atividades do mundo, é ir ao jardim de Cristo. Lá, enquanto lê, medita, canta salmos e conversa com o Senhor, você pode encontrar refrigério nas doces consolações do Espírito Santo, e conduzir seu coração a alegrar-se em Deus, e até no Espírito Santo, e deliciar-se com os mandamentos e com a Palavra de Deus. Esse é o mais vantajoso, o mais arrebatador e o mais duradouro de todos os deleites. E quanto melhor e mais celestial for a essência da alma, mais contente e satisfeita se sentirá nesses deleites. [...] A questão de suas outras recreações deve ser de natureza comum e de coisas de uso indiferente. As coisas sagradas são muito boas, e as coisas imorais são muito más para brincar e divertir-se com elas. Há um tempo certo para as recreações; não no Dia do Senhor, porque Deus nos proíbe de ir em busca de prazeres nesse dia. Em geral, devemos deixar os passatempos para depois, quando o corpo e a mente já se dedicaram completamente a atividades honestas. Não devem ser excessivamente longos a ponto de custar seu precioso tempo, que você deve redimir e não desperdiçar. Suas recreações também devem ser inofensivas, de forma a não prejudicar a você nem a seu próximo. [...] Sejam quais forem suas atividades de lazer, você deve empenhar-se para que se sinta melhor interiormente, não pior. Deus estabeleceu uma ordem abençoada em todas as coisas lícitas: mesmo as mais insignificantes e lícitas, quando usadas, não devem atrapalhar, mas ajudar as coisas melhores. Em todas as suas recreações você deve planejar um final apropriado [...] renovar as forças de seu corpo cansado e animar sua mente. Sua finalidade mais elevada e principal é que possa servir melhor a Deus e glorificá-lo, quer você coma, quer beba, ou faça outra coisa qualquer, faça tudo para a glória de Deus (1CO 10:31).

22 DE NOVEMBRO

FONTES SEGURAS

MATTHEW LAWRENCE

Todos os dias do aflito são maus, mas a alegria do coração é banquete contínuo. PROVÉRBIOS 15:15

Todas as alegrias carnais têm, a princípio, momentos de felicidade. E embora não sejam amargas na ocasião, tornam-se monótonas e tediosas depois de algum tempo. Se não morrerem todas juntas, logo caem do galho. Mas as alegrias do povo de Deus continuam tão frescas e viçosas quanto no início: "Cuja folhagem não murcha" (SL 1:3). "O nosso leito é de viçosas folhas" (CT 1:16). Os poetas imaginam uma fonte contínua nos tempos dourados do mundo; aqui ela é uma realidade. As alegrias do povo de Deus estão sempre florescendo e produzindo novas consolações. Além disso, é uma alegria sadia e segura. A alegria carnal é destrutiva para o bem-estar espiritual. Como é difícil recuperar um homem que faz do pecado o objeto de sua alegria! E isso é destrutivo até para o bem-estar natural. Há perigo tanto no excesso de alegria quanto no excesso de tristeza. E o que o apóstolo diz sobre a tristeza do mundo pode ser dito sobre a alegria do mundo: "a tristeza do mundo produz morte" (2CO 7:10). Quantos homens perderam a cabeça, e até a vida, em alegrias excessivas? Esses picos de alegria escancaram a porta do coração de tal modo que o entusiasmo acaba de repente e não volta mais. Às vezes, isso é fruto da alegria carnal. Porém, a alegria espiritual é segura e completa para a alma. Ela é um bom meio de compor nosso conhecimento, amar a verdade e nos alegrar naquilo que conhecemos, caso contrário as doces verdades serão cruas e indigestas para o estômago da alma. E é saudável para o corpo. Um espírito jovial expele o que é supérfluo, ajuda a inspiração, acelera o entendimento, alegra o rosto e, em outras palavras: "O coração alegre é bom remédio" (PV 17:22).

A alegria espiritual é segura e completa para a alma.

23 DE NOVEMBRO

CONHECIMENTO INTELECTUAL

RALPH VENNING

O saber ensoberbece, mas o amor edifica.

1 CORÍNTIOS 8:1

Todos nós devemos prestar atenção e tomar cuidado para não colocar nosso desenvolvimento e progresso somente no conhecimento (aprendizado intelectual e leitura) ou somente nos dons e deveres. Também não devemos colocar o conhecimento em graças comuns; não, nem passar de uma opinião para outra, ou de uma forma de governo da igreja para outra, ou de uma confissão de fé para outra. Receio que isso seja um grande erro, como se fosse uma caminhada rumo à perfeição, mas, na verdade, é um retrocesso, porque ser jogado de um lado para o outro por todo vento de doutrina não passa de comportamento infantil (EF 4:13-16). Que triste! O que significa ser episcopal, presbiteriano ou congregacional? Nossa religião, e muito menos nossa perfeição, não se baseia nessas ou em outras opiniões e formas de governo das igrejas. Não duvido que haja homens justos em todas essas igrejas, mas creio e afirmo que nenhuma dessas opiniões os torna justos. O homem pode fazer parte de qualquer uma delas e, ainda assim, não passar de um bebê, sim, e nem mesmo ser um bebê. É como se eles subissem e descessem as ruas de Londres gritando: "Cetim velho e retalhos de ouro e prata", com os quais nunca enriquecerão nem terão uma condição considerável de vida.

Devemos tomar cuidado para não colocar nosso desenvolvimento e progresso somente no conhecimento.

24 DE NOVEMBRO

PASSOS DE FIDELIDADE
JOHN FLAVEL

*Aquele que diz que permanece nele,
esse deve também andar assim como ele andou.*

1 JOÃO 2:6

Até que ponto devemos estar muito contentes e satisfeitos com a nossa porção exterior, mesmo que a providência nos tenha favorecido com muito neste mundo? Primeiro, não reclamem, Deus tem sido magnânimo com vocês. Aos outros, Ele concedeu as coisas boas deste mundo; a vocês, Ele se doou em Cristo. Segundo, sejam muito humildes e submissos em espírito ao viver em tal condição vantajosa! É verdade, Deus os exaltou grandemente por meio dessa união mística com Cristo, mas não se envaideçam: "Não és tu que sustentas a raiz, mas a raiz, a ti" (RM 11:18). Vocês brilham, mas brilham como as estrelas, com luz emprestada. Terceiro, sejam muito zelosos por honrar a Cristo, que os cobriu de honras muitas vezes! Disponham-se a glorificar a Cristo, embora a glória dele provenha de sua vergonha. Nunca pensem que a glória outorgada a Cristo será perdida para vocês; quando se prostrarem aos Seus pés, na mais comovente confissão de pecado feita particularmente, sintam prazer nisso, pois vocês deram glória a Ele. Quarto, sejam muito rigorosos e circunspectos em todos os seus caminhos, lembrando-se de quem vocês são e quem representam! Não se pode dizer que um membro do Corpo de Cristo foi condenado por injustiça e ações pecaminosas. Deus proíbe isso. "Se dissermos que mantemos comunhão com ele e andarmos nas trevas mentimos" (1JO 1:6). Quinto, sejam muito diligentes em buscar a paz entre vocês, que estão unidos muito próximos ao Cabeça, e são, portanto, membros do mesmo corpo! O mundo idólatra nunca entendeu a unidade na qual o apóstolo insiste em Efésios 4:3,4. E por último, quão alegres e tranquilos vocês devem ser, visto que Cristo, com todos os Seus tesouros e benefícios, uniu-se à alma de vocês por meio desse abençoado vínculo! Isso torna Cristo seu bem. Ó, que maravilha! Quão gloriosa é essa Pessoa envolvida pelos pequenos e fracos braços de sua fé!

Sejam muito diligentes em buscar a paz entre vocês.

25 DE NOVEMBRO

SEJAM AGRADECIDOS
ROBERT DINGLEY

*Entrai por suas portas com ações de graças
e nos seus átrios, com hinos de louvor.*
SALMO 100:4

Há olhos que são sempre agradecidos. Olhos que em todas as ocasiões erguem-se e louvam ao Senhor por todas as Suas misericórdias, promessas e correções paternais. "E Jesus, levantando os olhos para o céu, disse: Pai, graças te dou porque me ouviste" (JO 11:41). Os passarinhos não tomam nem uma gota de água sequer antes de olhar para cima, como se quisessem dar graças, para trazer vergonha a todas as atitudes grosseiras que devoram as misericórdias, mas nunca olham para cima, para a mão que as ofertou. Platão agradeceu a Deus por ser grego, ateniense e discípulo de Sócrates. Teodósio [N.T.: Imperador romano, 347-395.] agradeceu a Deus mais por estar unido a Cristo do que por ser imperador. A exemplo do Senhor e de Paulo, devemos levantar os olhos para Deus e bendizê-lo por todas as bênçãos espirituais em Cristo. E não existe misericórdia tão pequena que não exija agradecimento. Antes das refeições, devemos olhar para Deus, como Cristo fez. "Tomando ele os cinco pães e os dois peixes, erguendo os olhos ao céu, os abençoou; e partindo os pães, deu-os aos discípulos..." (MC 6:41). Epicteto [N.T.: Filósofo grego, 50-135.] queria ser um rouxinol, para estar sempre cantando feliz, dia e noite. [...] Esta é certamente a marca do homem não regenerado: diligente em pedir misericórdias, mas lento e insensível em louvar e agradecer. Assim, o maligno domina os homens. Plínio fala a respeito de alguém que não tem boca, mas passa a vida sentindo o aroma das ervas e das flores. É melhor acreditar nele que contradizê-lo. Tenho certeza de que alguns não têm boca para louvar ao

Senhor. Deliciam-se com o aroma das flores murchas das vaidades terrenas. Não é a graça, mas o amor; não é o dever, mas a gratidão, que nos acompanharão ao Céu. O homem bom não é apenas grato pelas bênçãos, mas, a exemplo de Jó, ergue os olhos e bendiz a Deus sinceramente por Suas correções paternais: "O Senhor o deu e o Senhor o tomou; bendito seja o nome do Senhor!" (JÓ 1:21). Pois, diz alguém, se o Senhor chicoteia Seus filhos, Ele usa um galho perfumado, e faz isso com fidelidade e misericórdia; se Ele oculta o rosto por um momento, com bondade eterna Ele os abraçará. Todo cristão sabe como suportar aflições, não apenas com paciência, mas também com gratidão.

26 DE NOVEMBRO

DECLIVE ACENTUADO
JOSEPH MEDE

*Então, a cobiça, depois de haver concebido,
dá à luz o pecado; e o pecado,
uma vez consumado, gera a morte.*

TIAGO 1:15

Um pecado cometido abre caminho para outro. Agur pensava que, se um dia viesse a furtar, não deveria permanecer aqui, mas ser levado para longe, até mesmo se negasse e tomasse o nome de Deus em vão: "ou que, empobrecido, venha a furtar e profane o nome de Deus" (PV 30:9). Pedro negou a Cristo, mas o diabo o empurrou um pouco mais e o fez amaldiçoar e renegar Cristo. Davi cometeu adultério com a mulher de Urias, e o diabo aproveitou a ocasião para fazê-lo cometer assassinato também. O pecado é como uma serpente: se conseguir tão somente avançar, arrastará com ele tudo o que lhe é próprio. Se não houver nenhuma fenda em um bloco de madeira, será mais difícil para o machado abrir caminho; mas, se houver uma fenda, ele rachará a madeira com mais facilidade. O mesmo ocorre com o pecado. E o motivo é este: quem comete pecado coloca-se, mais ou menos, sob o poder do diabo, que não é tão negligente a ponto de perder ou de não aproveitar a vantagem. O diabo é o príncipe da morte (HB 2:14). Ora, a morte vem pelo pecado; portanto, o pecado dá um título de propriedade ao diabo. O pecado levou, e ainda leva, o homem para a jurisdição do diabo. Assim, aqueles que se converteram a Deus e conhecem seus pecados foram libertos do poder de Satanás (AT 26:18). Mas o pecado os leva de volta ao poder do diabo; permite que ele os domine de novo. E embora (talvez) isso não consiga nos afastar totalmente de Deus, serve para o inimigo nos levar a cometer muitas transgressões, o que nos custa muito esforço e uma grande dose de tristeza antes de sermos libertos novamente.

> *O pecado é como uma serpente;*
> *se conseguir tão somente avançar, arrastará com*
> *ele tudo o que lhe é próprio.*

27 DE NOVEMBRO

SEJAM CUIDADOSOS

WILLIAM JENKYN

Vigiai e orai, para que não entreis em tentação;
o espírito, na verdade, está pronto,
mas a carne é fraca. MARCOS 14:38

Devemos ser extremamente cuidadosos, para que a liberdade que Cristo nos concedeu não seja pervertida a ponto de vivermos desregradamente. Aquilo que foi uma promessa de Seu amor deve servir de estímulo ao cumprimento do nosso dever. Embora algumas pessoas façam uso indevido da graça, devemos usá-la para uma finalidade correta. Para este fim: primeiro, admirar e estudar a perfeição dessa graça, em sua totalidade e suficiência. Não faça mau uso daquilo que é capaz de ajudá-lo. Quem seria louco a ponto de jogar fora uma caixa contendo pérolas e o mais puro ouro? Não fomos redimidos mediante coisas corruptíveis, mas pelo precioso sangue de Cristo (1PE 1:18,19), o sangue de Deus. Segundo, reverencie essa liberdade. Você a recebeu de Deus quando não a merecia, quando não tinha outro mérito a não ser viver em angústia. E essa liberdade agrava o seu pecado em seu abuso e condenação. A gratidão torna-se mais angustiante que desprezível. Faça uma experiência e prove essa graça. O único inimigo da graça é a ignorância. Quem faz mau uso da graça demonstra que nunca extraiu benefício dela. Um religioso especulativo pode condenar a mesma graça que foi muito apreciada por alguém que a experimentou. A graça nunca é bem avaliada pela alma enquanto a alma não a possui. Aqueles que a amam, mas não sabem por que, logo a desrespeitarão, embora não saibam como.

A graça nunca é bem avaliada pela alma
enquanto a alma não a possui.

28 DE NOVEMBRO

DEDOS CARINHOSOS
HENRY SMITH

*Vestiram-no de púrpura e,
tecendo uma coroa de espinhos,
lha puseram na cabeça.*
MARCOS 15:17

Devemos buscar Cristo, somente Ele, porque não há ninguém com tanta disposição para nos ajudar como Ele. É preciso muita coragem para rogar humildemente quando somos convencidos da boa vontade daquele a quem rogamos. E eu lhe pergunto: Quem mais sempre se preocupou com a nossa salvação, quem é mais zeloso conosco do que o Senhor? Quem colocou sua confiança nele e ficou totalmente confuso? Nesse aspecto Ele é chamado de "Pai", porque, assim como um pai se compadece de seu filho, assim o Senhor se compadece daqueles que põem a sua confiança nele. Pode haver alguém mais disposto a nos ajudar do que Cristo, cuja mente inteira ficou angustiada e cujo coração ficou pesado por nossa causa? Sim, no corpo de quem havia feridas, inchaços e chagas, da sola dos pés até o alto da cabeça? Que triste! Mas isso não foi nada comparado ao que Ele sofreu por nossa causa. Ele foi cercado de medo e pavores até que Seu suor se transformou em gotas de sangue, e Seus ossos foram moídos. Ele foi chicoteado, flagelado e castigado com sofrimentos até clamar com aflição de alma: "Meu Pai, se possível, passe de mim este cálice" (MT 26:39). A mão pesada de Deus foi tão cruel com Ele que o moeu até os ossos e traspassou os Seus rins. Sua carne foi completamente ferida, sim, ferida até à morte, e Ele teve a morte mais amarga na cruz. Sua face enrugou-se de choro e lamento; Seu corpo foi coberto pelo sangue que jorrava de Suas costelas; a sombra da morte cobriu-lhe os olhos. Ó, que dor poderia ser semelhante a essa ou que condenação poderia ser tão pesada, uma vez que não havia maldade em Suas mãos? [...] Ó, quem dera houvesse um poço de água e uma fonte de lágrimas em minha cabeça, para que eu pudesse chorar dia e noite ao lembrar-me de tal sofrimento!

> *Quem colocou sua confiança nele*
> *e ficou totalmente confuso?*

29 DE NOVEMBRO

UM ÚNICO DEUS

RICHARD STOCK

Não temos nós todos o mesmo Pai?
Não nos criou o mesmo Deus?
MALAQUIAS 2:10

O mundo permanece, e não é destruído, não apenas porque Deus existe, mas também porque Ele é único, e Deus sempre o preserva. Crisóstomo diz: "Assim como o corpo humano deixará de existir se Deus o abandonar, o mundo será reduzido a nada se Deus não o preservar". E ele diz mais: "O mundo é como um navio; os marinheiros são os homens, as velas são o céu; por que esse navio não naufraga? Porque há apenas um comandante. Se houvesse dois comandantes, o navio naufragaria, porque um içaria as velas e o outro lançaria a âncora, o que causaria confusão". Atanásio diz: "Se o número de generais e coronéis fosse igual ao dos soldados, haveria completa desordem no exército. Esta é a segurança de um exército: há somente um general, e todos são preservados. O mesmo ocorre com o mundo: há um único Deus".

Esta é a segurança de um exército:
há somente um general.

30 DE NOVEMBRO

DESEJEM O GENUÍNO LEITE
ROBERT BOLTON

Desejai ardentemente, como crianças recém-nascidas,
o genuíno leite espiritual, para que, por ele,
vos seja dado crescimento para salvação.
1 PEDRO 2:2

Todos aqueles que se tornaram novas criaturas, que foram lavados de seus pecados, santificados e nascidos de novo pela semente imortal da Palavra e do Espírito da graça devem desejar ardentemente o leite genuíno da Palavra, para que cresçam no conhecimento, no bem-estar e na nova obediência. O recém-nascido não se satisfaz com ouro, pérolas ou qualquer outra coisa, mas apenas com leite. Da mesma forma, a alma recém-renovada tem sede e fome apenas do leite sagrado e genuíno da santa Palavra de Deus. O apóstolo Pedro diz que o homem se fortalecerá diariamente em graça; caso contrário, como o recém-nascido, ele se abaterá, enfraquecerá e morrerá. Aquele que não cresce, que não se fortalece em graça, nunca obteve a verdadeira graça. Aquele que não se esforça para alimentar a alma espiritualmente nunca nasceu de novo. Salomão afirma: "Mas a vereda dos justos é como a luz da aurora, que vai brilhando mais e mais até ser dia perfeito" (PV 4:18). Pois se a Estrela da Manhã do conhecimento da salvação nos aparecer um dia, se o Sol da Justiça raiar em nosso coração, nossa luz jamais se apagará até o dia em que seremos conduzidos àquela luz gloriosa do alto, que ninguém pode alcançar. Aquele que vai em busca e se beneficia do grande mistério da piedade, com fé, arrependimento e sinceridade, cresce de virtude em virtude, de conhecimento em conhecimento, de graça em graça, até alcançar a perfeita varonilidade em Cristo Jesus (EF 4:13). Assim como o mais belo brilho do Sol é, às vezes, encoberto e obscurecido por nuvens e neblinas, da mesma forma a santidade de um homem piedoso pode ser ofuscada e arruinada por pecados, enfermidades, ignorância, negligência etc.; contudo, se ele se lamentar do que fez, depois de ter passado por tristeza e sofrimento, e se arrepender, brilhará com mais intensidade e agradará tanto a Deus quanto ao homem, em sinceridade e em todas as graças sagradas; e posteriormente ele será mais rápido e firme na corrida da santificação.

1.º DE DEZEMBRO

GUARDE NA MEMÓRIA

NICHOLAS BYFIELD

Mais alegria me puseste no coração
do que a alegria deles, quando lhes há fartura
de cereal e de vinho.

SALMO 4:7

Quando pensamos em promessas, devemos renunciar todos os nossos méritos, todas as opiniões sobre nosso próprio valor e sobre o conhecimento de nosso coração, porque todas as graças que encontramos nas promessas estão em Jesus Cristo e as recebemos por intermédio dele. Todas as promessas são sim e amém por meio dele, e somente nele. Quando temos as promessas diante de nós, devemos crer nelas e aplicá-las a nós mesmos, do contrário não nos farão bem algum. Devemos também escondê-las cuidadosamente no coração e guardá-las na memória, para que pensemos e meditemos nelas com frequência. Não adiantará se elas estiverem apenas escritas na Bíblia ou em nossos diários de reflexões; devemos escrevê-las também em nosso coração. Devemos nos esforçar ao máximo para nos familiarizarmos com elas e encher a nossa mente com porções e porções delas. Em momentos de aflições, devemos correr para os braços de Deus em busca de refúgio e lançar a âncora da esperança em Suas promessas, para que o próprio Deus veja que nosso coração está disposto a confiar em Sua Palavra. Jamais devemos perder a confiança nelas, mas esperar com paciência e não limitar Deus ao tempo, ao modo ou aos meios pelos quais serão alcançadas, permanecendo firmes no que Ele prometeu e deixando o restante a cargo de Deus, como a Escritura diz em vários lugares, principalmente em Hebreus 10:36 e Romanos 4:20. Em suma, devemos estar atentos para não sermos preguiçosos e ociosos, e para que não nos seja penoso estudá-las e guardá-las na memória. Devemos também descansar nessas gloriosas promessas e seguir o exemplo daqueles que, pela fé e longanimidade, herdaram tais promessas (HB 6:12).

*Não adiantará se elas estiverem apenas
escritas na Bíblia ou em nossos diários de reflexões;
devemos escrevê-las também em nosso coração.*

2 DE DEZEMBRO

UM FUNDAMENTO
JOHN OWEN

*Como passa a tempestade,
assim desaparece o perverso,
mas o justo tem perpétuo fundamento.*
PROVÉRBIOS 10:25

O fundamento [ou alicerce] de uma casa deve ficar oculto e fora do alcance de todos os que a contemplam externamente. O fundamento não pode ser percebido, embora a casa inteira esteja apoiada nele. E isso tem ocasionado muitos equívocos no mundo. Quando entra em uma mansão, o homem incauto, ao ver algumas esculturas e estatuetas acocoradas embaixo das janelas e das laterais da casa, pode pensar que elas sustentam o peso da casa, quando, na verdade, a maioria não passa de peças pintadas. Elas não sustentam a casa; é a casa que as sustenta. Pelo modo como estão curvadas, o homem pensa que o peso está sobre elas e supõe que seja fácil retirá-las a qualquer momento para demolir a casa. Mas, quando ele se dispõe a realizar a tarefa, descobre que essas coisas não têm nenhum valor. Há um fundamento embaixo, que sustenta toda a casa, coisa que ele nunca imaginou. Ao olhar para a igreja, os homens acham que ela é uma bela estrutura, mas não imaginam como consegue permanecer em pé. Parece haver no mundo alguns apoios humanos, como se fossem esculturas embaixo das janelas que fazem alguém pensar que são meios de sustentação. Pode ser um magistrado aqui, um exército ali. Os homens do mundo pensam: "Se retirarmos essas pessoas, o restante tombará rapidamente". Sim, tenho sido muito tolo e falta-me tanto entendimento perante o Senhor que, ao olhar para alguns apoios dessa casa, eu penso: *Como esta casa ficará em pé se isto for retirado?* Quando, vejam, de repente percebemos que alguns deles é que são sustentados pela casa, e não que a sustentam. Digo, então: Cristo, o fundamento dessa casa, está oculto à vista dos homens deste mundo; eles não veem, portanto não acreditam. Jamais entenderão que Cristo, que eles tanto desprezam, deveria ser o fundamento deles e de seus caminhos.

Ao olhar para a igreja, os homens acham que ela é uma bela estrutura, mas não imaginam como consegue permanecer em pé.

3 DE DEZEMBRO

PROVIDÊNCIA

WILLIAMS BATES

*Para que vos torneis filhos do vosso Pai celeste,
porque ele faz nascer o seu sol sobre maus e bons
e vir chuvas sobre justos e injustos.*

MATEUS 5:45

O Sol aplica suas rápidas influências sobre a produção e crescimento de uma planta específica, como se não houvesse outras coisas no mundo para recebê-las; no entanto, ao mesmo tempo, ele passa de signo em signo nos céus, muda os cenários dos elementos, produz novas estações e seu calor ativo e prolífico forma e transforma tudo o que é mutável na natureza. Essa é uma imagem apropriada da ação universal e especial da divina providência. E qual é a forte segurança que isso dá ao cristão em meio a todos os infortúnios deste mundo corrupto e mutável? E até que ponto clareia o propósito daquelas infelizes perplexidades, e acalma aquelas paixões imprevidentes e precipitadas que angustiam os aflitos com tanta frequência? Quaisquer males que recaiam sobre os justos são do conhecimento e da vontade Deus, e por meio de Sua eficiência considerados materialmente. Será que Ele é tão falho em sabedoria, poder ou bondade que tudo o que faz poderia ou deveria ser melhor? Na verdade, às vezes, as finalidades especiais de Sua providência aflitiva são de tal forma obscuras, que nosso limite é pequeno demais para compreender; e a maneira como Deus se apresentará nesse mal é desconhecida, porém, podemos concluir, com evidência, que é para o melhor. Quando Cesário, um homem temente a Deus dos tempos passados, debatia consigo mesmo se as Escrituras poderiam ser verdadeiras, como seria possível a Terra ter sido fundamentada sobre as águas, e esse elemento mais pesado não afundar e ser dominado pela água, ele interrompeu os pensamentos para fazer esta reflexão: "Esqueci de mim quando disse a Deus: 'Como pode ser isso?'". Ele admirava aquilo que não podia compreender.

Esqueci de mim quando disse a Deus:
"Como pode ser isso?".

4 DE DEZEMBRO

CONFLITOS INTERIORES

JOHN SHOWER

*Porque a carne milita contra o Espírito,
e o Espírito, contra a carne, porque são opostos
entre si; para que não façais o que, porventura,
seja do vosso querer.*

GÁLATAS 5:17

Onde Deus concede perdão, Ele envia o Espírito da graça para a mortificação do pecado. E apesar de essa obra não ser perfeita, ela é progressiva, e o que resta da corrupção na alma não prova que seu pecado não foi perdoado. A carne guerreia contra o espírito, e o espírito guerreia contra a carne; mas vocês não podem concluir que não foram perdoados da oposição que esse pecado faz contra a graça de Deus na alma. Vocês julgariam a si mesmos? Pensem na oposição que fazem ao pecado; sentem-se aliviados? Recorram à fonte, ao sangue e ao Espírito de Cristo, para buscar novas forças dia após dia, para crucificar a carne, para continuar a guerra e manter o conflito. Aquele pecado, embora continue na alma, é consistente com sua reconciliação com Deus e com o senso de que Ele os aceitou. Sim, estou convencido de que nunca há uma descoberta tão grande da corrupção como após o perdão, quando a graça de Deus ilumina a alma. Mas de qual lado você está? Você condena, lamenta, opõe-se, resiste, esforça-se, vigia, ora, luta e empenha-se pela mortificação dessa corrupção que ainda persiste, após as esperanças de perdão? Você deve prosseguir pela graça de Cristo e será mais que vencedor. Deve recorrer a Ele, e exaltar Seu poder, e ser capaz de destruir as obras do diabo. Ele prometeu, e garante, que você não será condenado por nenhuma iniquidade. Nenhuma história antiga será repetida, nenhum descontentamento passado será nutrido, nenhuma contenda anterior será revivida. Se você se voltar para Deus de todo o coração, Ele nunca o repreenderá por causa de seus pecados do passado, embora outras pessoas possam repreendê-lo. Mas, se você espera que Deus o perdoe, suportará isso e dará pouca importância. Você é capaz de duvidar do perdão total, sabendo que Deus disse que esconderá o rosto e apagará todos os nossos pecados, de tal modo que, quando forem procurados, não serão achados (JR 50:20), que Ele afasta de nós as nossas transgressões "quanto dista o Oriente do Ocidente" (SL 103:12) e que nenhum deles voltará a ser mencionado a nós?

5 DE DEZEMBRO

A TRINDADE

RICHARD STOCK

E três são os que testificam na terra:
o Espírito, a água e o sangue,
e os três são unânimes num só propósito.

1 JOÃO 5:8

O mistério da Trindade só pode ser encontrado na Palavra de Deus, portanto, só é conhecido pela Sua Igreja, que possui a verdadeira Palavra de Deus. E a Igreja tem-se esforçado para falar o mais claro possível a respeito de tal mistério. Lembro-me de uma fala de Agostinho, que escreveu um livro sobre a Trindade, sobre esse grande e excelente ponto: "Devemos falar com modéstia e temor; devemos ouvir com muita atenção, pois, quando a união da Trindade deve ser mostrada, os homens erram perigosamente, e nenhum outro assunto é investigado com mais dificuldade nem é mais proveitoso depois de ser encontrado". Devemos ser muito cuidadosos ao nos esforçar para entender isso, até onde for revelado. Deus o revelou, e é uma negligência pecaminosa e abominável não procurar aquilo que é revelado por Deus. Vamos trabalhar com humildade, para não investigar esse mistério além do necessário. O homem, em sua fraqueza, pode olhar para os raios do sol, mas não para a estrutura do Sol; nesse caso, se ele olhar por muito tempo, perderá o sentido da visão. Os homens de Bete-Semes foram duramente castigados pela mão divina quando olharam para dentro da arca de Deus (1SM 6:19). Diante disso, será que não deveríamos levar esse assunto muito a sério ao ver que Deus manifestou realmente Sua ira contra eles daquela maneira?

Vamos trabalhar com humildade,
para não investigar esse mistério além do necessário.

6 DE DEZEMBRO

FELICIDADE CELESTIAL

RICHARD BERNARD

O céu é o meu trono, e a terra, o estrado dos meus pés;
que casa me edificareis, diz o Senhor,
ou qual é o lugar do meu repouso?

ATOS 7:49

O Céu é o refúgio de descanso, desejado por todos e esperado por muitos. Mas somente os melhores o desfrutam. É o lugar mais sublime, a moradia e o trono de Deus, a habitação dos anjos e o abrigo para o justo. É a corte do grande Rei, o poderoso Criador. É o tabernáculo do Senhor, o refúgio dos fiéis, a região resplandecente, o continente confortável, a cidade da segurança e o santuário sagrado de paz e prosperidade. Tudo o que lá existe não é sujeito a sofrimento nem calamidade. É um paraíso de prazer, uma cidade bela e um reino cheio de pompa. Aqui a vida é temporária; lá é eterna; aqui há os começos da graça, lá há a perfeição da bondade. Lá está Deus em toda a Sua glória, mas que a ninguém assusta; lá Ele reina com justiça e sem ira. [...] Essa felicidade celestial não pode ser imaginada; as bênçãos são tantas que não podem ser enumeradas e tão incontáveis que não podem ser igualadas. A riqueza desse Céu é tão grande que não pode ser avaliada; ele é tão grande que não pode ser medido, e, por ser eterno, jamais terá fim. Seus habitantes vivem felizes em uma alegria infindável; gritam hosana bem alto e cantam aleluia com grande entusiasmo. [...] Lá a juventude floresce sem perder o viço, e a força nunca termina [...] o nome do Céu é totalmente encantador.

Aqui há os começos da graça,
lá há a perfeição da bondade.

7 DE DEZEMBRO

DEVERES IRMANADOS

SAMUEL SLATER

Tributai ao Senhor a glória devida ao seu nome;
trazei oferendas e entrai nos seus átrios;
adorai o Senhor na beleza da sua santidade.

1 CRÔNICAS 16:29

É terrível e infeliz a vida de quem anda sem Deus no mundo (EF 2:12). Deus é tão grande, um bem tão necessário que possivelmente nada é capaz de suprir a falta dele. Apesar da Lua e das estrelas, é noite para nós quando o Sol desaparece de nosso horizonte. Deus é absolutamente necessário para nós, e devemos tudo a Ele. Pessoas solteiras sabem que têm o dever e o interesse de servir e adorar a Deus, de acordo com sua capacidade, publicamente nas portas de Sião, o que o Senhor ama, nas assembleias dos santos, aos quais elas devem se unir como seguidores do mesmo Senhor e membros do mesmo corpo; sozinhos e isolados, que o quarto e o escritório deles sejam testemunhas de que não são ingratos, maldosos nem se esquecem de Deus. Que as crianças comecem a falar com Ele na hora de dormir. Que os moços e as moças conversem com Deus pela manhã, esperando nele e andando com Ele. E quando mudarem de situação e constituírem família, que sejam cuidadosos em incutir nela a adoração a Deus. [...] Não basta que adorem a Deus em família, mas devem adorá-lo também em seus quartos. Não basta que adorem a Deus em seus quartos, mas devem adorá-lo também em família. Essas duas condições não podem competir entre si nem ser excludentes; devem ser deveres irmanados que vivem prazerosamente juntos e sob o mesmo teto.

Deus é absolutamente necessário para nós,
e devemos tudo a Ele.

8 DE DEZEMBRO

VALORIZANDO O CÉU

RICHARD BAXTER

Prata escolhida é a língua do justo,
mas o coração dos perversos vale muito pouco.
PROVÉRBIOS 10:20

Uma fé bem firmada nas coisas que não se veem leva-nos a apreciá-las acima de todas as coisas deste mundo. Um vislumbre da glória celeste, como se fosse através de uma janela, faz a alma dizer deliberadamente: "Essa é a principal felicidade desejada; é a coroa, a pérola, o tesouro; mas nada disso será útil". A glória celeste rebaixa em nossa estima o valor dos maiores prazeres, riquezas ou honras do mundo. Quão pouco valor essas coisas terão quando você vir Deus em pé e o Céu como se estivesse aberto para ser contemplado! Ali, você verá que há pouco motivo para invejar a prosperidade dos servos do mundo; você sentirá pena deles, tão infelizes em sua alegria e presos aos grilhões da loucura e concupiscência, sem conhecer toda a alegria e honra verdadeiras. Você será levado a sentir compaixão deles por serem tão infelizes, enquanto se mostram valentes e dominadores por pouco tempo. E você pensará: "Que triste! Pobre homem! Essa é toda a sua glória? Você não tem riqueza melhor, honra mais nobre, prazeres mais agradáveis que esses rebotalhos?". Com esse julgamento prático, ao valorizar o ouro acima do pó e as joias acima de pedras comuns, você valorizará o Céu acima de todas as riquezas e prazeres deste mundo, se sua fé for verdadeiramente viva e redentora.

Ao valorizar o ouro acima do pó,
você valorizará o Céu acima de todas as riquezas
e prazeres deste mundo.

9 DE DEZEMBRO

LEITE GENUÍNO

RALPH VENNING

Desejai ardentemente, como crianças recém-nascidas, o genuíno leite espiritual, para que, por ele, vos seja dado crescimento para salvação. 1 PEDRO 2:2

O leite é o alimento dos bebês, portanto é necessário entender o que ele significa. [...] Em geral, toda a Palavra de Deus (o evangelho) é chamada de "leite". "Desejai ardentemente, como crianças recém-nascidas, o genuíno leite espiritual, para que, por ele, vos seja dado crescimento para salvação" (2PE 2:2). Esse leite destina-se ao crescimento; a Palavra não se destina apenas à regeneração, conforme consta em 1 Pedro 1:23, mas à nutrição e desenvolvimento, até chegarmos à varonilidade perfeita (EF 4:11-16). Observe que Pedro não fala simplesmente da Palavra escrita na Bíblia, mas da Palavra pregada. Porém, a Palavra pregada deve ser o leite genuíno da Palavra, sem ser misturada e corrompida com as artimanhas de invenções, enganos e comentários. A tudo isso o apóstolo Paulo renuncia: "Porque nós não estamos, como tantos outros, mercadejando a palavra de Deus; antes, em Cristo é que falamos da presença de Deus, com sinceridade e da parte do próprio Deus" (2CO 2:17). [...] Assim como a Palavra não deve ser misturada com falsa doutrina nem corrompida por ela, esse leite também não deve ser adoçado e completado com o açúcar e o mel da sabedoria e da eloquência dos homens, pois o apóstolo menospreza e desaprova isso. [...] Portanto, esse não é um efeito de palavras, mas uma doutrina firme e sincera ou o leite da Palavra por meio do qual crescemos e prosperamos.

A Palavra não deve ser misturada com falsa doutrina nem corrompida por ela.

10 DE DEZEMBRO

A VOLTA DE CRISTO
WILLIAM GREENHILL

*E para aguardardes dos céus o seu Filho,
a quem ele ressuscitou dentre os mortos, Jesus,
que nos livra da ira vindoura.*

1 TESSALONICENSES 1:10

O Senhor Jesus aparecerá visivelmente em Sua grandeza e glória. Na primeira vez, Cristo apareceu como servo em uma condição de humilhação; mas, quando vier outra vez, Ele aparecerá de modo visível, em grandeza e em glória. [...] Será um verdadeiro dia de glória, porque o mundo se encherá da glória de Cristo. As Escrituras afirmam que "aparecerá no céu o sinal do Filho do Homem" (MT 24:30). Qual é o sinal do Filho do Homem? Não é a cruz [...], porém Mateus 24:27 explica: "Porque, assim como o relâmpago sai do oriente e se mostra até no ocidente, assim há de ser a vinda do Filho do Homem". Ele virá como o relâmpago; o brilho de Cristo encherá o mundo com a Sua glória. Cristo é glorificado, e desta vez a Sua vinda será tão resplandecente e gloriosa que seu fulgor será visto no mundo. Paulo relata em Atos 26:13 que viu "uma luz no céu, mais resplandecente que o sol". Cristo é tão glorioso, tão resplandecente que, quando vier, encherá o mundo com glória, e esse será um dia verdadeiramente notável, um dia de grande preocupação.

*Ele virá como o relâmpago;
o brilho de Cristo encherá o mundo
com a Sua glória.*

11 DE DEZEMBRO

CÍRCULO DE AMOR

PETER STERRY

Amai o S<small>ENHOR</small>, vós todos os seus santos.
O S<small>ENHOR</small> preserva os fiéis, mas retribui com
largueza ao soberbo. SALMO 31:23

Este é o círculo do amor celestial: primeiro, Deus ama você na eternidade com aquele amor com o qual Ele ama o Senhor Jesus, porque Ele vê você na luz do mesmo encanto com o qual contempla Jesus Cristo. Então Ele faz descer até você o tesouro desse amor e encanto, que é o Seu Filho amado, e o semeia, como semente da natureza e filiação divinas. Ele brota em você, transforma-o à Sua semelhança e desenvolve uma união e um companheirismo inseparáveis com você. Agora Deus tem outro filho, com o qual Ele vê Seu Filho unido na Terra, assim como os viu antes unidos no Céu. Por último, Deus abraça esse filho na Terra, em quem Ele vê Seu Filho. Dá-lhe um beijo paternal, com todas as alegrias de um pai. Toma Seu filho nos braços, leva-o para o Céu transformando-o, todavia, enquanto Ele o carrega, até que essa união que começou lá embaixo seja finalmente aperfeiçoada e absorvida naquela união que começou na eternidade. Então o Senhor Jesus verá a si mesmo em um santo, da mesma forma que um santo é visto no Senhor Jesus, ambos sendo aperfeiçoados em cada um e todos se tornando perfeitos em um. Continue a conhecer o Senhor e Seu amor, e você conhecerá o amor do Senhor.

Então o Senhor Jesus verá a si mesmo
em um santo da mesma forma que um santo
é visto no Senhor Jesus.

12 DE DEZEMBRO

COLHEITA DA PROMESSA

WILLIAM SPURSTOWE

Se tardar, espera-o, porque, certamente, virá, não tardará. HABACUQUE 2:3

Permaneça firme e continue esperando piedosamente em Deus até que Aquele que faz as promessas se torne o cumpridor delas. "Os nossos olhos estão fitos no SENHOR, nosso Deus, até que se compadeça de nós" (SL 123.2). Algumas promessas são como a amendoeira, que entra em ação quando a primavera se aproxima e produz frutos antes do tempo. Depois que foram pedidas, as promessas não demoram muito para se cumprir, e suas bênçãos são como frutos maduros que caem na boca de quem as solicitou. Outras são como a amoreira, que demora para enviar sua seiva aos ramos; levam muito tempo para dar os primeiros sinais de que haverá algum progresso na produção de frutos. Portanto, aqueles que são herdeiros das promessas, embora não devam ter medo de não as receber no devido tempo, precisam ter paciência para aguardar o cumprimento delas. O cumprimento da grande promessa que Deus fez a Abraão de multiplicar sua semente como as estrelas do céu levou 25 anos, que passaram de forma lenta, como um planeta que se move vagarosamente até completar o seu percurso. Abraão tinha 75 anos quando a promessa foi feita e 100 anos quando Isaque, o primeiro fruto da promessa, nasceu. [...] Ao ver, portanto, que, em geral, há um longo intervalo entre a semeadura e a colheita da promessa, entre o momento que foi feita e seu cumprimento, é necessário que os fiéis esperem em Deus, aquele que sabe qual é o melhor momento para cumprir Suas promessas, e esperem com paciência o tempo de receber a promessa, que no final falará e não mentirá.

Em geral, há um longo intervalo
entre a semeadura e a colheita da promessa.

13 DE DEZEMBRO

CONHECIMENTO PRECIOSO

JOHN DURANT

E conhecer o amor de Cristo, que excede todo entendimento, para que sejais tomados de toda a plenitude de Deus. EFÉSIOS 3:19

De todo o conhecimento divino, o conhecimento de Jesus Cristo sob a luz do amor é o mais precioso, visto que se destina inteiramente à perfeição de nossa alma. Assim como há graduações de brilho nas luzes divinas, há também graduações de glória nas verdades divinas. Cada estrela no firmamento tem uma luz gloriosa, mas a luz do Sol excede a todas as outras em glória. E cada verdade (que é como uma estrela no Céu da divindade) possui um esplendor peculiar, e o conhecimento disso é precioso; no entanto Jesus Cristo (que é o Sol no Céu da divindade) possui um esplendor transcendente. E o fato de conhecer mais a Cristo promove o aperfeiçoamento de nossa alma em proporção maior do que qualquer uma ou de todas as verdades divinas. É por isso que Paulo ressalta a excelência desse conhecimento. "Sim, deveras considero tudo como perda, por causa da sublimidade do conhecimento de Cristo Jesus, meu Senhor" (FP 38). E certamente Paulo podia muito bem dizer isso, pois, embora tivesse alcançado o conhecimento de outras coisas, sem isso ele estaria perdido no que se refere à perfeição da alma sagrada. De modo que, por mais que se deseje outro conhecimento (como algo que seja perfeito e precioso), não há nenhum conhecimento tão desejável (ao menos pelos homens justos) quanto conhecer Jesus Cristo.

Assim como há graduações de brilho nas luzes divinas, há também graduações de glória nas verdades divinas.

MISERICÓRDIA INIGUALÁVEL

JOHN FLAVEL

*Quem, ó Deus, é semelhante a ti,
que perdoas a iniquidade e te esqueces
da transgressão do restante da tua herança?
O Senhor não retém a sua ira para sempre,
porque tem prazer na misericórdia.*

MIQUEIAS 7:18

É maravilhoso saber que podemos nos reconciliar com Deus depois de uma ruptura tão terrível como a queda do homem; nenhum pecado, após todas as considerações, foi semelhante a esse. Os outros pecados, como um só projétil, matam pessoas específicas, mas esse, como uma sequência de disparos, elimina multidões como a areia da praia, que o homem não é capaz de enumerar. Se toda a posteridade de Adão em suas várias gerações não fizesse outra coisa a não ser chorar e lamentar o pecado cometido por ele, enquanto o mundo continua a girar, todo esse choro e lamento não seriam suficientes; pois o homem, recém-criado do nada e aceito no primeiro momento para fazer parte da mais alta ordem, foi coroado rei pelas mãos de Deus (SL 8:5) como um homem perfeito e honrado, sem movimentos desordenados ou inclinação pecaminosa. Um homem cuja mente era totalmente clara, brilhante e receptiva à vontade de Deus, um homem cujo livre-arbítrio era capaz de vencer facilmente a mais forte tentação. Um homem que entendia ser uma pessoa pública e completa, carregando nas mãos não apenas a sua felicidade, mas a felicidade do mundo, porém que, em tão pouco tempo, cedeu à tentação, violou a lei de seu Deus, pecou e levou toda a sua posteridade a um abismo de culpa e sofrimento. E tudo isso poderia ter sido facilmente evitado! Ó maravilhosa e estupenda misericórdia, posto que podemos sempre nos reconciliar com Deus, sabendo que Ele tem propósitos de paz a uma criatura tão vil e apóstata como o homem.

Esse, como uma sequência de disparos,
elimina multidões como a areia da praia.

15 DE DEZEMBRO

MANHÃ RADIANTE

SAMUEL LEE

Pelo que diz: Desperta, ó tu que dormes, levanta-te de entre os mortos, e Cristo te iluminará. EFÉSIOS 5:14

Moisés e Xerxes [N.T.: Xá do império aquemênida, 519 a.C.–465 a.C.] assumiram posições diferentes diante de seus exércitos poderosos: o primeiro em uma montanha nas planícies de Moabe, o outro nas planícies de Abido. Um alegrou-se ao ver a terra de Canaã e uma parte muito bela do Líbano estendendo-se a mais de 60 quilômetros de comprimento, que Israel estava prestes a possuir. O outro chorou porque as nações bárbaras que lhe pesavam sobre os ombros seriam responsáveis por muitas pilhas de cadáveres dentro de cem anos e, como consequência, a morte assumiria o comando e tocaria sua trombeta de triunfo. Os israelitas, homens tementes a Deus, tiveram apenas de atravessar o vale do Jordão para receber as alegrias eternas, ao passo que os outros, que gastaram seu precioso tempo com vãos presságios, caíram de repente em sofrimento eterno. Os guerreiros israelitas, depois de muitos combates violentos, entraram vitoriosamente no paraíso. Embora alguns possam encontrar desânimo pelo caminho e perder a calma em situações desfavoráveis, sim, isso pode acontecer, ainda assim que alegria inefável surpreenderá aqueles que, depois de atravessarem muitos labirintos e caminhos tortuosos repletos de problemas, entram inesperadamente nas glórias arrebatadoras do Céu! Os melhores talvez trabalhem com medo e lágrimas, mas todos serão recompensados quando essas névoas se dispersarem naquela manhã radiante, e todas as lágrimas serão levadas embora naqueles rios de prazer, que correm pelas ruas da Nova Jerusalém.

Os guerreiros israelitas, depois de muitos combates violentos, entraram vitoriosamente no paraíso.

16 DE DEZEMBRO

SEM PREÇO
WILLIAM SPURSTOWE

*Ah! Todos vós, os que tendes sede, vinde às águas;
e vós, os que não tendes dinheiro, vinde,
comprai e comei; sim, vinde e comprai, sem dinheiro
e sem preço, vinho e leite.*

ISAÍAS 55:1

A generosidade da graça de Deus nas promessas é extremamente útil para socorrer e aliviar os medos desconcertantes dos cristãos fracos e sujeitos à tentação, os quais, embora tenham olhos para ver o valor e as maravilhas indizíveis das promessas, não têm confiança para estender a mão da fé e aplicá-las às suas necessidades. Eles querem ser perdoados, mas duvidam da promessa de que suas transgressões serão apagadas; estão nus e gostariam muito que Cristo estendesse Seu manto de justiça sobre eles para esconder suas deformidades. Mas que pena! O que um leproso faria com um manto real? Ele está enfermo e debilitado, e o remédio que pode curá-lo, mesmo que seja uma só gota, é mais valioso que o mundo, e ele é mais desprezível que o pó. Como pode, então, ser paciente de tal médico, pagar o preço do remédio e administrá-lo a duras penas? Se ele amasse a Deus como Davi, se tivesse talentos para glorificar a Deus como Paulo, se fosse um israelita sem dolo como Natanael, poderia ter as mesmas esperanças que eles, poderia ser aceito, seus serviços seriam recompensados e suas imperfeições, perdoadas. Porém, o coração com o qual ele ama a Deus é carnal, não espiritual; seus talentos e habilidades com os quais deveria glorificar a Deus são poucos ou inexistentes; sua sinceridade, com a qual deveria realizar todos os seus deveres com perfeição evangélica, não passa de uma camada de tinta de hipocrisia e egoísmo misturados com sinceridade.

Com que confiança, então, tal pessoa pode aproximar-se de Cristo ou esperar ser acolhido por Ele? No entanto, não adianta silenciar esses argumentos nem aplacar os medos, porque, se não forem controlados e restringidos, quase sempre terminarão na escuridão do desespero. Não há um remédio mais eficaz que meditar na liberdade da graça de Deus e de Cristo na promessa, que não se destina àqueles que merecem misericórdia, mas àqueles que a desejam; não aos justos, mas aos pecadores; não aos sadios, mas aos enfermos.

17 DE DEZEMBRO

INFINITA SABEDORIA

THOMAS WATSON

Respondeu-lhe Jesus:
Se eu quero que ele permaneça até que eu venha,
que te importa? Quanto a ti, segue-me.

JOÃO 21:22

Deus, em Sua infinita sabedoria, vê que a mesma condição não é conveniente a todos; que aquilo que é bom para um, pode ser prejudicial para outro. Uma condição climática não atende às necessidades de todos os homens, pois um necessita da luz do sol, outro de chuva; uma condição de vida não se adapta a todos os homens, uma peça de vestuário não se ajusta ao corpo de todos; a prosperidade não é adequada a todos, nem a adversidade. Se um homem for abatido, talvez seja capaz de suportar melhor isso ao ter um grande estoque de graça, mais fé e paciência; ele poderá colher um feixe de espinhos, escolher algum conforto da cruz, mas nem todos os homens podem fazer isso. Se outro homem estiver ocupando um cargo de alta respeitabilidade, ele pode adaptar-se mais a tal cargo; talvez seja um cargo que exija mais julgamento, mas nem todos são capazes disso; talvez possa usar melhor a sua condição, pois ele tem um coração popular e um cargo público. O sábio Deus vê que essa condição é ruim para um, mas é boa para outro; então Ele coloca os homens em diferentes lugares e esferas — alguns em posição mais alta, outros em posição mais baixa. Um homem deseja ter saúde. Deus vê que a doença é melhor para ele. Deus extrai saúde da doença livrando o corpo da morte. Outro homem deseja liberdade. O Senhor vê que o confinamento é melhor para ele e o libertará por meio do confinamento; quando seus pés estiverem presos, seu coração se ampliará. Será que acreditávamos que isso daria um fim às disputas e desavenças de nosso coração? Estaria eu descontente com aquilo que foi aprovado por um decreto e ordenado pela providência? Isso é criancice ou rebeldia?

Aquilo que é bom para um,
pode ser prejudicial para outro.

18 DE DEZEMBRO

SENSIBILIDADE
NATHANIEL VINCENT

*Ouve, Senhor, a minha oração,
escuta-me quando grito por socorro;
não te emudeças à vista de minhas lágrimas,
porque sou forasteiro à tua presença,
peregrino como todos os meus pais o foram.*

SALMO 39:12

Aqueles que oram precisam ser sensíveis aos seus pecados, necessidades e desmerecimento, para ter suas necessidades supridas; precisam também ser sensíveis para que nada, a não ser o Deus a quem oram, possa ajudá-los. 1. Precisam ser sensíveis a seus pecados. "Pois eu conheço as minhas transgressões, e meu pecado está sempre diante de mim" (SL 51:3), diz Davi, e em Isaías 59:12 está escrito: "Porque as nossas transgressões se multiplicam perante ti, e os nossos pecados testificam contra nós; porque as nossas transgressões estão conosco, e conhecemos as nossas iniquidades". O pecado deve ser reconhecido como vergonha e tristeza, do contrário haverá uma separação entre Deus e nós e uma nuvem que nossas orações jamais atravessarão. Deve haver uma percepção do pecado, o que implica em odiá-lo e cansar-se dele, pois a um coração sem amor e que gosta do pecado, Deus não dá ouvidos e restringe Suas misericórdias. "Se eu considerar a iniquidade no meu coração, o Senhor não *me* ouvirá" (SL 66:18, BKJ). 2. Aqueles que oram precisam ser sensíveis às suas necessidades. Toda a posteridade de Adão é carente, por mais que se imaginem ricos e abastecidos. O primeiro homem, o primeiro a ser conhecido, tinha a raça humana inteira nas mãos e, ao perdê-la, perdeu sua descendência por completo. Todos nós carecemos da glória de Deus, pois somos descentes de Adão; somos carne, e em nossa carne não habita nenhuma coisa boa. Precisamos entender esta verdade e acreditar nela: Cristo elogia os pobres de espírito e diz que estes são bem-aventurados (MT 5:3), pois aqueles que sabem que são maus, desventurados, vazios e nus clamam em voz mais alta ao Senhor para serem purificados como ouro e vestidos de vestiduras brancas. [...] E se conhecêssemos melhor os nossos desejos, ó, que clamores altos partiriam de nós, para que o pecado fosse perdoado, para que a graça fosse posta em prática, para que a paz fosse proclamada e, assim, todas as enfermidades espirituais fossem curadas! [...] Portanto, Davi carrega o peso em sua alma de esperar somente em Deus e deposita nele todas as suas expectativas. Deus será procurado seriamente quando tivermos plena convicção de que não há outro Ajudador que possa ser encontrado.

19 DE DEZEMBRO

LEIA AS ESCRITURAS
ROBERT DINGLEY

Correndo Filipe, ouviu-o ler o profeta Isaías e perguntou: Compreendes o que vens lendo?
ATOS 8:30

As Escrituras são a carta de Deus para nós. Cristo deu-nos o exemplo ao ler as Escrituras. Chegando a Nazaré, como era Seu costume, Ele levantou-se e leu as Escrituras. E o mesmo Cristo encarregou-nos de examinar as Escrituras; e em razão disso os bereanos foram considerados nobres. Sabellicus [N.T.: Marcus Antonius Coccius Sabellicus, estudioso e historiador de Veneza, 1436–1506.] diz que a virgem Maria passou a terça parte de seu tempo lendo as Escrituras. Timóteo foi ensinado a lê-las desde a infância, e Orígenes [N.T.: Teólogo e filósofo, 185–254.] também. Embora a Palavra pregada seja um meio comum de conversão, alguns foram convertidos ao ler as Escrituras, como Agostinho e Fulgêncio [N.T.: Fulgêncio de Ruspe, bispo de Ruspe e teólogo, 460–533.]. Junius [N.T.: Franciscus Junius, o Velho, professor de teologia da Universidade de Leiden, 1545–1602.] converteu-se ao ler o primeiro capítulo de João. A leitura das Escrituras abafa os cuidados do mundo, entorpece os prazeres carnais e acende a chama do amor divino. Afasta o julgamento, aclara a memória, incentiva a consciência e harmoniza docemente as afeições. Que seus olhos estejam sobre as Escrituras todos os dias e que o tornem perfeito nas doutrinas da fé e nas regras da vida. […] Os rabinos dizem que em cada sílaba e título da Lei há uma montanha de percepção e uma santa doutrina. É terrível saber que muitos menosprezam e negligenciam a leitura das Escrituras […] Aqueles que são bem-sucedidos e possuidores de dons naturais podem se encantar com a leitura da Palavra, pois nas Escrituras encontramos uma variedade de aprendizado que deixa todos os leitores plenamente satisfeitos. Há histórias para os historiadores, filosofia para os filósofos, ética para os moralistas, mistérios para os artistas e línguas para os linguistas; há correntes de água para elefantes, comida para cordeiros, leite para bebês e carne para adultos. Vamos nos deliciar com as Escrituras, as quais os anjos sondam; leia, mesmo que não entenda; no tempo de Deus, um Filipe se aproximará do eunuco. Misture meditações e orações com leitura; consulte os sábios, que estão mortos por causa de seus comentários, mas estão vivos por causa de suas deliberações. Por fim, viva de acordo com a luz que você recebeu; e dessa forma você pensará nas Escrituras, vai se deliciar nelas, entendê-las e lembrar-se delas. Seu valor é superior a milhares de peças de ouro e prata.

20 DE DEZEMBRO

BUSQUE A PAZ

JEREMIAH BURROUGHS

Tu, Senhor, conservarás em perfeita paz aquele cujo propósito é firme; porque ele confia em ti. Confiai no Senhor perpetuamente, porque o Senhor Deus é uma rocha eterna. ISAÍAS 26:3,4

Fique atento para nunca viver em paz com o pecado. "Grande paz têm os que amam a tua lei; para eles não há tropeço" (SL 119:165). Ó, quantos de vocês não têm mais paz com Deus! No mínimo, o alívio da paz obscureceu extremamente; você aparenta ter paz e tranquilidade exteriores, mas negligenciou os alívios dessa paz e é por isso que não tem força para enfrentar a verdade. Neemias 8:10 afirma: "A alegria do Senhor é a vossa força". Essa alegria procede da paz interior, porém, onde não há paz, não há nada para adoçar as tristezas, portanto, elas se tornam muito amargas. Que esse tempo em que Deus lhe dá trégua às aflições seja investido para que você esteja em paz com Ele mais do que nunca e tenha uma evidência e um senso mais claros de Seu amor. Se você já conhecia o significado de ter paz com Deus, faço-lhe um questionamento: Quando, em algum momento, o senso de paz encheu seu coração de alegria, você não se sentiu disposto a sofrer qualquer coisa por Deus? Você poderia atravessar o fogo e a água, e seu espírito triunfaria com o apóstolo: "Porque eu estou bem certo de que nem a morte, nem a vida, nem os principados, nem as coisas do presente, nem do porvir, nem os poderes... poderá separar-nos do amor de Deus, que está em Cristo Jesus, nosso Senhor" (RM 8:38,39).

Essa alegria procede da paz interior, porém, onde não há paz, não há nada para adoçar as tristezas.

SOPRO DA ORAÇÃO

HENRY SCUDDER

Cria em mim, ó Deus, um coração puro
e renova dentro de mim um espírito estável.

SALMO 51:10

Se em suas meditações e orações você encontra tédio e falta de espiritualidade, peço que se humilhe diante de sua incapacidade e fragilidade; no entanto, não desanime nem se entregue; ao contrário, dedique-se a esses deveres com mais diligência e sinceridade. Quando você está sem água, seu poço seca. Mas, se derramar um pouco de água e acionar a bomba, poderá extrair água. Portanto, se exercitar o coração e prepará-lo para a oração, você poderá recuperar a bênção da oração. E, da mesma forma, quando o fogo apaga e colocamos mais combustível, e sopramos para que ele volte a queimar, também, por meio da meditação, é possível atiçar a graça que está em você e, pelo sopro da oração, reativar e inflamar o espírito da graça e da oração em você. Embora você imagine que não tem tempo para preparar-se por meio da meditação, ou já se preparou, se houver desordem e distração em sua meditação, será melhor vencer todos os obstáculos e, sem mais preparação, dedicar-se ao dever da oração, somente com a meditação prévia sobre Deus, a quem, e de Cristo, por quem, por meio do Espírito você deve orar.

Será melhor vencer todos os obstáculos e, sem mais
preparação, dedicar-se ao dever da oração.

22 DE DEZEMBRO

TEMPO DA OPORTUNIDADE

JOHN SOWER

*(porque ele diz: Eu te ouvi no tempo da oportunidade
e te socorri no dia da salvação; eis, agora,
o tempo sobremodo oportuno, eis, agora, o dia
da salvação).* 2 CORÍNTIOS 6:2

O tempo de preparar-se para a eternidade é agora ou nunca, pois nossa situação não poderá ser mudada após a morte. O abismo estará estabelecido; não haverá possibilidade de arrependimento nem de esperança de perdão na sepultura. Será em vão suplicar com as virgens néscias: "Senhor, senhor, abre-nos a porta!" (MT 25:11). Vocês estão sendo encorajados a orar por misericórdia e sinceramente convidados e solicitados a entrar em ação para serem salvos, e também advertidos do perigo que correm. É chegada a hora de ouvirem o bom conselho. Muitos de vocês desperdiçaram grande parte da vida; não poderão recuperá-la. Vocês não têm certeza do futuro. Talvez estejam em uma situação imutável antes que percebam. Adiar a decisão por uma semana ou mais um dia poderá levá-los à desgraça. Vocês têm a promessa do perdão agora, caso se arrependam, e as esperanças da graça de Deus, se a buscarem. Têm ainda uma oportunidade de fazer as pazes com Deus. Este é o tempo de ser aceito, o dia da salvação. A porta da misericórdia e da esperança está aberta, mas em breve será fechada, e você não poderá mais mudar sua condição. Tudo o que tiver de ser feito em preparação para a eternidade deve ser feito agora, sem perda de tempo. Imediatamente, ou será tarde demais; neste instante, e sem demora, ou será tarde demais.

*Tudo o que tiver de ser feito em preparação para a
eternidade deve ser feito agora, sem perda de tempo.*

23 DE DEZEMBRO

MÚSICA ESPIRITUAL

WILLIAM FENNER

Porém Ana respondeu: Não, senhor meu! Eu sou mulher atribulada de espírito; não bebi nem vinho nem bebida forte; porém venho derramando a minha alma perante o Senhor. 1 SAMUEL 1:15

A oração persistente é uma súplica de quem tem a certeza de que ela será respondida e não cessa enquanto não houver garantia de que Deus a ouviu. Os iníquos oram e presumem que Deus os ouve, mas Ele não os ouve; e mais, muitos filhos amados de Deus oram repetidas vezes e não recebem resposta. "Ó Senhor, Deus dos Exércitos, até quando estarás indignado contra a oração do teu povo?" (SL 80:4), não apenas com eles próprios, mas também com suas orações. Pergunto: em sua opinião, como é considerada a oração dos que vivem em pecado? Eles oram, mas suas orações desaparecem no ar como nuvens. Eles oram e oram, mas não recebem nada. "Pois ele [Saulo] está orando", diz Ananias (AT 9:11). O quê? Saulo não orava antes? Sim, fazia muitas orações longas, pois era fariseu; no entanto, agora ele não apenas orava, mas orava a Deus como Davi fazia, elevando o coração a Ele, do contrário não poderia orar com o coração. [...] Nosso coração é como um sino, que só produz música quando é elevado, não quando está no chão. Nosso coração não é como o sino de Rochea, que, segundo dizem, toca sozinho, mas o nosso coração precisa ser elevado, do contrário não produzirá qualquer música agradável aos ouvidos de Deus. Portanto, se você ora, mas não se esforça para elevar o coração a Deus, para que Ele ouça suas orações com misericórdia, Ele as ouvirá, mas será para sua condenação, da mesma forma que Ele ouve as orações dos iníquos; por isso, se você ora, ore fervorosamente.

Nosso coração é como um sino, que só produz música quando é elevado, não quando está no chão.

24 DE DEZEMBRO

ENCONTRO COM CRISTO

CHRISTOPHER NESSE

Mas, à meia-noite, ouviu-se um grito:
Eis o noivo! Saí ao seu encontro!

MATEUS 25:6

Ative e acelere todas as suas faculdades mentais; as afeições (as servas da alma) devem ir ao encontro de Cristo (o místico Davi) da mesma forma que as virgens de Israel encontraram o Davi literal com seus cânticos e danças (1SM 18:6-8). Cada um que canta a parte que lhe foi designada é enviado para aguardar a chegada do Rei da glória (e se Ele não vier, haverá um desejo de buscá-lo), e Ele é recebido com amor, deleite e alegria. Todas as virgens saem para encontrar esse noivo bendito (MT 25:1), tendo antes varrido a casa e jogado toda a sujeira no ribeiro de Cedrom e apresentado seus melhores ornamentos (tapeçaria de parede, tapetes persas, assentos requintados, todas as suas gravuras e joias), para testemunhar todas as graças do Espírito (que superam as ricas vestes de Arão destinadas à glória e à beleza), tudo com a finalidade de preparar o grande aposento superior para acolher o Rei da glória. Ainda assim, todas as faculdades da alma devem ser despertadas, para que tenham maior interesse no convidado bendito, como: 1. Sua compreensão deve olhar ao redor à procura dele e contemplar Sua beleza, vendo-o de cima, como fez Zaqueu ao subir no sicômoro; 2. Sua vontade deve oferecer espada e chaves, como faz a autoridade principal da cidade para acolher seu príncipe, e 3. Sua memória deve estar pronta para registrar cada ato de amor à sua alma, lembrando que Seu amor é melhor que o vinho. Em resumo, Cristo deve ser conduzido a cada cômodo de seu coração; e, por último, todas as graças recebidas devem ser ativadas e preparadas para receber cada doação da plenitude de Cristo, como conhecimento que salva, fé justificadora, arrependimento sincero e amor fervoroso. Todos aproximam-se dele em busca da virtude da cura, sabendo que Cristo vem com um coração real na alma para nos conceder em abundância; e assim como Ele é, nenhuma dádiva desprezível pode vir de mãos e de coração tão nobres; e para que tudo isso possa ser feito, você precisa pôr em prática o terceiro requisito, isto é, forte invocação, aproximando-se dele como se aproximaria de um príncipe e suplicando Sua graça de todo o coração.

25 DE DEZEMBRO

NUMA MANJEDOURA

THOMAS ADAMS

*E ela deu à luz o seu filho primogênito,
enfaixou-o e o deitou numa manjedoura, porque não
havia lugar para eles na hospedaria.* LUCAS 2:7

O evangelho de Lucas deixa claro que os pastores encontraram o Cristo bebê deitado em uma manjedoura. Aquele que se assenta nas alturas, ao lado direito da Majestade, foi abrigado em um estábulo. Aquele que mede as águas com a palma da mão e estende o céu como cortina estava agora coroado em uma manjedoura e enfaixado com alguns trapos. Ali os pastores não viram ninguém para guardá-lo e protegê-lo, nem tumultos de pessoas aglomerando-se para vê-lo, nem coroa em Sua cabeça, nem cetro em Sua mão; apenas um bebê em uma manjedoura. Viram uma criança, que, por ter tão pouca glória exterior, poderia ter-lhes poupado sofrimento, pois haviam visto muitas outras em seu país, em condições bem piores. Nossa instrução sobre isso é que Deus exercita a fé de Seu povo de modo estranho e forte, para que não sejam persuadidos a ser guiados pela vista, mas por Sua Palavra. Os olhos da fé verdadeira movimentam-se tão rápido que são capazes de enxergar através das brumas e nevoeiros das dificuldades. E os pastores acreditaram cegamente que aquela criança tão pobre, deitada em um berço tão humilde, era o grande Rei do Céu e da Terra. Assim, a fé firmada nas promessas de Deus precisa crer que na prisão há liberdade, nas adversidades há paz, na aflição há consolação, na morte há vida, na cruz há uma coroa e em uma manjedoura há o Senhor Jesus.

*Na prisão há liberdade, nas adversidades há paz,
na aflição há consolação, na morte há vida.*

PRATIQUE A VONTADE DE DEUS

WILLIAM GOUGE

Portanto, qualquer que fizer a vontade de Deus, esse é meu irmão, irmã e mãe.

MARCOS 3:35

Nada é suficiente sem prática. Digo nada, porque, sem prática, nem o conhecimento da vontade de Deus, nem uma boa disposição ou confissão de fé a esse respeito representam alguma coisa. Tudo isso é necessário dentro da natureza de cada um, porque prática sem conhecimento é um grande despropósito. Sem boa disposição, a vida é uma simples hipocrisia; e sem confissão de fé espontânea, é amedrontador. Portanto, conhecer a vontade de Deus é como uma luz para ensinar o caminho da prática. A boa disposição é como o sal, para temperá-la. A confissão de fé espontânea é como o vinho para torná-la aguçada e alegre. Mas tudo isso sem prática não é nada: "Aquele servo, porém... que não se aprontou, nem fez segundo a sua vontade será punido com muitos açoites" (LC 12:47). Aquele que tem boa mente e disposição para fazer a vontade de Deus, e não a faz, condena a si mesmo naquilo que ele próprio permite. E aquele que faz uma confissão de fé espontânea, mas não a pratica, é como a figueira que Cristo amaldiçoou. E ele tem esta sentença denunciada contra ele foi pelo juiz de todos: "Apartai-vos de mim, os que praticais a iniquidade" (MT 7:23). Posso, portanto, dizer àqueles que conhecem a vontade de Deus, que a apreciam e a confessam: "Bem-aventurados sois se as praticardes" (JO 13:17). Mas sem isso, tudo será inútil.

Prática sem conhecimento é um grande despropósito.

27 DE DEZEMBRO

BELEZAS DAS ESCRITURAS

ROBERT BOLTON

*Puríssima é a tua palavra; por isso,
o teu servo a estima.*

SALMO 119:140

Não há nada proposto e tratado na Palavra de Deus que não tenha grande peso e altíssima qualidade, como a infinita majestade, poder e misericórdia de Deus, o amor inefável e os singulares sofrimentos do Filho de Deus para o nosso bem, a obra poderosa e milagrosa do Espírito Santo na alma dos homens. Nesse tesouro, há apenas pérolas orientais e ricas joias, como promessas da graça, conforto espiritual, a frustração do pecado, o triunfo da piedade, novo alento às almas cansadas, a beleza dos anjos, a santidade dos justos, a condição do Céu, salvação para os pecadores e vida eterna. Como são tolos aqueles que desprezam essas preciosas pérolas, firmam raízes apenas na Terra, chafurdam nos prazeres do mundo, alimentam-se de vaidades, de lixos transitórios e de vãs riquezas! Será que, em sua maior necessidade, isso os levará a bater as asas como a águia e voar em direção aos Céus? Além disso, a Palavra de Deus só é capaz de nos preparar para a felicidade verdadeira neste mundo e nos fazer fruir dela no mundo vindouro. Ela apenas produz em nós uma santidade real, completa e universal, sem a qual nenhum de nós verá a face de Deus ou a glória do Céu. Pois, no futuro, será impossível viver em santidade no Céu, se não vivermos em graça e sinceridade durante toda a nossa jornada aqui.

*Como são tolos aqueles que desprezam
essas preciosas pérolas.*

28 DE DEZEMBRO

ORE PEDINDO GRAÇA

THOMAS MANTON

A graça seja com todos os que amam sinceramente a nosso Senhor Jesus Cristo. EFÉSIOS 6:24

Todas as nossas orações devem estar em harmonia com nosso principal objetivo. Qual é o nosso principal objetivo? Estar com Deus no Céu, lembrando que lá é o centro e o lugar de nosso descanso, em direção ao qual todos nós caminhamos: "Portanto, se fostes ressuscitados juntamente com Cristo, buscai as coisas lá do alto, onde Cristo vive, assentado à direita de Deus" (CL 3:1). Dirigimo-nos ao nosso Pai que está no Céu, onde Ele reside e onde nosso coração deve estar. Portanto, as primeiras coisas que devemos pedir ao Deus do Céu são as graças que salvam, pois "toda boa dádiva e todo dom perfeito são lá do alto, descendo do Pai das luzes" (TG 1:17). Temos a liberdade de pedir coisas materiais para nossa vida secular, mas, acima de tudo, devemos pedir coisas espirituais e celestiais: "Pois vosso Pai celeste sabe que necessitais de todas elas" (MT 6:32,33). E então? Busque o reino de Deus em primeiro lugar. Se temos um bom relacionamento com o Pai celestial, nossa primeira e principal preocupação deve ser a de pedir aquilo que se adapta ao que Ele é e à Sua majestade. Quando os filhos pedem aos pais alimentos agradáveis ao paladar, possivelmente os pais atendem a esses pedidos; mas, quando os filhos pedem instrução e desejam ser ensinados, isso é muito mais agradável aos pais. Quando pedimos coisas para a vida secular — alimento e roupas —, Deus pode nos suprir; porém Ele se agrada mais quando lhe pedimos graça. Em cada oração devemos pedir para ser mais divinos ao conversar com o nosso Pai celestial.

Se temos um bom relacionamento com o Pai celestial, nossa primeira e principal preocupação deve ser a de pedir aquilo que se adapta ao que Ele é.

CÉU NA TERRA

THOMAS WATSON

Ele me faz repousar em pastos verdejantes.
Leva-me para junto das águas de descanso.

SALMO 23:2

O cristão satisfeito tem o Céu dentro de si, pois o que é o Céu senão aquele doce repouso e pleno contentamento que a alma terá em Deus? No contentamento há as primícias do Céu. Há duas coisas no homem de espírito contente que são semelhantes ao Céu. Deus está lá; aquele coração vê alguma coisa de Deus. O cristão descontente é como um mar violento e tempestuoso; quando a água espumeja, não se consegue ver nada; mas, quando está calma e serena, é possível ver nela o reflexo de nosso rosto. Quando o coração esbraveja de descontentamento, é como o mar violento; não se vê nada ali, a não ser emoções descontroladas e murmuração. Não há nada de Deus, nada do Céu nesse coração; porém, pela virtude do contentamento, ele é como o mar calmo e sereno, onde há um rosto reluzente. É possível ver algo de Cristo ali, uma representação de todas as graças. O descanso está ali. Ó que descanso existe em um coração contente! Que Céu! Um cristão contente como Noé na arca: embora a arca sacudisse por causa das ondas, Noé podia sentar-se e cantar dentro dela. A alma que entra na arca do contentamento senta-se em silêncio e navega acima das ondas da aflição; ela pode cantar nessa arca espiritual. As rodas da carruagem giram, mas o eixo não se move; a Terra movimenta-se ao redor da circunferência do Céu, todavia seu eixo permanece no centro. Quando há movimento e mudança nas criaturas ao nosso redor, o espírito contente não se agita nem sai de seu centro. As pás do moinho de vento movimentam-se com o vento, mas o moinho permanece imóvel, um emblema do contentamento. Quando nossa condição interior se move com o vento da providência, o coração continua firme por meio do contentamento santo. E quando os outros são como o mercúrio, movimentando-se e tremendo de inquietação, o espírito contente repete as palavras de Davi: "Firme está o meu coração, ó Deus" (SL 57:7)? O que isso pode ser senão um pedacinho do Céu?

30 DE DEZEMBRO

A ALEGRIA DO CÉU

CHRISTOPHER LOVE

Atenta para os céus e vê; contempla as altas nuvens acima de ti. JÓ 35:5

Vivam na meditação e contemplação da alegria e glória do Céu. E isso será uma forma excelente de afastarem a tristeza deste mundo; a glória e a felicidade do Céu transmitem uma alegria tão grande à alma do cristão que ele não se abaterá facilmente com a tristeza do mundo. Na opinião de certo professor, a razão de Adão, em sua inocência, não se dar conta de sua nudez era porque tinha uma conversa e comunhão íntimas com Deus. Portanto, se você dialogasse mais intimamente com Deus e se preocupasse com a glória, mesmo estando aqui na Terra, não imaginaria ter falta de nada. A condição do Céu, da glória e da felicidade lhe daria uma visão geral de todas as dores e aflições do mundo. Dizem que Paulo, quando foi arrebatado ao terceiro Céu, viu coisas inefáveis, mas ele não sabia se estava no corpo ou fora dele, ou seja, viu tanta glória e sentiu tanta alegria no Céu que não sabia dizer se estava no corpo ou fora do corpo; isso o fez esquecer todas as angústias e aflições daqui. Lembro-me de ter lido sobre o conselho que Jerônimo deu a um jovem de sua época que estava muito oprimido com a dor e o sofrimento por causa das provações do mundo. "Faça de vez em quando uma ou duas viagens ao paraíso, e você nunca mais pensará em solidão nem se incomodará com as tristezas de um lugar árido", disse Jerônimo. Ó, amados, quem dera a alma de vocês tivesse por uma só vez essa arte da divina visão e contemplação, que vocês tivessem um conhecimento experimental das alegrias do Céu e que isso os fizesse parar de chorar pelos sofrimentos deste mundo.

*Faça uma ou duas viagens ao paraíso,
e você nunca mais pensará em solidão.*

31 DE DEZEMBRO

UMA PLANTA PERENE

EDMUND CALAMY

*Não te desamparem a benignidade
e a fidelidade; ata-as ao pescoço;
escreve-as na tábua do teu coração.*

PROVÉRBIOS 3:3

A integridade é como uma planta perene, uma planta que suporta a mais severa tempestade e sobrevive ao verão mais quente e ao inverno mais frio [...] e continua viva na mais feroz perseguição e na maior traição. Um coração íntegro permanece na verdade, e a verdade permanece nele. "Contudo, o justo segue o seu caminho" (JÓ 17:9). O hipócrita professa a verdade e continua firme por uns tempos, mas não permanecerá sempre nela. Cedo ou tarde a abandonará... porém um coração íntegro segue o seu caminho e continua íntegro em tempos difíceis; mantém firme sua integridade, seja qual for seu destino, como Deus e um homem íntegro afirmam (JÓ 2:3; 27:5,6). O hipócrita não permanece na verdade, portanto a verdade não permanece nele. A verdade pode habitar em um hipócrita por algum tempo, mas não permanecerá nele. Mais cedo ou mais tarde Deus a tirará totalmente dele. Mas a verdade em um coração íntegro permanece ali, ou, como diz o apóstolo: "Quanto a vós outros, a unção que deles recebestes permanece em vós" (1JO 2:27). A verdade em um coração íntegro está em seu ambiente certo, portanto permanece ali.

*A integridade continua viva na mais feroz perseguição
e na maior traição.*

Fontes das meditações diárias

JANEIRO

- 1º de janeiro ....*Moses His Choice, with His Eye Fixed upon Heaven: Discovering the Happy Condition of a Self-Denying Heart* (London: Printed by M. F. for R. D., 1641), 44–45.

- 2 de janeiro ....*The Wells of Salvation Opened: Or a Treatise Discovering the Nature, Preciousness, Usefulness of Gospel Promises, and Rules for the Right Application of Them* (London: Printed by E. M. for Ralph Smith, 1659), 77–79.

- 3 de janeiro ....*A Profitable Exposition of the Lord's Prayer, by Way of Questions and Answers for Most Plainness: Together with Many Fruitful Applications to the Life and Soul, as Well for the Terror of the Dull and Dead, as for the Sweet Comfort of the Tender Hearted* (London: Printed by Thomas Orwin for Thomas Charde, 1588), 26–28.

- 4 de janeiro ....*A Discovery of Glorious Love or the Love of Christ to Believers Opened in the Truth, Transcendency, and Sweetness Thereof, Together with the Necessity that Lies Upon Every Believer to Strive after the Spiritual and Experimental Knowledge of It* (London: Printed for R. I., 1655), 36–37.

- 5 de janeiro ....*The Mourner's Directory, Guiding Him to the Middle Way betwixt the Two Extremes: Defect and Excess of Sorrow for His Dead, to Which Is Added The Mourner's Soliloquy* (London: Printed for J. A. for Thomas Cockerill, 1693), 6–9.

- 6 de janeiro ....*The Humbled Sinner Resolved What He Should Do to Be Saved: Or Faith in the Lord Jesus Christ, the Only Way of Salvation for Sensible Sinners* (Printed for Adoniram Byfield, 1656), 101–3.

- 7 de janeiro ....*The Guard of the Tree of Life: Or a Sacramental Discourse* (London: Printed by M. Simmons for A. Kembe, 1644), 5–7.

- 8 de janeiro ....*The Duty and Blessing of a Tender Conscience: Plainly Stated and Earnestly Recommended to All That Regard Acceptance with God, and the Prosperity of Their Souls* (London: Printed by J. R. for J. Salisbury, 1691), 31–32.

- 9 de janeiro ....*The Rise, Race, and Royalty of the Kingdom of God in the Soul of Man* (London: Printed for Thomas Cockerill, 1683), 33.

- 10 de janeiro ....*The Saint's Nearness to God: Being a Discourse upon Part of the CXLVIII Psalm, Written at the Request of a Friend* (London: Printed by A. M. for Francis Tyron, 1662), 117–21.

- 11 de janeiro.................*Mr. Jenkins's Dying Thoughts, Who Departed This Life on Monday the 19th of This Instant January, in the Prison of Newgate* (London: Printed for Edward Goldwin, 1683), 1.

- 12 de janeiro.................*The Saint's Nearness to God: Being a Discourse upon Part of the CXLVIII Psalm, Written at the Request of a Friend* (London: Printed by A. M. for Francis Tyron, 1662), 63–64.

- 13 de janeiro.................*The Mystery of Self-Deceiving: Or a Discourse and Discovery of Deceitfulness of Man's Heart* (London: Printed by Thomas Snodham, 1617), 240–41.

- 14 de janeiro.................*A Plain and Familiar Exposition of the Ten Commandments* (London: Printed by Thomas Man, Paul Man, and Jonah Man, 1632), 20.

- 15 de janeiro.................*Communion with God in Two Sermons, Preached at St. Paul's: The First, September 3, 1654; the Second, March 25, 1655* (London: Printed by Evan Tyler, 1655), 4–5.

- 16 de janeiro.................*A Plain Discourse upon Uprightness* (London: Printed for F. Calvert, 1672), 7–8.

- 17 de janeiro.................*The Day of Grace, in Which the Chief of Sinners May Be Turned and Healed* (London: Printed for Thomas Parkhurst, 1669), 20.

- 18 de janeiro.................*A Christian's Walk and Work on Earth until He Attain to Heaven* (London: Printed for Dorman Newman, 1678), 65–66.

- 19 de janeiro.................*Gospel-Revelation in Three Treatises: Viz., the Nature of God, the Excellency of Christ, and the Excellency of Man's Immortal Soul* (London: Printed for Nathan Brook, 1660), 9–10.

- 20 de janeiro.................*The Doctrine of Faith, Wherein Are Practically Handled Twelve Principal Points Which Explain the Nature and Use of It* (London: Printed by John Dawson for Joan Newbury and Henry Overton, 1638), 198–200.

- 21 de janeiro.................*God's Thoughts and Ways Above Ours, Especially in the Forgiveness of Sins* (London: Printed by the Widow Astwood, 1699), 40–41.

- 22 de janeiro.................*A Plea for the Godly, Where in Is Shown the Excellency of a Righteous Person* (London: Printed by A. Maxwell for Thomas Parkhurst, 1672), 11.

- 23 de janeiro.................*The Works of the Late Reverend and Pious Mr. Thomas Gouge* (London: Printed by Thomas Braddyll, 1706), 218–19.

- 24 de janeiro.................*The Spiritual Taste Described and a Glimpse of Christ Discovered* (London: Printed by Matthew Simmons, 1649), 42–43

- 25 de janeiro ....*A Cordial for a Fainting Soul: Or Some Essays for the Satisfaction of Wounded Spirits Laboring under Several Burdens* (London: Printed for Richard Tomlins, 1649), 8–9.

- 26 de janeiro ....*Adam Abel: Or Vain Man* (London: Printed for Thomas Parkhurst, 1692), 1–2.

- 27 de janeiro ....*The True Christian's Love of the Unseen Christ: Or a Discourse Chiefly Tending to Excite and Promote the Decaying Love of Christ in the Hearts of Christians* (London: Printed by J. Atwood for Samuel Sprint, 1689), 55–56.

- 28 de janeiro ....*The Christian's Labour and Reward: Or a Sermon, Part of Which Was Preached at the Funeral of the Right Honourable the Lady Mary Vere, Relict of Sir Horace Vere, Born of Tilbury, on the 10th of January, 1671, at Castle Heviningham in Essex* (London: Printed by J. M. for Ralph Smith, 1672), 47–49.

- 29 de janeiro ....*Christian Constancy Crowned by Christ* (London: Printed by John Haviland for William Bladen, 1614), 22–23.

- 30 de janeiro ....*Christ's Power over Bodily Diseases* (London: Printed by J. C. for Francis Tyton, 1672), 126–27.

- 31 de janeiro ....*Temptations: Their Nature, Danger, Cure* (London: Printed by E. B. for John Bartlett, 1655), 153–54.

FEVEREIRO

- 1º de fevereiro ....*The Promises: Or a Treatise Showing How a Godly Christian May Support His Heart with Comfort Against All the Distresses Which by Reason of Any Afflictions or Temptations Can Befall Him in This Life* (London: Printed by G. P. for Ralph Rounthwaite, 1619), 32–35.

- 2 de fevereiro ....*The Cure of Distractions in Attending upon God: In Several Sermons* (London: Printed for Brabazon Aylmer, 1695), 26–27.

- 3 de fevereiro ....*Christ's Victory over the Dragon, or Satan's Downfall: Showing the Glorious Conquests of Our Saviour for His Poor Church, against the Greatest Persecutors* (London: Printed by M. F. for R. Dawlman, 1633), 125–26.

- 4 de fevereiro ....*A Funeral Sermon Occasioned by the Sudden Death of the Rev. Nathaniel Vincent* (London: Printed for John Lawrence, 1697), 4.

- 5 de fevereiro ....*Divine Opticks: Or a Treatise of the Eye, Discovering the Vices and Virtues Thereof as Also How That Organ May Be Tuned, Chiefly Grounded on Psalm 119:37* (London: Printed by J. M. for H. Cripps, 1655), 7–8.

- 6 de fevereiro...............*A Key of Heaven: The Lord's Prayer Opened, and So Applied, That a Christian May Learn How to Pray, and to Procure All Things Which May Make for the Glory of God, and the Good of Himself, and of His Neighbor* (London: Printed by Thomas Harper, 1633), 102–4.

- 7 de fevereiro...............*Sermons and Discourses on Several Divine Subjects* (London: Printed for Thomas Parkhurst, 1696), 637.

- 8 de fevereiro...............*A Treatise of Love, Written by John Rogers, Minister of God's Word at Dedham in Essex* (London: Printed by Mary Dawson for Joan Newberry, 1637), 19–20.

- 9 de fevereiro...............*Heaven and Hell: Or the Unchangeable State of Happiness or Misery for All Mankind in Another World* (London: Printed by J. Heptinstall for John Sprint, 1700), 10–11.

- 10 de fevereiro.............*Instructions about Heart-Work* (London: Printed by J. F. for Thomas Cockerill, 1684), 310.

- 11 de fevereiro.............*A Guide to Go to God: Or an Explanation of the Perfect Pattern of Prayer, the Lord's Prayer. Second Edition* (London: Printed by G. M. for Edward Brewster, 1636), 13–14.

- 12 de fevereiro.............*Moses His Choice, with His Eye Fixed upon Heaven* (London: Printed by M. F. for R. D., 1641), 400–401.

- 13 de fevereiro.............*Jacob's Seed: Or the Generation of Seekers and David's Delight or the Excellent on Earth* (Cambridge: Printed by Roger Daniel, 1643), 11–12.

- 14 de fevereiro.............*Looking Unto Jesus: A View of the Everlasting Gospel or the Soul's Eyeing of Jesus, as Carrying on the Great Work of Man's Salvation, from First to Last* (London: Printed for Richard Chiswel, Benjamin Tooke, and Thomas Sawbridge, 1680), 22.

- 15 de fevereiro.............*A Worthy Communicant: Or a Treatise Showing the Due Order of Receiving the Sacrament of the Lord's Supper* (London: Printed by J. Raworth for Luke Fawn, 1645), 446–47.

- 16 de fevereiro.............*The Ninth, Tenth, and Eleventh Books of Mr. Jeremiah Burroughs* (London: Printed by Peter Gale, 1654), 74–75.

- 17 de fevereiro.............*Helps to Humiliation* (London: Printed by T. Cotes for Peter Whaly, 1630), 3–8.

- 18 de fevereiro.............*The Doctrine of Zeal Explained and the Practice of Zeal Persuaded* (London: Printed by A. M. for George Sanbridge, 1655), 2–3.

- 19 de fevereiro.............*The Godly Man's Ark: Or the City of Refuge in the Day of His Distress* (London: Printed for Thomas Parkhurst and for John Hancock, 1693), 2.

- 20 de fevereiro.............*The Christian's Daily Walk in Holy Security and Peace* (London: Printed for William Miller, 1690), 11–12.

- 21 de fevereiro.............*The Works of the Right Reverend Father in God, Gervase Babington* (London: Printed for Miles Flesher, 1637), 30.

- 22 de fevereiro.............*Evidence for Heaven: Containing Infallible Signs and Real Demonstrations of Our Union with Christ and Assurance of Salvation* (London: Printed for Simon Miller, 1657), 7.

- 23 de fevereiro.............*A Practical Exposition of the Lord's Prayer* (London: Printed by J. D., 1684), 109.

- 24 de fevereiro.............*Defensive Armor Against Four of Satan's Most Fiery Darts* (London: Printed for Benjamin Alsop, 1680), 212–13.

- 25 de fevereiro.............*A Commentary or an Exposition upon the Divine Second Epistle General Written by the Blessed Apostle St. Peter* (London: Printed by Richard Badger for Jacob Bloome, 1633), 14.

- 26 de fevereiro.............*Communion with God in Two Sermons, Preached at St. Paul's: The First, September 3, 1654; the Second, March 25, 1655* (London: Printed by Evan Tyler, 1655), 16.

- 27 de fevereiro.............*The Works of the Late Reverend and Learned William Bates* (London: Printed for B. Aylmer, 1700), 927.

- 28 de fevereiro............. *Prima, Media, and Ultima: Or the First, Middle, and Last Things* (London: Printed by T. M. for Rowland Reynolds, 1674), 3–4.

- 29 de fevereiro.............*Autarkeia: Or the Art of Divine Contentment* (London: Printed for Ralph Smith, 1682), 144–46.

MARÇO

- 1º de março ....*Heaven upon Earth: Or the Best Friend in the Worst of Times* (London: Printed by L. Dilbourn, 1673), 20–21.

- 2 de março ....*A Treatise of Love, Written by John Rogers, Minister of God's Word at Dedham in Essex* (London: Printed by Mary Dawson for Joan Newberry, 1637), 15–16.

- 3 de março ....*Gospel-Revelation in Three Treatises: Viz., the Nature of God, the Excellency of Christ, and the Excellency of Man's Immortal Soul* (London: Printed for Nathan Brook, 1660), 4–5.

- 4 de março ....*The Works of the Right Reverend Father in God, Gervase Babington* (London: Printed for Miles Flesher, 1637), 284.

- 5 de março ....*Practical Divinity: Or Gospel-Light Shining Forth in Several Choice Sermons on Divers Texts of Scripture* (London: Printed by T. R. and E. M. for John Stafford, 1650), 87–89.

- 6 de março....................*The Spiritual Taste Described and a Glimpse of Christ Discovered* (London: Printed by Matthew Simmons, 1649), 55–56.

- 7 de março....................*A Worthy Communicant: Or a Treatise Showing the Due Order of Receiving the Sacrament of the Lord's Supper* (London: Printed by J. Raworth for Luke Fawn, 1645), 348–49.

- 8 de março....................*The Righteous Man's Hope at Death, Considered and Improved for the Comfort of Dying Christians and the Support of Surviving Relations* (London: Printed for Thomas Cockerill, 1693), 28–29.

- 9 de março....................*The Method of Grace in Bringing Home the Eternal Redemption* (London: Printed by M. White, 1681), 12–13.

- 10 de março..................*The Conversion of the Soul: Or a Discourse Explaining the Nature of that Conversion Which Is Sincere, and Directing, and Persuading All to Cease Their Loving Sin and Death, and to Turn to God and Live* (London: Printed by J. Astwood for Thomas Parkhurst, 1688), 1–2.

- 11 de março..................*God's Thoughts and Ways above Ours, Especially in the Forgiveness of Sins* (London: Printed by the Widow Astwood, 1699), 35–36.

- 12 de março..................*A Communicant Instructed: Or Practical Directions for Worthy Receiving of the Lord's Supper* (London: Printed by T. R. and E. M. for George Calvert, 1651), 47–48.

- 13 de março..................*The Use and Practice of Faith: Or Faith's Universal Usefulness and Quickening Influence into Every Kind and Degree of the Christian Life* (London: Printed by A. Maxey, 1657), 13.

- 14 de março..................*The Works of George Swinnock* (vol. 1; London: Printed by James Nichol, 1868), 97–98.

- 15 de março..................*The Soul's Conflict with Itself and Victory over Itself by Faith* (London: Printed for R. D., 1658), 365–66.

- 16 de março..................*A Key of Heaven: The Lord's Prayer Opened, and So Applied, That a Christian May Learn How to Pray, and to Procure All Things Which May Make for the Glory of God, and the Good of Himself, and of His Neighbor* (London: Printed by Thomas Harper, 1633), 216–18.

- 17 de março..................*Looking Unto Jesus: A View of the Everlasting Gospel or the Soul's Eyeing of Jesus, as Carrying on the Great Work of Man's Salvation from First to Last* (London: Printed for Richard Chiswel, Benjamin Tooke, and Thomas Sawbridge, 1680), 18–19.

- 18 de março..................*Moses His Choice, with His Eye Fixed upon Heaven* (London: Printed by M. F. for R. D., 1641), 357–58.

- 19 de março.................*A Plain and Familiar Exposition of the Ten Commandments* (London: Printed by Thomas Man, Paul Man, and Jonah Man, 1632), 1–2.

- 20 de março.................*The Christian's Directory, Tending to Guide Him in Those Several Conditions Which God's Providence May Cast Him Into* (London: Printed for John Rothwell, 1653), 9–10.

- 21 de março.................*The Godly Man's Ark: Or a City of Refuge in the Day of His Distress* (London: Printed for Thomas Parkhurst, 1693), 89–90.

- 22 de março.................*A Discourse of Closet (or Secret) Prayer from Matthew VI:6* (London: Printed for Jonathan Robinson and Thomas Cockerill, 1691), 36–38.

- 23 de março.................*The True Christian's Love of the Unseen Christ: Or a Discourse Chiefly Tending to Excite and Promote the Decaying Love of Christ in the Hearts of Christians* (London: Printed by J. Atwood for Samuel Sprint, 1689), 1–3.

- 24 de março.................*A Rebuke to Backsliders and a Spur for Loiterers* (London: Printed by J. Astwood for John Hancock, 1684), 69–70.

- 25 de março.................*Moses His Choice, with His Eye Fixed upon Heaven* (London: Printed by M. F. for R. D., 1641), 57–58.

- 26 de março.................*The Saints' Sure and Perpetual Guide: Or a Treatise Concerning the Word* (London: Printed by E. Purstowe for Rapha Harford, 1634), 45–46.

- 27 de março.................*A Guide to Go to God: Or an Explanation of the Perfect Pattern of Prayer, the Lord's Prayer. Second Edition* (London: Printed by G. M. for Edward Brewster, 1636), 76–77.

- 28 de março.................*Eighteen Sermons Preached upon Several Texts of Scripture* (London: Printed for Thomas Parkhurst, 1674), 51–52.

- 29 de março.................*The Nature and Principles of Love as the End of the Commandment* (London, 1673), 40–41.

- 30 de março.................*The Conversion of the Soul: Or a Discourse Explaining the Nature of That Conversion Which Is Sincere, and Directing, and Persuading All to Cease Their Loving Sin and Death, and to Turn to God and Live* (London: Printed by J. Astwood for Thomas Parkhurst, 1688), 55–56.

- 31 de março.................*The Christian's Charter: Showing the Privileges of a Believer* (London: Printed for Ralph Smith, 1665), 111–13.

ABRIL

- 1º de abril ....*Looking Unto Jesus: A View of the Everlasting Gospel: Or the Soul's Eyeing of Jesus, as Carrying on the Great Work of Man's Salvation from First to Last* (London: Printed for Richard Chiswel, Benjamin Tooke, and Thomas Sawbridge, 1680), 317.

- 2 de abril ....*The Spiritual Taste Described and a Glimpse of Christ Discovered* (London: Printed by Matthew Simmons, 1649), 69–70.

- 3 de abril......................*A Worthy Communicant: Or a Treatise Showing the Due Order of Receiving the Sacrament of the Lord's Supper* (London: Printed by J. Raworth for Luke Fawn, 1645), 365–67.

- 4 de abril......................*Heaven upon Earth: Or the Best Friend in the Worst of Times* (London: Printed by L. Dilbourn, 1673), 73–75.

- 5 de abril......................*Sips of Sweetness: Or Consolation for Weak Believers* (London: Printed for R. I., 1652), 1–3.

- 6 de abril......................*The True Christians' Love of the Unseen Christ: Or a Discourse Chiefly Tending to Excite and Promote the Decaying Love of Christ in the Hearts of Christians* (London: Printed by J. Atwood for Samuel Sprint, 1689), 11–13.

- 7 de abril......................*The Wells of Salvation Opened: Or a Treatise Discovering the Nature, Preciousness, Usefulness of Gospel Promises, and Rules for the Right Application of Them* (London: Printed by E. M. for Ralph Smith, 1659), 62–63.

- 8 de abril......................*The Works of the Late Reverend and Pious Mr. Thomas Gouge* (London: Printed by Thomas Braddyll, 1706), 191–92.

- 9 de abril......................*Christ's Famous Titles and a Believer's Golden Chain* (London: Printed for the Use of Private Families, Especially His Friends in Devon, 1687), 1–2.

- 10 de abril....................*A Treatise of Love, Written by John Rogers, Minister of God's Word at Dedham in Essex* (London: Printed by Mary Dawson for Joan Newberry, 1637), 5–7.

- 11 de abril....................*The Lord's Last-Sufferings Showed in the Lord's Supper: Or an Historical Account of Christ's Sorrows in the Garden, Trial in the Ecclesiastical, Political Court, Execution at Golgotha, Practically Improved* (London: Printed for John Dunton, 1682), 287–88.

- 12 de abril....................*The Christian's Charter: Showing the Privileges of a Believer* (London: Printed for Ralph Smith, 1665), 29–30.

- 13 de abril....................*Several Discourses Concerning the Actual Providence of God* (London: Printed by Thomas Parkhurst, 1678), 617.

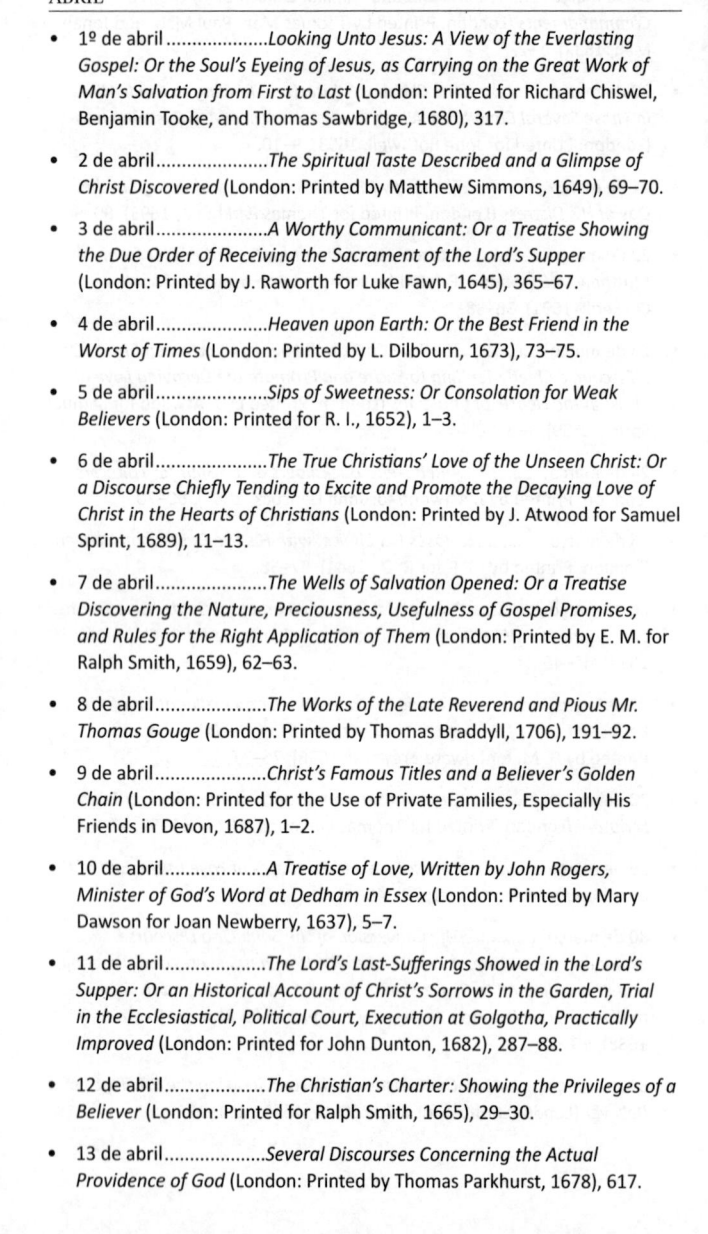

- 14 de abril....................*Three Divine Sisters* (London: Printed by Thomas Purfoot for Clement Knight, 1616), 6–7.

- 15 de abril....................*The Dead Saint Speaking to Saints and Sinners Living* (London: Printed by Robert Ibbitson for Thomas Parkhurst, 1657).

- 16 de abril....................*The Use and Practice of Faith: Or Faith's Universal Usefulness and Quickening Influence into Every Kind and Degree of the Christian Life* (London: Printed by A. Maxey, 1657), 364.

- 17 de abril....................*The Complete Works of William Bates* (vol. 3; London: Printed for James Black, 1815), 14–15.

- 18 de abril....................*The Spiritual Taste Described and a Glimpse of Christ Discovered* (London: Printed by Matthew Simmons, 1649), 76–77.

- 19 de abril....................*The Works of George Swinnock* (vol. 1; London: James Nichol, 1868), 105.

- 20 de abril....................*The True Christian's Love of the Unseen Christ: Or a Discourse Chiefly Tending to Excite and Promote the Decaying Love of Christ in the Hearts of Christians* (London: Printed by J. Atwood for Samuel Sprint, 1689), 104–5.

- 21 de abril....................*The Righteous Man's Hope at Death, Considered and Improved for the Comfort of Dying Christians and the Support of Surviving Relations* (London: Printed for Thomas Cockerill, 1693), 97–98.

- 22 de abril....................*The Spiritual Taste Described and a Glimpse of Christ Discovered* (London: Printed by Matthew Simmons, 1649), 39.

- 23 de abril....................*The Wells of Salvation Opened: Or a Treatise Discovering the Nature, Preciousness, Usefulness of Gospel Promises, and Rules for the Right Application of Them* (London: Printed by E. M. for Ralph Smith, 1659), 81–83.

- 24 de abril....................*A Plain and Familiar Exposition of the Ten Commandments* (London: Printed by Thomas Man, Paul Man, and Jonah Man, 1632), 14.

- 25 de abril....................*A Guide to Go to God: Or an Explanation of the Perfect Pattern of Prayer, the Lord's Prayer. Second Edition* (London: Printed by G. M. for Edward Brewster, 1636), 106.

- 26 de abril....................*Moses His Choice, with His Eye Fixed upon Heaven* (London: Printed by M. F. for R. D., 1641), 62–63.

- 27 de abril....................*A Key of Heaven: The Lord's Prayer Opened, and So Applied, that a Christian May Learn How to Pray, and to Procure All Things Which May Make for the Glory of God, and the Good of Himself, and of His Neighbor* (London: Printed by Thomas Harper, 1633), 132–36.

- 28 de abril....................*Looking unto Jesus: A View of the Everlasting Gospel: Or the Soul's Eyeing of Jesus, as Carrying on the Great Work of Man's Salvation from First to Last* (London: Printed for Richard Chiswel, Benjamin Tooke, and Thomas Sawbridge, 1680), 20.

- 29 de abril....................*The Conversion of the Soul: Or a Discourse Explaining the Nature of That Conversion Which Is Sincere, and Directing, and Persuading All to Cease Their Loving Sin and Death, and to Turn to God and Live* (London: Printed by J. Astwood for Thomas Parkhurst, 1688), 62–63.

- 30 de abril....................*A Key of Heaven: The Lord's Prayer Opened, and So Applied, That a Christian May Learn How to Pray, and to Procure All Things Which May Make for the Glory of God, and the Good of Himself, and of His Neighbor* (London: Printed by Thomas Harper, 1633), 233–35.

MAIO

- 1º de maio ....*A Treatise of Love, Written by John Rogers, Minister of God's Word at Dedham in Essex* (London: Printed by Mary Dawson for Joan Newberry, 1637), 13–15.

- 2 de maio ....*Gospel-Revelation in Three Treatises: Viz., the Nature of God, the Excellency of Christ, and the Excellency of Man's Immortal Soul* (London: Printed for Nathan Brook, 1660), 145.

- 3 de maio ....*Divine Opticks: Or a Treatise of the Eye, Discovering the Vices and Virtues Thereof as Also How That Organ May be Tuned, Chiefly Grounded on Psalm 119:37* (London: Printed by J. M. for H. Cripps, 1655), 10–11.

- 4 de maio ....*A Key of Heaven: The Lord's Prayer Opened, and So Applied, That a Christian May Learn How to Pray, and to Procure All Things Which May Make for the Glory of God, and the Good of Himself, and of His Neighbor* (London: Printed by Thomas Harper, 1633), 136–38.

- 5 de maio ....*The Sound-Hearted Christian: Or a Treatise of Soundness of Heart* (London: Printed for Nathaniel Crouch, 1670), 55–56.

- 6 de maio ....*The Christian's Charter: Showing the Privileges of a Believer* (London: Printed for Ralph Smith, 1665), 68–69.

- 7 de maio ....*A Rebuke to Backsliders and a Spur for Loiterers* (London: Printed by J. Astwood for John Hancock, 1684), 4–5.

- 8 de maio ....*The Works of the Late Reverend and Pious Mr. Thomas Gouge* (London: Printed by Thomas Braddyll, 1706), 303.

- 9 de maio ....*A Practical Exposition of the Lord's Prayer* (London: Printed by J. D., 1684), 89.

- 10 de maio .... *The Lord's Last-Sufferings Showed in the Lord's Supper: Or an Historical Account of Christ's Sorrows in the Garden, Trial in the Ecclesiastical, Political Court, Execution at Golgotha, Practically Improved* (London: Printed for John Dunton, 1682), 13–16.

- 11 de maio .... *Christ All in All: Or Several Significant Similitudes by Which the Lord Jesus Christ is Described in the Scriptures* (London: Printed for John Rothwell, 1660), 82–83.

- 12 de maio .... *The Works of the Late Reverend and Learned William Bates* (London: Printed for B. Aylmer, 1700).

- 13 de maio .... *Works of George Swinnock* (vol. 1; London: James Nichol, 1868), 109–10.

- 14 de maio .... *Of Communion with God the Father, Son, and Holy Ghost, Each Person Distinctly in Love, Grace, and Consolation: Or the Saints' Fellowship with the Father, Son, and Holy Ghost Unfolded* (London: Printed for William Marshall, 1700), 31–32.

- 15 de maio .... *Defensive Armor against Four of Satan's Most Fiery Darts* (London: Printed for Benjamin Alsop, 1680), 115–16.

- 16 de maio .... *Divine Opticks: Or a Treatise of the Eye, Discovering the Vices and Virtues Thereof as Also How That Organ May Be Tuned, Chiefly Grounded on Psalm 119:37* (London: Printed by J. M. for H. Cripps, 1655), 83–85.

- 17 de maio .... *Moses His Choice, with His Eye Fixed upon Heaven* (London: Printed by M. F. for R. D., 1641), 171–72.

- 18 de maio .... *A Rebuke to Backsliders and a Spur for Loiterers* (London: Printed by J. Astwood for John Hancock, 1684), 7–8.

- 19 de maio .... *Autarkeia: Or the Art of Divine Contentment* (London: Printed for Ralph Smith, 1682), 98–99.

- 20 de maio .... *The Works of That Eminent Servant of Christ, Mr. John Bunyan, Late Minister of the Gospel and Pastor of the Congregation at Bedford* (London: Printed and Are to Be Sold by William Marshall, 1692), 600.

- 21 de maio .... *How to Live, and That Well in All Estates and Times, Especially When Helps and Comforts Fail* (Cambridge: Printed by John Legat, 1601), 13–15.

- 22 de maio .... *The Nature and Principles of Love as the End of the Commandment* (London, 1673), 39–40.

- 23 de maio .... *The Method of Grace in Bringing Home the Eternal Redemption* (London: Printed by M. White, 1681), 1–2.

- 24 de maio .... *Moses His Choice, with His Eye Fixed upon Heaven* (London: Printed by M. F. for R. D., 1641), 311–12.

- 25 de maio .... *The Works of the Late Reverend and Learned William Bates* (London: Printed for B. Aylmer, 1700), 287.

- 26 de maio .... *The Way to True Happiness* (London: Printed for John Bartlet, 1632), 89–90.

- 27 de maio .... *The Promises: Or a Treatise Showing How a Godly Christian May Support His Heart with Comfort Against All the Distresses Which by Reason of Any Afflictions or Temptations Can Befall Him in This Life* (London: Printed by G. P. for Ralph Rounthwaite, 1619), 155–56.

- 28 de maio .... *A Christian's Walk and Work on Earth until He Attain to Heaven* (London: Printed for Dorman Newman, 1678), 1–2.

- 29 de maio .... *The Works of That Eminent Servant of Christ, Mr. John Bunyan, Late Minister of the Gospel and Pastor of the Congregation at Bedford* (London: Printed and Are to Be Sold by William Marshall, 1692), 601.

- 30 de maio .... *The Christian's Charter: Showing the Privileges of a Believer* (London: Printed for Ralph Smith, 1665), 36–38.

- 31 de maio .... *Looking unto Jesus: A View of the Everlasting Gospel: Or the Soul's Eyeing of Jesus, as Carrying on the GreatWork of Man's Salvation from First to Last* (London: Printed for Richard Chiswel, Benjamin Tooke, and Thomas Sawbridge, 1680), 47.

JUNHO

- 1º de junho .... *A Treatise of Love, Written by John Rogers, Minister of God's Word at Dedham in Essex* (London: Printed by Mary Dawson for Joan Newberry, 1637), 28–30.

- 2 de junho .... *Communion with God in Two Sermons Preached at Paul's: The First, September 3, 1654; the Second, March 25, 1655* (London: Printed by Evan Tyler, 1655), 25–26.

- 3 de junho .... *The Spiritual Taste Described and a Glimpse of Christ Discovered* (London: Printed by Matthew Simmons, 1649), 208–9.

- 4 de junho .... *Defensive Armor Against Four of Satan's Most Fiery Darts* (London: Printed for Benjamin Alsop, 1680), 312–14.

- 5 de junho .... *A Rebuke to Backsliders and a Spur for Loiterers* (London: Printed by J. Astwood for John Hancock, 1684), 10–11.

- 6 de junho .... *Evidence for Heaven: Containing Infallible Signs and Real Demonstrations of Our Union with Christ and Assurance of Salvation* (London: Printed for Simon Miller, 1657), 23–24.

- 7 de junho....................*A Plea for the Godly, Wherein Is Shown the Excellency of a Righteous Person* (London: Printed by A. Maxwell for Thomas Parkhurst, 1672), 15–17.

- 8 de junho....................*Works of George Swinnock* (vol. 1; London: James Nichol, 1868), 141.

- 9 de junho....................*Of Communion with God the Father, Son, and Holy Ghost, Each Person Distinctly in Love, Grace, and Consolation: Or the Saints' Fellowship with the Father, Son, and Holy Ghost Unfolded* (London: Printed for William Marshall, 1700), 33.

- 10 de junho..................*Moses His Choice, with His Eye Fixed upon Heaven* (London: Printed by M. F. for R. D., 1641), 48–50.

- 11 de junho..................*The Way to True Happiness* (London: Printed for John Bartlet, 1632), 160–61.

- 12 de junho..................*A Christian's Walk and Work on Earth until He Attain to Heaven* (London: Printed for Dorman Newman, 1678), 17–18.

- 13 de junho..................*The Duty and Blessing of a Tender Conscience: Plainly Stated and Earnestly Recommended to All that Regard Acceptance with God, and the Prosperity of Their Souls* (London: Printed by J. R., 1691), 23–24.

- 14 de junho..................*The Works of That Eminent Servant of Christ, Mr. John Bunyan, Late Minister of the Gospel and Pastor of the Congregation at Bedford* (London: Printed and Are to Be Sold by William Marshall, 1692), 603.

- 15 de junho..................*A Practical Exposition of the Lord's Prayer* (London: Printed by J. D., 1684), 124–25.

- 16 de junho..................*Divine Opticks: Or a Treatise of the Eye, Discovering the Vices and Virtues Thereof as Also How That Organ May Be Tuned, Chiefly Grounded on Psalm 119:37* (London: Printed by J. M. for H. Cripps, 1655), 89–91.

- 17 de junho..................*The Christian's Charter: Showing the Privileges of a Believer* (London: Printed for Ralph Smith, 1665), 61–63.

- 18 de junho..................*The Works of the Late Reverend and Learned William Bates* (London: Printed for B. Aylmer, 1700), 278.

- 19 de junho..................*Divine Opticks: Or a Treatise of the Eye, Discovering the Vices and Virtues Thereof as Also How That Organ May Be Tuned, Chiefly Grounded on Psalm 119:37* (London: Printed by J. M. for H. Cripps, 1655), 47–48.

- 20 de junho..................*The Method of Grace in Bringing Home the Eternal Redemption* (London: Printed by M. White, 1681), 23–24.

- 21 de junho.................*Christ's Famous Titles and a Believer's Golden Chain* (London: Printed for the Use of Private Families, Especially His Friends in Devon, 1687), 10–11.

- 22 de junho.................*A Discovery of Glorious Love or the Love of Christ to Believers Opened in the Truth, Transcendency, and Sweetness Thereof, Together with the Necessity That Lies Upon Every Believer to Strive after the Spiritual and Experimental Knowledge of it* (London: Printed for R. I., 1655), 85–86.

- 23 de junho.................*Practical Divinity: Or Gospel-Light Shining Forth in Several Choice Sermons on Diverse Texts of Scripture* (London: Printed by T. R. and E. M. for John Stafford, 1650), 174–75.

- 24 de junho.................*The Golden Book of John Owen* (London: Printed by Hodder and Stoughton, 1904), 101.

- 25 de junho.................*The Godly Man's Ark: Or a City of Refuge in the Day of His Distress* (London: Printed for Thomas Parkhurst, 1693), 44–45.

- 26 de junho.................*The Duty and Blessing of a Tender Conscience: Plainly Stated and Earnestly Recommended to All That Regard Acceptance with God, and the Prosperity of Their Souls* (London: Printed by J. R., 1691), 48–49.

- 27 de junho.................*Heaven and Hell: Or the Unchangeable State of Happiness or Misery for All Mankind in Another World* (London: Printed by J. Heptinstall for John Sprint, 1700), 9–10.

- 28 de junho.................*Moses His Choice, with His Eye Fixed upon Heaven* (London: Printed by M. F. for R. D., 1641), 173–74.

- 29 de junho.................*A Rebuke to Backsliders and a Spur for Loiterers* (London: Printed by J. Astwood for John Hancock, 1684), 15.

- 30 de junho.................*A Key of Heaven: The Lord's Prayer Opened, and So Applied, That a Christian May Learn How to Pray, and to Procure All Things Which May Make for the Glory of God, and the Good of Himself, and of His Neighbor* (London: Printed by Thomas Harper, 1633), 158–61.

JULHO

- 1º de julho ....*A Rebuke to Backsliders and a Spur for Loiterers* (London: Printed by J. Astwood for John Hancock, 1684), 32–33.

- 2 de julho.....................*A Practical Exposition of the Lord's Prayer* (London: Printed by J. D., 1684), 92–93.

- 3 de julho.....................*The Works of the Late Reverend and Learned William Bates* (London: Printed for B. Aylmer, 1700), 559.

- 4 de julho .... *Works of George Swinnock* (vol. 1; London: James Nichol, 1868), 163–64.

- 5 de julho .... *The Way to True Happiness* (London: Printed for John Bartlet, 1632), 202–3.

- 6 de julho .... *A Christian's Walk and Work on Earth until He Attain to Heaven* (London: Printed for Dorman Newman, 1678), 66–67.

- 7 de julho .... *Christ's Famous Titles and a Believer's Golden Chain* (London: Printed for the Use of Private Families, Especially His Friends in Devon, 1687), 15–16.

- 8 de julho .... *The Works of That Eminent Servant of Christ, Mr. John Bunyan, Late Minister of the Gospel and Pastor of the Congregation at Bedford* (London: Printed and Are to Be Sold by William Marshall, 1692), 218.

- 9 de julho .... *A Plea for the Godly, Where in Is Shown the Excellency of a Righteous Person* (London: Printed by A. Maxwell for Thomas Parkhurst, 1672), 20–21.

- 10 de julho .... *Of Communion with God the Father, Son, and Holy Ghost, Each Person Distinctly in Love, Grace, and Consolation: Or the Saint's Fellowship with the Father, Son, and Holy Ghost Unfolded* (London: Printed for William Marshall, 1700), 38–39.

- 11 de julho .... *God's Thoughts and Ways above Ours, Especially in the Forgiveness of Sins* (London: Printed by the Widow Astwood, 1699), 9–11.

- 12 de julho .... *Instructions about Heart-Work* (London: Printed by J. R. for Thomas Cockerill, 1684), 274.

- 13 de julho .... *The Spirit of Prayer: Or a Discourse Wherein the Nature of Prayer Is Opened, the Kinds of Prayer are Handled, and the Right Manner of Praying Discovered* (London: Printed for Thomas Parkhurst, 1674), 1–3.

- 14 de julho .... *Eleothriambos: Or the Triumph of Mercy in the Chariot of Praise* (London: Printed for John Hancock, 1677), 1, 2, 11.

- 15 de julho .... *The Christian's Charter: Showing the Privileges of a Believer* (London: Printed for Ralph Smith, 1665), 75–76.

- 16 de julho .... *Divine Opticks: Or a Treatise of the Eye, Discovering the Vices and Virtues Thereof as Also How That Organ May Be Tuned, Chiefly Grounded on Psalm 119:37* (London: Printed by J. M. for H. Cripps, 1655), 57–59.

- 17 de julho ....*Evidence for Heaven: Containing Infallible Signs and Real Demonstrations of Our Union with Christ and Assurance of Salvation* (London: Printed for Simon Miller, 1657), 19–20.

- 18 de julho ....*The Wells of Salvation Opened: Or a Treatise Discovering the Nature, Preciousness, Usefulness of Gospel Promises, and Rules for the Right Application of Them* (London: Printed by E. M. for Ralph Smith, 1659), 222–23.

- 19 de julho ....*A Rebuke to Backsliders and a Spur for Loiterers* (London: Printed by J. Astwood for John Hancock, 1684), 41.

- 20 de julho ....*Moses His Choice, with His Eye Fixed upon Heaven* (London: Printed by M. F. for R. D., 1641), 569–70.

- 21 de julho ....*Armilla Catechetica: Or a Chain of Principles: An Orderly Concatenation of Theological Aphorisms and Exercitations, Wherein the Chief Heads of Christian Religion Are Asserted and Improved* (Cambridge: Printed by John Field, 1659), 32–33.

- 22 de julho ....*The Shepherd of Israel: Or God's Pastoral Care Over His People* (London: Printed by D. Maxwell, 1658), 15–16.

- 23 de julho ....*The Sound-Hearted Christian: Or a Treatise of Soundness of Heart* (London: Printed for Nathaniel Crouch, 1670), 40.

- 24 de julho ....*The Spiritual Armor* (London: Printed by H. L. for R. Milbourn, 1620), 21–23.

- 25 de julho ....*The Duty and Blessing of a Tender Conscience: Plainly Stated and Earnestly Recommended to All That Regard Acceptance with God, and the Prosperity of Their Souls* (London: Printed by J. R., 1691), 62–66.

- 26 de julho ....*The Christian's Daily Walk in Holy Security and Peace* (London: Printed for William Miller, 1690), 23–24.

- 27 de julho ....*Heaven upon Earth: Or the Best Friend in the Worst of Times* (London: Printed by L. Dilbourn, 1673), 31–32.

- 28 de julho ....*A Cordial for a Fainting Soul: Or Some Essays for the Satisfaction of Wounded Spirits Laboring Under Several Burdens* (London: Printed for Richard Tomlins, 1649), 1–2.

- 29 de julho ....*Heaven and Hell: Or the Unchangeable State of Happiness or Misery for All Mankind in Another World* (London: Printed by J. Heptinstall for John Sprint, 1700), 29–30.

- 30 de julho ....*The Godly Man's Ark: Or a City of Refuge in the Day of His Distress* (London: Printed for Thomas Parkhurst, 1693), 58–59.

- 31 de julho..................*A Key of Heaven: The Lord's Prayer Opened, and So Applied, That a Christian May Learn How to Pray, and to Procure All Things Which May Make for the Glory of God, and the Good of Himself, and of His Neighbor* (London: Printed by Thomas Harper, 1633), 298–301.

AGOSTO

- 1º de agosto.................*Prima, Media, and Ultima: Or the First, Middle, and Last Things* (London: Printed by T. M. for Rowland Reynolds, 1674), 80.

- 2 de agosto ....*CVIII Lectures upon the Fourth of John* (London: Printed for Edward Brewster, 1656), 97.

- 3 de agosto ....*Moses His Choice, with His Eye Fixed upon Heaven* (London: Printed by M. F. for R. D., 1641), 283–84.

- 4 de agosto ....*A Rebuke to Backsliders and a Spur for Loiterers* (London: Printed by J. Astwood for John Hancock, 1684), 45.

- 5 de agosto ....*A Plea for the Godly, Wherein Is Shown the Excellency of a Righteous Person* (London: Printed by A. Maxwell for Thomas Parkhurst, 1672), 32–33.

- 6 de agosto ....*The Taming of the Tongue* (London: Printed by Thomas Purfoot for Clement Knight, 1616), 31.

- 7 de agosto ....*Christian Behavior: Or the Fruits of True Christianity* (London: Printed for F. Smith, 1663), 22–23.

- 8 de agosto ....*A Practical Exposition of the 130th Psalm* (London: Printed for Nathanial Ponder, 1680), 74–75.

- 9 de agosto ....*Practical Divinity: Or Gospel-Light Shining Forth in Several Choice Sermons on Divers Texts of Scripture* (London: Printed by T. R. and E. M. for John Stafford, 1650), 59–60.

- 10 de agosto ....*The Rise, Race, and Royalty of the Kingdom of God in the Soul of Man* (London: Printed for Thomas Cockerill, 1683), 159.

- 11 de agosto ....*Armilla Catechetica: Or a Chain of Principles: An Orderly Concatenation of Theological Aphorisms and Exercitations, Wherein the Chief Heads of Christian Religion Are Asserted and Improved* (Cambridge: Printed by John Field, 1659), 73–74.

- 12 de agosto ....*Christ's Famous Titles and a Believer's Golden Chain* (London: Printed for the Use of Private Families, Especially His Friends in Devon, 1687), 188–89.

- 13 de agosto ....*A Practical Exposition of the Lord's Prayer* (London: Printed by J. D., 1684), 130–31.

- 14 de agosto ....*A Key of Heaven: The Lord's Prayer Opened, and So Applied, That a Christian May Learn How to Pray, and to Procure All Things Which May Make for the Glory of God, and the Good of Himself, and of His Neighbor* (London: Printed by Thomas Harper, 1633), 311–15.

- 15 de agosto ....*The Wells of Salvation Opened: Or a Treatise Discovering the Nature, Preciousness, Usefulness of Gospel Promises, and Rules for the Right Application of Them* (London: Printed by E. M. for Ralph Smith, 1659), 37–39.

- 16 de agosto ....*A Rebuke to Backsliders and a Spur for Loiterers* (London: Printed by J. Astwood for John Hancock, 1684), 57–58.

- 17 de agosto ....*Of Communion with God the Father, Son, and Holy Ghost, Each Person Distinctly in Love, Grace, and Consolation: Or the Saints' Fellowship with the Father, Son, and Holy Ghost Unfolded* (London: Printed for William Marshall, 1700), 56–57.

- 18 de agosto ....*The Way to True Happiness* (London: Printed for John Bartlet, 1632), 283–84.

- 19 de agosto ....*Moses His Choice, with His Eye Fixed upon Heaven* (London: Printed by M. F. for R. D., 1641), 64–65.

- 20 de agosto ....*Divine Opticks: Or a Treatise of the Eye, Discovering the Vices and Virtues Thereof as Also How That Organ May Be Tuned, Chiefly Grounded on Psalm 119:37* (London: Printed by J. M. for H. Cripps, 1655), 12–14.

- 21 de agosto ....*A Christian's Walk and Work on Earth until He Attain to Heaven* (London: Printed for Dorman Newman, 1678), 103–4.

- 22 de agosto ....*God's Thoughts and Ways above Ours, Especially in the Forgiveness of Sins* (London: Printed by the Widow Astwood, 1699), 26–27.

- 23 de agosto ....*A Stock of Divine Knowledge, Being a Lively Description of the Divine Nature: Or the Divine Essence, Attributes, and Trinity Particularly Explained and Profitably Applied* (London: Printed by T. H. for Philip Nevill, 1641), 1–3.

- 24 de agosto ....*The Christian's Charter: Showing the Privileges of a Believer* (London: Printed for Ralph Smith, 1665), 107–8.

- 25 de agosto ....*Eighteen Sermons Preached upon Several Texts of Scripture* (London: Printed for Thomas Parkhurst, 1674), 221–22.

- 26 de agosto ....*The Progress of Saints to Full Holiness in Sundry Apostolical Aphorisms or Short Precepts Tending to Sanctification* (London: Printed by W. I. for John Bartlett, 1630), 20–21.

- 27 de agosto ....*Temptations: Their Nature, Danger, Cure* (London: Printed by E. B. for John Bartlett, 1655), 358–59.

- 28 de agosto ....*The Use and Practice of Faith: Or Faith's Universal Usefulness and Quickening Influence into Every Kind and Degree of the Christian Life* (London: Printed by A. Maxey, 1657), 348–49.

- 29 de agosto ....*Sermons of Christ: His Last Discovery of Himself* (London: Printed by R. I. for Livewell Chapmen, 1657), 47–48.

- 30 de agosto ....*Eleothriambos: Or the Triumph of Mercy in the Chariot of Praise* (London: Printed for John Hancock, 1677), 14–15.

- 31 de agosto ....*A Treatise of Love, Written by John Rogers, Minister of God's Word at Dedham in Essex* (London: Printed by Mary Dawson for Joan Newberry, 1637), 7–8.

SETEMBRO

- 1º de setembro ....*A Treatise of Love, Written by John Rogers, Minister of God's Word at Dedham in Essex* (London: Printed by Mary Dawson for Joan Newberry, 1637), 103–5.

- 2 de setembro..............*Evidence for Heaven: Containing Infallible Signs and Real Demonstrations of Our Union with Christ and Assurance of Salvation* (London: Printed for Simon Miller, 1657), 10–11.

- 3 de setembro..............*Prima, Media, and Ultima: Or the First, Middle, and Last Things* (London: Printed by T. M. for Rowland Reynolds, 1674), 79.

- 4 de setembro..............*The Conversion of the Soul: Or a Discourse Explaining the Nature of That Conversion Which Is Sincere, and Directing, and Persuading All to Cease Their Loving Sin and Death, and to Turn to God and Live* (London: Printed by J. Astwood for Thomas Parkhurst, 1688), 64.

- 5 de setembro..............*The True Christian's Love of the Unseen Christ: Or a Discourse Chiefly Tending to Excite and Promote the Decaying Love of Christ in the Hearts of Christians* (London: Printed by J. Atwood for Samuel Sprint, 1689), 13–15.

- 6 de setembro..............*Heaven upon Earth: Or the Best Friend in the Worst of Times* (London: Printed by L. Dilbourn, 1673), 38–39.

- 7 de setembro..............*A Rebuke to Backsliders and a Spur for Loiterers* (London: Printed by J. Astwood for John Hancock, 1684), 64–65.

- 8 de setembro..............*A Plea for the Godly, Wherein Is Shown the Excellency of a Righteous Person* (London: Printed by A. Maxwell for Thomas Parkhurst, 1672), 35–37.

- 9 de setembro.............*Christ's Famous Titles and a Believer's Golden Chain* (London: Printed for the Use of Private Families, Especially His Friends in Devon, 1687), 269–70.

- 10 de setembro............*A Guide to Go to God: Or an Explanation of the Perfect Pattern of Prayer, the Lord's Prayer. Second Edition* (London: Printed by G. M. for Edward Brewster, 1636), 92–93.

- 11 de setembro............*A Christian's Walk and Work on Earth until He Attain to Heaven* (London: Printed for Dorman Newman, 1678), 136–37.

- 12 de setembro............*A Practical Exposition of the Lord's Prayer* (London: Printed by J. D., 1684), 206–7.

- 13 de setembro............*The Way to True Happiness* (London: Printed for John Bartlet, 1632), 322–23.

- 14 de setembro............*The Duty and Blessing of a Tender Conscience: Plainly Stated and Earnestly Recommended to All that Regard Acceptance with God, and the Prosperity of Their Souls* (London: Printed by J. R., 1691), 70–71.

- 15 de setembro............*Moses His Choice, with His Eye Fixed upon Heaven* (London: Printed by M. F. for R. D., 1641), 66–67.

- 16 de setembro............*The Sacrifice of Thankfulness* (London: Printed by Thomas Purfoot for Clement Knight, 1616), 5.

- 17 de setembro............*Sips of Sweetness: Or Consolation for Weak Believers* (London: Printed for R. I., 1652), 28–30.

- 18 de setembro............*A Plain and Familiar Exposition of the Ten Commandments* (London: Printed by Thomas Man, Paul Man, and Jonah Man, 1632), 16–17.

- 19 de setembro............*Divine Opticks: Or a Treatise of the Eye, Discovering the Vices and Virtues Thereof as Also How That Organ May Be Tuned, Chiefly Grounded on Psalm 119:37* (London: Printed by J. M. for H. Cripps, 1655), 30–31.

- 20 de setembro............*Heaven and Hell: Or the Unchangeable State of Happiness or Misery for All Mankind in Another World* (London: Printed by J. Heptinstall for John Sprint, 1700), 32–33.

- 21 de setembro............*Instructions about Heart-Work* (London: Printed by J. R. for Thomas Cockerill, 1684), 176–77.

- 22 de setembro............*A Practical Exposition of the Lord's Prayer* (London: Printed by J. D., 1684), 484–85.

- 23 de setembro............*God's Thoughts and Ways above Ours, Especially in the Forgiveness of Sins* (London: Printed by the Widow Astwood, 1699), 159–60.

- 24 de setembro............*The Works of Henry Smith* (vol. 2; London: Printed by James Nichol, 1867), 87.

- 25 de setembro............*A Discovery of Glorious Love: Or the Love of Christ to Believers Opened in the Truth, Transcendency, and Sweetness Thereof, Together with the Necessity That Lies upon Every Believer to Strive after the Spiritual and Experimental Knowledge of It* (London: Printed for R. I., 1655), 164–66.

- 26 de setembro............*Evidence for Heaven: Containing Infallible Signs and Real Demonstrations of Our Union with Christ and Assurance of Salvation* (London: Printed for Simon Miller, 1657), 56–57.

- 27 de setembro............*The Conversion of the Soul: Or a Discourse Explaining the Nature of That Conversion Which Is Sincere, and Directing, and Persuading All to Cease Their Loving Sin and Death, and to Turn to God and Live* (London: Printed by J. Astwood for Thomas Parkhurst, 1688), 69–70.

- 28 de setembro............*A Plea for the Godly, Wherein Is Shown the Excellency of a Righteous Person* (London: Printed by A. Maxwell for Thomas Parkhurst, 1672), 70–72.

- 29 de setembro............*Moses His Choice, with His Eye Fixed upon Heaven* (London: Printed by M. F. for R. D., 1641), 216–17.

- 30 de setembro............*The Works of the Late Reverend and Pious Mr. Thomas Gouge* (London: Printed by Thomas Braddyll, 1706), 23–24.

OUTUBRO

- 1º de outubro ....*Moses His Choice, with His Eye Fixed upon Heaven* (London: Printed by M. F. for R. D., 1641), 114–15.

- 2 de outubro ....*A Rebuke to Backsliders and a Spur for Loiterers* (London: Printed by J. Astwood for John Hancock, 1684), 86.

- 3 de outubro ....*Autarkeia: Or the Art of Divine Contentment* (London: Printed for Ralph Smith, 1682), 27–28.

- 4 de outubro ....*The Saints' Sure and Perpetual Guide: Or a Treatise Concerning the Word* (London: Printed by E. Purstowe for Rapha Harford, 1634), 23–24.

- 5 de outubro ....*A Christian's Walk and Work on Earth until He Attain to Heaven* (London: Printed for Dorman Newman, 1678), 173–75.

- 6 de outubro ....*A Practical Exposition of the 130th Psalm* (London: Printed for Nathanial Ponder, 1680), 195–96.

- 7 de outubro ....*Divine Opticks: Or a Treatise of the Eye, Discovering the Vices and Virtues Thereof as Also How That Organ May Be Tuned, Chiefly Grounded on Psalm 119:37* (London: Printed by J. M. for H. Cripps, 1655), 37–39.

- 8 de outubro ....*The Christian's Charter: Showing the Privileges of a Believer* (London: Printed for Ralph Smith, 1665), 96–97.

- 9 de outubro ....*A Stock of Divine Knowledge, Being a Lively Description of the Divine Nature: Or the Divine Essence, Attributes, and Trinity Particularly Explained and Profitably Applied* (London: Printed by T. H. for Philip Nevill, 1641), 16–17.

- 10 de outubro ....*Contemplative Pictures with Whole some Precepts* (London: Printed by William Hall for William Welbie, 1610), 1–11.

- 11 de outubro ....*Venning's Remains: Or Christ's School* (London: Printed for John Hancock, 1675), 19–20.

- 12 de outubro ....*God's Thoughts and Ways above Ours, Especially in the Forgiveness of Sins* (London: Printed by the Widow Astwood, 1699), 125–26.

- 13 de outubro ....*Armilla Catechetica: Or a Chain of Principles: An Orderly Concatenation of Theological Aphorisms and Exercitations, Wherein the Chief Heads of Christian Religion Are Asserted and Improved* (Cambridge: Printed by John Field, 1659), 156–57.

- 14 de outubro ....*A Discourse of Closet (or Secret) Prayer from Matthew VI:6* (London: Printed for Jonathan Robinson and Thomas Cockerill, 1691), 8–10.

- 15 de outubro ....*Venning's Remains: Or Christ's School* (London: Printed for John Hancock, 1675), 23–24.

- 16 de outubro ....*Moses His Choice, with His Eye Fixed upon Heaven* (London: Printed by M. F. for R. D., 1641), 203–5.

- 17 de outubro ....*The Way to True Happiness* (London: Printed for John Bartlet, 1632), 325.

- 18 de outubro ....*The Duty and Blessing of a Tender Conscience: Plainly Stated and Earnestly Recommended to All That Regard Acceptance with God, and the Prosperity of Their Souls* (London: Printed by J. R., 1691), 82–84.

- 19 de outubro ....*CVIII Lectures upon the Fourth of John* (London: Printed for Edward Brewster, 1656), 165.

- 20 de outubro ....*Instructions about Heart-Work* (London: Printed by J. R. for Thomas Cockerill, 1684), 195–96.

- 21 de outubro ....*R. A. Bertram, A Homiletic Encyclopedia* (New York: Printed by Funk and Wagnalls, 1889), 4602.

- 22 de outubro ....*Eleothriambos: Or the Triumph of Mercy in the Chariot of Praise* (London: Printed for John Hancock, 1677), 21–22.

- 23 de outubro ....*Sermons and Discourses on Several Divine Subjects* (London: Printed for Thomas Parkhurst, 1696), 675.

- 24 de outubro ....*An Exposition upon the Epistle of Jude* (London: Printed by James Sherman, 1839), 169.

- 25 de outubro ....*A Key of Heaven: The Lord's Prayer Opened, and So Applied, That a Christian May Learn How to Pray, and to Procure All Things Which May Make for the Glory of God, and the Good of Himself, and of His Neighbor* (London: Printed by Thomas Harper, 1633), 122–23.

- 26 de outubro ....*Meditations and Disquisitions upon Seven Consolatory Psalms of David* (London: Printed by John Dawson, 1640), 100–103.

- 27 de outubro ....*A Discourse about True Happiness* (London: Printed by Felix Kingston, 1611), 51–52.

- 28 de outubro ....*Contemplative Pictures with Whole some Precepts* (London: Printed by William Hall for William Welbie, 1610), 107–13.

- 29 de outubro ....*The Progress of Saints to Full Holiness in Sundry Apostolical Aphorisms or Short Precepts Tending to Sanctification* (London: Printed by W. I. for John Bartlett, 1630), 183.

- 30 de outubro ....*The Method of Grace in Bringing Home the Eternal Redemption* (London: Printed by M. White, 1681), 29.

- 31 de outubro ....*Gospel-Revelation in Three Treatises: Viz., the Nature of God, the Excellency of Christ, and the Excellency of Man's Immortal Soul* (London: Printed for Nathan Brook, 1660), 147.

NOVEMBRO

- 1º de novembro ....*Gospel-Revelation in Three Treatises: Viz., the Nature of God, the Excellency of Christ, and the Excellency of Man's Immortal Soul* (London: Printed for Nathan Brook, 1660), 34–35.

- 2 de novembro ....*The True Christian's Love of the Unseen Christ: Or a Discourse Chiefly Tending to Excite and Promote the Decaying Love of Christ in the Hearts of Christians* (London: Printed by J. Atwood for Samuel Sprint, 1689), 17–18.

- 3 de novembro ....*A Worthy Communicant: Or a Treatise Showing the Due Order of Receiving the Sacrament of the Lord's Supper* (London: Printed by J. Raworth for Luke Fawn, 1645), 373–75.

- 4 de novembro ....*Several Discourses Concerning the Actual Providence of God* (London: Printed by Thomas Parkhurst, 1678), 81–82.

- 5 de novembro ....*A Rebuke to Backsliders and a Spur for Loiterers* (London: Printed by J. Astwood for John Hancock, 1684), 95.

- 6 de novembro ....*Autarkeia: Or the Art of Divine Contentment* (London: Printed for Ralph Smith, 1682), 108–9.

- 7 de novembro ....*Divine Opticks: Or a Treatise of the Eye, Discovering the Vices and Virtues Thereof as Also How That Organ May Be Tuned, Chiefly Grounded on Psalm 119:37* (London: Printed by J. M. for H. Cripps, 1655), 15–17.

- 8 de novembro ....*The Christian's Charter: Showing the Privileges of a Believer* (London: Printed for Ralph Smith, 1665), 105–6.

- 9 de novembro ....*A Practical Exposition of the Lord's Prayer* (London: Printed by J. D., 1684), 117–18.

- 10 de novembro ....*Vindiciae Pietatis: Or a Vindication of Godliness, in the Greatest Strictness and Spirituality of It, from the Imputations of Folly and Fancy* (London: Printed for Peter Parker, 1676), 8–9.

- 11 de novembro ....*Sips of Sweetness: Or Consolation for Weak Believers* (London: Printed for R. I., 1652), 38–39.

- 12 de novembro ....*A Practical Exposition of the 130th Psalm* (London: Printed for Nathanial Ponder, 1680), 118.

- 13 de novembro ....*God's Thoughts and Ways above Ours, Especially in the Forgiveness of Sins* (London: Printed by the Widow Astwood, 1699), 44–45.

- 14 de novembro ....*The Doctrine and Use of Repentance Necessary to Be Practiced and Used of All Who Look to Sing the Song of Moses and the Song of the Lamb Beyond the Glassy Sea* (London: Printed by Felix Kingston, 1610), 1–3.

- 15 de novembro ....*Contemplative Pictures with Wholesome Precepts* (London: Printed by William Hall for William Welbie, 1610), 37–42.

- 16 de novembro ....*Moses His Choice, with His Eye Fixed upon Heaven* (London: Printed by M. F. for R. D., 1641), 154–55.

- 17 de novembro ....*The Life of Faith as It Is the Evidence of Things Unseen* (London: Printed by R. W. and A. M. for Francis Tyton and Jane Underhill, 1660), 42.

- 18 de novembro ....*Heaven and Hell: Or the Unchangeable State of Happiness or Misery for All Mankind in Another World* (London: Printed by J. Heptinstall for John Sprint, 1700), 83–86.

- 19 de novembro ....*Sips of Sweetness: Or Consolation for Weak Believers* (London: Printed for R. I., 1652), 78–79.

- 20 de novembro ....*Moses His Choice, with His Eye Fixed upon Heaven* (London: Printed by M. F. for R. D., 1641), 182–83.

- 21 de novembro ....*The Christian's Daily Walk in Holy Security and Peace* (London: Printed for William Miller, 1690), 35–36.

- 22 de novembro ....*The Use and Practice of Faith: Or Faith's Universal Usefulness and Quickening Influence into Every Kind and Degree of the Christian Life* (London: Printed by A. Maxey, 1657), 327.

- 23 de novembro ....*Venning's Remains: Or Christ's School* (London: Printed for John Hancock, 1675), 383.

- 24 de novembro ....*The Method of Grace in Bringing Home the Eternal Redemption* (London: Printed by M. White, 1681), 44–45.

- 25 de novembro ....*Divine Opticks: Or a Treatise of the Eye, Discovering the Vices and Virtues Thereof as Also How That Organ May Be Tuned, Chiefly Grounded on Psalm 119:37* (London: Printed by J. M. for H. Cripps, 1655), 69–70.

- 26 de novembro ....*The Works of the Pious and Profoundly Learned Joseph Mede, B.D., Sometime Fellow of Christ's College in Cambridge* (London: Printed by Roger Norton for Richard Royston, 1677), 135.

- 27 de novembro ....*An Exposition upon the Epistle of Jude* (London: Printed by James Sherman, 1839), 97.

- 28 de novembro ....*The Works of Henry Smith* (vol. 2; London: Printed by James Nichol, 1867), 338–39.

- 29 de novembro ....*A Stock of Divine Knowledge, Being a Lively Description of the Divine Nature: Or the Divine Essence, Attributes, and Trinity Particularly Explained and Profitably Applied* (London: Printed by T. H. for Philip Nevill, 1641), 58–59.

- 30 de novembro ....*The Saints' Sure and Perpetual Guide: Or a Treatise Concerning the Word* (London: Printed by E. Purstowe for Rapha Harford, 1634), 37–39.

DEZEMBRO

- 1º de dezembro ....*The Promises: Or a Treatise Showing How a Godly Christian May Support His Heart with Comfort Against All the Distresses*

Which by Reason of Any Afflictions or Temptations Can Befall Him in This Life (London: Printed by G. P. for Ralph Rounthwaite, 1619), 19–21.

- 2 de dezembro..............*The Branch of the Lord, the Beauty of Sion: Or the Glory of the Church, in Its Relation unto Christ* (Edinburgh: Printed by Evan Tyler, 1650), 14–15.

- 3 de dezembro..............*The Works of the Late Reverend and Learned William Bates* (London: Printed for B. Aylmer, 1700), 285.

- 4 de dezembro..............*God's Thoughts and Ways above Ours, Especially in the Forgiveness of Sins* (London: Printed by the Widow Astwood, 1699), 38–39.

- 5 de dezembro..............*A Stock of Divine Knowledge, Being a Lively Description of the Divine Nature: Or the Divine Essence, Attributes, and Trinity Particularly Explained and Profitably Applied* (London: Printed by T. H. for Philip Nevill, 1641), 257–58.

- 6 de dezembro..............*Contemplative Pictures with Wholesome Precepts* (London: Printed by William Hall for William Welbie, 1610), 87–102.

- 7 de dezembro..............*An Earnest Call to Family Religion: Or a Discourse Concerning Family Worship, Being the Substance of Eighteen Sermons* (London: Printed for Thomas Parkhurst, 1694), 7–8.

- 8 de dezembro..............*The Life of Faith as It Is the Evidence of Things Unseen* (London: Printed by R. W. and A. M. for Francis Tyton and Jane Underhill, 1660), 32–33.

- 9 de dezembro..............*Venning's Remains: Or Christ's School* (London: Printed for John Hancock, 1675), 67–68.

- 10 de dezembro............*Sermons of Christ: His Last Discovery of Himself* (London: Printed by R. I. for Livewell Chapmen, 1657), 94–95.

- 11 de dezembro............*The Rise, Race, and Royalty of the Kingdom of God in the Soul of Man* (London: Printed for Thomas Cockerill, 1683), 319.

- 12 de dezembro............*The Wells of Salvation Opened: Or a Treatise Discovering the Nature, Preciousness, Usefulness of Gospel Promises, and Rules for the Right Application of Them* (London: Printed by E. M. for Ralph Smith, 1659), 86–87.

- 13 de dezembro............*A Discovery of Glorious Love or the Love of Christ to Believers Opened in the Truth, Transcendency, and Sweetness Thereof, Together with the Necessity That Lies upon Every Believer to Strive after the Spiritual and Experimental Knowledge of It* (London: Printed for R. I., 1655), 1–2.

- 14 de dezembro............*The Method of Grace in Bringing Home the Eternal Redemption* (London: Printed by M. White, 1681), 51.

- 15 de dezembro...........*Eleothriambos: Or the Triumph of Mercy in the Chariot of Praise* (London: Printed for John Hancock, 1677), 158–59.

- 16 de dezembro...........*The Wells of Salvation Opened: Or a Treatise Discovering the Nature, Preciousness, Usefulness of Gospel Promises, and Rules for the Right Application of Them* (London: Printed by E. M. for Ralph Smith, 1659), 49–51.

- 17 de dezembro...........*Autarkeia: Or the Art of Divine Contentment* (London: Printed for Ralph Smith, 1682), 35–36.

- 18 de dezembro...........*The Spirit of Prayer: Or a Discourse wherein the Nature of Prayer Is Opened, the Kinds of Prayer Are Handled, and the Right Manner of Praying Discovered* (London: Printed for Thomas Parkhurst, 1674), 12–14.

- 19 de dezembro...........*Divine Opticks: Or a Treatise of the Eye, Discovering the Vices and Virtues Thereof as Also How That Organ May Be Tuned, Chiefly Grounded on Psalm 119:37* (London: Printed by J. M. for H. Cripps, 1655), 71–73.

- 20 de dezembro...........*Moses His Choice, with His Eye Fixed upon Heaven* (London: Printed by M. F. for R. D., 1641), 83–84.

- 21 de dezembro...........*The Christian's Daily Walk in Holy Security and Peace* (London: Printed for William Miller, 1690), 27.

- 22 de dezembro...........*Heaven and Hell: Or the Unchangeable State of Happiness or Misery for All Mankind in Another World* (London: Printed by J. Heptinstall for John Sprint, 1700), 55–57.

- 23 de dezembro...........*Practical Divinity: Or Gospel-Light Shining Forth in Several Choice Sermons on Divers Texts of Scripture* (London: Printed by T. R. and E. M. for John Stafford, 1650), 90–91.

- 24 de dezembro...........*A Christian's Walk and Work on Earth until He Attain to Heaven* (London: Printed for Dorman Newman, 1678), 189–90.

- 25 de dezembro...........*Christ His Star: Or the Wise-Men's Oblation* (London: Printed by Thomas Purfoot for Clement Knight, 1616), 92–93.

- 26 de dezembro...........*A Guide to Go to God: Or an Explanation of the Perfect Pattern of Prayer, the Lord's Prayer. Second Edition* (London: Printed by G. M. for Edward Brewster, 1636), 74.

- 27 de dezembro...........*The Saints' Sure and Perpetual Guide: Or a Treatise Concerning the Word* (London: Printed by E. Purstowe for Rapha Harford, 1634), 43–44.

- 28 de dezembro...........*A Practical Exposition of the Lord's Prayer* (London: Printed by J. D., 1684), 119–20.

- 29 de dezembro...........*Autarkeia: Or the Art of Divine Contentment* (London: Printed for Ralph Smith, 1682), 92–93.

- 30 de dezembro...........*The Christian's Directory, Tending to Guide Him in Those Several Conditions Which God's Providence May Cast Him Into* (London: Printed for John Rothwell, 1653), 47–48.

- 31 de dezembro...........*Evidence for Heaven: Containing Infallible Signs and Real Demonstrations of Our Union with Christ and Assurance of Salvation* (London: Printed for Simon Miller, 1657), 119–20.

Sobre os autores puritanos ingleses

Thomas Adams (c.1583–c.1656). Adams era chamado de "o Shakespeare prosaico dos teólogos puritanos". Nasceu cinco anos antes de a Armada Espanhola navegar para a Inglaterra. Estudou nas melhores escolas, foi pregador em Willington e, dois anos depois, tornou-se pároco de Wingrave, Bucks. Sua obra mais duradoura e mais volumosa foi *A Commentary: Or, Exposition upon the Divine Second Epistle General, Written by the Blessed Apostle St. Peter* [Um comentário: Ou exposição geral da segunda epístola divina, escrita pelo bendito apóstolo São Pedro]. O comentário original contém 1.656 páginas.

Richard Alleine (1611–91). Alleine, autor de *A Vindication of Godliness* [Defesa da piedade], uma defesa sustentada por piedade pessoal, foi reitor de Batcombe, em Somersetshire, onde serviu como ministro do evangelho por mais de 20 anos. Apesar de ter sido zeloso pela obra do Senhor, foi expulso de seu púlpito em 1662. É normalmente citado como irmão de Joseph Alleine, mas, na verdade, era seu tio. As obras de Alleine são investigativas, convincentes e edificantes. Ele é muito conhecido por seus escritos práticos, que normalmente são publicados com as iniciais "R.A.".

Isaac Ambrose (1604–64). Ambrose, filho do clérigo Richard Ambrose, provavelmente descendia dos Ambroses de Lowick, em Furness, uma família católica romana muito conhecida. Graduou-se pelo Brazen-Nose College, Oxford, em 1624. Serviu como ministro do evangelho em Lancashire pelo restante de sua vida. Era casado e teve várias filhas. Sua obra mais famosa é *Looking unto Jesus* [Olhando para Jesus]. Por ser um escritor religioso, Ambrose possuía imaginação viva e revigorante que se iguala à de poucas pessoas. Muitos que não gostam da doutrina puritana ou não apoiam a experiência puritana apreciam a paixão e a beleza de seus textos.

Samuel Annesley (c.1620–96). Annesley, pai de Susanna Wesley, nasceu em Warwick por volta de 1620. Recebeu grau de bacharelado e mestrado em letras pelo Queen's College, Oxford. Foi capelão por algum tempo e, depois de retornar à Inglaterra, desempenhou o cargo de ministro do evangelho em Kent. Trabalhou em St. Giles Cripplegate por vários anos, mas foi expulso em 1662. Annesley tinha uma família grande e cuidava dela com grande zelo e atenção. Seus poucos sermões que ainda existem demonstram que ele foi um homem muito culto e um cristão eminentemente piedoso. Também escreveu o prefácio do livro de Richard Alleine, intitulado *Instructions about Heart-Work* [Instruções sobre o trabalho feito com o coração], e de outro do livro intitulado *Discourse on Divine Sovereignty* [Exposição sobre a soberania divina], de Elisha Coles.

John Arrowsmith (1602–59). Nasceu perto de Newcastle-on-Tyne e recebeu educação clássica no St. John's College, Cambridge. Foi membro da Assembleia de Westminster em 1643 e professor do St. John's College em 1644. Em 1647 foi vice-chanceler da Universidade de Cambridge, em 1651 foi professor régio da Divinity, em Cambridge, e em 1658 recebeu grau de mestrado pelo Trinity College. Sua obra mais conhecida, *A Chain of Principles* [Uma corrente de princípios], trata de seis aforismos teológicos. Benjamin Whichcote, filósofo de Cambridge, disse o seguinte a respeito de Arrowsmith: "Ele é meu amigo favorito, uma companhia que muito me agrada, com quem, em anos anteriores, eu me familiarizei de todo o coração".

Simeon Ashe (m.1662). Ashe foi teólogo presbiteriano e estudou no Emmanuel College, Cambridge. Morou primeiro em Staffordshire e depois em Londres, onde foi ministro do evangelho por 23 anos. Foi um dos representantes que parabenizaram pessoalmente o rei Charles II em Breda. Além de seus vários sermões, Ashe destacou-se no campo da literatura pelos seus vários sermões de despedida, que foram compilados, editados e publicados por eminentes teólogos. *An Exact Collection of Farewell Sermons Preached by the Late London Ministers* [Uma compilação minuciosa de sermões de despedida pregados por falecidos ministros de Londres] foi impresso em 1662 e contém despedidas de Edmund Calamy, Thomas Manton, William Jenkyn, Thomas Watson, dentre outros.

Gervase Babington (1550–1610). Gervase Babington nasceu em Nottingham. Estudou no Trinity College sob a tutela de William Whitgift, arcebispo de Canterbury e um reformador inglês. Posteriormente graduou-se pelo Trinity College e recebeu grau de doutor em teologia. Foi capelão do Earl of Pembroke e tornou-se bispo de Llandaff, no País de Gales. Em 1595, a rainha Elizabeth nomeou-o bispo da diocese em Exeter. Babington foi reverenciado como "um verdadeiro exemplo de piedade ao povo".

Sir Richard Baker (1568–1645). Richard Baker foi um homem de piedade notável, mas sofreu grande infortúnio. No auge de sua carreira, ele recebeu a rainha Elizabeth na residência da família Baker em Sissinghurst. Mas, quando foi noticiado que ele era devedor da Coroa, confiscaram sua propriedade e, pelo fato de sua dívida ser impagável, ele foi levado à prisão de Fleet. A prisão lhe favoreceu porque ali Baker iniciou sua carreira literária. Sua obra *Meditations and Disquisitions* [Meditações e tratados] é repleta de senso e piedade evangélicos. Baker é mais conhecido por sua obra *Chronicle of the Kings of England from the Time of the Romans' Government unto the Death of King James* [Crônica dos reis da Inglaterra desde a época do governo romano até a morte do rei James]. Morreu na prisão em 18 de fevereiro de 1645.

William Bates (1625–1699). Bates estudou em Cambridge e recebeu grau de doutor em teologia em 1660. Após a restauração da monarquia dos Stuarts, foi nomeado capelão de Charles II e, por algum tempo, serviu como ministro do evangelho em St. Dunstan. Foi expulso do cargo em 1662. Passou a última parte da vida em Hackney, onde morreu em 19 de julho de 1699. Bates é conhecido carinhosamente como "O Puritano da Rainha". Suas obras foram lidas com muita avidez por William e Maria, rei e rainha da Inglaterra. Quando Maria morreu de varíola em 1694,

Bates pregou *A Sermon Preached upon the Much Lamented Death of fur Late Gracious Sovereign, Queen Mary* [Sermão sobre a morte muito lamentada de nossa digna soberana, a rainha Maria].

Richard Baxter (1615–91). Baxter foi um dos autores puritanos mais produtivos. Escreveu quase duzentas obras, uma façanha incrível para um autodidata em grande escala. Baxter foi ordenado na Igreja da Inglaterra e atuou em uma congregação em Kidderminster, perto da fronteira com o País de Gales. Durante a guerra civil, foi capelão do regimento na tropa de Cromwell. Durante anos, após a Grande Expulsão de 1662, Baxter foi o principal porta-voz dos não-conformistas. Suas críticas à Igreja da Inglaterra, no entanto, causaram-lhe sérios problemas com as autoridades. Ele foi, então, proibido de pregar, mas continuou o ministério por meio da palavra escrita. Embora a maioria dos puritanos admirasse a vida piedosa de Baxter, eles questionavam seriamente sua doutrina não ortodoxa da justificação. Baxter sustentava que algum elemento da santificação precedia a justificação final, uma ideia contrária à tradição puritana.

Paul Baynes (m.1617). Baynes nasceu em Londres e estudou no Christ's College, Cambridge. Viveu como impenitente durante alguns anos. Seu pai tomou medidas drásticas para assegurar que ele não receberia a fortuna da família a menos que "abandonasse seus maus caminhos e se firmasse". Logo após a morte do pai, Baynes tornou-se herdeiro do Céu e, vários anos depois, foi escolhido sucessor de William Perkins em St. Andrews, Cambridge. Baynes foi um puritano influente e deu voz àqueles que queriam seguir o mesmo caminho. Sua obra *Christian Letters* [Cartas cristãs] é repleta de sábios conselhos. Baynes é mais conhecido por seu comentário sobre Efésios.

Richard Bernard (1568–1641). Bernard nasceu em Epworth, Lincolnshire (onde posteriormente Samuel Wesley foi ministro do evangelho, e onde John Wesley nasceu). Recebeu grau de mestrado em Letras pelo Christ's College, Cambridge, em 1598. Quando ele era jovem, seu modo de ser chamou a atenção de duas filhas de Sir Christopher Wray, chefe do judiciário da Inglaterra, e elas decidiram pagar seus estudos. Bernard mencionou a bondade delas em várias dedicatórias de seus livros. Trabalhou como pároco em Worksop, Nottinghamshire até 1613, quando Batcombe, em Somersetshire, chamou-o. A melhor obra de Bernard é *The Faithful Shepherd* [O pastor fiel], na qual ele detalha a excelência, a necessidade e o dever do ministério pastoral.

Robert Bolton (1572–1631). Bolton nasceu em Blackbourne, em Lanchashire, no domingo de Pentecoste, em 1572. Estudou no Lincoln College e na Brazen-Nose College. Foi, por algum tempo, professor no Brazen-Nose, onde se destacou em lógica e filosofia. Considerado um dos melhores acadêmicos de sua época, Bolton escreveu livros sobre casuísmo, vida cristã e os quatro acontecimentos do fim (morte, julgamento, Céu, inferno). Sua obra mais conhecida foi *A Discourse on Happiness* [Exposição sobre a felicidade], que foi reeditada no mínimo seis vezes durante sua vida. John Ward, memorialista do século 17, escreveu o seguinte sobre ele: "O elogio de Nazianzeno sobre Basílio pode aplicar-se a Bolton: 'Ele trovejou em sua vida e relampejou em seu profundo conhecimento'".

Samuel Bolton (c.1606–1654). Samuel Bolton estudou na Christ's College, Cambridge, e foi pastor de várias igrejas em Londres. Foi indicado para ser um dos membros suplementares da Assembleia de Westminster. Posteriormente foi professor no Christ's College, Cambridge. Mesmo sem ter nenhum cargo ministerial, ele pregava todos os domingos em vários púlpitos. Bolton morreu em 1654 e foi enterrado na St. Martin's Church, em Londres. Apesar de ser um homem de grande conhecimento, ele disse que "aguardava a chegada do Dia do Juízo para comparecer perante Deus não como erudito, mas como um humilde cristão". Seu melhor livro é uma compilação de tratados mais resumidos que ele escreveu para a imprensa. *The Dead Saint Speaking to Saints and Sinners Living* [O santo morto falando aos santos e pecadores vivos] foi publicado em 1657 e inclui discussões sobre pecado, fé, amor, sinceridade e o poder de Deus.

John Bunyan (1628-88). John Bunyan é provavelmente o mais conhecido e o mais amado entre os puritanos ingleses. Sua obra *O peregrino* (Publicações Pão diário, 2020) foi reimpressa centenas de vezes e tem sido companhia constante de muitos filhos de Deus. Conhecido como "sonhador imortal", Bunyan foi preso várias vezes por pregar o evangelho, e, para ele, sua maior honra era sofrer pela causa de Cristo. Padecia de um problema grave, hoje conhecido como transtorno obsessivo-compulsivo. As lutas que enfrentou estão registradas em sua obra autobiográfica intitulada *Graça abundante ao maior dos pecadores* (Ed. Fiel, 2012). É importante notar que Bunyan não conhecia os idiomas originais das Escrituras, mas passou a conhecê-los com a ajuda de alguns léxicos e dicionários. Seu material em prosa é um dos melhores da época. Admirado por eruditos seculares e religiosos, Bunyan deixou uma marca indelével na história inglesa.

Jeremiah Burroughs (1599-1647). Burroughs, outro puritano muito produtivo, foi um pregador benquisto e bem-sucedido em Londres. Representou a causa Independente na Assembleia de Westminster e passou seis anos pregando em uma pequena igreja rural. Foi ministro do evangelho na igreja inglesa em Rotterdam e, após retornar a Londres, tornou-se a "estrela da manhã" da igreja em Stepney. Burroughs foi um dos melhores oradores puritanos de sua época; dedicava um amor especial aos Pais da Igreja e à História Cristã. Cotton Mather observou que *Moses His Choice* [Moisés sua escolha], de Burroughs, "não fará você reclamar que perdeu tempo por tê-lo em sua companhia".

Nicholas Byfield (1579-1662). Natural de Warwickshire, Byfield ingressou no Exeter College, Oxford, no período letivo da quaresma em 1596. Estudou quatro anos na faculdade, mas não se graduou. Pretendia ingressar no ministério na Irlanda, porém foi persuadido a pregar em Chester. Seus sermões na St. Peter's Church o tornaram extremamente conhecido. Durante 15 anos, antes de sua morte, sofreu em razão de uma pedra na vesícula, que lhe causava grande dor. Morreu em 8 de setembro de 1622. Ao longo da vida, publicou oito livros; outros seis foram publicados após sua morte. Seu livro mais famoso foi *An Exposition upon the Epistle to the Colossians* [Exposição sobre a epístola aos colossenses], uma compilação de sete anos de sermões diários.

Edmund Calamy (1600-66). Calamy estudou em Pembroke Hall, Cambridge. Foi sucessivamente capelão de bispos em Ely, pároco da St. Mary, pároco de Swaffham Prior e palestrante em Bury St. Edmunds. A princípio, Calamy era neutro a respeito das cerimônias da "alta igreja", mas posteriormente opôs-se às políticas rígidas de William Laud. Foi escolhido por Oliver Cromwell para ser um de seus conselheiros, porém opôs-se ao desejo do Protetor [N.T.: Lorde Protetor do Estado Unificado (Inglaterra, Escócia e Irlanda) — título conferido a Cromwell.], que almejava poder total. Calamy foi muito útil na volta de Charles II ao trono da Inglaterra e pregou perante o Parlamento no dia anterior à votação para convidar Charles a voltar. Foi expulso por inconformismo em 1662 e passou seus últimos anos em retiro silencioso.

Richard Capel (1586-1656). Capel descendia de uma antiga família de Herefordshire. Nasceu em Gloucester e estudou no St. Alban Hall, Oxford, em 1601. Recebeu grau de mestrado em Letras pelo Magdalen College. Na universidade, ele era muito consultado pelos colegas sobre assuntos teológicos. Seu aluno favorito era William Pemble. Quando James I assinou a "Declaração dos Esportes", Capel recusou-se a lê-la no púlpito. Demitiu-se do ministério e obteve licença do bispo de Gloucester para praticar medicina. Instalou-se em Pitchcombe, Brook, onde possuía uma propriedade. Benjamim Book escreveu que Capel "era às vezes um Boanerges, filho do trovão; porém, em geral, era um Barnabé, filho da consolação". Morreu em 21 de setembro de 1656. Sua principal obra foi *Temptations: Their Nature, Danger, and Cure* [Tentações: sua natureza, perigo e cura].

Joseph Caryl (1602-73). Joseph Caryl nasceu em Londres e estudou no Exeter College, Oxford. Pregou no Lincoln's Inn durante vários anos. Foi nomeado membro da Assembleia de Westminser em 1643. Expulso pelo Ato de Uniformidade de 1662, organizou uma congregação particular em seu bairro que chegou a contar com 136 membros na época de sua morte. Caryl é mais conhecido por seu comentário sobre Jó. Pregou sobre o livro de Jó, em média três sermões por semana, por mais de 25 anos.

David Clarkson (1622-86). Clarkson nasceu em Bradford, Yorkshire, onde foi batizado em 3 de março de 1622. Tornou-se membro do conselho do Clare Hall, Cambridge, onde foi tutor de muitos alunos. O famoso John Tillotson era um de seus alunos e, com o tempo, foi seu sucessor. Clarkson trabalhou como ministro do evangelho em Mortlake, Surrey, até 1662 quando foi expulso por inconformismo. Foi, por uns tempos, assistente de John Owen em Londres e sucedeu o "Príncipe dos Puritanos", após a morte de Owen em 1683. Clarkson publicou vários livros ao longo da vida, que foram compilados e impressos no século 19 em três volumes.

John Collinges (1623-90). John Collinges era filho do famoso clérigo Edward Collinges. Viveu os primeiros anos de sua vida sob o ministério de John Rodgers, de Dedham, o puritano "impetuoso". Collinges, um presbiteriano, escreveu vários livros polêmicos em seu ministério; posteriormente seus textos transformaram-se em assuntos pastorais. Ele é mais conhecido por seus sermões sobre Cântico dos Cânticos de Salomão.

Timothy Cruso (1656-97). Timothy Cruso nasceu em Middlesex. Estudou na Newington Green Academy, onde seu tutor era Charles Morton, posteriormente vice-presidente do Harvard College. Daniel Defoe foi um de seus colegas de classe. Cruso desempenhou o cargo de ministro do evangelho em Londres, onde lutou para "pregar sermões práticos". Seu livro mais famoso é *Sermons on the Rich Man and Lazarus* [Sermões sobre o rico e Lázaro].

Robert Dingley (1619-60). Dingley estudou no Magdalen College, Oxford. Apesar de, no início, ser um fiel anglicano, tornou-se puritano e rejeitou o culto anglicano. Foi reitor de Brightstone na ilha de Wight, onde ganhou a fama de ser um excelente pregador prático. Foi criticado em razão de sua oposição a ministros ignorantes e escandalosos. Morreu em 1660 e foi sepultado na capela-mor de sua igreja.

John Dod (c.1549-1645). John Dod estudou na Jesus College, Cambridge. Durante esse período, foi um debatedor tão eficiente que o corpo docente da faculdade o convidou para associar-se a eles, mas Dod declinou a oferta. Continuou em Cambridge durante 16 anos como aluno e depois como professor. Em 1579, foi empossado pastor em Hanwell, Oxfordshire, e ocupou essa posição por 20 anos. Foi genro do famoso puritano casuísta Richard Greenham. A obra mais famosa de Dod é *Exposition upon the Ten Commandments* [Exposição sobre os Dez Mandamentos], escrito em parceria com Robert Cleaver.

Samuel Doolittle (c.1673-c.1730). Filho de Thomas e Mary Doolittle, Samuel foi criado em um lar piedoso e puritano ao lado de várias irmãs. Pouco se conhece a respeito de sua vida. Doolittle imprimiu dois sermões antes de 1700: *The Righteous Man's Hope at Death* [A esperança do justo na hora da morte], que ele pregou por ocasião da morte de sua mãe em 16 de dezembro de 1692, e *A Sermon Occasioned by the Late Earthquake* [Sermão ocasionado pelo último terremoto], referente ao terremoto de 8 de setembro de 1692, que devastou muitas áreas de Londres e arredores da cidade. Aparentemente Doolittle herdou o talento do pai de pintar impressionantes retratos verbais das verdades eternas.

Thomas Doolittle (1630-1707). Thomas Doolittle nasceu em Kidderminster em 1630. O livro de Richard Baxter, *The Saints' Everlasting Rest* [O descanso eterno dos santos], foi sumamente importante para sua conversão. Doolittle estudou em Pembroke Hall, Cambridge. Posteriormente Baxter incentivou Doolittle a ingressar no ministério, e Doolittle trabalhou como assistente de Baxter. Assumiu o cargo de pastor pela primeira vez em Londres, em 1653, e mais tarde abriu um internato, que atraiu tantos alunos que houve necessidade de ampliar as instalações. Depois que Londres foi devastada pela praga em 1665, Doolittle abriu uma casa de reuniões perto de Bunhill Fields. Pregava duas vezes aos domingo e às quartas-feiras dava palestras sobre o breve catecismo na Assembleia de Westminster. Contou com a assistência de Thomas Vincent em seu ministério. Doolittle faleceu em 1707 e foi o último ministro expulso a ser enterrado em Bunhill Fields.

John Durant (c.1620–c.60). Pouco se conhece a respeito de Durant. Ele foi pregador em Sandwich, em Kent, em 1644. Dois anos depois, mudou-se para Canterbury, onde, no início, pregou em uma igreja, depois em uma sala particular e posteriormente na Catedral de Canterbury. Após a Restauração ele foi expulso da catedral. Durant publicou sete livros, a maior parte de natureza consoladora.

William Dyer (m.1696). Dyer foi um teólogo não conformista, ministro de Chesham, e posteriormente de Cholesbury, Buckinghamshire. Foi pregador na St. Anne's Aldersgate Street, em Londres, por volta de 1666. Consta em um registro que Dyer se associou aos quacres, mas a evidência é suspeita. Uma afirmação mais precisa seria a de que os sentimentos de Dyer se inclinavam para os quacres. Foi enterrado no cemitério dos quacres em Southwark. Suas obras são comparadas às de Bunyan em estilo.

Daniel Dyke (m.1614). Dyke nasceu em Hempstead, onde seu pai foi silenciado por inconformismo. Estudou em Cambridge e tornou-se membro do conselho do Sussex College em 1606. Logo depois tornou-se ministro do evangelho em Coggeshall, Essex, mas foi suspenso por inconformismo. Mudou-se para St. Albans e passou a pregar ali, onde foi muito bem-sucedido. Nos anos seguintes, Dyke teve conflitos com o bispo Aylmer, que suspendeu, voltou atrás e suspendeu Dyke novamente. Foram feitos muitos apelos ao Lorde Tesoureiro Burghley (William Cecil), mas tais apelos foram ineficazes. Dyke morreu em 1614. O lugar onde ele foi enterrado é desconhecido. A obra-prima de Dyke, *The Mystery of Self-Deceiving* [O mistério do autoengano], é um livro de profundidade e sinceridade inusitadas. Foi usado por ilustres teólogos que desejavam entender o coração enganoso.

Jeremiah Dyke (m.1620). Jeremiah era irmão de Daniel Dyke. Nutria os mesmos sentimentos de inconformismo do irmão, mas aparentemente não foi suspenso por causa deles. Foi ministro do evangelho em Epping, Essex, de 1609 até sua morte em 1620. Embora tenha publicado vários trabalhos de sua autoria, ele é mais conhecido por ter editado os manuscritos de seu irmão e providenciado para que fossem publicados.

William Fenner (1600–40). William Fenner estudou em Pembroke College, Cambridge. Foi forçado a abandonar o primeiro pastorado em razão de seus princípios puritanos. Era muito apreciado como médico espiritual e procurado pelos nobres em busca de conselhos. Apesar de ter falecido precocemente, seus escritos foram suficientes para encher um pequeno fólio. Entre outras obras, Fenner publicou *Christ's Alarm to Drowsy Saints* [O alerta de Cristo aos santos sonolentos] em duas partes.

John Flavel (c.1627–91). Filho de um ministro do evangelho, John Flavel estudou no University College, Oxford. Foi ordenado pastor presbiteriano em Salisbury em 1650 e desempenhou o cargo de ministro do evangelho em Devonshire. A maior parte de seu ministério foi exercida em Dartmouth, em South Devon. Flavel foi um dos ministros expulsos em 1662 e pregou em sua residência durante 10 anos. As obras de Flavel são extremamente respeitadas desde sua primeira publicação e até hoje contam com um número muito grande de leitores.

Thomas Gataker (1574–1654). Gataker nasceu em 4 de setembro de 1574 na reitoria de St. Edmund's, Lombard Street, em Londres. Ingressou em 1590 na St. John's College, Cambridge, onde recebeu bolsa de estudo e grau de mestrado em Letras. Em 1596, Gataker tornou-se um dos primeiros membros do conselho do Sidney Sussex College. A seguir assumiu o cargo de reitor de Rotherhithe, Surrey, e foi membro da Assembleia de Westminster. Pregou uma vez na St. Mary's Church, Cambridge, no dia seguinte à morte da rainha Elizabeth. Morreu em razão de uma febre em 27 de julho de 1654 e foi homenageado como um patriarca piedoso na causa puritana. Suas obras impressas foram muito variadas, desde devocionais e sermões até um livro polêmico sobre a natureza e o costume de lançar sorte.

Thomas Gouge (1609–81). Thomas Gouge era o filho mais velho de William Gouge. Nasceu em Londres em 29 de setembro de 1609. Recebeu boa instrução em Eton e foi admitido como erudito no King's College, Cambridge, em 16 de agosto de 1625. Exerceu a função de ministro do evangelho na St. Sepulchre's Church, em Londres, durante a maior parte de sua vida. Era muito generoso com todos, especialmente com os pobres. Inspirado pela obra *Life*, de Joseph Alleine, Gouge viajou ao País de Gales para realizar uma obra missionária. Distribuiu prontamente livros em galês aos pobres e chegou a financiar uma tradução da Bíblia para o galês. Morreu enquanto dormia em 29 de outubro de 1681.

William Gouge (1578–1653). William Gouge era sobrinho de Samuel e Ezekiel Culverwell, ambos ilustres puritanos. Estudou primeiro na St. Paul's School e completou o curso secundário na escola de Felstead, Essex, onde seu tio Ezekiel era pároco. Depois estudou em Eaton e dali ingressou-se no King's College, Cambridge. Gouge fez grandes avanços em lógica e defendeu a nova filosofia de Peter Ramus (um sistema aristotelista diluído). Por recomendação de Arthur Hildersam, Gouge foi nomeado ministro do evangelho da St. Anne's, Blackfriars. Em 1643, fez parte da Assembleia de Westminster, e dizem que "não havia ninguém mais assíduo que ele". Gouge, conhecido como um amável erudito, ficou mais famoso por seu livro *Commentary on the Epistle to the Hebrews* [Comentários sobre a epístola aos Hebreus], concluído pouco antes de sua morte. Publicado posteriormente, o comentário sobre Hebreus encheu dois grandes fólios e consistia de quase mil sermões pregados em Blackfriars.

William Greenhill (1591–1677). Greenhill nasceu em Oxfordshire em 1591. Ingressou no Magdalen College, Cambridge, aos 13 anos. Oito anos depois recebeu grau de mestrado em Letras e, durante 14 anos, foi ministro do evangelho em New Shoreham,

Sussex. Greenhill era chamado de "a estrela vespertina" de Stepney porque pregava às 15 horas. Sua contribuição mais importante à literatura cristã é um comentário sobre Ezequiel. Publicou também duas coleções de sermões. Suas mensagens concentravam-se na beleza e grandeza da pessoa de Cristo e na herança dos santos.

William Gurnall (1617–79). Gurnall nasceu na paróquia da Walpose St. Peter, perto de Lynn, Norfolk, em 1617. Recebeu instrução precoce na escola secundária e ingressou no Emmanuel College, Cambridge, em 1631. Em 1644, recebeu sustento eclesiástico de Lavenham, Suffolk, onde passou seus dias. Gurnall é mais conhecido por sua obra *The Christian in Complete Armor* [O cristão vestido de armadura completa], que constituiu a essência dos sermões que ele pregou em Lavenham.

Robert Harris (1581–1658). Harris, presidente do Trinity College, nasceu em Broad Campden, Gloucestershire, em 1581. Estudou em três escolas públicas de Chipping Campden e Worcester. Ingressou no Magdalen Hall, Oxford, em 1597. Seus pais eram pobres e não podiam pagar os estudos do filho, por isso ele ensinava grego e hebraico para poder seguir a carreira acadêmica. Harris pregou em vários lugares diferentes e conquistou a fama de ilustre puritano e erudito. Publicou um grande número de sermões.

Arthur Hildersam (1563–1631). Arthur Hildersam era descendente de uma ramificação da família real que se instalou em Cambridgeshire, onde ele nasceu em 6 de outubro de 1563. Seu pai, um católico romano fiel, deserdou-o por ele ter aderido ao protestantismo. Tendo de viver com os próprios recursos, Hildersam contou com a ajuda de Henry, conde de Huntingdon, que deu apoio financeiro ao rapaz "órfão". Depois de um tempo como membro do conselho do Trinity Hall, Cambridge, Hildersan foi designado para pregar em Ashby-de-la-Zouch, em Leicestershire. Permaneceu na Igreja da Inglaterra e foi contrário à separação. Esforçou-se em prol da reforma que vem de dentro, mas foi duramente perseguido. No entanto, por ser primo da rainha Elizabeth,

Hildersam foi poupado de castigos mais severos. Seus perseguidores contentaram-se em silenciá-lo.

James Janeway (1636–74). James Janeway, filho de ministro do evangelho, nasceu em Hertfordshire no final de 1636. Estudou no Christ's College, Oxford, e passou um tempo como tutor particular. Constou na lista dos ministros expulsos em 1662. Em 1672, seus admiradores construíram uma ampla casa de oração para ele perto de Londres, onde dizem que "ele contava com uma numerosa plateia, e uma grande reforma ocorreu entre muitos". A popularidade de Janeway provocou a ira das autoridades da "alta igreja", que ameaçaram várias vezes disparar arma de fogo contra ele, tentativa que realizaram pelo menos em duas ocasiões. Janeway contraiu tuberculose e morreu aos 38 anos. É mais conhecido por sua obra *A Token for Children* [Um símbolo para crianças], na qual ele compilou relatos pessoais de conversões de um grande número de crianças em sua paróquia. Ele também escreveu *Invisible Realities* [Realidades invisíveis], uma biografia espiritual de John, seu irmão mais velho.

William Jenkyn (1612–85). Jenkyn estudou em Cambridge e foi colocado sob a tutela do grande Anthony Burgess no Emmanuel College. Depois de receber grau de mestrado em Letras, desempenhou o cargo de ministro do evangelho em Londres e Colchester até 1641, quando foi nomeado pároco da Christ Church, Newgate Street, e, alguns meses depois, palestrante da St. Ann's, Blackfriars. Foi preso, junto com outros companheiros durante a Commonwealth por tentar angariar fundos para o exército escocês de Charles. Jenkyn foi um dos ministros expulsos em 1662. Retirou-se para sua casa em Hertfordshire, onde pregava particularmente. Foi reintegrado mais uma vez ao púlpito e, em seguida, expulso de novo. Depois de pregar particularmente, foi pego e aprisionado, e sua saúde enfraqueceu. Morreu na prisão em 19 de janeiro de 1685. Seu funeral foi acompanhado por um séquito de mais de 150 carruagens.

Edward Lawrence (1623–95). Lawrence nasceu em Moston,

Shropshire. Estudou na escola em Whitchurch e depois foi admitido no Magdalen College, Cambridge, como trabalhador e aluno erudito, em 8 de junho de 1644. Quatro anos depois tornou-se pároco da Baschurch em Shropshire. Foi expulso do cargo em 1662 por inconformismo. Sem dinheiro, Lawrence foi perguntado como planejava sustentar sua esposa e filhos. Ele respondeu: "Todos nós precisamos viver de acordo com Mateus 6". Lawrence passou seus últimos dias de vida em Londres. Morreu em novembro de 1695. Sua obra mais famosa foi *Christ's Power over Bodily Diseases* [O poder de Cristo sobre enfermidades físicas], publicada em 1662.

Matthew Lawrence (m.1645). Tudo o que se conhece a respeito de Matthew Lawrence é que ele foi pastor de Ipswich e escreveu *The Use and Practice of Faith* [O uso e a prática da fé].

Samuel Lee (1625–91). Lee nasceu em Londres e estudou na St. Paul's School. Ingressou no Magdalen Hall, Oxford, em 1647, e foi eleito membro do conselho do Wadham College em 3 de outubro de 1648. Várias outras oportunidades idênticas lhe foram oferecidas, mas ele declinou e permaneceu em Wadham. Perto do fim da vida, ele imigrou para a Nova Inglaterra, onde organizou uma igreja. Na viagem de volta à Inglaterra, o navio foi sequestrado por piratas franceses e ele perdeu a esposa e a filha. Devastado pela dor, Lee morreu em 1691 em St. Malo, em razão de uma febre. Lee é conhecido como erudito universal, especialmente no campo das línguas.

Christopher Love (1618–51). Christopher Love trabalhou em Londres como ministro presbiteriano e foi membro da Assembleia de Westminster de teólogos (embora seu impacto tenha sido relativamente pequeno). Foi preso por Oliver Cromwell acusado de alta traição, condenado e decapitado, deixando esposa e três filhos. Love nunca negou seu envolvimento e esforço para restaurar a monarquia. Curiosamente, pouco antes de sua morte, ele fez algumas previsões sobre o futuro depois de estudar os livros de Daniel e Apocalipse. Love foi historicista e acreditava que os eventos descritos em Apocalipse são eventos reais da história do mundo. Muitos manuscritos de Love, todos publicados por amigos após sua morte, não contêm nenhuma dessas ideias e, ao contrário, são exemplos primorosos da profundidade e piedade evangélicas.

Thomas Manton (1620-77). Thomas Manton estudou no Wadham College, Oxford. Graduou-se em 1639 e foi ordenado por Joseph Hall, bispo de Norwith. Manton, o principal puritano de Londres, estava próximo a Christopher Love quando este foi executado. Foi membro da Assembleia de Westminster e sucedeu Obadiah Sedgwick como ministro do evangelho na St. Paul's, em Covent Garden. Manton foi preso em várias ocasiões por pregar depois de ter sido silenciado em 1662. No século 19, foi publicada uma edição completa das obras de Manton em 22 volumes. Ele é mais conhecido por seus comentários e sermões expositivos sobre os livros de Tiago e Judas.

Joseph Mede (1586-1638). Mede nasceu em Burdon, Essex. Era descendente de uma respeitável família naquele condado. Recebeu as primeiras instruções escolares em Hoddesdon, Hertfordshire, e depois em Wethersfield, Essex. Em 1602, foi enviado ao Christ's College, Cambridge, onde foi tutor de Daniel Rogers. Mede ganhou grande fama como erudito e contendedor. Quando estava compilando sua obra intitulada *Sacred Chronology* [Cronologia sagrada], o arcebispo James Ussher pediu conselho a Mede em várias ocasiões. Mede tinha o hábito de perguntar aos seus alunos se eles duvidavam do que haviam lido, dizendo que aqueles que não duvidam certamente não entendem o que leem. Apesar de viver com poucos recursos, Mede era muito generoso. Amava a paz, a união e a boa ordem e esforçou-se para promover a reforma da Igreja.

Christopher Nesse (1621-1705). Christopher Nesse nasceu em 1621 em Yorkshire. Iniciou os estudos em uma escola particular sob a direção do puritano Lazarus Seaman e posteriormente ingressou no St. John's College, Cambridge. Em 1644, tornou-se pastor de uma igreja independente. Em 1656, passou a pregar em

Leeds, mas foi expulso em 1662. As autoridades locais perseguiram Nesse durante vários anos em razão de seus princípios puritanos. Próximo ao fim da vida, Nesse pregava em uma congregação particular em Londres, onde morreu aos 84 anos. Sua obra mais conhecida, e reimpressa várias vezes, é *An Antidote against Arminianism* [Um antídoto contra o arminianismo].

John Owen (1616–83). Conhecido como "Príncipe dos Puritanos", John Owen nasceu em 1616. Foi o segundo filho de Henry Owen, ministro puritano. Era um aluno tão talentoso que, aos 12 anos, foi admitido no Queen's College, Oxford. Durante vários anos, obrigou-se a dormir apenas quatro horas por noite para poder dedicar mais tempo aos estudos. Presbiteriano desde a infância, Owen tornou-se convencido de que o congregacionismo estava mais de acordo com os princípios do Novo Testamento. Era companheiro próximo de Oliver Cromwell, que insistiu para que Owen ocupasse a função de diretor da faculdade em Dublin, Irlanda. Owen concordou com relutância em ocupar tal função por 18 meses, mas logo depois retornou a Londres. Foi chamado pela Câmara dos Comuns para ser vice-diretor da Christ Church, Oxford. Também foi convidado a ocupar o cargo de presidente do Harvard College, mas declinou a fim de permanecer na Inglaterra, sua terra natal.

William Perkins (1558–1602). William Perkins nasceu em Warwickshire e estudou no Christ's College, Cambridge, onde foi professor até 1595 e depois conferencista em Great St. Andrews em Cambridge, até sua morte em 1602. É conhecido como "pai do puritanismo inglês" em razão da grande influência que exerceu nas gerações posteriores. Perkins ministrava a prisioneiros e, em pelo menos uma ocasião, suplicou a um deles, entre lágrimas, que aceitasse o evangelho de Cristo.

Francis Roberts (1609–75). Roberts nasceu em Methley, perto de Leeds. Ingressou no Trinity College, Oxford, no início de 1625. Quando a Guerra Civil Inglesa foi deflagrada, ele uniu-se aos presbiterianos e assinou "The Solemn League and Covenant" [A liga e a aliança solenes]. Em 1643, tornou-se pastor da St. Augustine's Church, Watling Street, e, em 1649, reitor de Wrington, Somerset. Roberts também foi o primeiro capelão do Lorde Essex em Dublin, Irlanda. A melhor contribuição de Roberts à literatura cristã é *The Mystery and Marrow of the Bible* [O mistério e a essência da Bíblia], a mais extensa obra puritana sobre as alianças entre Deus e a humanidade.

Ralph Robinson (1614-55). Nascido em Heswall, Cheshire, Robinson recebeu educação esmerada no Katharine Hall, Cambridge. Foi ordenado ministro presbiteriano na St. Mary's Woolnoth, Lombard Street, em Londres, em 1642. Robinson foi enviado à Torre de Londres sob acusação de alta traição, mas foi solto vários meses depois. Morreu em 15 de junho de 1655 e foi sepultado na capela-mor da St. Mary's, Woolnoth. Sua obra mais conhecida é *Christ All in All* [Cristo tudo em todos].

John Rogers (c.1572-1636). John Rogers nasceu perto de Essex por volta de 1572. Seu mais longo pastorado foi na cidade de Dedham, onde se tornou bastante conhecido por seus sermões entusiastas. Há uma história sobre o ministério de Rogers muito conhecida para ser omitida aqui. Certa ocasião, Rogers estava repreendendo seu pessoal por negligenciar a Bíblia, e começou a dramatizar um diálogo entre Deus e Seu povo, ele próprio interpretando os dois lados. Personificando o povo e suplicando a Deus para que sua Bíblia permanecesse com eles, Rogers terminou com esta fala de Deus: "É o que você quer? Bom, vou submetê-lo à prova por um pouco mais de tempo, e estou lhe entregando a minha Bíblia. Eu verei como você a usa, se a amará mais [...] a observará mais [...] a praticará mais e viverá mais de acordo com ela". E saiu da igreja carregando a Bíblia, montou em seu cavalo e teria ido embora se o povo não o tivesse impedido.

Henry Scudder (m.1659). Pouco se conhece a respeito de Scudder. Estudou no Christ's College, Cambridge, em 1660, e ministrou em Drayton, Oxfordshire, até 1633. Em 1643, foi escolhido como um dos membros presbiterianos da Assembleia de Westminster. Sua obra mais conhecida, *The Christian's Daily Walk in Security and Peace* [A caminhada diária do cristão em segurança e paz], foi altamente recomendada por John Owen e Richard Baxter.

Obadiah Sedgwick (1600-58). Obadiah Sedgwick era filho de um clérigo. Estudou no Magdalen Hall, Oxford, onde recebeu suas graduações. Em 1626 foi tutor de Matthew Hale, que se tornou um dos advogados mais respeitados de sua época. Sedgwick era presbiteriano e foi membro da Assembleia de Westminster. Fez parte do grupo de vários ministros do evangelho que pediram ao Parlamento a libertação de Christopher Love. Em 1646, foi nomeado pastor da St. Paul, em Covent Garden, Londres. As obras de Sedgwick são numerosas, porém a mais conhecida é *The Bowels of Tender Mercy Sealed in the Everlasting Covenant* [As entranhas da terna misericórdia selada na aliança eterna]. Nessa obra, ele apresenta a natureza, a excelência e os benefícios da aliança entre Deus e Seu povo.

Samuel Shaw (1635-96). Shaw era filho de um ferreiro e nasceu em Repton, Derbyshire. Ingressou no St. John's College, Cambridge, em 1650. Seis anos depois tornou-se professor em Tamworth, Warwickshire. Foi ordenado pastor presbiteriano em 1658 e trabalhou na paróquia de Long Watton, mas foi expulso em 1662. Em 1665, perdeu duas filhas em razão de uma praga. No final de 1666, mudou-se para Ashby-de-la-Zouch, onde Arthur Hildersam havia sido pastor. Shaw recebeu licença para pregar, mas pregava apenas particularmente. Morreu em 1696. Sua obra mais famosa é *Immanuel; Or, A Discovery of the True Religion* [Emanuel; ou uma descoberta da verdadeira religião].

John Shower (1657-1715). John Shower era irmão de Bartholomew Shower e foi assistente de Vincent Alsop. Morou na Holanda por algum tempo e deu palestras na Igreja Inglesa em Rotterdam. Seus últimos 24 anos de vida foram investidos ministrando a uma variedade de paróquias de Londres. Escreveu vários tratados sobre assuntos que incluem perdão de pecados, dia da graça, Céu e inferno e tempo e eternidade.

Richard Sibbes (1577–1635). Sibbes foi um dos puritanos mais importantes de sua época. Exerceu grande influência na direção e conteúdo da pregação, teologia e textos puritanos tanto na Inglaterra quanto nos Estados Unidos. Nasceu em Sudbury, Suffolk, em 1577 e estudou no St. John's College, Cambridge. Sibbes foi conferencista na Trinity Church, Cambridge, e pastoreou aquela igreja durante seus últimos dois anos de vida. Foi nomeado professor do Katharine Hall, Cambridge, onde, apesar de ser puritano, foi lhe permitido permanecer no cargo até sua morte em 5 de julho de 1635. É mais famoso por sua obra *The Bruised Reed* [O junco ferido], que foi reeditada inúmeras vezes.

Samuel Slater (m.1701). Slater estudou no Emmanuel College, Cambridge. Após a ordenação, foi nomeado ministro do evangelho em Nayland, Suffolk e, em seguida, em Bury St. Edmunds. Foi expulso em 1662 por inconformismo. Mudou-se para Londres, onde sucedeu o grande Stephen Charnock, em Crosby Square, Bishopgate Street. Ficou conhecido por seu livro de poesia que, às vezes, é atribuído a seu pai; no prefácio, Slater escreveu que foi inspirado na obra *Paradise Lost* [Paraíso perdido], de Milton, mas que procurou apresentar seu trabalho em estilo mais simples.

Henry Smith (1560–91). Smith era chamado de "Smith língua de prata" por ser um exímio orador. Foi o conferencista puritano mais conhecido durante o reinado de Elizabeth na Inglaterra. Os práticos e empíricos sermões puritanos de Smith foram usados como devocionais familiares por mais de um século após sua morte e reeditados inúmeras vezes. Smith misturava força de linguagem com força de pensamento e pregava o evangelho em seu poder primitivo. Descendente de uma ilustre família de Leicestershire, ele passou a maior parte de seu ministério como conferencista em St. Clement Danes. Em razão de escrúpulos quanto às cerimônias do Livro de Oração Comum, Smith nunca desejou dedicar tempo integral ao pastorado de igrejas, apesar de ter sido ordenado pastor. Suas obras foram compiladas e publicadas por Thomas Smith no final do século 17 e reimpressas no século 19.

William Spurstowe (c.1605-66). William Spurstowe nasceu por volta de 1605. Era o filho mais velho e herdeiro de William Spurstowe Sr., um comerciante de Londres, e neto de Thomas Spurstowe, de Shrewsbury. Sua mãe, Damoris Parkhurst, de Gilford, tinha muita ligação com as famílias puritanas da Inglaterra e da Nova Inglaterra. Spurtowe foi enviado ao Emmanuel College, Cambridge, em 1623 e depois incorporado à Oxford em 1628. Tornou-se membro do conselho da St. Catherine em 1638 e professor da faculdade em 1645. Seu nome foi aprovado para atuar como professor do Clare College em 22 de abril de 1645, mas o cargo foi entregue a Ralph Cudworth. Após ter-se desligado da St. Catherine, uma instituição puritana em desenvolvimento sob o controle de Richard Sibbes, Spurstowe aceitou o convite para ser diretor da Great Hampden, Buckinghamshire, da qual John Hampden, um grande líder parlamentar, era membro. Spurstowe foi destituído do ministério após a Restauração, mas continuou a pregar sempre que a ocasião lhe permitia. Sua obra mais conhecida, *The Wells of Salvation* [Os mananciais da salvação], é provavelmente o mais primoroso tratado puritano sobre as promessas de Deus.

Richard Steele (1629-92). Richard Steel era filho de um fazendeiro. Recebeu grau de mestrado em Letras pela Oxford em 1656. Por ser presbiteriano, fez parte do presbitério que aprovou a ordenação de Philip e Matthew Henry. Steele foi expulso em 1662, mas continuou a pregar em residências particulares. Mudou-se para Londres, onde recebeu licença para pregar, e reuniu uma pequena congregação. Morreu subitamente em 1692. Steele foi autor de vários sermões práticos.

Peter Sterry (m.1672). Mais conhecido como capelão de Cromwell, Sterry nasceu em Surrey e ingressou no Emmanuel College, Cambridge, em 1629. Tornou-se pregador em Londres e foi um dos quatorze teólogos indicados para a Assembleia de Westminster pela Câmara dos Lordes. Apesar de ter sido, de alguma forma, místico e obscuro em suas pregações, Sterry foi comparado a Milton no conteúdo e no estilo.

Richard Stock (c.1569–1626). Grande conhecedor dos Pais da Igreja, Richard Stock nasceu em York e estudou no St. John's College, Cambridge. Foi altamente respeitado por seu professor, o renomado William Whitaker, e deu palestras em várias igrejas de Londres. Stock era um fiel defensor dos pobres. Morreu em 1626 e foi sepultado na St. Paul's Cathedral. Construíram um monumento em sua memória, que foi destruído no grande incêndio de 1666.

George Swinnock (1627–73). Sabe-se relativamente pouco a respeito da vida de George Swinnock. Ele nasceu em Maidstone, Kent, e foi criado na casa de seu tio, Robert Swinnock, que exerceu o cargo de prefeito de Maidstone por algum tempo. George Swinnock estudou em Cambridge e foi capelão do New College, Oxford, até ser nomeado membro do conselho do Balliol College em 1648. Também exerceu o cargo de pastor em Rickmansworth, Hertforshire, e Great Kemble, Buckinghamshire. Foi expulso em 1662 e depois atuou como capelão da família de Richard Hampden. As obras de Swinnock estão classificadas entre as leituras mais fáceis e mais proveitosas.

Nathanael Taylor (m.1702). Taylor era fluente em línguas antigas e pregou nos funerais de, pelo menos, dois ilustres puritanos. Porém, pouco se sabe sobre a vida dele. Sua principal obra parece ter sido *A Preservative against Deism* [Prevenção contra o deísmo], publicada em 1698, na qual ele mostrou a vantagem da revelação sobre a razão em duas áreas: o perdão de pecados e a futura condição de felicidade.

Thomas Taylor (1576–1633). Taylor nasceu em 1576 em Richmond, Yorkshire, onde seu pai, um homem de boa família, era conhecido como amigo dos puritanos. Taylor destacou-se no Christ's College, Cambridge. Quando tinha apenas 21 anos, pregou na St. Paul's Cross diante da rainha Elizabeth. Era zeloso pela reforma e foi escolhido para ser ministro do evangelho na St. Mary's Aldermanbury, Londres. Lá ele pregou até 1630 quando, com a saúde debilitada, retirou-se para Isleworth, no campo. Morreu três anos depois. Taylor foi autor de mais de 17 livros.

Ralph Venning (c.1621–74). Ralph Venning, nascido em Devon, estudou no Emmanuel College, Cambridge. Foi conferencista na St. Olave's Church, Southwark, até ser forçado a abandonar o cargo em 1662 por inconformismo. Posteriormente foi pastor-auxiliar de uma congregação independente em Londres. Sua obra mais conhecida é *The Plague of Plagues* [A praga das pragas], um tratado sobre a natureza e o perigo do pecado. Venning também publicou várias coleções de frases curtas; dentre elas a mais notável é *Milk and Honey* [Leite e mel], que contém frases como "o temor do fiel deveria ser um temor fiel".

Nathaniel Vincent (1639–97). Nathaniel Vincent nasceu em Cornwall e graduou-se pela Christ Church, Oxford, em 1656. Foi nomeado capelão do Corpus Christ College e, posteriormente, exerceu o cargo de pastor em Buckinghamshire. Após a Grande Expulsão de 1662, Vincent passou três anos como capelão particular antes de mudar-se para Londres em 1666. Foi multado, maltratado e literalmente arrastado do púlpito por pregar. Vincent passou vários meses na prisão e foi banido do país, porém um erro em sua acusação evitou que a sentença fosse executada. Enfraquecido pelo confinamento, Vincent faleceu em 1697. Publicou vários sermões ao longo da vida.

Thomas Vincent (1634–78). Pouco se conhece a respeito de Thomas Vincent, irmão de Nathaniel Vincent, a não ser que foi pastor em Londres durante a praga de 1665. Sua obra mais famosa é *The True Christian's Love to the Unseen Christ* [O amor verdadeiro do cristão pelo Cristo invisível].

Richard Vines (1600–56). Vines nasceu em Blaston, Leicestershire. Estudou no Magdalen College, Cambridge, onde se destacou como especialista em grego. Foi conferencista por algum tempo em Nuneaton, tendo Samuel Clarke como um de seus ouvintes. Foi eleito membro da Assembleia de Westminster e reitor da St. Clement Danes. Vines participou da elaboração da Confissão de Fé de Westminster. Na manhã da execução de Charles I, Vines ofereceu-lhe um conselho religioso, que o rei aceitou com satisfação. Vários de seus livros foram publicados após sua morte, e o mais famoso foi *The Saint's Nearness to God* [A proximidade do justo com Deus].

Thomas Watson (m.1696). Pouco se conhece a respeito do início da vida de Watson. Recebeu grau de mestrado em Letras pelo Emmanuel College, em Cambridge, e a seguir iniciou um longo pastorado na St. Stephen's Walbrook, em Londres. Foi preso com Christopher Love, William Jenkins e outros em 1651 por tomar parte em um plano para restabelecer a monarquia. Foi libertado após a promessa de que se comportaria apropriadamente. Em 1662, Watson foi expulso por inconformismo. Retirou-se para Essex em 1696, onde morreu.

William Whittaker (1629–72). Whittaker, filho de Jeremiah Whittaker, nasceu em Oakham, Rutland. Ingressou no Emmanuel College, Cambridge, aos 15 anos, onde se destacou em línguas clássicas e orientais. Sucedeu seu pai na St. Mary Magdalen, Bermondsey, em 1645. Após ser expulso em 1662, passou a pregar em pequenas reuniões domiciliares em Long Walk, Bermondsey. Durante vários anos, sua casa foi frequentada por muitos candidatos a teólogos, e ele cuidou de um grande número de teólogos estrangeiros. Os sermões de Whittaker foram publicados após sua morte, entre eles *Eighteen Sermons Preached upon Several Texts of Scripture* [Dezoito sermões pregados sobre vários textos das Escrituras]. Em um esboço sobre a personalidade de Whittaker, Thomas Jacombe escreveu: "Quantas coisas perdemos em um Whittaker! E não devemos nós ser sensíveis a respeito de nossa perda?".

Bibliografia

Brook, Benjamim. *The Lives of the Puritans*. 3 vols. Morgan: Soli Deo Gloria, 1996.

Reid, James. *Memoirs of the Westminster Divines*. Edinburgh: The Banner of Truth Trust, 1982.

Stephen, Leslie e Sidney Lee, eds. *Dictionary of National Biography.* 22 vols. Oxford: Oxford University Press, 1993.